U0154392

前瞻教育

叢書主編　黃政傑

大學國際教育
趨勢、問題與展望

黃政傑　吳麗君　主編

黃政傑　吳麗君　阮孝齊
陳玟樺　胡茹萍　成群豪
林柏翰　田耐青　黃雅英
周宛青　王如哲　陳昀萱
洪雯柔　梁忠銘　黃月純
林子斌　謝金枝　合著

五南圖書出版公司 印行

主編序

　　本世紀以來全球化發展更加急遽，臺灣與國際社會互動深廣度增加，這二十多年來教育領域也積極推動高等教育階段和國民教育階段之國際教育。其中高教階段各大學推動國際教育不遺餘力，最主要的原因是受到少子化衝擊，生源嚴重不足，希望招收國際學生來臺就學，以維持或促進大學發展。實際上，大學國際教育一直在做輸出部分，讓學生走出去，認識國際、理解國際、接納國際，參與國際事務，不單在國內學習國際，也要擴展國際學習機會，進而在國際就業和生活，發揮國際影響力。

　　國內為推動高教國際教育，實施多項教育政策，例如：「新南向及全球先進國家優秀外國青年學子來臺蹲點」等各項計畫，或「鼓勵國內大專校院選送學生出國研修或國外專業實習補助要點」。這些政策的推動，促成國內高教國際教育不論輸出或輸入均有相當幅度的成長。不過，國內大學推動國際教育，仍有許多待學習和改進之處。大學國際教育之推動，涉及高教品質、教育理念與目標、招生方式和學生服務、課程和教學規劃、授課語文、校際合作、學分採認、實習安排、獎助學金、英語及第二外語能力強化與認證、華語文教學與能力認證、多元文化素養及國際觀等層面，做起來並不容易。加上學生來臺就學之簽證、居留、打工及實習就業等法制糾結，顯得更為複雜。

　　本書之編輯源自 2020 年「臺灣國際教育之立法需求和內容要項評估」，該研究以大專教育為主要焦點，評估大專校院推動國際教育政策之影響、困境及解決途徑，探究國內大專校院國際教育創新發展方向及立法需求，並規劃國際教育改革推動之立法要項。該研究探討了相關國家在高教階段推動國際教育之經驗，也探討國內推動的許多問題及期許的改變。為延續及強化該研究之重要成果，另以大學為國

際教育推動之領頭羊，乃邀請專家學者針對國內和國際之大學國際教育理念、政策、法制、實施、成果和改進撰文，提供建言。

　　本書內容分成國內篇、國際篇，以大學為主要焦點，部分論及高教整體之國際教育。國內篇包含國內高教機構國際化、國際教育政策、青年國際教育及體驗學習政策、國際教育立法、大學國際化支持機制、全英語教學個案分析、華語課程現況與展望、個案大學鞏固生源之經驗等文章。國際篇包含英、美、澳、紐、日、韓、新和澳門等地，高教階段國際教育相關文章。為確保本書之品質，除慎邀學有專精之學者撰文外，全書各文均經匿名雙審修訂通過後始刊登。本書之出版，特別感謝各篇文章作者惠賜鴻文、感謝專家學者協助審查、感謝五南圖書出版公司精編精印、感謝國立臺北教育大學何昱緹小姐擔任聯絡及文稿彙整工作，期待本書之出版有助於國內大學國際教育推動之參考。

靜宜大學終身榮譽教授
台灣教育研究院院長

吳麗君

國立臺北教育大學教育學系教授兼
教育學院院長
2022 年 1 月

目　錄

國際篇

國內篇

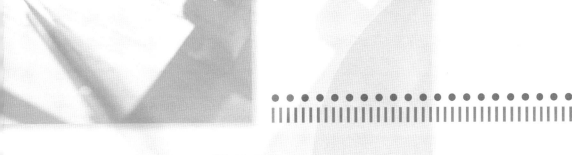

第一章

臺灣高等教育機構
國際化的三個功課

吳麗君　黃政傑

前言 ── 為臺灣高等教育國際化把脈

　　教育國際化之重要性無庸置疑，惟誠實以言，臺灣高等教育階段的國際化仍有很大的成長空間。國際化涉及課程、師資、行政安排等諸多面向，當前之困境為何？該如何面對？因應臺灣之脈絡，繼而尋思高等教育國際化之出路，是本文論述的初心；囿於篇幅，本文僅從高教機構的現象面出發，先看見「懸缺」之所在，而後從三個面向以文獻論述輔以訪談資料之夾議夾敘方式呈現。

一、臺灣高等教育國際化的向上一哩

　　美國培養領袖人才的 Minerva Schools 要求學生在大學四年走過六至七個不同的國家，深入瞭解其文化，並在真實情境下培養文化整合、溝通和生存能力，甚至去思考和解決當地所面臨的困境（嚴長壽，2017）。以世界為校園、和世界做朋友是臺灣年輕人需要的氣度，年輕世代有此恢宏才能為臺灣開創出不同的前景。用藝術家 P. Doig 的說法「我得離開某個地方，才能畫那個地方」（Gompertz, 2018）；Handy（1996）的語言則是「站在別人的土地上，才更容易看見自己的缺失」；更踏實地瞭解臺灣以外的世界，就是瞭解自己（袁汝儀，1995）。我們得鼓勵臺灣的年輕人勇敢地走向世界，當年輕人願意認真向外看，才能更深刻地理解自己的文化。教育部從 96 學年度開始推展學海系列的計畫，鼓勵學生出國學習、實習；值得肯定的是還以「學海惜珠」項目來鼓勵家境清寒的學生；但我們也必須誠實地面對，在大專院校具有旅外碳足跡的學生比例仍低。但外貿對臺灣的經濟發展舉足輕重，從原物料、技術的輸入到產品、服務等的輸出，均需要具備國際視野、通曉外語的人才。故強化學生「走出去」（going-out）以具備國際觀，從經濟角度切入是臺灣得面對的重要功課之一。

　　除了走出去，我們還需要強化「引進來」（bringing-in），才能讓臺灣的國際教育更繽紛。從經濟面切入，少子化的臺灣需要國際學生，臺灣人口出生率逐年下降，高教在學人數從 101 學年度至 108 學年度少了

15 萬餘人（註 1）：從經費的角度切入，生源的減少就是學雜費收入的減少。因此，從足夠的經費以維持高品質辦學的角度切入，臺灣的高等教育機構宜往國際化的方向位移，吸引國際學生來臺就讀。以澳洲為例，高教產業所吸引的國際學生為澳洲增加相當可觀的產值，而其細緻照應國際學生的作為亦值得臺灣深究與學習。國際學生的引入，就經濟面向而言有助於國內高教機構的經營；從文化面向來看，有助於國內高教機構引進更多元而豐富的文化，以豐富臺灣本地學生的視野。大學之招生國際化若能進一步深耕，則臺灣本地學生就得以在日常的互動中，以更可親、更頻繁的方式增進其國際理解及跨文化素養，這是 1999 年代所謂「在地國際化」（internationalization at home）的可能作為之一。在地國際化是 Crowther 等於 1999 年使用的概念，意指在本地校園發生的所有國際化活動（王湘月，2019）。

　　周宛青（2017）奠基於國內實務經驗的研究亦顯示：國際化的學習環境有助於本國籍學生拓展文化視野、增進跨文化溝通能力及文化敏感度；惟臺灣諸多高教機構招收國際學生的經驗不夠豐富，因此，目前招收國際學生仍有很多待面對之困境，例如：是否借重留學代辦或所謂仲介機構以協助海外招生等，相關問題的進一步面對，對於國內高等教育機構的國際化扮演重要的角色。此外，在少子化的脈絡下，缺才、缺工等是臺灣日益嚴重的挑戰，未來若能以彈性但又能回應社會脈絡的方式來設計制度，應有助於來臺求學的優秀國際學生留臺服務，為臺灣的發展效力。簡言之，從走出去的取向來看，臺灣的年輕學子需要更多機會在異文化中學習；而臺灣也需要國際學生來豐富我們的社會，繼而締造文化混血的豐富與精彩；我們同時需要「走出去」、「引進來」，並進一步深化後耕耘「在地國際化」。

二、回應問題 —— 方法的設計

　　基於上述的初步觀察，本文除了閱讀相關文獻，另彙整並分析來自臺灣高教社群，以及相關行政人員和高教機構學生的聲音，這些來自現場

的資料與文獻，以對話方式織錦進入本文。受訪之師長在 2020 年 9-11 月專案執行期間（註 2）以個別或小組方式受訪，一場訪談大約 2-3 小時；此外，專案亦舉辦對外界公開的群組論壇活動，每場為半天的時間，藉以多方瞭解高教機構國際教育運作的現況及建言。研究參與者來自臺灣各地公私立高教機構，其工作職務均與國際教育相關，如校長、國際長、副國際長等；另非任職高教機構之受訪者，則為與國際教育業務有關之部會行政人員、駐外代表或立法委員等；邀約之高教社群學者均具有國際教育專長或實務經驗。此外，為了加入學生的視野，於 2021 年初進行來臺國際學生的訪談，邀約之學生盡可能來自不同的國度、分布在不同的學校就讀，以便聽見多元的聲音，資料的蒐集均事先取得參與者同意。惟因 COVID-19 的因素，部分的學生訪談係以線上方式進行。此外，訪談及論壇資料經整理後之文字稿均送請研究參與者過目並修正。因此，資料處理具有成員檢核（member check）之機制。另行文中引用受訪者之語言以匿名呈現，或隨著行文脈絡微幅改寫文字，但呈現受訪者所要表達的意涵，降低其身分被辨識之可能性，以求倫理上之嚴謹，行文中如（W, 2020 訪）意指 2020 年訪問 W 的內容。

研究者如何分析相關的文字資料呢？本文以「走出去」、「引進來」，以及「在地國際化」為大架構來檢視逐字稿，初具「版模分析」的色彩。換言之，研究參與者之言論不在這個架構內者為本文之遺珠。詳言之，本探究的三個問題如下：

（一）探討臺灣高等教育機構國際化「引進來」的取向之發展情形並給予建言。

（二）探討臺灣高等教育機構國際化「走出去」的取向之發展情形並給予建言。

（三）探討臺灣高等教育機構之「在地國際化」的發展情形並給予建言。

看見挑戰與前行的道路

　　國際化有三種取向，一是「引進來」、二為「走出去」。若能深耕，則本地大學生「走出去」之後回國的分享，對於未出國者亦能產生間接的學習，而分享者也會從中進一步深化其看見及反思；另一方面，若能善用「引進來」的國際學生之經驗，則有助於在地學生從不同的視野來詮釋其生活世界，具有替代性的「走出去」之效應。若深耕此兩者，則有助於第三種國際化取向——「在地國際化」的發展。臺灣的高等教育國際化不管是「引進來」、「走出去」或「在地國際化」，均還有相當大的努力空間。以下分別談臺灣高教國際化在此三個取向的現況，所面對的挑戰，以及可能前行的策略。

一、引進來──吸引並照顧國際學生是臺灣亟需努力的挑戰

　　「引進來」的國際教育取向，對臺灣而言雖非全新的作為，但就引進之境外學生（含僑生、國際學生兩大類）的數量快速成長來看，對不少學校或學系而言，確實是一個新的現象，故仍在摸索、調整與改進的歷程中。根據教育部之統計，民國 100 年來臺就學之境外學生人數約為 5 萬 8000 餘人，而民國 108 年來臺就學的境外學生已達 12 萬人左右，人數的成長是清楚的圖像。境外學生除了來臺修讀學位的國際學生、僑生之外，亦含短期交換或來臺學習華語者，境外學生豐富了大學校園的文化；近來各大學積極增加全英語學程或雙語課程，另華語文在國際間亦日漸被看重，這些因素均有助於境外學生數量的增加。特別值得矚目的是來臺修讀學位之國際學生人數呈現逐年增加的趨勢，囿於篇幅本文將重心放在來臺求學旨於獲取學位的「國際學生」之上。

(一)相對新穎並缺乏經驗的課題

　　國內已有少數先行者關注到高教國際化之研究，如姜麗娟（2005）針對全球化與跨國高等教育對高等教育國際化之啟示提出論述，又其 2010 年之〈國內高等教育課程國際化現況調查與指標建構之研究〉係臺灣相

關研究之破冰者（註3）。另關心此大方向的學者還有戴曉霞（2007）、黃政傑（2013）、翁福元、許瑞芳（2016）等。目前相關的研究，均爲臺灣高等教育國際化奠定了基礎；但從研究的出版到研究被閱讀，繼而被討論、被參採是一個需要時間的歷程。故即便高教社群的教師，在面對國際學生時有許多仍處於摸索與學習的階段。

高教機構的老師，過去有異國求學經驗者或有助於同理國際學生，惟過去臺灣留學生以赴美取經者爲大宗，但根據教育部統計資料顯示，目前臺灣的境外學生（含國際學生）多數並非來自歐美，而係來自東南亞地區，如馬來西亞、越南、印尼（註4）。從國際理解、跨文化素養、教學等面向來看，高教機構的老師在與國際學生互動和教學上面臨了哪些挑戰？從學生的角度來看，來臺求學之國際學生在學習上、文化上面臨了哪些困境？哪些協助對他們而言是重要的？國際上雖已有相關的研究，但脈絡不同，臺灣需要奠基於本土的理解，以提升國際學生來臺的學習品質；此一缺口不進一步處理，短則不利於國際學生在臺的學習成效，長遠來看可能影響臺灣的對外招生。因爲國際化的關鍵不在活動的地理延伸，重點是機構內部的轉化（洪雯柔、賴信元，2019）。這一個論述提醒我們得好好照顧校內的國際學生，做好機構內部的轉化，而機構內部的轉化可以是國際學生和臺灣在地學生雙贏的契機。

㈡再思臺灣高教的辦學圖像

在臺灣大部分高教機構的國際化仍處於起步階段，我們可以在「引進來」的面向做些什麼努力呢？要如何定位臺灣高教機構的屬性呢？這個定位會影響國際學生之學費的多寡，以及其他相關的行政決定：「宜提高國際學生的學費」，是訪談中出現高分貝的聲音，例如：

> 「臺灣的高等教育需要國際化，但得用適切的學費招收對的海外學生，目前臺灣的高等教育仍爲低學費，背後的思維仍停留在過去『大量低價』的代工模式。臺灣學生不夠去收中國學生，中國學生還不夠就去收東南亞學生。惟高等教育的成本並不低，不可無視於辦學的成本」（L，2020訪）。

與此類似的發言如「國立大學應該提高學費……國立大學拿中華民國稅金去支持……外籍生，很不合理」（C, 2020 訪）。這兩則發言提醒我們得認真思考，如何看待並定位臺灣高教機構的性質，除了教育，大學是否也是產業。如果把大學視為教育產業，則該產業必須夠強大、夠優質才能吸引消費者，而學費的收入又是協助大學提升辦學品質不可或缺的糧草，故兩者具有「雞生蛋、蛋生雞」的關係。

以學雜費占平均每人 GDP 的比率來看，臺灣公立一般高教機構之數據是 8.05，私校是 15.07；公立技職院校為 6.74，私立技職院校則為 13.55。其他國家之統計數據未區分一般大學和技職院校，美國公私立大學相對應的數據分別是 15.6 和 48.7；英國公立學校學雜費占平均每人 GDP 的比率為 30.1；至於德國公立學校學雜費占平均每人 GDP 的比率為 0.7；法國在 2018 年的數據為 0.5（教育部，2018）。然而法國過去低學費背後的思維是為了維護教育機會均等，並非削價吸引學生；且值得關注的是，法國 2020 年起國際學生的學費已調漲 16 倍（註5）。

至於臺灣國際學生的學費圖像為何呢？相關規定指出，國際學生學費不得低於同級私校學費，以臺大為例，國際學生一年的學費，介於新臺幣 10-15 萬元之間。另一所北部公立大學，2021 年國際學生一年的學費大約介於新臺幣 46000-55000 元之間。從中看見，雖同為公立大學但各校會評估自身條件，而有不同的國際學生招生理念及策略，繼而呈現出頗有差距的學費。過去學費極低的法國，亦已於 2020 年大幅調漲國際學生學費，但相對於英、美而言，其學費仍不算太高；法國針對非歐盟新入學的國際學生調漲學費，公立大學學士學程每年學費從 170 歐元（約新臺幣 5882 元）調漲為 2770 歐元（約新臺幣 9 萬 5842 元）；而碩士學程則從 243 歐元（約新臺幣 8407 元）漲為 3770 歐元（約新臺幣 13 萬 442 元）；博士學程學費本來也從 380 歐元（約新臺幣 1 萬 3150 元）擬調漲為 3770 歐元（約新臺幣 12 萬），但高等教育暨研究部部長 Frederique Vidal 採納專家建議，決定不調漲博士級的學費，以爭取博士級之國際人才（註6）。從這一個決定可以看見，學費多寡的背後有多重的考量。這一個簡單的比較，有助於臺灣再思高教機構之國際學生的學費，同時也得拉高視角思維

學費政策背後可能的深遠影響。

　　研究者之一自身於 1990 年代初期在國外就學時所繳交的學費是在地學生的數倍之多；英國倫大 Goldsmiths 的博士生林柏儀在公共論壇上亦提到「留學英國，國際學生得付 3 倍的學費」（註 7）。時序進入 2021 年，英國在地學生和國際學生的學費差距也顯現不同的圖像，例如：英國本地大學生一年得付 £9,250 左右（大約新臺幣 35 萬元）的學費，而國際學生因科系不同，從 £10,000 至最貴的 £38,000 不等（折合新臺幣約 380,000-1,444,000 元）（註 8）。從英國的例子來看，過去似乎大學對內是教育單位，對外是產業，但當前又有了不同的學費政策思考。這個議題的深入思辨不是此一小文章要對焦且能解決的，但不管在「教育」或「產業」的視野下，臺灣得努力把高等教育辦好，才能吸引國際學生；如何避免在「少子化」、「私校退場」的壓力下，因「求生若渴」而讓臺灣高教的品質及形象往下沉淪是重要的課題。簡言之，在「教育」或「產業」的視野下，高教可能呈現不同的圖像，但共同的交集應該是「臺灣得經營出高品質的高教」。誠如參與論壇者所說「照顧好境外生，對我們就是一種好的宣傳，『Study in Taiwan』就得靠他們」（C, 2020 訪）。

　　進一步從生師比這一個重要的品質指標來看，受訪者之一提到：臺灣高教機構的生師比仍有下降的空間。

> 「學生減少則高教之生師比就下降，但目前政府認爲越多學生讀國立大學是政績，卻沒有考量學生程度是否適合」（L, 2020 訪）。

　　從高教之生師比來看，澳洲爲 17.39：1，而美國爲 14.48：1、德國爲 11.97：1、巴西爲 25.17：1（教育部，2018）。2018 年教育部的統計資料顯示，臺灣高教之生師比爲 22.54：1。用國立臺灣大學生師比之發展來看，生師比在 1990 年代是 14.08：1，到了 2014 年惡化爲 20.11：1（註 9）。目前的數據告訴我們，臺灣高教機構的生師比有調降的空間。另依《大學法》第二十五條或《專科學校法》第三十二條規定「學校辦理國際

研究生學程及經本部核定之人才培育計畫，其名額得採外加方式辦理，不列入招生名額總量計算；但人才培育計畫於辦理結束後，不再核給外加名額」（註10）。從這項規定可以推測，臺灣高教機構的生師比可能高於目前檯面上的數據。

　　我們得再思臺灣高教的辦學哲學，我們要走德國低學費的路線嗎？經濟上我們有足夠的底氣走德國路線嗎？抑或改弦更張？抑或致中和？我們要合理限制公立高教機構的師生比，以維品質並留更多生源給私校嗎？這些基本盤的思考深刻影響國內高等教育的未來發展，以及國際學生招收的相關政策和作為。此外，在少子化的臺灣，對於國際學生留臺工作的相關規範宜細緻並有全面性的周到思考，有智慧的政策不但可以吸引優秀的國際學生留下為少子化的臺灣貢獻，亦有助於大學招收國際學生之事宜。簡言之，臺灣需要從整個社會未來的發展、從高等教育辦學理念的高度來建構有智慧的國際學生招收策略，而非在低價求生中犧牲了辦學的品質。

㈢實務面向的改善

　　高教辦學哲學的沉思之外，在實務面向的三個思考與建議應較易落實並較容易有共識，分別是培養國際學生全球參與的先備素養、經營友善的雙語環境，以及海外招生機制的建構。

1.培養國際學生全球參與的素養

　　澳洲在國際教育上已有多年的豐富經驗，並已超前規劃出 2025 年國際教育核心策略，例如：提供國際學生最好的經驗，在此一項目之下有三個策略，分別是：(1) 支持國際學生；(2) 提供學生各種選擇的訊息；(3) 培養國際學生全球參與的先備素養（翁福元，2020）。其中的第三個策略格外引人矚目。出生於臺北，任職香港城市大學校長的郭位強調：「要大學生有國際觀就得先從大學自身……著手」（郭位，2016）。引進國際學生只是邁向國際化的一小步，大學的結構、文化及在地師生均須有相對的因應和適切的位移，高教機構應該有哪些相關的因應呢？我想起一位教授朋友的小孩在 2019 年去奧地利交換半年，校方要求他在開學前提早到校，而該大學用了長長的兩週時間，以工作坊的方式讓交換生深入瞭解奧

地利的在地文化，這一個細緻而體貼的作為讓人印象深刻。此一作為的背後不但協助了交換學生，豐厚其全球參與的先備素養，提升其日後在奧地利的生活適應與學習品質，同時也有助於奧地利在國際間進一步被看見，此乃善良又漂亮的雙贏之舉。來自澳洲及奧地利的訊息給出的啟示是，從引進來的角度而言，需要更體貼的作為以支持來臺之國際學生，並協助其學習得更好。

臺灣不大，我們得走精緻的路線；而臺灣的國際教育仍有很大的成長空間，我們得努力學習並付諸行動。誠如金惟純（2013）在《還在學：成功不是你想的那樣》乙書提到：

> 我們都一度以為成功就是比別人厲害，要證明自己、要賺很多錢、要爬到最高的位階……。其實成功最基本的思維就是：你這輩子來這邊幹嘛？唯有瞭解這件事，你才知道自己做什麼才是成功（金惟純，2013）。

轉換至機構層級，臺灣在「引進來」的取向上要如何界定成功呢？這是重要的上位思考；易言之，這就是高教在國際化面向的辦學理念，但截止目前我們似乎尚缺乏清晰的引導圖像。

2. 雙贏而友善的雙語環境

另一個雙贏和雙語教育有關，囿於篇幅不在此文探討「2030 雙語國家政策」的議題，本文先行假設所謂雙語國家，乃指中、英語，不可否認英語的確是重要的國際語言之一。但本文亦提及國際化的關鍵在於機構內部的轉化，對招收國際學生的大學而言，重要的法規、建築標示、網頁等宜同時有英語版本；另課程上除了全英語授課，亦可增加更多雙語課堂，應有助於回應更多國際學生之不同需求，同時也有助於增加本地大學生和國際學生的互動。惟很誠實地說，在友善環境的建制之上，臺灣諸多大學仍「遙遙落後」。雙語環境的建制亦有助於本地大學生的英語學習，可視為一種強有力的「潛在課程」，協助在地大學生更順利地熟稔英語。資源有限需求無窮，我們或可先將資源優先投入於具急迫性的雙贏項目之上。

　　就高教機構而言，受訪者之一（L, 2020 訪）主張從國際化的視角切入，高教機構宜直接推全英語教學而不宜推動雙語教學。這個論述讓作者想到荷蘭經驗，荷蘭過去爲了積極招收國際學生而廣開英語授課的科目，在歐洲僅次英國，但此一策略並未成功（戴曉霞，2007）。其不成功的原因何在，仍須進一步理解，惟以臺灣而言，我們擁有的「中文」是日漸被重視的文化資產，對國際學生亦具有吸引力。因此，在全英語學程之外若有雙語課程，或能吸引部分國際學生，繼而進一步促進本地學生和國際學生的互動。此一建言來自於 T 校全部生源是國際學生之某一學程，受訪的國際學生提到她有來自各國的朋友，但卻沒有任何一個校內的臺灣朋友：她的中文不足以去上中文課程，但可以嘗試雙語課程（S1, 2021 訪）。另一位由臺灣前往越南的大學生亦有類似經驗，他在越南時，有多位來自不同國家的國際朋友，因爲越南把他們大部分的學習、住宿、參訪活動等全部放在一起以方便管理；而他必須發揮自己的能動性，主動出擊才能認識並結交越南在地的朋友（S2, 2020 訪）。此外，緬甸來臺就學者，經驗亦相仿（S3, 2021 訪）。從中可以看見結構性的影響不能小視，從這個視角切入，雙語課程在灰色地帶或有助於國際學生和本地學生的投入及互動，並扮演有利的結構來促進雙方的互動。除了雙語之外，需回應各校脈絡，建構多元而有助於本地學生和國際學生互動共學的良善機制，例如：住宿的安排、相關社團的成立、在地學伴的安排等。

3. 借重海外留學代辦機構並建構品管機制

　　臺灣的多數大學對於吸引海外留學生這件事情仍是新手，益之以有些高教機構的規模不大，因此，若由各個高教機構單兵作戰來招收國際學生，並非經濟有效的作爲。惟借重海外留學代辦機構，或所謂「仲介」，是目前教育主管單位不樂見的作爲。從防弊的角度來看，完全可以理解，因爲截至目前臺灣亦不熟悉「海外留學代辦機構」，且在沒有相關法令規範的脈絡下，爲了維持教育的品質，而主張由大學自身來招收國際學生是可以理解的思維。惟招收海外留學生之大學紛紛表示，這非長久之計。再看西方有長久歷史招收海外留學生之大學，即便一流的、頂尖的大學亦不排除藉由「海外留學代辦機構」來招收國際學生（註11）。坦誠地面對

臺灣目前招收國際學生之現況，即便教育單位不樂見「代辦機構」或所謂「仲介」，但這些機制在臺灣依然存在，且運作著。因此，與其防堵或視而不見，不如打開天窗，匯聚各方之智慧建立適合於臺灣本土，且有助於臺灣的高教機構吸引海外留學生的健康機制。讓有品管機制的留學生代辦機構來協助臺灣的大學招收國際學生，讓規模不大的高等教育機構亦能在市場分工下，進行更有品質的教學。

4. 相關法規的建制

從引進來的視角來看，澳洲的豐富經驗值得臺灣借鏡。澳洲的國際學生人數極多，其《海外學生教育服務法》（Education Service for Overseas Students Act，簡稱 ESOS Act）規範了提供課程的學校之義務，包括學費的透明化，針對爭議設有獨立仲裁單位；另對學校和學生訂定規範，規定學校需要提供何種資訊給國際學生，資訊要透明並公開在學校網路上。資訊的透明化是對國際學生最基本的保障，避免名實不符，若有不符的情事發生，學校必須做適當處理，學校提供的產品和當初承諾不符時，則須退費處理等。一言以蔽之，澳洲對國際學生的權利和義務均規範得詳細而清楚（L, 2020 座談）。

相對而言，臺灣大部分教育機構招收國際學生之經驗仍不夠豐富，另雖同為法治國家，或因文化之差異，在華人社會「巨細靡遺規範」的做法似乎不是我們的文化慣習。惟陸續建置清楚的相關法規仍是有助於來臺之國際學生的必要作為。研究者亦曾耳聞聘有外籍教師之臺灣高教學府，因臺灣相關法規之不夠細緻、不夠周全而衍生衝突的事件（H, 2020 訪）。從這一個視角看見的不僅是臺灣要建置相關法規，讓國際學生和高教機構有所遵循，其背後尚涉及更深層的「跨文化」議題。而跨文化素養的涵育是「引進來」和「走出去」兩種國際教育取向均得面對的重大挑戰，同時也是臺灣之高教機構過去懸缺的課程。

二、走出去──在地學生的國際視野是待加強的懸缺課程

李開復和范海濤（2015，頁 6）指出「臺灣年輕人最需要的是世界觀……但我覺得臺灣人愈來愈關注內部的事，與全球趨勢有點脫節……

一個不能跟世界接軌的小市場，工作必然是低薪。」2016 年〈世界教我的一堂課〉之專刊中，作者唐光楠（2016）提到她在美國名校課堂的討論情境，智利的同學問她「臺灣會不會變成第二個香港」；當時語塞的唐光楠懺悔地說，不是不知道如何回答，而是當下她腦海閃過無數的畫面，竟然想不起智利除了峽灣、紅酒跟足球之外，她還知道些什麼。接著她沉痛地自省，曾任外交記者、曾任美國國務院訪問學人的她，對於世界的瞭解竟比不上她的智利同學。臺灣的外交困局以及四面環海的島國脈絡，的確不利於學子國際視野的開展，但在困境中我們得認真找方法。

　　若以留學生占高教人口的百比分來看，臺灣在 2017 年的數據是 3.2，接近韓國的 3.4，最高是冰島 14.7，而英、美、澳三國數據均低，分別是 1.4、0.5 和 0.8（註 12）。如果自身所在國家的高教品質優且能吸引國外的留學生前來，像英、美、澳三國留學生百分比較低是可以理解的。故辦好臺灣的高教，以吸引國際學生前來當然是值得努力的方向。「引進來」的國際教育有助於用間接方式提升臺灣在地學生的國際視野前已論及；但鼓勵臺灣年輕人走出去仍是重要的。從「短期走出去」的視角來看，各個高教機構除了與國外姊妹校之間的學生交流，教育部亦有學海築夢、學海飛颺、學海惜珠及「新南向學海築夢」（註 13）等不同的方案，協助大學生到國外進行短期的學習，另少數經費較豐沛的高教機構，亦能從學校自身的經費給予學生較多的海外學習支持；但整體而言，大學生能獲得經費補助而出國學習的情形依然是僧多粥少。以 110 學年度學海飛颺系列來看，教育部通過補助的校數為 108 所（註 14）；惟一般而言，通過的方案僅能補貼少數學生的出國經費，一個計畫通常能補助 10-15 位學生出國；故整體而言，能實質受惠出國的學生其比例仍然是低的。特別是弱勢生的海外學習值得被進一步研究與看見。易言之，臺灣在走出去的國際教育之獎助上仍有大幅成長的空間。

　　以下綜合相關文獻及訪談資料，在走出去的面向，提出三項建議。

㈠開源以面向國際

從課程及教學來看，「國際理解」在九年一貫課程以及十二年國民基

本教育課程均受到重視，國內教育相關單位近年來也把較多的注意力及資源置放於該議題之上；但若以「一個都不能少」的標準來衡量，身處海島且外交空間有限的臺灣，仍需要相當大的努力。目前政府單位已經提供給年輕人出國留學或進行短期的國外學習、服務、實習等機會，如教育部有學海系列及海外實習機會、僑委會亦有相關方案供臺灣的年輕人出國體驗學習。此外，民間亦有少數相關資源，如扶輪社；此外如林懷民先生捐出「行政院文化獎」的獎金，由雲門基金會成立「流浪者計畫」，獎助創作及社會工作者獨自前往亞洲進行貧窮之旅，擴大視野，從海外看臺灣、看自己，堅定個人道路（註15）。從經濟學的角度來看，我們理解「資源有限而需求無窮」，但衡諸客觀情境，臺灣的政治脈絡的確亦壓縮了年輕人走向國際並和世界做朋友的機會，故本文所謂「開源」，絕對不止於金錢、經費的面向，臺灣更需要思維的是結構面的限制及其進一步的突破，例如：當臺灣有更多機會加入相關國際組織時，藉由參與可進一步拓展年輕人的視野和胸襟。

㈡ 激發學子往外看、向外走的動機和動能

臺灣的大學生缺乏「國際觀」，這是一個來自高教機構且關心國際教育之教授們的觀察（Lin & Chen, 2020），同時也是來自關心臺灣的許多知識分子之共同心聲。從社會學的角度看，Johnson 說「我們總是在一個比我們自身更廣大的世界參與著社會生活」（成令方、林鶴玲、吳嘉苓譯，2001），這些參與的機會和限制提供身在其中的行動者養分，同時也形塑其發展。在這個視野下我想到蔣勳（2007）很浪漫但也很有智慧地說「年輕時的流浪是一輩子的滋養」。來自西班牙的 Marc Serene（2012）在 25 歲時放下一切，走過了 25 個國度，寫下《我在 25 個城市，遇見的 25 個人》；來臺前旅遊過伊拉克、伊朗、巴基斯坦、以色列等超過 40 個國家的加拿大青年 Kembel（2011）不但來了臺灣，還寫了一本《老外愛台灣》的暢銷書。從不可勝數的類似案例中，我看見許多國外年輕學子在跨國間的能動性讓人讚歎；當然也不能有失公允地漠視臺灣年輕學子近年來在跨國移動之能量上的增進，例如：陳玟樺（2020）《我在芬蘭中小學做研究

的日子》；藍白拖（2015）的《給回來的旅行者》。惟不容諱言，臺灣在此一面向可成長的空間仍然相當大。跨越國界、接受異文化的挑戰和滋養對年輕的生命而言是重要的，向外走之後的觀照是豐富年輕人看問題的養分，如何在華人過去比較「安土重遷」的文化裡，長出「流浪」的勇氣，灌溉「出走」的能力，繼而帶回不同的視野和豐沛的能量，是臺灣教育體制要繼續思考及面對的課題。

㈢正視高教機構的師資增能

　　承接前一段的論述，更對焦地來看高教機構的師資增能。高教機構的教師要採用增進大學生國際視野的教學，這一個論述被認為理所當然，而且高教機構的教師被期待應該「會」做，不似中小學教師還需要各種研習、增能等，這是一個太樂觀而且不公允的判斷。自學肯定是重要的，但相關單位至少得提供資源，以便高等教育機構的老師能自我增能，或者在行動中學習，方能期許有研究壓力的高教機構教師在「國際教育融入教學」上能有成長並願意投入；接著回到更基本盤，高教教師自身的國際視野同樣需要耕耘、同樣需要資源投入。一位大學教授（W, 2020 座談）在座談時提到，他的外籍學生教會他 Africa America 和 Africa in America 的不同。是的，教授也必須是不斷增能的學習者；但相關單位經常忘了給資源讓他們去學習、去成長。

　　Hollins（引自黃純敏，2014）的論述指出，身為老師必須具備其自身所來自之文化的知識（cultural knowledge），同時也必須理解其他文化族群的知識（knowledge about culture）；易言之，要知己知彼。奠基在這個論述上，黃純敏（2014）的觀察指出：「臺灣的教師在這兩個面向的知識均有待提升」。黃純敏（2014）的研究雖非對焦高教機構，但對於任教於高教機構者亦是極為重要的提醒。從老師的角度切入，我們經常說：「你的教學是你自身的回映」（you teach who you are），從師資培育的角度切入，我們有必要更積極地涵育更多未來及現職教師有適足的國際理解；回到高教階段則要問「在國際視野的培養上，我們是否在意過高教機構老師之作為，又我們是否釋出資源以協助其學習和成長。」無疑地，「懸缺」

昭然若揭。

三、在地國際化

全球與在地雙贏是可能的，所以有全球在地、在地全球的論述。如何雙贏？臺灣需要奠基本土脈絡的更多相關研究，並以多元機制促進全球與在地的雙贏，另於在地課程融入國際視野，而強化跨文化的素養則是不可忽視的重中之重。

㈠臺灣需要更多「對焦國際學生」的研究

相對於西方世界，目前臺灣在國際學生的學習及文化適應等之相關研究並不多，近年來未出版之博碩論文 24 篇、期刊 13 篇，而「跨文化素養（能力）」在國內之相關研究與出版亦仍有很大的成長空間。從數量看見「懸缺」。從國外文獻的歸納可以看見，國際學生在兩個面向面臨的挑戰最多，分別是：語言和文化的學習（周宛青，2017）；臺灣相關研究的分布以語言學習的面向目前得到稍多的關注（如王惠鈴、王柏婷、周惠那、李希奇、許芳瑜，2019）。國際學生在文化面向的學習值得單獨被看見並討論，因為文化在其適應歷程扮演重要角色。胡婷（2008）的研究雖以臺灣研究生赴歐交換者為對象，其研究指出，文化差異是影響其適應的因素之一。回到國內師大韓光俐（2009）的論文訪談 6 位國際學生後指出，「社會文化」面向是國際學生的困擾之一，國際學生缺乏對臺灣歷史文化的瞭解，故不易融入話題，文化差異形成不同的教學模式、教學理念，以及臺灣學生在分數上的競爭均是國際學生不易適應之處。蔡文榮和巫麗芳（2013）訪談 3 位越南籍學生的研究亦指出，風俗習慣造成的文化差異是其障礙之一。陳春孝、莫氏心（2019）以 6 位越南學生為對象的研究則提到臺越兩地文化之差異，並建議越南學生要先瞭解臺灣的文化。何佳珍（2013）的研究認為，「文化」因素會衍生出國際學生的「語言適應困擾」、「課業學習困擾」、「人際互動困擾」、「飲食習慣困擾」和「學校制度瞭解上的困擾」。他繼而主張宜增加國際學生的文化參訪的次數，或與臺灣學生互動性之活動。

提及互動，周宛青（2017）的論述指陳，臺灣校園國際化並未促成國際學生與在地學生在課堂外的融合，國際學生克服文化衝擊的社會支持最大來源依舊是其母國的同儕；國外諸多研究亦指出與母國同儕互動及文化聯繫仍是國際學生最大的社會支持，例如：Zhou 和 Zhang（2014）的研究以加拿大一所大學之大一學生為對象，瞭解其社會融和情形，結果發現有一半左右的學生遇到困擾時會向來自同一國家的同儕求助。同溫層取暖固有需要，但國際學生若將社交範圍限於文化同質性高的同儕，對於其高成本的跨國求學不免是個遺憾；另若以臺灣的視角來看，對於本地學生瞭解異文化而言亦是一種近身資源的浪費。Hotta 與 Ting-Toomey（2013）對美國南加州一所公立大學的 20 位國際學生做深度訪談，探究其適應與交友狀況，沒有例外地亦發現：20 位受訪者共享的相同經驗是與本地學生較無法深交，各有不同朋友圈。本研究針對緬甸、印度、越南、馬來西亞和巴西學生做初步觀察與訪談，亦出現相同的圖像。上述的研究不管是否對焦在臺灣，對於大學的國際化經營均有深刻的啟示，邇後臺灣需要針對「引進來」的國際學生進行更多的研究，在研究的視野下更細緻地去看見問題，繼而以善良的機制去解決問題以造就在地國際化的榮景。

(二)以多元機制促進全球與在地的雙贏

王如哲（1999）認為國際教育是使來自各國的學生、老師及學者相互交流、彼此學習，旨在增進國際間的交流及相互瞭解；惟近年來對國際教育之界定有逐漸位移的情形，如洪雯柔（2013）將國際教育之目標放在讓學生具備全球意識和全球視野，跨文化理解與溝通能力以及全球關懷的行動；此外，詹盛如（2013）的論述亦指出：國際教育是協助學生從地球村的觀點去認知人類相互依賴、相互合作的事實，透過跨國的溝通理解……培養其成為世界公民，促進永續發展。從學者的論述可以看見「國際化」的視野已經跨越楚河漢界而往全球意識位移；龍應台（2016）對全球公民意識的論述相當生動而具象，她說：「21 世紀的震撼，就是全球化……我們突然發現自己站在全球村，如果仍舊只談如何建設自己的國，猶如在一株大樹頂端全力築巢，渾然不知樹的中節已冒煙起火，而底端正被一把

鋼鋸鋸著。」接著她更犀利地問「在一條逐漸下沉的船上，去搶船上電影院裡最好的位子有什麼意義？」這個譬喻清楚地指陳全球視野之重要，尤其全球氣候變遷所造成的災難，以及邇來新冠肺炎的流竄，應有助於世人更有感地看見「一體」。

在全球一體的視野和體認下，以多元機制促進全球與在地的雙贏是可欲更是必需，在高教機構目前已有一些相當精彩的作為，例如：詹盛如、王雅玄、林婉鈴（2019）有創意地將大學國際學生宅配到偏遠學校，此一方案是全球在地的實踐之一。另本文作者之一任職學校的東南亞碩士學位學程，亦貼心地為有需求之大學課堂及臺北地區的小學提供東南亞文化的教學，此一活動設計不但有助於增進來臺留學之東南亞學生的自尊感，同時他們以活生生的實物、展演及活動等多元方式為臺灣學生的全球視野留下深刻的印記，此亦為全球在地之雙贏展現。另國立臺北教育大學的部分海外實習先由師資生赴海外進行田野工作，蒐集相關材料後，回臺設計成適用於臺灣小學的教學活動，接著師資生進入小學進行教學。此一設計不但把「走出去」和「引進來」做了創意而實質的鏈結，同時也是大學生和小學生雙贏的作為（田耐青、吳麗君、張心容，2020）。經費有限而需求無窮的狀況下，臺灣需要更多有創意的發想來圓滿在地與全球的雙贏。

㈢融入國際視野的在地課程

學生國際化程度不足是我國高等教育國際化不足的原因之一（翁福元、許瑞芳，2016），從這個視角切入，本文第一作者任教十餘年來在政府有限的補助下，雖已認真投入於帶著學生走出國門，但截至目前僅精耕了百餘位師資生赴國外學習；相較於絕大多數沒有機會出國的學生，這個努力是非常非常不足的。誠如歐洲議會文化教育委員會（European Parliament Committee on Culture and Education）建言「國際化不應限於少數師生的國際移動」（註16），但目前相關補助是有限的，走出去的國際教育並不便宜，還能做什麼？「當山不走向你，你就要迎向山」；再次想起蔣勳詩一般的語言，如果說年輕時的流浪是一輩子的滋養（蔣勳，2007），那麼可否在經費不足的情況下，啟動大學生心靈上的流浪，例如：在師資

培育的課程中多開設「國際教育／比較教育」相關的課程與教學，或以社團等非正式課程展現；OECD 的出版品亦已主張，在這個遽變的世界必須將全球素養融入教學之中（註 17）。

　　深諳師資培育課程的受訪者之一（W, 2020 訪）在座談中談到此一議題，立馬回應「現行學分架構很難做到」，是的，職前師資培育的學分數真的很有限。在中等教育師培的部分，另一受訪者亦說「以前被綁得很死，現在……課程基準讓學校自己去設計課程……我……開英文教材教法，我會去連結國際教育的課程和教學」（C, 2020 訪）。換言之，就國際教育的落實而言，目前的課程基準雖已有進展，但仍是一件「很窄的夾克」（tight jacket），故化整爲零似乎仍是解方。拋開師資培育課程的「窄夾克」，在高等教育的不同領域或許可以找到較多空間，讓國際理解或跨文化素養等有寓居其中的可能；從這一個角度切入，姜麗娟（2012）提醒讀者，透過課程來國際化或許可行，但也可能是模糊或狹窄的做法，例如：一門「國際政治」的課，可能採用一種狹隘和地方性的視野來進行教學。這個提醒幫助我們看見，以融入方式在大學進行國際教育是有可能的，但也指出另一個重要的議題——大學師資的國際視野亦是需要耕耘的田野，並非有留學經驗就一定有寬闊的國際視野和豐富的跨文化素養，但截至目前這一個面向似乎並未引起注意與資源的挹注。

　　受訪的教授之一（H, 2020 座談）亦提到，因爲研究興趣及系所屬性使然，他採用議題融入的方式來處理國際教育。本文作者之一也曾經以自身教學的課堂爲場域，用多元的策略來融入「國際理解」相關的元素，如邀請國際學生入班分享，期能在本土以經濟實惠的方式提升在地學生之國際理解，另一方面則期許在地學生以地主之姿照顧國際學生。即便無法「相濡以沫」，至少不是「相忘於校園」。從學生的角度切入，Knight 在 2014 年的研究指出，即便校園中有許多外國人，多數的本籍學生不會主動接觸校園裡的外國學生；和國際學生接觸最多的通常是校園中的其他國際學生（林俐，2019）。就臺灣高教機構的生態來看，研究者亦發現類似的情形。如何讓國際學生融入在地的文化並和在地學生有較多的互動，從在地國際化的視角切入臺灣，仍有諸多待努力的空間。

此外，非正式課程似乎是不易掌控但具有可能的空間：在臺灣的土地上用回應目前大學生文化的方式（例如：社團），讓臺灣在地的大學生有更多機會和來臺的國際學生相逢、相談甚至相知，雙贏地相遇並相互學習，是值得鼓勵的方向，期待看見更多元而有創意的作為，以回應文化的方式來進行結構性的設計，絕對是必須放入考量的。

 ## 參　代結語──看見「跨文化素養」的重要

不管走出去、引進來或在地國際化，跨文化素養均是影響其成敗的重要因素，跨文化素養上的無知可能嚴重影響異文化交流的成效，例如：在文化間穿梭我們若不知道信任有兩種，有的文化強調「認知上的信任」（cognitive trust），有的文化比較重視「情意面向的信任」（affective trust），則可能誤解叢生（Meyer, 2014；吳麗君、田耐青，2020）。葉珍玲和甄曉蘭使用「文化濾鏡」之譬喻，主張文化濾鏡有助於個體質疑自身的觀點。在現實的環境中，我們不必然有適當的文化濾鏡，所以人際間可能起衝突、可能無法和諧共事等（葉珍玲、甄曉蘭，2019）。這一個文化濾鏡的譬喻非常接近跨文化素養的概念，沒有相對應的濾鏡就無法如實地進行國際理解，跨文化素養亦然。

Pedersen（2016）認為僅把學生放在異文化之下或行跨文化的比較，不代表跨文化的素養就會自動長出，有系統的課程及教學設計是必要的途徑。黃文定（2017）以小學生為對象的研究亦建議，學校應結合課程與交流活動，建構以文化體系為架構的跨文化學習。這兩個建議均同時指向「國際交流課程化」的重要性。不管走出去、引進來還是在地國際化，配合課程與教學行異文化之瞭解及跨文化素養的涵育是重要的深化作為。

身為高教機構的老師，必須很誠實地說，在面對國際學生時，除了語言的挑戰之外，文化是教學上亟需放入考量的因素；從課程及教學的視角來看，「國際理解」在九年一貫課程以及十二年國民基本教育課程均已受到重視，國內教育相關單位近年來也把較多的注意力及資源置放於該議題之上，但我們仍有相當大的努力空間。

經濟合作開發組織（Organization for Economic Co-operation and Development，簡稱 OECD）於 2018 年將「全球素養」（global competence）納入 PISA（Programme for International Student Assessment）的測驗（李懿芳、楊宜蓁、邱欣榆，2020），誠如 Sälzer 和 Rocze（2018）所說這一個構念仍然非常的年輕，故其流動是可以預期的。OECD 把它界定為多面向的構念，它需要結合知識、技能、態度和價值才能成功地運用於全球性的議題和跨文化的情境；所謂全球性議題是指影響所有人，而且對於當代及未來的世代均具有深遠的意涵。早期 OECD 對「全球素養」的架構偏重於跨文化的素養，2016 年的版本則亦強調批判思考並對全球性議題進行反思。這兩個版本雖有差異，但其界定均彰顯了「國際素養或跨文化素養」的不可輕忽。因此，教育社群持續關切此一議題之發展是必要的。而本文所論述的三個功課，不管是引進來、走出去還是在地國際化這三者和「跨文化素養」，均具有「你泥中有我、我泥中有你」的密切相關。

Zhao（2010）用淺白的話語對全球素養或跨文化素養的描繪相當傳神，他說：「有能力和使用不同語言、不同信仰、不同價值的人進行有效的互動是重要的，因此過去一小撮人需要的能力，現在已經成為所有專業的必須。哪一小撮人呢？外交官、翻譯、跨文化諮詢者、跨國導遊。」也許 Zhao 的期許過高，但仍值得我們警惕。當美國一流大學以世界為校園，當全球素養／跨文化素養期許社會大眾有能力和使用不同語言、不同信仰、不同價值的人進行有效的互動時，臺灣高等教育國際化的重要「懸缺課程」（null curriculum）昭然若顯。來臺灣就讀的俄國學生抱怨其國家被臺灣人稱為「蘇俄」時，可以得知身在臺灣的我們，對世界地圖的更新不夠及時。當來臺的國際學生說，他的好朋友鮮有臺灣學生時，彰顯臺灣在「引進來」之後的在地國際化仍得努力。當本文作者之一努力了十餘年，只有百餘位學生獲教育單位部分補助，而能出國短期學習；我看見臺灣高教國際化的三個功課均不及格。面對臺灣高等教育的國際化，不管走出去、引進來還是在地國際化，都還有很多功課等著我們去面對、去學習、去克服。

註 1：https://depart.moe.edu.tw/ED4500/cp.aspx?n=002F646AFF7F5492&s=1E
A96E4785E6838F

註 2：訪談及座談資料來自研究專案「臺灣國際教育之立法需求和内容要
項評估」。

註 3：參見 https://stats.moe.gov.tw/files/brief/107%E5%B9%B4%E5%A4%A7
%E5%B0%88%E6%A0%A1%E9%99%A2%E5%A2%83%E5%A4%96
%E5%AD%B8%E7%94%9F%E6%A6%82%E6%B3%81.pdf

註 4：姜麗娟（2010）。國内高等教育課程國際化現況調查與指標建構之
研究 (I)〔E95046〕。
【原始數據】取自中央研究院人文社會科學研究中心調查研究專題
中心學術調查研究資料庫。doi:10.6141/TW-SRDA-E95046-1

註 5：www.thenewslens.com › article ›

註 6：news.ltn.com.tw › news › world

註 7：參現 https://www.coolloud.org.tw/node/51269

註 8：https://www.topuniversities.com/student-info/student-finance/how-much-
does-it-cost-study-uk

註 9：www.theunion.org.tw › category › issue

註 10：https://law.moj.gov.tw/LawClass/LawAll.aspx?PCode=H0030050

註 11：參見 https://www.study-abroad-uk.com/

註 12：參見教育統計指標之國際比較 2020 版，教育部。

註 13：新南向學海築夢 https://www.studyabroad.moe.gov.tw/new/data/sample/
form_109.pdf

註 14：https://www.studyabroad.moe.gov.tw/new/index/news.detail/sn/342

註 15：雲門基金會成立「流浪者計畫」參考連結如下
https://www.cloudgate.org.tw/scholarships

註 16：https://epaper.edu.tw/windows.aspx?windows_sn=17312

註 17：https://www.oecd.org/pisa/innovation/global-competence/ 及 Teaching for
Global Competence in a Rapidly Changing World. *OECD Publishing.* 參
見 https://eric.ed.gov/?id=ED581689

參考文獻

㈠中文

王如哲（1999）。比較與國際教育初探。**比較教育，46**，67-82。

王湘月（2019）。臺灣高等教育國際化與在地國際化之初探。**南台人文社會學報，20**，31-68。

田耐青、吳麗君、張心容（2020）。以學習者爲中心的教學：一個紐西蘭小學班級的讀寫說教學案例。**課程與教學季刊，23**(3)，85-108。

共同編輯（2016）。換日線：Crossing 世界教會我的一堂課。天下**雜誌**。

吳麗君（2006）。最後的香格里拉遇上全球化及其對臺灣的啟示。載於中華民國課程與教學學會主編，**課程教學的本土化與全球化**（頁113-138）。高雄：復文。

周宛青（2017）。高等教育國際化下臺灣本籍生整體學習經驗質性研究。**臺灣教育評論月刊，6**(4)，228-254。

李懿芳、楊宜蓁、邱欣榆（2020）。PISA 2018全球素養評量之探析。**臺灣教育研究期刊，1**(3)，301-314。

林俐（2019）。國際教室在高等教育國際化之角色與挑戰。**臺灣教育評論月刊，2019，8**(7)，69-73。

金惟純（2013）。**還在學：成功不是你想的那樣**。臺北：商業周刊。

洪雯柔、賴信元（2019）。高等教育國際化之開展與省思。**教育研究月刊，305**，19-36。

胡婷（2008）。影響交換生適應地主國因素之研究。政治大學企業管理研究所碩士學位論文。

姜麗娟（2005）。論全球化與跨國高等教育對高等教育國際化的新啟示。**中正教育研究，4**(1)，67-98。doi:10.6357/CCES.200505.0067

姜麗娟（2012）。大學國際化評鑑：實例介紹及其對國內的啟示。**評鑑雙月刊，35**，27-32。

袁汝儀（1995）。**荷蘭視覺教育與師資訓練：一個西方案例的民族誌研究**。臺北：五南。

郭位（2016）。**高等教育怎麼辦？兩岸大學心件的探討**。臺北：遠見天下文化。

教育部（2018）。**教育統計指標之國際比較**。臺北：教育部。

黃政傑（2006）。教育本土化之新思維，載於中華民國課程與教學學會主編，**課程教學的本土化與全球化**（頁1-24）。高雄：復文。

黃政傑（2013）。**大學教改新方向**。臺北：冠學。

黃純敏（2014）。**轉化的力量——多元文化課程與教學研究**。臺北：學富。

黃文定（2017）。臺日與臺新交流對小學生跨文化溝通之認知能力的影響。**當代教育研究季刊，25**(2)，1-41。

陳春孝、莫氏心（2019）。越籍學生在臺灣求學困難之探究。**臺灣教育評論月刊，第8期**，頁 50-56。

翁福元、許瑞芳（2016）。高等教育國際化招收外國學生之探討。**臺灣教育評論月刊，5**(10)，49-57。

翁福元（2020）。2025澳洲國際教育的新取向。**臺灣教育研究期刊，1**(1)，285-290。

詹盛如、王雅玄、林婉鈴（2019）。中小學在地國際化：大學國際學生宅配到偏遠學校方案。**教育研究月刊，305**，98-114。

葉珍玲、甄曉蘭（2019）。國際教育的核心——提升全球素養的教學。**教育研究月刊，305**，4-18。

藍白拖（2015）。**給回來的旅行者**。臺北：天下雜誌。

韓光俐（2009）。**來臺大學國際學生課業學習經驗與學習適應歷程之研究——以國立臺灣師範大學大學部學生為例**。臺灣師範大學公民教育與活動領導學系碩士學位論文。

龍應臺（2016）。**傾聽**。新北：INK。

魏佳卉（2020）。從國家預算看高教未來。**評鑑雙月刊，87**，44-47。

嚴長壽（2017）。**在世界地圖上找到自己**。臺北：天下文化。

戴曉霞（2007）。高等教育的國際化：臺灣、日本及荷蘭外國學生政策之比

較研九(II)。行政國科會專題研究計畫成果報告。

㈡英文

Gompertz, W. (2018)。**藝術家想的和你不一樣**。臺北：遠流。（沈耿立譯）

Handy, C. (1996). *Beyond certainty.* London: Arrow.

Hotta, J., & Ting-Toomey, S. (2013). Intercultural adjustment and friendship dialectics in international students: A qualitative study. *International Journal of Intercultural Relations, 37*(5), 550-566.

Johnson, A. G. (2001)。**見樹又見林**。臺北：群學。（成令方、林鶴玲、吳嘉苓譯）

Kembel, N. (2011)。**老外愛臺灣**。臺北：賽尚。（鄭佳佳譯）

Meyer, E. (2014). *The culture map.* New York: Public Affairs.

Pedersen, P. J. (2016). Toward intercultural development and a model for institutional change. In *Internationalizing the undergraduate psychology curriculum* (pp. 239-257). Washington, D.C.: America Psychological Association.

Sälzer, C. and Roczen, N. (2018). Assessing global competence in PISA 2018: Challenges and approaches to capturing a complex construct. *International Journal of Development Education and Global Learning, 10*(1), 5-20.

Young, Z. (2010). Preparing globally competent teachers: A new imperative for teacher education. *Journal of Teacher Education, 61*(5), 422-431.

Zhou, G., & Zhang, Z. (2014). A study of the first year international students at a Canadian university: Challenges and experiences with social integration. *Canadian International Education, 43*(2), Article 7. Available at: http://ir.lib.uwo.ca/cie-eci/vol43/iss2/7

Zhao, Y. (2010). Preparing globally competent teachers: A new imperative for teacher education. *Journal of Teacher Education*, 6(5), 422-431.

　　感謝教育部專案的經費支持，謝謝高教社群受邀教師知無不言，感恩與高教國際化有關行政同仁撥空參與座談，另受訪學生不吝分享其跨國學習的經驗，豐富本文的看見，對所有成就本文者致上誠摯的謝意。

第二章

從國際化目標探究臺灣
國際教育政策之展望

阮孝齊

壹 前言

　　國際教育（international education）在行政院通過國家發展委員會所提的「雙語國家政策發展藍圖」後，受到社會各界的矚目。自教育部於2011年公布「中小學國際教育白皮書」後，國際教育即成為目前我國教育政策發展的重要項目（劉美慧、洪麗卿、張國恩，2020）。

　　從現有的「中小學國際教育白皮書2.0版」中，目前臺灣國際教育的發展目標，可以概括性的理解為「培育全球公民」、「促進教育國際化」及「拓展全球交流」等三個目標，以及「彰顯國家價值」、「尊重多元文化與國際理解」、「強化國際移動力」、「善盡全球公民責任」等四項核心素養。高等教育國際化的發展目標則以「高教深耕計畫」中的「接軌國際」、「引領大學發展優勢領域展現多元國際競爭特色」為主軸（許文瑞，2019）。其次，從不同教育階段而言，尚有「人才培育白皮書」中「大學教育暨國際化及全球人才布局」等重要的國家經建發展目標。高等教育中的國際教育，和目前中小學的國際教育兩者間的關係為何？是否如同澳洲資歷架構（Australian Qualifications Framework, AQF）般，存在一體化的國際教育發展目標（李隆盛，2017），以作為人才培育的發展指標，在目前追求整體化的國際化教育發展下，是值得探討的問題。

　　以目前國內的相關法規及文獻進行討論，可以區分為高等教育國際化的討論，以及中小學國際教育的發展兩個主要範疇。前者對於國際教育的定義多參考Knight（2003）等人「將國際化、跨文化或全球的面向轉化為高等教育的目的、功能或傳授的歷程」之相關內涵（劉素珠、林念臻、蔡金田，2018）；後者則有相當多的中小學課程發展與教育行政學者進行討論，主要包含國際理解（詹盛如，2013）、培育國際競爭力人才（黃乃熒，2009）、課程、海外交流與學習、國際合作、技術支援他國教育發展、外國教育的研究等面向（陳怡如，2011）。Cambridge與Thompson（2004）認為國際教育有三種意涵：促進國際瞭解之哲學思辨與學術研究、培養國際眼光和國際心靈的教育、國際學校提供的教育（楊深坑，2003）。

　　本文從爬梳我國多部會、多階段的繁多法規，透過發展趨勢的整理，
先回顧目前國內國際教育發展的相關軌跡。進一步，透過國際教育或全球
化教育目標的需求及目前發展，論述未來發展的趨勢及展望。

國際化教育目標之發展向度

　　所謂目標（goal），指政策能夠達成的事項。Weimer 與 Vining（1992）
認為政策目標具有同時包含多個目標的「多元性」、不同利益團體之間的
「衝突性」，以及複雜的問題難有固定目標的「含糊性」。高等教育國
際化政策的目標，也是如此。不僅受到經濟學者、高等教育管理者、高等
教育政策制定者關注，同時對於如何透過教育的國際化，達成增進教育品
質的目的，或國際化本身是否為目標之一，也存在複雜性與多元性（Mont-
gomery, 2009）。

　　關於高等教育國際化，廣受引用的論點為 Knight（2004, 2015）所提出
的論點。Knight（2008）在專書中，透過世界經濟體系的觀點，分析高等
教育在國際化趨勢下的表現，以及如何闡釋其發展現象，並推薦高等教育
機構和國家的相關策略，頗具參考性。其論述從高等教育機構本身出發，
一開始強調大學的教學、研究、服務等面向，受到國際影響的現象（王湘
月，2019），轉向從國際化（international）、跨文化（intercultural）或全
球的面向（global dimension）觀點，來解釋國際化對於教育活動形成的整
體影響。

　　質言之，Knight 進一步將教育的目的、功能及傳遞（purpose, function,
and delivery）在不同國家和機構之間發生的現象，納入了國際化教育的討
論之中。相類似的，Harari（1989）認為高等教育國際化可分成下列三個
部分：課程的國際內容、學者和學生的國際流動，和跨國界的教育合作計
畫。

　　Hudzik 與 Stohl（2009）對於評估高等教育國際化的影響，提出從三
個核心機構功能（core institutional function）「發現（discovery）、學習
（learning）、投入（engagement）」，以及三個策略樣態「投入（input）、

產出（output）、成果（outcome）」進行規劃的模式。首先發現的功能，包含機構的研究投資、國際比較研究等。其次爲學習功能，包含國際學習課程、國外學習的財務支援、教職員的國際連結等。第三是投入功能，包含人員、財務或其他應用在建構國際化的資源。三種功能各自需要高等教育機構的投入（例如：資金投入），並會產生相對應的產出（例如：生產學術論文），最後形成具體的成果（如提升機構的聲望）。

Qiang（2003）歸納許多學者提出的高等教育國際化的重要成分，包含了學術學程（academic program）、研究及學術合作（research and scholarly collaboration）、課程活動（curricular activities）、外部關係及服務（在地及國外）（external relations and service, domestic & offshore）等四個部分。

國內學者陳怡如（2011）指出，國際教育的實施面向大致不脫離課程、海外交流與學習、國際合作、技術支援他國教育發展、外國教育的研究等面向。前三者和中小學階段的關係較爲密切，後兩者的實施主要是透過高等教育機構或是國際組織。

首先，在學校國際化上，以高等教育爲主，需要跨界整合的創新發展。在高等教育國際化上，需要和國際組織進一步合作，同時考量不同文化環境學生的需求，重新規劃補助方向。

其次，在國際學習上，在中小學國際教育上，需要和私部門發展的認證以及相關代辦學習機構合作；同時，與課程發展系統協作發展，針對師資及課程、教學、評量系統進行整體的支持。

第三，在海外學習上，需要終身學習體系的考量，將整體教育機構中的目標作一統整。

表1　國際教育目標之相關整理

向度	Knight (2015)	Harari (1989)	陳怡如 (2011)	Hudzik 與 Stohl (2009)	Qiang (2003)
課程安排	國際化	國際課程的內容	課程	學習	課程活動
研究師資			外國教育的研究	發現	研究及學術合作

向度	Knight (2015)	Harari (1989)	陳怡如 (2011)	Hudzik 與 Stohl (2009)	Qiang (2003)
交流活動	跨文化	學者和學生的國際流動	國際合作		
在地發展	國際化		海外交流與學習	投入	學術學程
國際行銷	全球的	跨國界的教育合作計畫	技術支援他國教育發展		外部關係及服務

　　總而言之，目前對於國際教育之目標討論，從機構內的相關做法，延伸至在地與環境的整體發展，進而到課程、合作、服務等非物質項目的經營。最終目標，在於從高等教育向下延伸，成就完整的國際教育系統。

參　我國國際化教育政策倡導歷程

　　從相關文獻中，對於我國國際教育的政策發展，可以區分為國際教育政策理念倡導、中小學國際教育發展之倡導、高等教育國際化政策發展，以及臺灣國際化教育政策之發展範圍等四個部分。

一、國際教育政策理念倡導

　　目前追溯到最早的國際教育理念，可以源自 1929 年公布之「中華民國教育宗旨及其實施方針」，其中提及教育宗旨包含「提倡國際正義，涵養人類同情，期由民族自決，進於世界大同」等目標（劉素珠、林念臻、蔡金田，2018）。近代行政院 2002 年公布「挑戰二○○八：國家發展重點計畫」後，教育部也規劃吸引外國學生來臺，以及提升全民英語能力、營造國際化生活環境等相關政策（黃榮村，2003）。

　　從課程規劃而言，學者亦指出，九年一貫課程中開始重視「全球視野」、「國際素養」與「多元文化」的概念（詹盛如，2013）。2000 年頒布「九年一貫課程綱要」載明十大能力指標中之「文化學習與國際瞭解」（劉素珠、林念臻、蔡金田，2018）。同時，十二年國民基本教育課程綱要亦載明要發展「多元文化與國際理解」之素養（劉美慧、洪麗卿、

張國恩，2020）。

二、中小學國際教育發展之倡導

在中小學國際教育上，許多學者從中央以及地方的分別來討論，追溯至 2001 年及 2009 年推動與發布「推動高中職國際教育旅行計畫」、《教育部補助增進高級中等學校學生國際視野要點》（劉素珠、林念臻、蔡金田，2018），以及 2007 年「增進高級中等學校學生國際視野方案」（詹盛如，2013）。

地方政府同時也推出相關國際教育政策，反映國際化的發展為全國性的趨勢。臺北市 2002 年即提出「臺北市教育國際交流白皮書」，推動國際教育六年計畫（2002-2008 年）、2009 年 10 月又訂定「2010-2015 年臺北市全球教育白皮書」（陳麗華，2010）。2007 年高雄市教育局高中職教育科（第一科）中即設立「國際教育股」（詹盛如，2013），此後延續進行相關發展。

此外，教育部於 2010 年第八次全國教育會議特別成立「兩岸與國際教育」中心議題，徵詢各方意見，於 2011 年 4 月 20 日發布「中小學國際教育白皮書」，其中「國家認同」、「國際素養」、「全球競合力」，以及「全球責任感」為四大目標（教育部，2011）。

劉素珠、林念臻、蔡金田（2018）分析回顧近十年來我國教育部中程施政計畫，發現 2010-2013 年及 2013-2016 年度的計畫中，皆包含「促進教育事務之國際交流」、「培育能自我實現的高素質現代國民與世界公民」為願景。

除教育部之外，2013 年併入教育部之青年發展署，於 2013 年 2 月 1 日修正發布《教育部青年發展署促進青年國際參與及交流補助要點》，補助依法設立之社會團體或財團法人、大專校院參加國際（含兩岸）會議、論壇或活動，並且針對弱勢青年（含低收入戶青年）、原住民青年、偏遠地區青年，得視實際狀況「優予補助」，以兼顧資源分配之平衡性。青年發展署也於 2013 年 1 月 22 日修正發布《教育部青年發展署臺灣青年國際

志工服務隊補助要點》，透過經費補助方式，鼓勵青年赴海外進行志願服務。

三、高等教育國際化政策發展

在高等教育國際化上，最早可追溯至 1958 年公布實施的《僑生回國就學及輔導辦法》，並在 1973 年公布《外國學生來華留學辦法》（1995 年更名爲《外國學生來臺就學辦法》），分別作爲僑生及外國學生來臺就學及相關措施的重要依據（蔡進雄、李建興、盧宸緯，2014）。

2002 年我國加入世界貿易組織，依據入會協議，我國在教育服務貿易有四項業務開放，開放外國人設立高中、高職及其以上之學校與教學機構、遠距教學、設立短期補習班、留學服務業（羅雅芬，2010）。

2004 年 7 月 28 日行政院院會中，時任行政院長游錫堃指示將「擴大招收外國學生來臺留學」列入國家發展重點計畫，據此，教育部隨即於 10 月 29 日頒布《教育部獎勵大學校院擴大招收外國學生補助計畫要點》（蔡進雄、李建興、盧宸緯，2014）。配合政府政策，各部會也推出教育部臺灣獎學金（MOE Taiwan scholarship）、外交部臺灣獎學金（MOFA Taiwan Scholarship）、科技部臺灣獎學金（MOST Taiwan scholarship）、自行頒發的獎助金等各種資源，吸引國外學生來臺（潘俊宏、張仁家，2019）。

2006 年，我國「財團法人高等教育國際合作基金會」成立。政府希望由該基金會代表我國參與國際高等教育學術活動，推動與各國高等教育組織的合作交流、拓展我國在國際學術界的活動舞臺（薛家明，2015）。

2008 年，行政院推動「萬馬奔騰」計畫，透過「鼓勵出國留學」、「補助出國研習」、「推展國際參與」及「擴招僑外青年學生」等四項推動策略擴增青年國際交流機會，促成國內外學生進行交流、學習與深造，增加臺灣境外學生人數，加速高等教育國際化發展。同時提出強化「陽光南方政策」，希望倍增東南亞來臺留學生人數，及鼓勵境外學生來臺留學或研習華語文（薛家明，2015）。

在 2009 年，教育部發布《教育部補助臺灣高等教育輸出計畫要點》，鼓勵大學校院以及從事國際教育推動或高等教育評鑑相關業務的民間團體，發展包括：(1) 推動海外菁英來臺攻讀學位或研習；(2) 精進學校辦理外國學生接待家庭運作機制；(3) 強化海外臺灣教育中心資源運用及績效評估；(4) 臺灣高等教育海外宣傳、行銷及提升大學校院英文網頁品質；(5) 高等教育輸出之校際經驗交流及資源分享；(6) 國內大學校院招收外國學生之環境評估等，共六項重點發展方向之資源整合或服務平臺工作計畫（蔡進雄、李建興、盧宸緯，2014）。

2010 年行政院全國人才培育會議的決議，未來在全球與國際的發展面向上，強調「人才培育全球布局」，選送優秀人才出國，並招收國際優秀學生；「積極參與國際學術組織」，推動學者提升國際影響力方案，並成立跨國性之國際學術研發中心，爭取國際知名研究團隊參與；「檢討延攬人才法規，及強化優秀人才留臺策略」，除了檢討鬆綁移民、居留、勞健保、工作許可、國籍法、兵役法等相關法規，同時檢討延攬優秀海外華裔子弟返國相關法規（周祝瑛、陳榮政，2012）。

關於境外招生重要的關鍵法規發布於 2010 年 8 月 19 日，立法院三讀通過陸生三法（《臺灣地區與大陸地區人民關係條例》第 22 條、《大學法》第 25 條、《專科學校法》第 26 條）。教育部於 2011 年 1 月 6 日發布《大陸地區人民來臺就讀專科以上學校辦法》及修正發布《大陸地區學歷採認辦法》（薛家明，2015）。於 2011 年開始，以「三限六不」及其他原則，招收陸生（蔡進雄、李建興、盧宸緯，2014）。

2011 年，「高等教育輸出——擴大招收境外學生行動計畫」列為國家十大重點服務業之一，預計投入新臺幣 56.8 億元，至 2014 年創造新臺幣 234 億元之產值（教育部，2011）。透過「精進在臺留學友善環境」及「強化留學臺灣優勢行銷」兩大發展主軸，希望在 2020 年，來臺留學或研修的境外學生（含學位生及非學位生）人數可達 15 萬人，占大專校院人數逾 10%。

在 2011 年 7 月，政府公布「黃金十年國家願景」系列政策，在「願景四：優質文教」中，政府宣示將「打造臺灣成為東亞高等教育重鎮」，

並「邁向華語文產業輸出大國」。為達成此二願景，政府擬定「提升大學教育水準、促進教育國際化」及「推動全球華語文教育」兩策略（教育部，2020）。

2013 年底公布之「人才培育白皮書」中，以「培育多元優質人才，共創幸福繁榮社會」為願景，將「大學教育暨國際化及全球人才布局」列為主軸之一（教育部，2020）。

2016 年開始，教育部依據總統府通過之「新南向政策」政策綱領、行政院通過之「新南向政策推動計畫」，10 月擬定「教育部新南向人才培育推動計畫」，規劃多項新增或擴大之工作計畫，並自 2017 年起執行，以「以人為本、雙向交流、資源共享」為核心目標（教育部，2020）。

2017 年開始，教育部推動「高等教育深耕計畫」，其中關於高等教育國際化的部分，包含「協助大學追求國際一流地位及發展研究中心」之第二部門方案（教育部，2017）。在具體目標上，包含了聘請國際知名教授學者、吸引國際一流學生來臺就讀等兩個部分（許文瑞，2019）。和前述的相關計畫比較，可以發現具有銜接性，並增加了延攬國際學者的具體做法。

四、臺灣國際化教育政策之發展範圍

本研究的主要目的在於討論國際教育的目標，從上述立法過程來看，相關的政策範圍可以整理如表 2。釐清範圍有助於進一步就國際化的目標進行討論。

表 2　國際教育政策之範圍

	海外國際學校學習	在地國際教育	外國學生來臺（高等教育）
幼教		V	
國中小	V	V	
高中	V	V	V
高等教育	納入留學教育管制	V	V

　　在適用範圍上，從目前的相關行政規則來看，可以分爲處理事項以及教育階段來討論。在處理事項上，可以區分爲海外國際學校學習、在地國際教育、外國學生來臺，然而外國學生來臺部分，依照專家建議，以高等教育爲優先辦理階段。在教育階段上，除了傳統國中小、高中、高等教育階段外，目前法規也包含了幼教階段的專業師資發展的討論。

 ## 肆 我國國際教育的立法概況及國際化教育目標發展

一、我國國際教育的立法概況

　　本文依據教育部主管法規查詢系統，以「國際」與「教育」進行搜尋，共計有十六項行政規則。進一步依照不同規範的類別進行區分陳述，高等教育國際化計有五項，中小學國際教育計有六項，其他類計有五項。

表3　本研究整理之國際教育相關法規

編號	最新修正日期	法規名稱	類別	備註
1	2019.10.18	《教育部補助臺灣高等教育輸出計畫要點》	高教國際化	
2	2018.03.16	《教育部高等教育輸出擴大招收境外學生推動小組設置要點》	高教國際化	廢／停
3	2018.02.27	《教育部獎勵大學校院推動國際化補助計畫要點》	高教國際化	廢／停
4	2017.10.26	《教育部補助大專校院及其附設華語文教學機構設置外國學生獎學金核撥作業規定》	高教國際化	廢／停
5	2019.07.02	《教育部補助師資培育之大學辦理國外教育見習教育實習及國際史懷哲計畫要點》	高教國際化	
6	2005.05.26	《外國學生獎學金作業要點》	高教國際化	廢／停
7	2019.06.21	《教育部獎勵補助私立高級中等學校經費實施要點》	中小學國際教育	

編號	最新修正日期	法規名稱	類別	備註
8	2020.10.21	《教育部國民及學前教育署補助推動國際教育經費作業要點》	中小學國際教育	
9	2021.11.25	《教育部國民及學前教育署補助推動國際教育旅行經費作業要點》	中小學國際教育	
10	2021.01.27	《教育部國民及學前教育署補助辦理高級中等學校第二外語教育要點》	中小學國際教育	
11	2018.03.27	《高級中等學校辦理戶外教育實施原則》	中小學國際教育	
12	2012.12.13	《教育部國民及學前教育署中小學國際教育指導會運作要點》	中小學國際教育	
13	2012.12.13	《國家教育研究院電子報發行及作業要點》	其他	
14	2020.12.17	《國家教育研究院國際評比專案諮詢小組運作要點》	其他	
15	2020.10.15	《教育部補助高級中等以下學校及幼兒園教師在職進修作業要點》	其他	
16	2012.11.07	《第八次全國教育會議作業須知》	其他	廢／停

　　依據上述法規，可初步區分為「高等教育國際化」、「中小學國際教育」及「其他相關法規」三個部分進行說明。在高等教育國際化方面，以《教育部補助臺灣高等教育輸出計畫要點》為最重要的實施方案，歷時 10 年，修訂六次。其餘法案則可以發現為按照不同方案進行補充規劃的規定，現皆已併入上揭法案項目中實施。在中小學國際教育方面，則以《教育部國民及學前教育署補助推動國際教育經費作業要點》為範圍最廣之法規，其餘相關規範則圍繞國際旅行、語言學習等重要課題進行法規的支持。其他相關法規，包含《教育部補助高級中等以下學校及幼兒園教師在職進修作業要點》中，以及其他二項國家教育研究院內部規範，及一項全國教育會議的議題內容。

　　除此之外，教育部青年發展署有《教育部青年發展署青年壯遊體驗學習獎補助要點（109 年 9 月 18 日修正）》、《教育部青年發展署服務學

習及海外志工獎補助要點（109 年 1 月 10 日修正）》、《教育部青年發展署促進青年國際參與及交流獎補助要點（108 年 10 月 31 日修正）》等三項行政規則，規範相關的獎補助做法。

在雙語環境建構上，亦有《教育部補助大專校院精進全英語學位學制班別計畫要點》（106 年 8 月 7 日修正），作為高等教育機構推動特殊學制的依據。政府於 2018 年為了推動雙語國家，提出「2030 雙語國家政策發展藍圖」（呂雪彗、郭佩凌，2018）。本研究中著重於整體環境的營造，雙語環境的建構值得後續關注。

可見國際教育相關法規相當眾多，且歸屬不同教育政策執行部門。從本研究整合性的國際教育目標來看，為相當大的限制。

為瞭解目前國際教育立法之主責單位、制定年度、政策目標（願景）、對象、主要項目（向度或主軸）等重要的內涵，研究者將《教育部國民及學前教育署補助推動國際教育經費作業要點》（簡稱推動國際教育要點）、《教育部補助師資培育之大學辦理國外教育見習教育實習及國際史懷哲計畫要點》（簡稱國外教育見習教育實習及國際史懷哲計畫要點）、《教育部補助臺灣高等教育輸出計畫要點》（簡稱補助臺灣高等教育輸出計畫要點）、《教育部國民及學前教育署補助推動國際教育旅行經費作業要點》（簡稱國際教育旅行經費要點）、《教育部青年發展署促進青年國際參與及交流獎補助要點》（簡稱促進青年國際參與及交流獎補助要點）整理比較如附件一，同時也加上已廢除之《教育部獎勵大學校院推動國際化補助計畫要點》，以及《大專校院高等教育深耕計畫經費使用原則》（109 年 2 月 5 日修正）作為釐清發展歷程的依據。

初步的結果可以發現，我國國際教育的項目十分繁雜，且彼此之間分涉不同權責單位，的確需要從更高層級的發展目標進行整理。

二、我國國際化教育目標之發展向度

本研究進一步整理出我國主要國際化教育之法規中，國際化目標之發展項目，進而和國內外相關文獻整理之架構進行對照，目的在於討論目前國際化教育之目標設定範疇，具以提出未來的發展方向。

從我國目前相關立法之項目，本研究參考《教育部獎勵大學校院推動國際化補助計畫要點》（2018 年 2 月 27 日）、《教育部高等教育輸出擴大招收境外學生推動小組設置要點》（2018 年 3 月 16 日）、《教育部補助師資培育之大學辦理國外教育見習教育實習及國際史懷哲計畫要點》（2019 年 7 月 2 日）、《教育部國民及學前教育署補助推動國際教育經費作業要點》（2020 年 10 月 21 日）及其他要點，可以將目前的國際教育法規相關之目標，整理出其內涵（如附件二）。初步可以發現，我國國際教育之計畫目標相當廣泛。與高等教育國際化有關的相關法令，多半從「競爭力、國際視野」等出發，強調國際視野及人才競爭力；與中小學國際教育有關的法令，則從「文化交流」出發，強調文化與課程的雙向國際化。然而如推動國際教育要點則沒有將願景或目標明確點出，而促進青年國際參與及交流獎補助要點則同時將兩種目標放在計畫中，實際經費卻相對較少。進而和本研究所整理之國際教育目標架構進行對照，可以有以下共通之發現：

(一)課程與教學發展

Knight（2004）在討論高等教育國際化的複雜性時，指出高等教育的課程方案（program）可以被視為政策工具的一種，代表政策實際轉化為行動的成果。在我國高等教育部分，獎勵大學校院推動國際化補助計畫已有相關作為，隨著高等教育深耕計畫的推出，也將課程與教學改革納入各大學重要的國際教育發展項目之中。

此外，值得關注的是在國際化的趨勢下，中小學也將國際教育融入課程，並且進行教學活動設計，納入推動國際教育要點，作為最常實施的國際教育方式（陳怡如，2011）。

(二)研究師資發展

從 Harari（1989）與 Knight（2008）等人關於高等教育國際化的核心定義討論，人員的移動和發展始終為高等教育機構的發展核心。在我國相關政策中，可以發現從獎勵大學校院推動國際化補助計畫開始，以及後續的

高等教育深耕計畫協助大學追求國際一流地位及發展研究中心方案，都著重高等教育國際人才的競爭與培養。透過招募或發展國際化教師的方式，達成國際教育目的的相關政策項目。此外，如《教育部補助師資培育之大學辦理國外教育見習教育實習及國際史懷哲計畫要點》，也將師資培育機構的相關活動納入研究師資發展，在發揮提供海外宣傳、達成國際交流的目的同時，向下延伸至中小學的相關國際化師資。

(三)交流活動

Qiang（2003）所歸納國際化目標中，在地及國外（domestic & off-shore）的相關服務相當重要。我國相關政策也體現這樣的思維，如高等教育深耕計畫中，針對相關的活動皆有列舉補助項目。

擴大而言，透過中小學及青年發展署的相關計畫，教育部推動各級學校進行各式國際跨文化交流活動，如在高中職階段教育旅行、技職教育中的實習等。且在相關計畫當中，不論是高等教育或是中小學教育，皆對於弱勢族群的國際教育機會予以關照。同時，如國際教育旅行等相關計畫，也將弱勢學生的機會予以保障。

(四)在地發展

在地高等教育國際化的發展上，以「學校國際化」為主軸，各計畫在中小學及高等教育機構中，皆有此項目，將學校中的師資、設備、環境等，塑造成具有國際化特色的方案項目。同時，高等教育輸出擴大招收境外學生相關計畫提出「在地環境國際化」的措施，除了學校環境之外，進一步將社區環境、校園文化等廣泛的在地環境，塑造成國際化的相關項目。

然而，相較於學者所提倡的國際化的在地發展（Knight, 2015）、在地部門的連結與服務擴展（Qiang, 2003; Hudzik & Stohl, 2009），仍有不足之處。質言之，我國相關國際化目標和私部門的連結相對較弱。僅有「高等教育輸出計畫」中對象提及「國內從事國際教育（包括華語文教育）推動或高等教育評鑑相關業務之依法登記有案之人民團體、社團法人及財團

法人基金會」，以及《促進青年國際參與及交流獎補助要點》中提到「參與本署推動國際參與及交流所公告指定相關計畫或專案之依法設立民間團體、大專校院及個人。」

㈤國際行銷

在高等教育的國際行銷上，以高等教育輸出擴大招收境外學生推動為主，教育部透過各式方案鼓勵外國學生、僑生來臺學習的相關政策。在海外宣傳部分，透過行銷宣傳、華語文推廣等措施，達成提高臺灣能見度的宣傳目的相關措施。

總而言之，發現在不同教育階段目前的相關方案可能都有所著重，亦有所限制。因此需要整體性的規劃以及延伸盤整，如相關學者所呼籲，應有整體的國際教育發展方向（游家政，2003；陳麗華，2010），作為進一步發展的重點項目。其次，我國國際教育政策的相關政策工具以補助為主、審查及評鑑為輔。相對於 Hudzik 與 Stohl（2009）所提出投入（input）、產出（output）、成果（outcome）進行規劃的模式，或是 Knight（2015）從整體思考的評估策略，在回饋機制上有所不足。教育部曾進行「大專校院國際化品質視導機制試辦計畫」，但在其他計畫中則較少見到相關機制，是比較後在發展目標上一個明顯差異之處。

伍　國際教育政策之展望

本研究依據相關之討論，對於建構發展性目標的高等教育國際化目標，提出以下之觀點，以供教育主管機關及地方政府進行參考。

一、透過政府部門協作溝通整合國際教育目標

國際教育立法首先面臨的第一個挑戰，即是原本分屬不同司署的相關業務，需要溝通協調，同時盤整以符合整體主軸。對實現國際教育的整體目標而言，不同教育階段思考的一致性，是政策出臺時最重要的機制。從

本文中的分析可以發現，整合性同時也對於政策的持續性產生某種程度的影響。一個經過協調統整的國際教育政策，能夠對於達成如澳洲資歷架構整體性的素養培育理想（李隆盛，2017），同時也能夠對於國際化的能力以及終身學習的理想，提供願景的支持。

二、高等教育機構面臨調整課程教學的挑戰

國際教育立法的另一個影響，在於需要妥善評估學生組成調整的衝擊。目前在高教深耕計畫的補助之下，我國高等教育機構逐漸邁向國際化課程的方向前進。然而國際化課程的導入並非易事，雖在引進國際人才方面目前已有相關政策，但在具體成效上仍待後續評估。在目前相關工作法規尚稱完備的情況下，學校課程設計的調整，以及因應國際學生的學習趨勢，是後續展望國際教育的重要任務。

三、研究師資發展需整合及持續投入

對於目前國際化人才的討論，需要高等教育機構整體的思考。在高等教育國際化當中，高等教育深耕計畫中「協助大學追求國際一流地位及發展研究中心」專案，對於鼓勵大專校院投入國際研究合作皆有鼓勵措施（許文瑞，2019），但對於研究的國際化以及整體師資的國際發展，確有更進一步開展的空間。

在中小學部分，目前師資培育偏向職前的補助，對於在職的專業發展則仰賴地方。在立法後，師資培育的專業發展將成為地方與中央的重要挑戰。尤其目前國際教育師資培育的展開，需要師資培育機構密切的合作，調整相關課程配套因應。

四、交流活動需深化及均等

目前國際教育的相關活動偏向補助個人層次，縱然在整體環境的努力與發展下，展現了長足的數量增長，但距離 Knight（2015）所強調的跨文化目標，尚有努力空間。同時，目前各方案規章皆有納入弱勢族群學生的補助方案，然而仍然會是未來國際教育立法後的重要問題。

五、在地發展需顧及多元成長需求

目前在高等教育深耕計畫的推動下，發展國際化的高等學校已成為各校的重要目標。然而面對技專校院、私立學校的不同需求，在資源有限的情況下，如何滿足學校發展國際化的目標，需要進一步思考。展望未來的國際在地化環境建構，需要在目前境外學生的相關平臺基礎之上，持續投入資源。

六、國際行銷有賴突破既有限制

關於高等教育的國際行銷，蔡進雄、李建興、盧宸緯（2014）針對我國高等教育因應少子女化與國際化招生現況檢討與改進策略報告中，提及目前我國高等教育在境外招生方面遭遇經費、政策限制、學校競爭力、人員及行銷方面的困難，以目前的國際環境觀之，仍有亟待努力之處。同時，境外招生仍待政策協商與突破。

周祝瑛、陳榮政（2012）曾建議「以高等教育階段為主，其他教育階段為輔，積極招收境外優秀學生。」高等教育機構的招生已有「大專校院境外學生輔導人員支援體系計畫」進行統整協調，然而中小學目前尚沒有完整系統，特別是國際學校許多為私立學校，需要重新盤整。

七、政府需謹慎思考國際教育評鑑機制的建構

目前已廢止的建立國際化品質視導機制試辦方案，未來在國際教育立法下，似乎成為必須要正視的問題。計畫型補助雖有引導政策方向的積極性功能，然而從整體國際化目標而言，需要有全面的審視機制。評鑑制度雖有許多缺陷，然而針對相關項目進行的認證，在國外亦有可參考的前例，可作為後續建構完整國際教育發展途徑的重要配套措施。

參考文獻

(一)中文

王湘月（2019）。臺灣高等教育國際化與在地國際化之初探。**南台人文社會學報**，**20**，31-68。

周祝瑛、陳榮政（2012）。**國際教育**。國家教育研究院。

許文瑞（2019）。高教人才培育新趨勢：高等教育深耕計畫政策特色分析。**國土及公共治理季刊**，**7**(3)，108-115。

詹盛如（2013）。國際教育政策中央與地方政府之比較分析。**國民教育**，**53**(4)，93-97。

劉美慧、洪麗卿、張國恩（2020）。中小學國際教育能力指標之建構與運用。**中等教育**，**71**(2)，17-39。

劉素珠、林念臻、蔡金田（2018）。我國國際教育政策之比較分析。**教育行政論壇**，**10**(2)，33-58。

蔡進雄、李建興、盧宸緯（2014）。我國高等教育因應少子女化與國際化招生現況檢討與改進策略結案報告。國家教育研究院。

羅雅芬（2010）。從高等教育國際化的觀點探討以英語授課的挑戰。**高雄應用科技大學學報**，**39**，381-393。

潘俊宏、張仁家（2019）。新南向政策推動後國際學生來臺留學現況暨影響因素初探。**臺灣教育評論月刊**，**8**(2)，154-175。

呂雪彗、郭佩凌（2018）。政院2030打造臺灣成雙語國家願景。取自https://www.chinatimes.com/realtimenews/20181206002636-260407。

楊深坑（2013）。國際教育理念與實務之歷史回顧與前瞻。**比較教育**，**74**，1-32。

教育部（2017年7月20日）。**高等教育深耕計畫報告案**（行政院第3558次會議）。

李隆盛（2017年8月10日）。建立國家資歷架構開始就不遲。**人才快訊電子**

報。http://itriexpress.blogspot.com/2017/08/blog-post.html

薛家明（2015）。我國招收境外學生之現況與思辨。**高等教育研究紀要，3**，1-20。

黃乃熒（2009）。臺灣推動中小學國際教育之行動建構。**教育資料集刊，42**，1-23。

陳怡如（2011）。臺灣中等學校國際教育實施現況與未來發展。**教育資料集庫，51**，1-26。

黃榮村（2003）。從國際化觀點展望臺灣二十一世紀的教育。**國家政策季刊，2**(3)，1-26。

陳麗華（2010）。臺北市全球教育白皮書芻議。**教師天地，168**，4-11。

教育部（2021年5月13日）。**擴大招收境外學生**。中華民國教育部—部史網站。http://history.moe.gov.tw/policy.asp?id=18

(二)英文

Cambridge, J., & Thompson, J. (2004). Internationalism and globalization as contexts for international education. *Compare: A Journal of Comparative and International Education, 34*(2), 161-175.

Harari, M. (1989). Internationalization of higher education: Effecting institutional change in the curriculum and campus ethos. (Occasional Report Series on the Internationalization of Higher Education) *Center for International Education, 78*. https://ejournals.bc.edu/ojs/index.php/ihe/ article/viewFile/7391/6588

Hudzik, J. K., & Stohl, M. (2009). Modelling assessment of the outcomes and impacts of internationalization. *Measuring Success in the Internationalisation of Higher Education, 22*, 9-21.

Knight, J. (2003). Updated internationalization definition. *International Higher Education, 33*, 2-3.

Knight, J. (2004). Internationalization remodeled: Definition, approaches, and rationales. *Journal of Studies in International Education, 8*(1), 5-31.

Knight, J. (2008). *Higher education in turmoil: The changing world of internationalization.* Brill.

Knight, J. (2015). Updating the definition of internationalization. *International Higher Education, 33*, 1-3.

Montgomery, C. (2009). A decade of internationalisation: Has it influenced students' views of cross-cultural group work at university? *Journal of Studies in International Education, 13*(2), 256-270.

Qiang, Z. (2003). Internationalization of higher education: Towards a conceptual framework. *Policy Futures in Education, 1*(2), 248-270.

附件一　我國國際教育相關法規

法規名稱	主責單位	制定年度	政策目標（願景）	對象	主要項目（向度或主軸）
教育部國民及學前教育署補助推動國際教育經費作業要點	教育部國民及學前教育署	中華民國101年3月23日臺教國署高字第1080052936B號令訂定	加強並提升國際教育之深度及廣度，發展符合各學校需求之國際教育。	（一）獎勵對象：學校執行成果經所屬主管機關認定績效優者，學校得依權責獎勵校內業務相關承辦人員。 （二）補助對象：推動國際教育之全國高級中等以下學校。	（一）課程發展及教學類： 1. 國際議題及國際教育融入學校課程。 2. 研發國際化課程、統整融入學校課程並採資訊及通訊技術（Information Communication Technology, ICT），進行國際交流數位教學。 3. 開設外語、文化課程及辦理相關活動。 （二）國際交流類： 1. 辦理外國學校、師生來訪。 2. 辦理本國學校、師生出訪。 3. 參與國際網路交流計畫。 4. 參與國際會議及競賽。 5. 辦理外國學生來臺服務及學習。 （三）教師專業成長類： 1. 結合社區其他學校辦理校內人員及教師之國際教育專業知能研習。 2. 自行辦理校內人員及教師之國際教育專業知能研習。 3. 教師組團參加國外學辦之國際教育專業知能研習活動。

法規名稱	主責單位	制定年度	政策目標（願景）	對象	主要項目（向度或主軸）
教育部補助師資培育之大學辦理國外教育見習及教育實習及國際史懷哲計畫要點	師資培育及藝術教育司	中華民國105年8月18日臺教師(二)字第1080070070B號令訂定	為培育師資生成為具國際視野之未來教師，並強化師資生國際素養、增進其文化理解、人文關懷、國際體驗及培養語言能力，鼓勵師資生至國外中等以下學校任教及提升其至國外學校任教之意願，鼓勵實踐國際史懷哲關懷弱勢、專業服務之精神，以發揮教育大愛，並促進師資培育之大學與國外學校教育交流。	補助對象： 1. 國外教育見習計畫—參與該計畫且具教育實習指導員之計畫主持教師，以及參與計畫之師資生至少五人。 2. 國外教育實習計畫—參與該計畫且具教育實習指導員之計畫主持教師，以及參與計畫之師資生至少二人。 3. 國際史懷哲計畫—參與該實習指導經育實習之計畫主持教師具教驗，以及參與計畫之師資生至少五人。	（四）學校國際化類： 1. 營造校園國際化學習環境。 2. 設專責單位或指定專責人員辦理國際化事務。 3. 提供教務、學務及行政國際化作業服務。 4. 採國際化教學及學習，促進文化交流。 補助類型： （一）國外教育見習計畫：學校選送師資生赴已開發國家學校、海外臺灣學校及大陸地區臺商學校進行教育見習。 （二）國外教育實習計畫：學校選送實習學生赴已開發國家學校、海外臺灣學校及大陸地區臺商學校進行教育實習。 （三）國際史懷哲計畫：學校選送師資生赴開發中國家學校進行關懷服務。

法規名稱	主責單位	制定年度	政策目標（願景）	對象	主要項目（向度或主軸）
教育部補助臺灣高等教育輸出計畫要點	國際及兩岸教育司	中華民國98年8月4日臺教文（五）字第1080144064B號令訂定	為執行擴大招收境外學生政策、推動有助於促進臺灣高等教育輸出。 （一）推動海外菁英來臺攻讀學位或研習。 （二）精進學校辦理境外學生接待家庭運作機制。 （三）強化海外臺灣教育中心資源運用及績效評估。 （四）臺灣高等教育海外宣傳、行銷及提升大學英文網頁品質。 （五）高等教育輸出之校際經驗交流及資源分享。 （六）國內大學招收境外學生之環境評估。	補助對象： （一）國內大學。 （二）本部所屬駐外教育機構及其薦送之海外留臺校友會等相關團體。 （三）國內從事國際教育（包括華語文教育）推動或高等教育評鑑相關業務之依法登記有案之人民團體、社團法人及財團法人基金會。	（一）補助項目： 1.人事費：得視計畫之必要性編列人事費，每案計畫人數依計畫實際經費需要編列，不得超過該案計畫核定總經費百分之五十。 2.業務費。 3.雜支。 （二）補助原則： 得由本部視申請計畫之前瞻性、複雜度及計畫效益，採全額補助或部分補助。

法規名稱	主責單位	制定年度	政策目標（願景）	對象	主要項目（向度或主軸）
			(七)推動華語文教育或華語文教育產業相關活動。 (八)其他有助於臺灣高等教育輸出及營造對境外學生友善環境之工作計畫或活動。		
教育部國民及學前教育署補助國際教育旅行經費作業要點	教育部國民及學前教育署	民國99年9月28日臺教國署高字第1070076608B號令	為提升高中學生全球移動力、締結姊妹校，促進文化教育交流、並增進參訪學校來臺進行教育旅行。	辦理國際教育旅行（國際參與）之高級中等學校的團體及學生（15歲至18歲）。	六、依本要點規定之補助，其審查基準如下： (一)辦理國際教育旅行，行程以六天五夜為原則，參訪學校至少一校。 (二)學生每十六人，補助隨團輔導人員一人全額團費；其中有身心障礙學生四人以上者，每身心障礙學生四人，另補助隨團工作人員一人全額團費。 (三)每團人數達十人，且具有原住民、低收入戶、中低收入戶或身心障礙，並持有證明文件之學生者，補助一人之一半團費。 (四)特殊教育學校身心障礙學生每團人數八人以上者，每團八人，除其中一人補助學生每一半團費外，其餘每人補助新臺幣一萬元；每四人，得配置一位工作人員隨隊輔導，工作人員每人補助全額團費。

法規名稱	主責單位	制定年度	政策目標（願景）	對象	主要項目（向度或主軸）
					（五）同一學校（包括數校）申請前往同一國別之計畫，每年度以一次為限。學校員原住民、低收入戶、中低收入戶或身心障礙學生，未能依本要點予以補助，且該學生無法負擔者，學校得協助籌措。 七、本署為推動高級中等學校辦理國際教育旅行，得遴選學校，組成聯盟學校，並由聯盟學校互推選其中一學校為總聯盟學校。
教育部青年發展署促進青年國際參與及交流獎補助要點	教育部青年發展署	中華民國98年2月13日青肆字第0982460067 2號令訂定	為鼓勵中華民國青年（依本署各公告指定專案或計畫所規定之青年年齡）參與國際事務及交流、提供多元國際事務研習培訓、國際參與及交流機會，並促進青年國際視野及競爭力。	（一）獎勵對象：參與本署推動國際參與及交流所公告指定相關計畫或專案之依法設立民間團體、大專校院及個人。 （二）補助對象：以前款規定之民間團體及大專校院為原則。	（一）獎勵原則：參與本署公告指定專案或競賽，經本署評審、酌予獎勵，獎勵金依核定辦理所得扣繳。 （二）補助原則： 1. 以部分補助為原則，獲補助者須自行籌措計畫總經費百分之二十，未達者，得依原核定補助比例減少核撥補助款。 2. 經濟弱勢青年（含低收、中低收入戶青年）、原住民青年及新住民（子女）青年，得酌配實際狀況優予補助，以兼顧資源分配之平衡性，惟排除具特殊原因經報本署同意外，不得變更為全額補助，且不得以變更要求增列經費。全額補助為由要求增列經費。

法規名稱	主責單位	制定年度	政策目標（願景）	對象	主要項目（向度或主軸）
教育部獎勵推動大學校院推動國際化補助計畫要點（暫除）	教育部高等教育司	臺教高通字第1070021764B號令	為推動大學校院國際化，鼓勵招收外國學生、促進國際交流及提升大學國際競爭力，引導學校朝質量並重之方向發展國際化。	公私立大學校院	（二）計畫內容 1. 學校發展國際化整體性目標。 2. 擴大招收外國學生之具體目標、招生現況及成效。 3. 提升各項英語能力教育發展課程改進方案。 4. 參與海外國際教育展及教育署年會等各項國際學術合作交流辦理情形。 5. 計畫具體實施策略（包括外國學生入學條件、提供獎學金之師選機制、對外國學生之生活、住宿及課業輔導措施等）。 6. 相關行政配套機制（包括學校成立專責單位、華語中心、建置友善校園及雙語化環境等配套措施）。 7. 申請補助經費之用途明細項目及額度。 8. 計畫實施之具體效益及評估指標。 9. 本計畫與現行已進行中之校內外相關整合計畫之關聯性及後續性計畫構想。 10. 其他。
大專校院高等教育深耕計畫經費使用原則	教育部高等教育司	臺教高(二)字第1080193372B號令	協助大學追求國際一流地位及發展研究中心	公私立大學校院	（二）本計畫補助之經費，係為提升學校整體教學及研究水準：其使用範圍如下：學生學習、輔導、國際交流及提升學習成效等相關費用。 （五）學校依本計畫邀請國外人士短期來臺時，其支給基準得依本規定辦理。

附件二　我國國際教育目標之發展概況

要項	推動國際教育要點	補助臺灣高等教育輸出計畫要點	教育見習、教育實習及國際史懷哲計畫要點	其他要點
課程安排	(一)課程發展及教學類			
交流活動	(二)國際交流類			青年發展署相關計畫
研究師資	(三)教師專業成長類		(一)國外教育見習計畫 (二)國外教育實習計畫 (三)國際史懷哲計畫	高等教育深耕計畫協助大學追求國際一流地位及發展研究中心
在地發展	(四)學校國際化類	(五)精進學校辦理境外學生接待家庭運作機制 (六)高等教育輸出之校際經驗交流及資源分享 (七)國內大學招收境外學生之環境訊息 (八)其他有助於臺灣高等教育輸出及營造對境外學生友善環境之工作計畫或活動		高等教育深耕計畫協助大學追求國際一流地位及發展研究中心
國際行銷		(一)推動海外菁英來臺雙攻讀學位或研習 (三)強化海外臺灣教育中心資源運用及績效評估 (四)臺灣高等教育海外宣傳、行銷及提升大學英文網頁品質 (七)推動華語文教育或華語文教育產業相關活動		

第三章

我國青年國際及體驗學習之相關政策分析

陳玟樺

緒論

Dobbert（1998）指出，國際化重視培養個人國際知能以成為一位全球公民。國際化的目的，除了著眼於個人跨文化能力的培養，跨文化面向也強調作為提升教育品質手段（Montgomery, 2009）。美國國家科學研究委員會（National Research Council）研究指出，國家領導者應在年輕人的教育國際化上進行更多的投資，以培育其具備多文化、國際知能，以及進行國際移動的條件與能力。基於此，若要進一步迎向國際、提升本土競爭力，展現國內青年具有國際視野與多元文化素養等能力，已是必要關注且重要的課題。

當今國際化浪潮席捲，各國期待青年扎根本土的同時，也都鼓勵以世界作為學習的教室、向世界學習，甚至透過相關法令規章的擬定或調適，來保障青年海外學習的機會與權益。長久以來，我國亦不斷地致力於青年海外學習相關政策之優化，若以「全國法規資料庫」進行青年海外學習相關法令規章的搜尋，可見一系列相關政令規章之立法、專案或計畫，若再進一步檢索其法規章程沿革，則又見其或持續修訂、或廢除之歷史軌跡，然不變的是——這些法令規章之一再進行訂立或修正（或廢除），乃為因應時宜和社會需求下，調適出更為有助於青年走向世界、鍛鍊自我實力、領略跨文化魅力、促進國際聯繫，以及發揮人道關懷精神等夢想。

回顧近年來我國青年海外學習政策的內涵與動向，較引起關注與討論應是 2015 年時任民進黨主席（現任總統）蔡英文登記競選第 14 任總統時所發表「2016 總統大選教育政策之十二年國民基本教育」，其指「教育必須要跟得上時代，我們不應該只為今日而教育，而是要為明日而教育，學生也要為了明日而學習」，為此，她提出前瞻教育，更鼓勵高中職畢業生進行多樣生涯發展，如勉勵其勇於超越傳統學習路徑，像先經歷過社會歷練後再回到大學就讀，且政府將為志於擔任國外志工之青年開創更多國外服務或工作機會等。2016 年，蔡英文當選總統後，為落實政見，相關部門陸續採取行動，以教育部青年發展署（後簡稱「青年署」）為例，其為彰顯新政府對青年族群海外學習之持續重視與支持，規劃成立「青年海

外和平工作團」，同時邀請總統蔡英文擔任榮譽團長，更連結本土民間團體提供青年更多海外志願服務機會。此外，青年署對既有《青年海外志工服務隊計畫》[1]加以調整，期透過更完整資源平臺的建置，支持青年永續服務、實踐人道關懷志業（青年海外和平工作團計畫，2016）。由此可知，對於青年海外學習相關政策與執行，本土不分黨派，持續耕耘，面臨時勢變遷，仍積極於既有法規條文或計畫方案上加以修訂（正），足見我國不斷致力於培養 21 世紀青年之國際視野和世界公民素養。

有鑑於青年海外學習相關政策之立法、專案或計畫，乃直接影響青年海外學習的意願、熱情，以及行動力，理解我國當前青年參與國際及體驗學習之相關政策乃是重要課題。然而，有關青年海外學習之相關政策與實施內容爲數繁多，更涉多部門如經濟部、勞動部、教育部、科技部，以及內政部之權責業務，基於時間、物力、人力限制，本研究恐無法一次到位，將先聚焦於較小範圍之深入理解，本研究將先針對教育部青年署國際及體驗學習之相關法令規章進行探索。

青年署的前身爲行政院青年輔導委員會（後簡稱「青輔會」），青輔會成立於 1966 年（民國 55 年）1 月 28 日，當時設立乃爲青年創造一「想飛‧起飛‧會飛」公共服務平臺，主要任務在「統籌處理全國青年輔導事宜」，職掌包括青年創業輔導、青年就業輔導、海外青年回國服務輔導、青年問題調查研究與一般輔導（教育部青年發展署，2021a）。在歷經 47 年運作後，政府組織改造於 2010 年 1 月拍板定案，並於 2012 年完成整併作業，青輔會依業務性質分別整併至經濟部和勞動部，並於 2013 年 1 月 1 日正式成立教育部青年發展署，專司辦理全國青年發展業務，相關法規章程之服務對象以 18-35 歲青年爲主。當前，爲配合教育部「培育優質創新人才，提升國際競爭力」施政願景，青年署以「建構多元學習平臺，培育青年成爲創新改革的領航者」爲未來施政願景，重視青年人力資源與運用，強調以「正規教育接軌，多元體驗學習」之功能與主體性，重

---

[1] 此計畫乃依《青年海外和平工作團計畫》和《教育部青年發展署服務學習及海外志工獎補助要點》所設置，於 2016 年 11 月 9 日核定。

點業務包含生涯輔導、公共參與、國際及體驗學習三大項（教育部青年發展署，2021b），其中國際及體驗學習主要職掌為青年國際及體驗學習之政策規劃及推動、青年國際參與交流、國際志工服務、國際體驗學習、度假打工與其他多元國際體驗學習、青年國際參與交流資訊平臺、國際青年事務交流多元合作、國際青年領袖及青年國際組織之合作、邀訪及接待、兩岸青年交流規劃及推動、服務學習政策與措施、服務學習資訊平臺、服務學習資源網絡、青年壯遊體驗友善環境服務網絡之協調與整合、青年壯遊點之運作及管理，以及青年壯遊臺灣體驗活動之規劃及推動（張春蓮，2014）。

本研究以青年署「國際及體驗學習」為主要探究範疇，此業務涵蓋國際參與及交流、服務學習及青年海外和平工作團，以及壯遊體驗三類，其中壯遊體驗之學習場域以臺灣本土為主，故本研究暫不討論此類，僅先針對國際參與及交流、國際服務學習及青年海外平和工作團兩類進行探究分析。據此，本研究先對教育部青年署國際及體驗學習之相關法規章程進行概覽分析，其次，針對青年發展署國際及體驗學習相關法規章程之重點內容進行分析，緊接著，再探討相關政策實施情形與所面臨潛在問題，最後則提出結論。

貳 青年署國際及體驗學習相關法規章程之概覽分析

有關青年署「國際及體驗學習」之相關運作內涵，主要基於（教育部青年發展署，2021c）：

> 因應全球快速發展趨勢，臺灣需與國際社會緊密連結，建構一個青年可以參與、服務及學習之國際平臺及機會，讓青年可以多元選擇，以世界為教室的學習場域，將透過國際志工、僑校志工、打工度假、國際會議等多元青年國際體驗學習方案，讓青年關懷本土發展，關心國際社會，以期拓展青年國際

體驗學習管道，提供青年多元國際參與機會，強化國際事務知能與行動力並擴展青年國際視野。

　　事實上，青年署的國際及體驗學習之業務內容，全球視野和臺灣主體兩者均爲運作的焦點，此乃因青年海外學習看似「出走」，實則「從本土出發、向世界學習、更促進本土與國際之緊密連結」，此也說明了青年署國際及體驗學習之相關政策執行，不僅在於協助青年實現個人海外學習夢想、擴展國際視野，也藉由青年參與國際事務與世界接軌，讓國與國之間更緊密聯繫且有所互動，甚至進一步產生合作、共同追求世界共好。

　　關於青年署國際及體驗學習之相關政策，本研究於 2021 年 7 月 5 日在教育部青年署的官網，於「法令規章」標籤下頁面，以「國際及體驗學習」中之「全部分類」爲主要選項，進行「青年海外學習」相關政令和計畫之檢索，共得八筆資料，經仔細比對後，篩選與本研究主題較直接相關法令規章及計畫共四筆，包括：《教育部青年發展署青年海外生活體驗專案貸款作業要點》（2005 年發布）、《教育部青年發展署促進青年國際參與及交流獎補助要點》（2009 年發布）、《教育部青年發展署服務學習及海外志工獎補助要點》（2014 年發布），以及《青年海外和平工作團計畫》（2016 年核定）；另再重回到「法令規章」標籤下頁面，改以「廢止法規」爲主要選項，進行「青年海外學習」相關政令和計畫之檢索，共得十二筆資料，經仔細比對後，篩選與本研究主題較直接相關之法令規章和計畫共兩筆，包括：《教育部青年旅遊學習推動會設置要點》（2013 年發布，已於 2014 年廢止）、《教育部青年發展署核發臺英青年交流計畫贊助證明作業規定》（2013 年發布，已於 2017 年廢止）。茲將上述六筆規章和計畫之修訂沿革、主要重點內容，彙整如附錄一。[2]

　　由附錄一可知，爲鼓勵有志青年國外生活體驗，2005 年 6 月，政府

2　附錄一中，除了《青年海外和平工作團計畫》爲計畫內容重點摘要外，其餘皆爲完整全文。

發布《教育部青年發展署青年海外生活體驗專案貸款作業要點》[3]，此要點主要目的在透過提供青年貸款，協助其實現國外自助旅行、遊學或度假打工，實現海外生活體驗夢想。換言之，此要點在積極面上，主要期待可以較為適合青年條件的借貸方式來促進其實現海外學習夢想；在消極面上，則為避免青年因受限於經濟條件相對弱勢而削弱其對海外學習的動機與熱情。

在《教育部青年發展署青年海外生活體驗專案貸款作業要點》發布後約 3 年，政府於 2009 年 2 月發布《教育部青年發展署促進青年國際參與及交流獎補助要點》[4]，此要點主要目的在鼓勵青年參與國際事務及交流，提供多元國際事務研習培訓、國際參與及交流機會，有別於《教育部青年發展署青年海外生活體驗專案貸款作業要點》，此要點之獎勵及補助對象主要以參與青年署推動國際參與及交流所公告指定相關計畫或專案之依法設立民間團體、大專校院及個人為主，並以民間團體和大專校院為原則。此外，此要點更訂立有督導及查核機制，如青年署將視需要不定期查核獲補助單位經費運用情形及計畫執行成效，且有權能邀請受補助者參與成果發表或相關推廣活動等。

2013 年 1 月，政府再發布《教育部青年發展署核發臺英青年交流計畫贊助證明作業規定》，此有別於先前相關要點性質是，此乃為配合《臺

---

[3] 原名稱為《行政院青年輔導委員會青年海外生活體驗專案貸款作業要點》，中華民國 94 年 6 月 29 日行政院青年輔導委員會青壹字第 0940100100 號令訂定發布全文 19 點，並自即日起生效。惟經多次修改後，又為因應 101 年政府組織再造、修訂組織名稱為青年署，故此法依中華民國 102 年 1 月 22 日教育部青年發展署臺教青署學字第 10223600246 號令修正發布名稱為《教育部青年發展署青年海外生活體驗專案貸款作業要點》及全文 17 點，並自即日起生效。

[4] 原名稱為《行政院青年輔導委員會促進青年國際參與及交流補助要點》，中華民國 98 年 2 月 13 日行政院青年輔導委員會青肆字第 09824600672 號令訂定。中華民國 102 年 2 月 1 日教育部青年發展署臺教青署學字第 10223600762 號令修正發布名稱為《教育部青年發展署促進青年國際參與及交流獎補助要點》及全文 10 點，並自即日生效。

英青年交流計畫》（Youth Mobility Scheme，簡稱 YMS）[5]實施辦法第 5(a)
規定，由青年署協助核發欲前往英國全時工作、打工、從事志工或自費遊
學之國內青年「贊助證明」，以促成青年赴英國體驗學習。同年 2 月，政
府再發布《教育部青年旅遊學習推動會設置要點》，此主要基於推動青年
旅遊學習，特別設置青年旅遊學習推動會設置辦法，並指定由教育部部長
或部長指派之次長擔任召集人，此推動會之主要職責包括：（一）青年旅
遊學習政策規劃之諮詢及審議；（二）青年旅遊學習計畫方案之推動及協
調；（三）青年旅遊學習之資源整合：（四）青年旅遊學習之倡議及推廣：
（五）青年旅遊學習相關人才之培育及運用；（六）國際青年來臺旅遊之
規劃及推動；（七）其他有關青年旅遊學習推動事宜。2014 年 1 月，政府
發布《教育部青年發展署服務學習及海外志工獎補助要點》，此要點主要
為推廣服務學習，鼓勵青年透過服務學習和海外志工服務，進一步學習公
共意識、培養世界公民素養，並將服務學習理念帶回本土校園，展現世界
地球村之公民精神。2016 年 6 月，政府再發布《青年海外和平工作團計
畫》，此計畫主要為落實新上任蔡英文總統的競選政見，期透過成立青年
海外和平工作團，並積極連結我國民間團體共同合作，以提供本土青年更
多海外志願服務學習機會。

　　整體來說，教育部青年署國際及體驗學習之相關政策從 2005 年發布
《教育部青年發展署青年海外生活體驗專案貸款作業要點》到 2016 年發
布《青年海外和平工作團計畫》，這些法規章程之性質和內涵程度上具有
殊異，但其立法精神或辦法設置等，目的皆在於鼓勵青年勇於參與海外
學習、拓展國際視野，以及學習服務更廣泛的人群。然而，若再進一步探
索這些相關政策亦可得知，自 2005 年至今（2022）約 17 年間，這些法規
章程仍持續不斷地隨時間進行修訂（含廢除），若以附錄一中呈現修法次

---

[5]　YMS 計畫是我國與英國政府雙方經長期努力協商，專為青年海外學習所達成
　　之一重要協議。根據英國移民法規定，申請居留簽證時，需有贊助機構核發
　　「贊助證明」（Certificates of Sponsorship）才能申請簽證。為此，青輔會擔負
　　起核發「贊助證明」之責，使符合資格青年均能透過此以取得赴英學習機會。

數相對最為頻仍的《教育部青年發展署青年海外生活體驗專案貸款作業要點》為例，此 17 年間，該要點共歷經十一次修訂，其原因或在於為簡化貸款辦理手續和配合組織法規修訂機關名稱而修訂（張春蓮，2014）。

 參 青年署國際及體驗學習相關法規章程之重點內容分析

有關青年署國際及體驗學習相關規章、方案及計畫之重點內容分析，茲綜整五點如下：

一、持續關注弱勢族群權益並不斷地再概念化相關定義與範疇界定

2005 年發布之《教育部青年發展署青年海外生活體驗專案貸款作業要點》，主要在提供相對短期海外學習（遊學及度假打工之期限至少一個月，自助旅行至少二星期）且小額貸款資金（一人上限 15 萬元）補助，此要點主要在促使更多青年有機會至國外短期旅行、遊學或度假打工，尤其對經濟相對弱勢青年而言，此專案貸款作業要點程度上應有相當作用。誠如此要點補助對象涵蓋《民法》規定之成年年齡以上、35 歲以下之國人申請，惟貸款對象上也特別明訂將優先辦理中低收入家庭者（家庭年所得在新臺幣 114 萬元以下，且免提 30% 之自籌款），以期更進一步照顧經濟相對弱勢族群。此外，2009 年發布之《教育部青年發展署促進青年國際參與及交流獎補助要點》中，於補助對象也有相似地提及，其指出，為兼顧資源分配之平衡性，得衡酌實際狀況優予補助經濟弱勢青年（含低收入戶、中低收入戶青年）、原住民青年及新住民（子女）青年，以顧及弱勢族群海外學習權益。至於 2016 年發布之《青年海外和平工作團計畫》，亦羅列有對經濟弱勢、新住民（子女）及原住民青年參與海外志願服務等協助。換言之，在推動青年海外學習之相關政令上，特別是基於促進青年海外學習體驗或交流機會等目的，均期待透過政策面的明確宣示，盡可能地給予政經地位相對弱勢族群有同等機會之保障與照護，協助更多

青年實現海外學習的夢想。

　　由此可知，青年署國際及體驗學習之相關政策，對於弱勢族群權益之保障與維護有相當留意，這讓擁有相同海外學習夢想之文化不利或經濟弱勢青年，仍有機會透過專案貸款，以較為優惠或寬裕的條件，暫時預借至國外學習時可能不無小補的所需費用。不過，相關要點亦明文規定，申請人所取得貸款資金應依據計畫實施，若經發現所貸資金移作他用，承辦銀行也將祭出罰則，如應按貸款利率加年息 2.5% 向申請人追溯補繳利息等。值得一提是，此《教育部青年發展署促進青年國際參與及交流獎補助要點》，直至第七次修訂（2019 年 10 月 31 日）時才將原補助對象即弱勢家庭及原住民兩種身分，擴展並增列至新住民（子女）青年身分，這乃基於考量社會人口結構不斷改變下，當本土新住民已成為第五大族群卻仍處於經濟相對弱勢位置時，相關政令規章內容也須同步地加以調整與修訂，以期能及時地確保相關人士權益，讓相關法規章程能確實地符應於真實世界所需。

二、透過官方直接合作保障青年海外學習的質量穩定與來源安全

　　當前國際青年海外學習人數漸多，學習形式、學習型態，以及學習內容等，也愈趨多元多樣，如工作假期（working holiday）、打工旅遊（work & travel），以及志工旅行（volunteer tourism）等新型態學習模式愈來愈受青年歡迎。2012 年 1 月 1 日起生效實施的 YMS 計畫便是具此特質之海外學習計畫之一，其內容為：雙方每年提供 1,000 個名額給年齡介於 18-30 歲的青年多次入境簽證，居住期間最長可達 2 年，屆時我國青年可透過全時工作、打工、從事志工或自費遊學等方式，深入體驗彼此不同的文化內涵，藉以增進對不同國家社會生活之理解，進而拓展國際視野。回顧 2011 年 9 月 29 日，當英國貿易文化辦事處 David Campbell 代表與我駐英國代表於臺北和倫敦完成換函後，YMS 計畫於 2012 年 1 月 1 日起正式生效，一年後，即 2013 年 1 月，所發布《教育部青年發展署核發臺英青年交流計畫贊助證明作業規定》則為其確定法源基礎。當時，對我國來說，

英國是繼紐西蘭、澳洲、日本、加拿大、德國，以及韓國之後，第 7 個與我國簽署類似協定的國家；對英國而言，我國則是繼日本之後，第 2 個參與英國青年交流計畫的東亞國家，也是全球第 6 個獲得英國此項特殊待遇的國家（駐英國臺北代表處，2011 年 9 月 30 日）。不過，自 2017 年 1 月 1 日起，英國改予我國申請者「視同贊助待遇」（Deemed Sponsorship Status），即 2017 年起將由英國簽證與移民署（UK Visas & Immigration, UKVI）執行隨機抽籤程序來選出申請人，此乃意味今後申請人將不再需要透過贊助證明來申請英國簽證，是此，《教育部青年發展署核發臺英青年交流計畫贊助證明作業規定》已無施行必要，故於 2017 年 6 月 3 日臺教青署學字第 1062305870B 號令廢止（彭淑華、吳正煌，2019，頁 569）。

由此可知，透過國與國之間官方單位的直接合作，不僅有助於確保青年海外學習機會穩定與來源安全，官方之間較長期的互動與合作，也更能永續於經營青年個人與他國、我國與他國之間良好關係的鏈結與交流，營造多贏共好的局面。值得一提是，在我駐英國代表與英國貿易文化辦事處完成換函時，7 個與我國簽署打工度假協定的國家中，我國青年是當時英國唯一同意停留效期可長達 2 年之國家。此外，從英國於 2009 年同意予我國免簽證待遇，2011 年與我國簽署 YMS 計畫，復以 2016 年 1 月將我國納入適用英國各主要入境點電子門快速通關計畫（Registered Traveller Service）後，YMS 計畫再同意給予我國申請人「視同贊助待遇」，除了彰顯我國為低度移民風險國家及英方對我國人民整體素質之高度認同外，也反映了當時臺、英實質關係的良好成長，雙邊在經貿、商務、觀光、文化、教育、科研，以及人才的交流上日趨友好且緊繫之事實。

三、對青年海外學習角色的期待從單一築／逐夢者的行動成全逐漸轉化為對作為一名世界公民責任履行者為期許

從 2005 年發布《教育部青年發展署青年海外生活體驗專案貸款作業要點》目的在「為鼓勵有志增進生活體驗之青年完成心願」、2009 年

發布《教育部青年發展署促進青年國際參與及交流獎補助要點》目的在「參與國際事務及交流，提供多元國際事務研習培訓、國際參與及交流機會」、2014 年發布《教育部青年發展署服務學習及海外志工獎補助要點》目的在「引領學子透過服務學習及海外志工服務，養成服務精神，學習公共意識，提升公民素養」、「擴展國際視野及關懷世界之使命感、責任感，將服務學習理念根植校園」、「強化辦理服務學習成效，並符應世界地球村之精神」，以及 2016 年發布《青年海外和平工作團計畫》目標在「激發青年志工對國際社會之使命感、責任感，履行世界公民與地球村成員義務」、「運用青年所學專長與知能，供其他國家或地區有價值之服務」、「促使學生具備國際關懷之實踐力」和「促進青年參與國際事務，有助於達成聯合國永續發展目標（SDGs)」[6]，均見我國鼓勵青年海外學習，從單純地協助青年實現個人心願，逐漸朝向以鼓勵其向世界學習、促進公民意識，以及實踐人道關懷。為促進青年以作為一名世界公民自許，在相關政策上，相關計畫或要點也引導其連結國際關懷議題為行動的參考（如共同成就聯合國永續發展目標），甚至某些補助也要求青年在提出申請時，應能出具並闡述自己海外學習行動是否扣緊國際重要議題的關懷，並將其作為審查項目之一。例如：申請《補助辦理青年海外志工服務隊計畫》補助時，青年於提出服務計畫書時需填具一份「與聯合國永續發展目標之關聯性及預期效益資料」，此為必備審查資料之一，更是通過審查獲得補助後須加以兌現之承諾。換言之，將青年海外學習計畫與世界國際組織或國際行動意圖實現的共善共好目標加以接軌，凸顯了我國對於青年海外學習的動機與實踐有更高的期許與盼望。

　　由此可知，政府鼓勵青年海外學習的目的已從單純地「鼓勵青年體驗海外生活」逐漸過渡至「鼓勵青年學習世界公民素養、具備國際關懷，並

---

[6] 2015 年 9 月 25 日聯合國舉行「永續發展高峰會」所簽署 2030 年永續發展目標議程正式於 2016 年 1 月 1 日啟動，其中聯合國所訂定的 17 項永續發展目標（Sustainable Development Goals，簡稱 SDGs），包括 169 項標的（Target）及 232 項指標（Indicator），將作為未來 15 年間（至 2030 年）永續發展指導原則。

致力於促進世界共好的實踐」，當今青年海外學習被期許能更有意識地參
與國際或公共事務、透過服務學習向世界請益，甚至鼓勵連結個人於更大
的世界網絡中，以共同促進人我相互理解世界和平，易言之，國家對於青
年海外學習的角色期待，已從對於作為一名築／逐夢者的行動成全，逐漸
提升至對作為一名世界公民責任履行者的期許。值得注意的是，青年參與
國際事務雖逐漸成為時勢所趨，然行動前具備有相當的基礎知能是必要且
重要條件，為此，如《青年海外志工增能及數位化服務計畫》[7]、《補助辦理
青年海外志工服務隊計畫》，以及《推動青年從事海外長期志工計畫》[8]
等，均指出青年在提出申請時也應一併完成相關服務基礎訓練和特殊訓練
課程後，再進一步採取國際行動，此也在於確保青年參與國際事務時會有
較佳的行動品質。

四、國家培養特定人才專才的特定政策影響青年海外學習的意向與行動

　　青年海外學習的意向或行動程度上也受國家相關政策影響。例如：為
更積極擴大與東協、乃至印度、澳洲、紐西蘭之聯繫，且重視東南亞新移
民及其雙語第二代，蔡英文參選 2016 年總統大選時提出「新南向政策」
（New Southbound Policy，簡稱「新南向」），意圖重新定位我國在亞洲
發展的重要角色，積極尋求新階段經濟發展新方向與動能，以創造未來價
值的重要經貿戰略一環（經濟部國際貿易局，2016 年 8 月 16 日）。蔡英
文當選總統後，為實現政策宣言，2016 年 6 月 15 日成立「總統府新南向
政策辦公室」，此辦公室乃直屬總統府[9]，後來 8 月 16 日又召開「對外經
貿戰略會談」，並在會中通過「新南向政策」政策綱領，同年 9 月 5 日，

---

[7]　此計畫乃依《教育部青年發展署服務學習及海外志工獎補助要點》所設置，於
2021 年 1 月 28 日訂定。

[8]　此計畫乃依《青年海外和平工作團計畫》和《教育部青年發展署服務學習及海
外志工獎補助要點》所設置，於 2017 年 4 月 18 日核定。

[9]　後於 2018 年解散，並由國安會增設「新南向政策專案小組」與行政院經貿談
判辦公室增設「新南向工作小組」、「新南向服務中心」取代其業務。

復又提出「新南向政策推動計畫」，此計畫秉持「長期深耕、多元開展、雙向互惠」之核心理念，整合各部會、地方政府，以及民間企業與團體的資源與力量，在人才交流方面深化雙邊青年學者、學生、產業人力的交流與培育，以促進與夥伴國人才資源的互補與共享（經濟部國際貿易局，2016 年 9 月 5 日）。同年 10 月 5 日，為推動新南向，更積極培育我國青年參與國際事務能力，並促進青年與東協、南亞及紐澳等國家之國際組織及國際非政府組織連結，以充裕我國新南向之人才庫。爾後，依《教育部青年發展署促進青年國際參與及交流獎補助要點》，核定通過《教育部青年發展署選送青年赴新南向國家深度研習實施計畫》[10]，此計畫在補助範圍上，特別強調青年至國際組織或國際非政府組織，以個案分析方式觀察組織運作（含國際組織或非政府組織方案運作、夥伴關係、募款方式、建立夥伴關係），且參與觀察期結束後，需停留當地 5-10 天，以田野觀察方式瞭解當地社會人文，期透過青年於此計畫的涉入，進一步深化雙方之經貿、教育文化交流，以及雙邊人才的流動等。此外，根據「教育部新南向人才培育推動計畫」（106-109 年度），其在所揭「擴大雙邊青年學者及學子交流」原則時，特別強調了應擴大提供國內青年學子赴東南亞及南亞地區深度歷練的機會，具體方式如：成立新南向公費留學獎學金，以培育瞭解各該國特定領域之專業人才；擴大辦理赴東協及南亞地區實習之新南向學海築夢計畫名額，以補助更多學生赴東協國家或印度進行專業實習，增強專業知能與實務經驗之結合；辦理青年國際及體驗學習，培育新南向國際事務人才並至新南向國家體驗學習，以及補助青年自組海外志工團隊前往新南向國家進行服務，以彰顯青年關懷國際精神（教育部，2017）。換言之，因應新政府新南向實施，國內青年學子赴東協、南亞及紐澳國家深度學習，包括提供出國攻讀學位的公費及留學獎學金、補助學生赴各國產業機構實習、國際組織參訪研習、師資生教育實習，以及鼓勵青年從事海外志工服務及國際體驗學習等也較以往大為增加，2018 年的總參與人

10　此計畫乃依《教育部青年發展署促進青年國際參與及交流獎補助要點》所設置，於 2016 年 10 月 5 日核定。

數甚至已超過 3,500 人（彭淑華、吳正煌，2020，頁 13）。

由此可知，國家特定政策下所培養的人才專才，以及為此所擬定之人才養成計畫或相關專才培育方案，甚至於特定時期的政經環境或重點發展政策等，都相當程度地影響了青年籌劃自我生涯或規劃人生目標，所以人才向來是國家整體發展的重要基石，長期培育仍是重要關鍵。值得一提是，新南向也使某些特定族群或人才受到關注，例如：在「教育部新南向人才培育推動計畫」（106-109 年度）執行重點之「新住民培力」主軸內容中，便特別強調了開辦新住民第二代「東南亞語言與產業學分學程」專班並提供實習機會、辦理東南亞新住民青年國際研習營赴東南亞參訪交流、補助修習重點領域並具東協或南亞國家語言專長之新住民二代且畢業後並協助工作媒合等（教育部，2017，頁 17），均是新南向下提供之專屬教育產業、專才雙向培育的特定要項重點，此也對青年海外學習的意向與動態形成影響。

五、青年海外學習相關法規章程乃一不斷相互補充和汰舊換新的治理歷程

為促進青年海外學習，政府有訂定相關推動會或推動委員會之要點或計畫，如 2013 年訂定《教育部青年旅遊學習推動會設置要點》、2016 年核定《青年海外和平工作團計畫》，皆指出為推動青年旅遊學習或促進青年參與國際事務，增進與世界各國相互瞭解與交流，應成立或設置相關組織來加以推動。以《教育部青年旅遊學習推動會設置要點》中揭示應成立「青年旅遊學習推動會」、《青年海外和平工作團計畫》中揭示應設置「青年海外和平工作團推動委員會」為例，在促使成立「青年旅遊學習推動會」上，明訂組織應置委員 15 名，包括教育部（部長或次長為召集人、學生事務及特殊教育司司長、高等教育司司長、技術及職業教育司司長、國際及兩岸教育司司長、國民及學前教育署署長、青年發展署署長）、文化部代表 1 名、外交部代表 1 名、交通部代表 1 名，以及青年旅遊學者專家及民間團體代表共 5 名，任期為一年，期滿得續聘之，每半年召開會議

一次為原則，該組織主要職責為青年旅遊學習政策規劃之諮詢及審議、計畫方案推動及協調、資源整合、推廣、人才之培育及運用等。在促使成立「青年海外和平工作團推動委員會」上，明訂組織應置委員 15-25 名，包括教育部（部長為召集人）、政府相關部會代表 5-10 名、民間團體代表 3-5 名、青年代表 3-4 名、大專校院或專家學者代表 2-4 名，任期為 2 年，期滿得續聘之，每年召開會議一次為原則，該組織主要職責為強化公私部門合作機制、整合各項資源、建構支持網絡，以擴展青年從事海外志願服務多樣性管道等。由此兩組織所規範設置的委員類別觀之，除了政府官員跨部會參與組成外，民間團體、青年代表亦是成員之一，足見推動青年海外學習本有賴政府和民間齊心共力，至於主角青年更是作為不可或缺之當然委員。

　　由此可知，以「推動（委員）會」作為中介，以進一步協助青年海外學習相關計畫或方案之擬定、推廣、資源整合等，一方面不僅有助於政府各部門之間常保聯繫與溝通，另方面也因組織內涵蓋有不同身分別，如民間團體代表和青年代表等，更確保相關政策內涵與實施能更「接地氣」。換言之，推動（委員）會之設置有助於公私部門合作、促動青年海外學習發展資源之整合等優點，為青年海外學習目標之實現提供一良好途徑。值得一提是，上述要點、計畫或其組織設置，雖有機會與既有相關政令或單位任務作一相互補充、填實，但若進一步與其他相關法令、規章、計畫或其他組織設置辦法等相互參照比對，不難發現這些組織或計畫在目標、職責或執行面上，多少仍有疊床架屋之虞，此也可能導致因彼此權責切割不易而生運作困頓。

 肆　青年署國際及體驗學習促進青年國際參與及交流、海外志工服務之實施情形與潛在問題分析

　　有關青年署國際及體驗學習促進青年國際參與及交流、海外志工服務之實施情形與潛在問題分析，茲以《中華民國教育年報》102 年（青年署成立）至 108 年（最新出版）為主要分析文本，綜整五點如下：

一、透過貸款補助為補償教育的策略來促進海外學習教育機會均等，惟仍宜致力建構長期且能更多元實現教育公平與正義的措施

　　為促進「人人有海外學習」經驗，政府或透過補助、或給予專案貸款等方式，協助更多數青年實現海外學習夢想，此藉由提供適當的經濟補助，彌補所謂文化相對弱勢青年於國際認知、海外學習經驗、全球性，以及與跨文化體驗等方面的不足，以作為一種補償教育目的之作為與策略，便在體現教育公平與正義之終極目標。至於在執行面和青年的實際行動上，觀自 2013 年（民國 102 年）至 2019 年（民國 108 年）相關資料顯示，2013 年，透過《青年海外生活體驗專案貸款計畫》取得資金實踐計畫，計 613 人獲貸；2014 年，透過《青年海外生活體驗專案貸款計畫》取得資金實踐計畫計 428 人獲貸，較為特別是，此年度青年署首次於全國北、中、南辦理青年海外度假打工宣導會，於 iYouth 青少年國際交流資訊網加強宣導青年海外生活體驗貸款，並進一步地提醒青年出國前投保之相關注意事項、度假打工安全及權益保障問題，以及補助國內依法設立之社會團體或財團法人、大專校院辦理國際參與及人才培育會議或研習活動等，即在經費補助之外，亦開始留意對個人海外生活、海外工作權益，以及專才培育等相關研習的辦理，凸顯了情感面向的支持；2015 年，透過《青年海外生活體驗專案貸款計畫》取得資金實踐計畫計 447 人獲貸，此年度除了持續於全國辦理共 6 場青年海外度假打工宣導會外，也於 iYouth 青年國際圓夢平臺加強宣導青年海外學習與生活相關事宜等；2016 年，透過《青年海外生活體驗專案貸款計畫》取得資金實踐計畫計 275 人獲貸，此年度除常態性的會議和研習活動辦理外，攸關國際事務相關課程與青年國際事務人才培訓計畫更達 547 人參與；2017 年，透過《青年海外生活體驗專案貸款計畫》取得資金實踐計畫計 247 人獲貸；2018 年，透過《青年海外生活體驗專案貸款計畫》取得資金實踐計畫計 249 人獲貸；2019 年，透過《青年海外生活體驗專案貸款計畫》取得資金實踐計畫計 198 人獲貸。換言之，透過貸款與補助使青年實現海外學習夢想者為數不少，多

少為文化或經濟相對不利青年減低自我籌措經費的壓力，促進了海外學習行動。

　　綜言之，教育本具有促進社會階級流動功能，對於在經濟上和社會地位上相對處於不利地位，而未有足夠機會體驗海外學習之青年，政府透過訂立具補償教育性質的海外學習教育政策，及時地給予幫助與支持，便是一種實現教育機會均等的體現。然而，對於這些文化或經濟相對弱勢青年來說，透過補助或優惠貸款雖有機會「短暫」實現海外學習夢想，但基於鼓勵體驗學習為優先，所支助資金相對較為小額，如何引導青年超越這些「短期」體驗，進一步去積極思索「人生有夢、築夢踏實」之長遠規劃，應更值得一併籌劃，易言之，僅從「短期補償教育即等同教育機會均等」觀點視之，恐仍陷落於「立意上理想」的謬誤，實因補償僅是一種手段而非最終目的。是以，構思一較長期且更能引發青年願意持續投入於擴展國際視野、培養具國際觀之行動應更值得致力，也更能體現教育機會均等與公平之真諦。

二、參與國際事務培訓或課程研習於量上呈穩定成長，惟參與後如何進一步轉化為國際行動或在地實踐仍是待整課題

　　青年署成立後，在促進青年國際參與及交流上，任務執行重點從2016 年以來藉由研習國際事務相關課程厚植青年國際參與能力、辦理青年國際事務人才培訓計畫，至 2018 年以降逐漸重視以「青年國際事務人才培育」為主軸，輔以相關培訓、補助及相關配套措施，協助青年建構一個以世界為教室的學習場域，主要也在回應全球化發展趨勢，拓展青年國際參與及體驗學習的管道，以及強化青年國際事務知能與行動力（彭淑華、吳正煌，2020）。自 2013 年青年署成立以來，青年國際參與實際人數不少，相關人才培訓計畫亦多定期辦理，參與人數呈穩定狀態，表 1 即為 2013-2019 年青年國際參與人數、青年國際事務人才培訓計畫參與人次的統計。事實上，近年來，某些特定計畫確實也受青年之特別歡迎，如2018-2019 年連續辦理的《Young 飛全球行動計畫》培訓營，此計畫乃依

表1 2013-2019 年青年國際參與人數、青年國際事務人才培訓計畫參與人次

年	青年國際參與人數			青年國際事務人才培訓計畫參與人次
	項目	場次／人數		場次／人數
2013	青年參與海外發聲及壯舉	10 隊，76 人		10 場，850 人次
	青年海外志工服務隊	111 隊，1,879 人		
	青年海外志工僑校服務隊	28 隊，109 人		
2014	青年參與海外發聲及壯舉	15 隊，62 人		30 場，2,021 人次
	青年海外志工服務隊	133 隊，1,585 人		
	青年海外志工僑校服務隊	29 隊，117 人		
2015	青年參與海外發聲及壯舉	45 隊，243 人		6 場，611 人次
	青年海外志工服務隊	98 隊，1,186 人		
	青年海外志工僑校服務隊	17 隊，78 人		
2016	青年參與海外發聲及壯舉	16 隊，56 人		5 場，496 人次
	青年海外志工服務隊	84 隊，971 人		
	青年海外志工僑校服務隊	18 隊，96 人		
2017	青年國際參與及交流	14 隊，102 人		6 場，562 人次
	青年海外志工服務隊	92 隊，971 人		
2018	青年國際參與及交流	20 隊，892 人		6 場，669 人
	青年海外志工服務隊	98 隊，1,000 人		
2019	青年國際參與及交流	35 隊，625 人		4 場，655 人
	青年海外志工服務隊	157 隊，1,612 人		

資料來源：整理自教育部青年發展署（2020，頁 85-86）。

據《教育部青年發展署促進青年國際參與及交流獎補助要點》於 2018 年 2 月 5 日核定通過，目標有三：（一）鼓勵青年關懷國際社會，並暸解國際趨勢與關注議題，提升青年參與國際事務的意願。（二）提供青年多元國際參與機會，認識國際組織並連結交流，拓展青年國際視野，鼓勵青年實際付諸行動。（三）培力青年推動及宣導國際參與事務，成為國際連結尖兵或種子人才。2018 年，於全國辦理共 6 場培訓營，計 669 人次參與，

並遴選 84 名青年赴 13 國、146 個國際組織參訪交流；2019 年，於全國辦理共 4 場培訓營，計 655 人次參與，並遴選 85 名青年赴 15 國、176 個國際組織參訪交流，值得注意是，《Young 飛全球行動計畫》特別重視團隊返國後能執行行動方案之成果分享（2018 年規定 2.5 個月，2019 年規定 3 個月），以期透過在地分享嘉惠更多其他青年，甚至進一步促進青年轉化為在地實踐。

綜言之，2013 年以來，青年參與國際事務培訓或課程研習均有相當人數，如 2018 年核定通過之《Young 飛全球行動計畫》是一包含國際人才培訓、自主提案出國，以及實現行動方案的築夢過程，此一條龍式提供資源之協助，不僅讓青年有機會落實其理念（想）、增加國際行動力，從實際參與人數觀之，確實也受到青年的熱烈歡迎。然而，由於時勢不斷變遷，在建構永續機制培育國際化青年人才、拓展青年多元國際參與及學習管道以培養全球移動力的目標下，如何使青年在接受培訓後進一步轉化為國際行動、在地實踐仍是一重要課題，即應重視青年的「參與」不會只是一時之涉入行為或是短期的量化數字，而是作為一種較長期性的、較為深入式的青年影響青年、青年影響社會之深入互動、永續連結，它應是正在進行中的過程，包括在相互尊重基礎上青年與他者之間的一種訊息共享與對話，使青年更能理解自己和他人的行動或見識如何作為考慮因素並影響這些過程的結果。換言之，如何更進一步地實踐「人才之流動、所學之流轉」誠為一重要且待整課題。

三、當前新南向政策對青年海外學習的意向與動態具有指引效果，惟關鍵仍在於各國應揭舉有足以延攬青年學習的特點且有景可許

相較於過去李登輝及陳水扁兩位前總統所推動的南向政策較偏向是單向性地鼓勵臺商對東南亞地區進行投資，蔡英文總統 2016 年所提出的新南向則更強調了雙向性，即希冀能與目標國進行雙向交流，包括吸引目標國人民來臺投資或觀光及就學。新南向實施至今 4 年多，從 2016 年透過

辦理創新創業交流活動，鼓勵青年嘗試投入新南向，如為帶動「新南向創新創業」趨勢和風潮，「大專畢業生創業服務計畫」開放外籍人士參加，並規劃籌組新南向新創交流團，邀集計畫優秀創業團隊赴新南向市場與當地新創公司及加速器等進行交流，實踐新南向國家創業構想；2017 年，教育部擴大提供獎助金，自該年度起，選送學生赴新南向國家攻讀學位或實習，更新增「赴新南向國家公費生」名額，最後錄取 9 名，至於留學獎學金甄試則錄取 13 人，分別赴新南向國家如泰國、印度、新加坡及澳洲留學。此外，基於對於培養熟稔各該國國家背景之國際實務經驗專業人才的重視，政府也鼓勵大專校院在校生赴新南向國家之企業或機構實習，補助內容包括至少一張國際來回經濟艙機票和至多 2 個月的生活補助費等，2017 年計補助 1,266 名學生赴新南向國家產業機構實習；2018 年，辦理二梯次「新南向青創基地暑期交流活動」，共遴選新南向國家及我國大專校院有意創業之青年學生 100 人，包含越南、泰國、馬來西亞、印度、印尼、澳洲、柬埔寨及菲律賓共 8 個新南向國家學生 50 名，與我國學生 50 名組成跨國團隊，透過創業主題課程培訓，協助跨國團隊提出創業構想提案發表，搭建跨國創業人才交流的橋梁，另辦理「iYouth voice 青年國際發聲計畫」和「選送青年赴新南向國家深度研習計畫」，共補助 33 隊、905 位青年於國內外參與國際會議或活動；2019 年，持續辦理二梯次「新南向青創基地暑期交流活動」，共遴選新南向國家及我國大專校院有意創業之青年學生 100 人，包含柬埔寨、印度、印尼、馬來西亞、菲律賓、泰國及越南等 7 個新南向國家學生 60 名，與我國學生 40 名組成跨國團隊，接受創業課程培訓，另亦辦理「iYouth voice 青年國際發聲計畫」和「選送青年赴新南向國家深度研習計畫」，共補助 35 隊、625 位青年於國內外參與國際會議或活動，補助青年赴新南向國家深度研習計六案，提供青年多元管道參與國際事務。

綜言之，2016 年政黨輪替後，新南向政策成為新焦點，此政策主要立基於經貿合作、人才交流、資源共享，以及區域鏈結四大重點策略，其中人才交流項目之具體實施面向更包含「教育深耕」、「產業人力」、「新住民力量發揮」三項（行政院新聞傳播處，2016 年 9 月 5 日），攸

關青年新南向學習的舉措更不勝枚舉。有鑑於東協潛藏之經濟發展力，具有龐大內需市場和人口規模，並可望於 2030 年前躍升爲全球第四大經濟體（譚瑾瑜、楊桂禎，2017），以政府和國家政策支持作爲推動國際學生流動之主導力量，對於提升我國青年對新南向國家之「儘早」認識與理解，並同步儲備以前進新南向國家所需之專才，應是甚具洞見的國家政策。然而，對於學生於區域性的流動，即大力鼓勵青年前往新南向學習、發展，以及深耕的同時，對於東南亞各國的生活水平和教育質量之問題，應也不忘於愼思或檢討在國際學生流動市場中，各國應有足以延攬國際學生的特點，如馬來西亞以宗教吸引學生、澳洲以英語和經濟實力吸引學生、臺灣以科技產業吸引東南亞國家等，即人才的最終去留仍攸關於能從對方身上有所學習與回饋，如此的交流方爲可貴且較能永續。誠如林芳伃和陳榮政（2020）所言，惟在品質提升的前提下，「品質」與「地理位置鄰近」之兩項優勢方能發揮加乘效果，讓區域學生內部流動的比例提高，交流互動才更具實質意涵。

四、具較高申請門檻的一條龍式提供資源協助學習方案可供選擇，惟深化於學習成果與發現將更能回應於原行動方案設置的目的

有關青年署國際及體驗學習之相關法規章程，或基於特定目標和目的，對於參與條件或申請設有基本門檻，如要求申請者應出具語言能力證明、預先修習某些基礎知能研習，或提交特定內容的企劃書等，以確保在獲得相關補助後能更有品質或具效能地完成任務或計畫之執行。誠如前所提及的《Young 飛全球行動計畫》，其目標對象爲具中華民國國籍之 18-35 歲青年且對永續發展目標（SDGs）或國際事務推動有興趣者，申請者在投遞計畫時，應先進行相關知能和團體培訓，如進行線上課程「新南向國家現況與未來發展」、「國際事務現況與未來發展」、「行動方案設計概念介紹」、「Young 飛計畫 SDGs 永續發展內涵」、「行動方案設計實務分析」、「國際組織連結行動（含跨文化溝通）」、「數位

行動方案規劃與應用」、「多元族群及文化」及「國際禮儀」等，以確保行動時具有相當先備知識，裨益於後續行動的品質。以 2019 年來說，於辦理《Young 飛全球行動計畫》永續行動徵件面試時，共計 26 隊、158 人參與，最後錄取 14 隊、88 人，後來辦理的《Young 飛全球行動計畫》團隊共創營，共計 14 組、62 人參加，7 月 1 日至 8 月 7 日間，共 14 組團隊、85 名青年赴 15 國、176 個國際組織參訪交流，11 月 23 日辦理「108 年 Young 飛全球行動計畫」成果展，共 14 組團隊進行競賽和展攤交流，參展攤位達 533 人、線上直播觀看共計 2,099 人次。另再以《教育部青年發展署選送青年赴新南向國家深度研習實施計畫》為例，其目標對象為 18-35 歲具中華民國國籍青年，誠如前述，此計畫乃鼓勵青年至國際組織或國際非政府組織進行個案研究學習，然申請者在投遞計畫前，除了須提交語言檢定證明外，還需提出一包含有自我簡介、申請目的及動機、欲前往國際組織或非政府組織之介紹、與臺灣相關組織或政策計畫之比較、預期達成目標效益，以及成果宣傳方式之企劃書，可謂有相當要求。以 2019 年來說，選送青年赴新南向國家深度研習實施計畫，共計選送 6 位青年赴馬來西亞等 3 個新南向國家，此錄取人數相對較少之原因，便在於此計畫乃一較側重於「深度研習」的選送實施計畫，對象已錨定於「準備好與國際組織及國際非政府組織連結」之青年申請，以協助這些青年能對所關懷議題進行較深度探索。

　　綜言之，面對二十一世紀的挑戰，為培育國際事務青年人才，提升青年國際視野和全球移動力，增進青年學子對世界各國的認識與國際相關事務的理解乃國家要務，對此，我教育部在《人才培育白皮書》中，也將培育國際競爭力人才列為優先教育目標。然而，當政府在籌劃與實施青年海外學習相關政策時，或也應一併慎思是——對於某些特別設有基本門檻的申請，或特別期許以「能深度學習」的選送計畫，應持續強化這些學習成果後的發現效益。例如：在 2019 年 Young 飛全球行動計畫中，一組以「青少年性教育」議題為核心關懷的青年組隊，特別取徑於全球性別平等指數最高的兩個國家——挪威和瑞典，其探究發現：挪威城市依現行法規設立有「青少年診所」，專供身心健康諮詢、匿名性病篩檢、男女避孕輔導

等，且每位中學生須經由老師帶領參訪青少年診所，至於學校護士也獨立於學校網絡，學生較無須擔心隱私問題；另訪談瑞典性工作者所受較大衝擊是，即使對方的性觀念較為開放、多元，但仍受整體社會不小壓力，以為看似開放的國度，也有如同各國所面臨的相似問題。換言之，對於青年們所帶回的重要發現與成果，若能持續地加以探討其之所可能的原因、或深化再探究等，應更有助於原行動方案設置的目的和符應青年海外學習之初衷。

五、常規型組織的管理框架下編制有過渡性質的任務型組織運作，惟如何於社會中充分發揮組織效益以促進青年海外學習積極作用方為關鍵

青年署成立後，為擴大推動各項業務，成立有四個臨時編組：（一）教育部服務學習推動會：為協調整合及建置服務學習平臺，推動各級學校（包括大專校院、高中職、國中及國小）服務學習活動，設置教育部服務學習推動會，由教育部政務次長擔任召集人，委員包括教育部司署、各級學校、縣市政府代表、專家學者等共 27 位委員組成；（二）教育部青年旅遊學習推動會：《推動旅遊學習方案》是《中華民國教育報告書》「黃金十年百年樹人」重要方案之一，期透過跨部會資源協助共同推動，於 2013 年 2 月 4 日臺教授青部字第 10200000062 號函訂定本推動會設置要點，並據此設立「教育部青年旅遊學習推動會」，由教育部政務次長擔任召集人，委員包括由各相關部會代表 10 名、學者專家 5 名組成；（三）教育部青年諮詢委員會：為強化青年諮詢功能，建立青年與政府間的溝通橋梁，於 2013 年結合原教育部學生自治及公民教育實踐政策諮詢小組及前行政院青年輔導委員會青年諮詢團辦理經驗，成立青年諮詢委員會，教育部部長為召集人、青年發展署為幕僚作業，由署長擔任執行祕書；（四）教育部青年志工參與推動會：為協調整合政府各相關部會與民間資源，共同推動青年參與志工服務，設置教育部青年志工參與推動會，由教育部政務次長擔任召集人，委員包括相關部會副首長 8 人、民間組織代表 11 人

及專家學者 3 人。爾後，或已完成階段性任務，或政策面臨轉化，上述四個臨時編組或廢除，或層級提升，如：2014 年，因考量青年壯遊業務推動行之有年，運作情形尚屬良好，未來可與教育體系逐步結合並融入課程推展，且針對新興業務或計畫，亦可透過不定期邀集機關、學校代表或專家學者召開即時性諮詢會議即可，以為此推動會已完成階段性任務，爰以 2014 年 6 月 24 日臺教授青部字第 1030000027 號函停止適用《教育部青年旅遊學習推動會設置要點》；因考量服務學習推動會自設立以來運作情形良好，並已核定通過教育部《服務學習推動方案》，未來將依據該方案內容分工推動進行，每半年由青年署進行執行情形管考，以及不定期邀集機關、學校代表或專家學者召開即時性諮詢會議，經評估該推動會業已完成階段性任務，爰以 2014 年 6 月 19 日臺教授青部字第 1030000084 號函停止適用《教育部服務學習推動會設置要點》（劉佩卿，2016）；因應蔡英文總統的青年政策揭示「提升青年諮詢委員會的層級，從教育部層級提升為行政院層級」方向，行政院於 2016 年 11 月 1 日成立「行政院青年諮詢委員會」，由行政院院長兼任召集人，委員共 29 人，其主要任務為蒐集及反映青年意見、針對青年關注之公共政策積極提供策進建言，以及其他有關促進青年參與公共事務之事項，據此，「教育部青年諮詢委員會」層級正式提升；至於《教育部青年志工參與推動會設置要點》爰以 2015 年 1 月 23 日臺教授青部字第 1040000005 號函停止適用，然廢除後，2019 年 11 月 25 日核定之《教育部青年發展署青年志工推動計畫》看似與其名稱相近，實則以計畫性質行之，此計畫揭示，將在過去推動志願服務的基礎上，藉由培力、參與、對話及合作的機制，激發青年對周遭世界的覺察、對社會議題的關懷與行動實踐，以青年持續的熱情及創意，投入志願服務工作，引動下一波青年社會運動。

綜言之，為推動青年海外學習，青年署除了既有的常規型組織外，任務型組織之設置亦為促進目標實現的策略之一，此組織具有的臨時性特徵，以「任務導向」為前提設立，能敏捷地對當代公共社會的需求做出及（即）時回應，在青年署成立初期扮演了關鍵性角色。然而，由前述亦可得知，基於政策乃隨時代和社會之變遷而不斷展演，這些任務型組織也勢

必隨之異動，惟較多仍是在階段性任務完成後即予以廢除，較特別如「教育部青年諮詢委員會」於 2016 年轉型爲常規組織「行政院青年諮詢委員會」後持續運作，目前（2022）更已來到第三屆青年諮詢委員會[11]時期。值得一提是，此轉型後的「行政院青年諮詢委員會」，在其常態性地所關注的七大領域[12]中，其中「國際視野與經驗」領域涉及國際交流、度假打工、留遊學、海外實習即交換、志願服務等內涵，顯然與青年海外學習最爲相關，理想上，委員會因其位階進級，對於青年海外學習之相關倡議，能站在更高位置上來通盤考慮，如何於社會中盡可能地發揮其角色和功能，達到擴展青年國際視野、向世界學習、連結國與國良好互動等之目的，仍最爲重要。

伍　結論

　　青年被視爲國家未來的希望，社會的中堅，對於青年多元才能的培養和國際視野的開拓，各國無不積極作爲。從 1966 年本土設置青輔會便能知悉，本土關注於青年海外學習起步並不晚，爾後，面臨時代變遷、社會人口結構改變，即使 2013 年青輔會改制爲青年署，仍致力於培育青年拓展國際視野，視青年爲社會改革的領航者，持續扮演多元適切的協助者與支持者角色。

　　自 2005 年發布《教育部青年發展署青年海外生活體驗專案貸款作業要點》到 2016 年發布《青年海外和平工作團計畫》此約 16 年間，青年署國際及體驗學習之相關法規章程所展演的重點內容至少有五：持續關注弱勢族群權益並不斷地再概念化相關定義或範疇之界定、透過官方直接合作

11　根據設置要點，此委員會委員任期 2 年，期滿得予續聘（派）兼之，由青年代表擔任之委員，得隨同召集人異動改聘之。本屆委員任期爲 109 年 11 月 1 日至 111 年 10 月 31 日。

12　包括教育、健康、家庭、經濟社會、跨界重點議題、公民與社會參與，以及國際視野與經驗。

保障青年海外學習的質量穩定與來源安全、對青年海外學習角色的期待從單一築／逐夢者的行動成全逐漸轉化至對作為一名世界公民責任履行者為期許、國家特定政策下所欲培養特定人才專才程度上亦影響青年海外學習的意向與行動，以及青年海外學習相關規章或計畫乃一不斷相互補充和汰舊換新的治理歷程。在實施方面，其實行特點亦至少有五，包括：留意到透過貸款補助為補償教育的策略來促進海外學習教育機會均等、參與國際事務培訓或課程研習於量上呈穩定成長、當前新南向政策對青年海外學習的意向與動態具有指引效果、具較高申請門檻的一條龍式提供資源協助學習方案可供選擇，以及常規型組織的管理框架下編制有過渡性質的任務型組織運作。至於在潛在問題方面，本研究提出五點為參考，分別是：構思一較長期且能更多元實現教育公平與正義仍值得致力、青年海外學習如何進一步轉化為在地實踐仍是待整課題、國家當前特定海外目標國學習如何使青年較長期性獲益仍在於目標國是否有足以延攬學習的特點且有景可許、深化青年海外學習的成果與發現將更能回應於較高門檻設定的行動方案目的，以及如何於社會中充分發揮各組織效益仍是促進青年海外學習目的是否達成之重要關鍵。然而，除上述之外，尚有如黃政傑、吳麗君、胡茹萍、成群豪、陳玟樺（2020）所指，本土青年海外學習之相關政策與實施仍有諸多待決挑戰，如青年參與的動機和興趣問題、相關法規位階問題，以及教育平權問題等，都有待進一步反省與真實解決。

據此，本研究亦特別提醒是：若以青年為中心來思索，尚須反省的另一課題也包括——為何促進青年海外學習是重要的行動？透過立意良善、實施確實的國家政策，是否真實促進青年自我實現與改善生命？是否更樂於探索自身專業及其與社會需求之間的連結，進而找到屬於自己的生涯目標或是對身為社會一員的意義？換言之，在探討國家政策如何可能「最優化」於青年海外學習機會時，本研究以為，「回到行動者本身為叩問」亦是重要的，青年海外學習相關法規章程即使完備美善，終究仍僅是一種手段，青年作為國家的希望、社會的中堅，在參與與執行這些海外學習的同時，應有機會被鼓勵進一步更深刻地去思索行動對於自身或對於更廣大社群的意涵。

　　此外，本研究也建議國人應有的共識是：青年海外學習並非等同於整體國人即具備有足夠的國際觀或國際化，青年海外學習仍要超越法規、超越空間移動、超越心靈桎梏，無論是高教端之國內的國際化作為（internationalization at home）或海外的國際化作為（internationalization abroad）（Daquila, 2013），更開放地運用有限資源來創造國際化環境，促進整體國人文化素養，進而達到整體國際化仍為要務。據此，作為二十一世紀的世界公民，踏出舒適圈、向世界學習，以更加認識自己、自己的國家及全世界，是一具有價值性的行動，樂於發揮所長、補足短缺，朝向人我共善的世界是值得共力的目標，也應是每一位行動者須不斷自我澄明的重要課題。

參考文獻

㈠中文

行政院新聞傳播處（2016年9月5日）。「新南向政策推動計畫」正式啟動。**行政院新聞**。取自https://www.ey.gov.tw/Page/9277F759E41CCD91/87570745-3460-441d-a6d5-486278efbfa1

吳正煌（2017）。青年發展。載於張鈿富（主編），**中華民國教育年報（民國一〇四年版）**（頁541-559）。臺北：國家教育研究院。取自https://teric.naer.edu.tw/wSite/ct?ctNode=655&mp=teric_b&xItem=2048509&resCtNode=454&OWASP_CSRFTOKEN=6O7C-VM4N-DQAP-ZXRK-IAHY-AYKJ-X622-FQM6

青年海外和平工作團計畫（2016）。

張春蓮（2014）。青年發展。載於張鈿富（主編），**中華民國教育年報（民國一〇二年版）**（頁561-587）。臺北：國家教育研究院。取自https://teric.naer.edu.tw/wSite/ct?ctNode=655&mp=teric_b&xItem=2048511&resCtNode=454&OWASP_CSRFTOKEN=6O7C-VM4N-DQAP-ZXRK-IAHY-AYKJ-X622-FQM6

教育部（2017）。**新南向人才培育推動計畫（106-109年度）**。取自http://www.edunsbp.tw/album/dl/589bc052dec88.pdf

教育部青年旅遊學習推動會設置要點（2013）。

教育部青年發展署（2020）。**大出青YOUNG OUT啟程轉動，教育部青年發展署108年年報**。臺北：作者。

教育部青年發展署（2021a）。**青年發展署時期簡介**。2021年7月1日取自https://history.yda.gov.tw/

教育部青年發展署（2021b）。**青年輔導委員會時期簡介**。2021年7月1日取自https://history.yda.gov.tw/nyc

教育部青年發展署（2021c）。**國際及體驗學習**。2021年7月5日取自https://

www.yda.gov.tw/index_world.aspx

教育部青年發展署服務學習及海外志工獎補助要點（2014）。

教育部青年發展署青年海外生活體驗專案貸款作業要點（2005）。

教育部青年發展署促進青年國際參與及交流獎補助要點（2009）。

教育部青年發展署核發臺英青年交流計畫贊助證明作業規定（2013）。

彭淑華、吳正煌（2017）。青年發展。載於張鈿富（主編），中華民國教育
　　年報（民國一〇五年版）（頁597-617）。臺北：國家教育研究院。取
　　自https://teric.naer.edu.tw/wSite/ct?ctNode=655&mp=teric_b&xItem=20485
　　08&resCtNode=454&OWASP_CSRFTOKEN=6O7C-VM4N-DQAP-ZXRK-
　　IAHY-AYKJ-X622-FQM6

彭淑華、吳正煌（2019）。青年發展。載於張鈿富（主編），中華民國教育
　　年報（民國一〇六年版）（頁565-584）。臺北：國家教育研究院。取
　　自https://teric.naer.edu.tw/wSite/ct?ctNode=655&mp=teric_b&xItem=20485
　　07&resCtNode=454&OWASP_CSRFTOKEN=6O7C-VM4N-DQAP-ZXRK-
　　IAHY-AYKJ-X622-FQM6

彭淑華、吳正煌（2020）。青年發展。載於張鈿富（主編），中華民國教育
　　年報（民國一〇七年版）（頁583-601）。臺北：國家教育研究院。取
　　自https://teric.naer.edu.tw/wSite/ct?ctNode=655&mp=teric_b&xItem=20483
　　67&resCtNode=454&OWASP_CSRFTOKEN=6O7C-VM4N-DQAP-ZXRK-
　　IAHY-AYKJ-X622-FQM6

彭淑華、吳正煌（2021）。青年發展。載於張鈿富（主編），中華民國教育
　　年報（民國一〇八年版）（頁585-604）。臺北：國家教育研究院。取自
　　https://teric.naer.edu.tw/wSite/ct?ctNode=655&mp=teric_b&xItem=2054913

黃政傑、吳麗君、胡茹萍、成群豪、陳玟樺（2020）。臺灣國際教育之立法
　　需求和內容要項評估期末報告。臺北：教育部。

經濟部國際貿易局（2016年8月16日）。總統召開「對外經貿戰略會談」 通
　　過「新南向政策」政策綱領。新南向政策綱領。取自https://newsouth-
　　boundpolicy.trade.gov.tw/PageDetail?pageID=10&nodeID=21

經濟部國際貿易局（2016年9月5日）。新南向推動計畫。新南向政策。

取自https://newsouthboundpolicy.trade.gov.tw/PageDetail?pageID=12&
nodeID=21

劉佩卿（2016）。青年發展。載於張鈿富（主編），**中華民國教育年報**（民
國一〇三年版）（頁569-589）。臺北：國家教育研究院。取自https://
teric.naer.edu.tw/wSite/ct?ctNode=655&mp=teric_b&xItem=2048510&resC
tNode=454&OWASP_CSRFTOKEN=6O7C-VM4N-DQAP-ZXRK-IAHY-
AYKJ-X622-FQM6

駐英國臺北代表處（2011年9月30日）。**臺英青年交流計畫（YMS）明
（101）年1月1日上路**。駐英國臺北代表處新聞。取自https://www.roc-
taiwan.org/uk/post/924.html

譚瑾瑜、楊桂禎（2017）。2017年東協經濟展望。**台灣經濟研究月刊**，
40(1)，108-115

㈡英文

Daquila, T. C. (2013). Internationalizing higher education in Singapore: Govern-
ment policies and the NUS experience. *Journal of Studies in International
Education, 17*(5), 629-647.

Dobbert, M. L. L. (1998). The impossibility of internationalizing students by add-
ing material to courses. In J. Mestenhauser & B. Ellingboe (Eds.). *Reforming
the Higher Education Curriculum: Internationalizing the Campus.* (pp. 53-
68). Phoenix: American Council on Education and Oryx Press.

Montgomery, C., & McDowell, L. (2009). Social networks and the international
student experience: An International community of practice? *Journal of Stud-
ies in International Education, 13*(4), 455-466.

附錄一　教育部青年發展署國際及體驗學習之相關規章、方案及計畫（含已廢止）

法規名稱	教育部青年發展署青年海外生活體驗專案貸款作業要點	教育部青年發展署促進青年國際參與及交流獎補助要點	教育部青年發展署英國青年交流計畫補助認證明作業規定	教育部青年旅遊學習推動委員會設置要點	教育部青年發展署服務學習及海外志工獎補助要點	青年海外和平工作團計畫
修訂沿革	94.6.29 94.11.3 98.5.26 98.12.22 99.7.1 99.10.22 100.11.25 100.12.5 101.7.27 102.1.22 107.1.10 109.8.19	98.2.13 99.2.6 101.1.17 102.2.1 103.1.10 104.12.1 105.12.5 108.10.31	106.6.3（已廢止）	102.2.4 103.6.24（已廢止）	103.1.10 104.11.27 105.12.1 109.1.10	105.6.28 106.9.29 109.1.3 109.9.14
主要重點內容	一、目的 為鼓勵有志增進生活體驗之青年完成心願，特提供本貸款，協助青年透過國外自助旅行、遊學或渡假打工度限	一、目的 為鼓勵中華民國青年（依本署各公告指定專案或計畫所規定之青年年齡）參與國際事務及交流、提供多	一、目的 依據英國青年交流計畫（Youth Mobility Scheme，簡稱YMS）實施辦法第5(a)規定，核發贊助	一、教育部為推動青年旅遊學習，特設青年旅遊學習推動會（以下簡稱本會）。 二、本會之職責如下：(一)青年旅遊學習	一、目的 教育部青年發展署（以下簡稱本署）為推廣服務學習，引領青年從事服務學習及海外志工服務，養成	壹、計畫緣起 為拓展青年國際視野，鼓勵青年從事海外志工服務，引導青年走向世界，教育部青年發展署

法規名稱	教育部青年發展署青年海外生活體驗專案貸款作業要點	教育部青年發展署促進青年國際參與及交流獎補助要點	教育部青年發展署核發臺英青年交流計畫贊助證明（Certificates of Sponsorship，簡稱CoSs）規定	教育部青年旅遊會設置暨推動要點	教育部青年發展署服務學習及海外志工獎補助要點	青年海外和平工作團計畫
主要重點內容	打工，實現海外生活體驗夢想。二、貸款資金來源由承辦金融機構以自有資金辦理。三、貸款對象申請人需符合以下條件：(一)符合民法規定之成年年齡以上之中華民國國民。(二)信用狀況良好、無不良紀錄者。(三)申請者，屬中低收入家庭之家庭年所得在新臺幣一百二十四萬元以下，並免提供保證人一人。四、貸款用途國外自助旅行、遊學或打工度假。	元國際事務研習培訓、國際參與及交流機會，並促進青年國際視野及競爭力，特定本要點。二、獎勵及補助對象(一)獎勵對象：參與本署推動國際參與及交流所公告專案之依法設立相關計畫或專案之依法設立相關民間團體、大專校院及個人。(二)以前款規定之民間團體及大專校院為對象：獎勵及補助指定專案或競實，依相關規定給予獎勵。(二)補助內涵：辦理各項青年國際參與及交流補助計畫。四、獎勵及補助原則	證明（Certificates of Sponsorship，簡稱CoSs），以協助我國青年赴英國交流、擴展青年國際視野。二、受理單位教育部青年發展署（以下間稱青年署）三、申請對象(一)中華民國國民，在國內設有戶籍並領有國民身分證，年滿18歲至30歲。(二)男性須畢或免役。四、核發名額每年1,000名。五、申請期間每年受理申請期間依年度公告為準。六、申請程序及應備文件	政策規劃之諮詢及審議。(二)青年旅遊學習計畫方案之推動及協調。(三)青年旅遊學習之資源整合。(四)青年旅遊學習之倡議及推廣。(五)青年旅遊學習之培育及運用。(六)國際青年來台相關青年旅遊之規劃及推動。(七)其他有關青年旅遊學習推動事宜。三、本會置委員十五人，其中一人為召集人，由本部部長或部長指派之次長兼任，其餘委員由召集人就下列人員聘（派）兼之：任一性別委員人數不得少於委員總數之三分之一：(一)文化部、外交部、交通部代表各一人。(二)本部學	服務精神，學習公共意識，提升公民素養、擴展國際視野及關懷世界之使命感。責任感，將服務學習理念根植校園，以強化辦理服務學習成效，並符應世界地球村之培訂定本要點。一、獎勵及補助對象(一)獎勵及補助對象：參與之民間團體、各級學校及個人。二、本署推動服務學習所公告指定相關計畫或專案之依法設立之民間團體、各級學校及個人，以前款規定之民間團體、各級學校及個人為原則。三、獎勵及補助範圍(一)獎勵及補助：參與本署公告指定專案或競	（以下簡稱教育部青年署）長期以來積極推動海外志工服務，每年補助國內大專校院及依法設立之民間團體提案申請，已有相當成效，服務範圍遍遍五大洲，涵蓋了教育、人道關懷、文化、環境及衛生、華語文教學及資訊等，服務類型多元，不僅拓展了青年國際視野，同時發現不同國家探索及發現文化的機會，生活習慣及文化。蔡總統曾提出以為建立「不只為今日而教育，要為明日而學習」的前瞻教育，將鼓勵高中職畢業生多樣生涯發展，先社會歷練而後到大學就

法規名稱	教育部青年發展署青年海外生活體驗專案貸款作業要點	教育部青年發展署促進青年國際參與及交流獎補助要點	教育部青年發展署核發臺英青年交流計畫實習證明規定	教育部青年旅遊學習推動會設置要點	教育部青年發展署服務學習及海外志工獎補助要點	青年海外和平工作團計畫
主要重點內容	五、貸款用途別之期限 遊學及度假打工之期限至少一個月，自助旅行至少二星期。 六、貸款額度 依其計畫所需資金之百分之七十為上限，申請人至少需自備所需資金百分之三十之自備款，該額由本貸款款放放，貸款金額最高為新臺幣十五萬元。每人限申貸一次，不得重複申請。夫妻同時申貸，合計最高額度以新臺幣十五萬元為限。 七、還款期限及還款方式 最長五年，含本金寬限期限期最長一年。貸款寬限期限屆滿貸出後，本金寬限期	(一)獎勵原則：參與本署公告指定專案或競賽，經本署評審，酌予獎勵，獎勵金規定辦理所得扣繳。 (二)補助原則：1.以補助為原則，獲補助其計畫所需資金之分配自行籌措措施二十百分之七十為上限，助者須自行籌措計畫總經費百分之二十未達達者，得依核定減少補助款。2.經濟弱勢青年(含低收、中低收入青年)、原住民青年及新住民(子女)，得衡酌實際情況優予補助，以兼顧資源分配之平衡性、惟除具特殊原因經報本署同意外，不得更為全額補助，日不得以變更為全額經補助為由要求增列經	(一)申請程序：申請人需於申請期間，至青年署iYouth青少年國際交流資訊網(http://iyouth.youthhub.tw)臺英青年交流計畫實習證明專區線上填寫申請表(含切結書)並列印併同應備文件於申請期限屆前送達青年署國際分證體驗學習國際青年體驗學習組。 (二)應備文件：1.中華民國身分證正反面影本。2.役政證明或免役證明影本。 七、核發方式 申請文件受理後，由青年署進行資格審查。資格符合者未	生事務及特殊教育司司長、高等教育司司長、技術及職業教育司司長、國際及兩岸教育司司長、國民及學前教育署署長、青年發展署署長等六人。(三)青年旅遊學者專家及民間團體代表共五人。 四、本會委員任期一年，期滿得續聘之，但代表機關出任者，應隨本職進退。前項委員出缺時，應予補聘，補聘委員之任期至原任期屆滿日為止。 五、本會以每半年召開會議一次為原則，必要時得召開臨時會議。前項會議由召集人擔任主席，召集人	實，依相關規定酌予獎勵。(二)補助範圍：辦理各項服務學習及海外志工項服務工作補助計畫。另補助民間團體反大專校院辦理服務學習相關國內(際)會議、學術研討會或論壇等。 四、獎勵及補助原則 (一)獎勵及補助原則：參與本署指定相關計畫或專案，經本署評審者有績效之單位及個人，由本署依相關計畫規定之獎勵。獎勵金酌予獎勵。依規定辦理所得扣繳。(二)補助原則：參與本署指定相關計畫或專案、由本署核定酌予經費補助之團體或學校，獲補助者須自行籌措計畫總經費	讀，同時舉辦千人青年海外和平工作團，鼓勵青年前往海外國家進行志願服務，提升外語能力，開展國際視野。為落實總統對青年族群的支持與重視，爰規劃成立工作團，請總統擴任青年榮譽團長，同時連結找國民間團體提供青年更多海外志願服務機會，並調整教育部青年署原有「青年海外志工服務計畫」，建立更完整的資源平臺，支持青年永續服務，實踐人道關懷志業。 貳、計畫目標 一、目標說明

法規名稱	教育部青年發展署青年海外生活體驗專案貸款作業要點	教育部青年發展署促進青年國際參與及交流獎補助要點	教育部青年發展署核發臺英青年交流計畫贊助證明作業規定	教育部青年旅遊學習推動諮詢會設置要點	教育部青年發展署服務學習及海外志工獎補助要點	青年海外和平工作團計畫
主要重點內容	內按月繳納利息：本金寬限期後平均攤還本息。八、貸款利率：依臺灣中小企業銀行基準利率（月調整）機動計息。九、保證條件：依承辦銀行徵授信規定辦理，並洽請財團法人中小企業信用保證基金提供八成信用保證。十、申請程序及應備文件：(一)申請「青年海外生活體驗專案貸款」，應由申請人填具貸款計畫書（如附件一）（略），並提供保證人一人，連同教育部青年發展署促進青年國際發展交流補助計畫（附件）、個人保證應備書件（如附件二）（略），以個人身分，向承辦銀行提出貸款申請	費。(1)以弱勢家庭身分申請者，須提供身分證字號並檢附相關人資料使用授權同意書。(2)以原住民身分申請者，須檢附具有原住民身分之戶籍謄本影本。(3)以新住民（子女）身分申請者，須檢附戶籍謄本。3.本署因政策規劃或有特殊需求，得調整本要點補助額度。五、申請時間及程序：依本署指定之相關公告辦理期間開放符合資格者，檢附教育部青年發展署促進青年國際參與及交流補助計畫（附件1）、經費申請表（附件1），及相關文件寄（送）達本署	達年度各階段核發名額、全數核發；超過年度各階段核發名額，公開以電腦亂數隨機抽出，並於青年署官方網站、iYouth青少年國際交流資訊網公告。八、贊助證明有效期間3個月，各階段贊助證明有效期間依年度公告為準。九、為有效運用贊助證明名額、年度第二階段名額，年度第二階段贊助增列贊助證明候補名額。(一)名額：以年度總核發名額之三成為原則。(二)核發方式：同贊助證明核發方式，並依序抽出第二階段候補名冊。	因故不克出席時，得指派委員代理擔任。機關代表兼任之委員不克出席會議時，得指派相當層級代表出席。本會開會時，得邀請相關單位之有關人員及專家學者列席報告或說明。六、本會置執行祕書一人，由本部青年發展署署長兼任之，承展署署長之命，辦理本會之會有關業務。本會之幕僚作業，由本部青年發展署國際及體驗學習組辦理。七、本會委員均為無給職。八、本會所需經費，由本部相關預算支應。	百分之二十以上，且補助比例減少核撥補助款；另有特定補助原則者，不受此籌經費總經費百分之二十以上限制，並得依專案簽准後另行公告辦理。五、申請時間及程序：符合資格者，檢附相關文件寄（送）達本署「10055臺北市徐州路十四號十四樓教育部青年發展署（國際組）」。六、審查及補助作業：(一)申請補助案件由本署根據補助案件所備之書面資料及補助計畫（附件1）、經費申請表（附件1），依據本案指定之相關計畫	(一)激發青年志工對國際社會之使命感、責任感、履行世界公民與地球村成員義務，增進中華民國與世界其他國家人民之相互瞭解及交流。(二)結合國內大專校院及民間團體資源，運用青年所學專長與知能，供其他國家或地區有價值之服務，促進地區學生具備國際關懷之實踐力。(三)藉由多元服務面向，促進青年參與國際事務，有助於達成聯合國永續發展目標（SDGs），並期許在人類（Human）、繁榮（Prosperity）、和平（Peace）及夥伴關係（Partnership）五

法規名稱	教育部青年發展署青年海外生活體驗專案貸款作業要點	教育部青年發展署促進青年國際參與及交流獎補助要點	教育部青年發展署核發臺英青年交流計畫簽助證明作業規定	教育部青年旅遊學習推動會設置要點	教育部青年發展署服務學習及海外志工獎補助要點	青年海外和平工作團計畫
主要重點內容	出貸款申請。(一)依申請時間先後，先到先辦，屬中低收入家庭者，優先辦理，額滿、資金用罄或當年度屆滿後停止收件，再由承辦銀行於統一送保。(三)外交部領事事務局「國外旅遊警示分級表」所列橙色及紅色警示區域之地區不得前往(詳細請可上網查詢，網址http://www.boca.gov.tw)。十一、申請人取得貸款後應按照計畫實施，如經發現所貸資金移作他用，承辦銀行應按貸款撥付年數百分之二點五向申請人追溯補繳利息，並立即收回全部	「10055臺北市中正區徐州路5號14樓教育部青年發展署(國際及體驗學習組)」。附表1-補助計畫項目經費(略)。六、審查原則申請補助案件審，得視需要時，得組成審查小組進行審查。七、獎勵及補助作業(一)獎補助作業：各項獎補助支出，若涉及所得稅扣繳等事宜，由各受補助單位自行處理。(二)補助費之請撥、支用及核	(三)候補遞補方式：依第二階段抽出之候補名用順序依序遞補，若候補者年滿31歲，則依序由次一順位候補者遞補。十、注意事項(一)申請人應於簽助證明有效期間及未滿31歲前，向英國簽證申請中心申請YMS簽證。(二)簽助證明之用，為申請YMS簽證之用，並不提供任何財物贊助。(三)獲得贊助證明不保證必然取得YMS簽證，申請人應依英國政府相關規定辦定英國簽證(例如：提供財力證明、繳交簽證費用等)。(四)赴英國期間應注意安全，		或專案活動公告內容辦理審查及補助作業。(二)採分期撥付補助者，請分期撥付補助者，請撥第二期款及其以後期別款項者，應依本署相關事案規定，於指定期限內，檢附領據(請註明單位統一編號)及經費請撥單(附件2)，送本署核撥辦理經費核撥。(三)受補助單位應依規定於指定期限內，檢附成果報告、領據(請註明單位統一編號)、經費收支結算表(附件3)(略)，指定匯款帳戶存摺封面影本等資料，送本署辦理核銷結案。逾期未理核銷結案者，註銷其請款結案者，註銷其受補助單位補助。(四)受補助單位	大領域有所提升。二、參與對象：我國18至35歲之青年。三、達成目標之限制(一)依據役男出境之限制辦法規定，年滿18歲之翌年1月1日起至屆滿36歲之年12月31日止，尚未履行兵役義務之役齡男子申請出境應經核准，除依該辦法第4條第1項第1至6款奉派出國比賽或交換學生情形外，每次在國外停留最長4個月，將影響尚未服役之青年從事海外志工意願。(二)世界各國對志工簽證申請程序及費用、審核標準不一，例如：停留時間不一，至英國擔任志工，不

法規名稱	教育部青年發展署青年海外生活體驗專案貸款作業要點	教育部青年發展署促進青年國際參與及交流獎補助要點	教育部青年發展署核發臺英青年交流計畫簽證補明作業規定	教育部青年旅遊學習推動會設置要點	教育部青年發展署服務學習及海外志工獎補助要點	青年海外和平工作團計畫
主要重點內容	貸款本息。申請人應檢送之相關文件，有造假變造情事或所提計畫書虛偽不實或計畫書虛偽不實有其他違反本要點規定者，於未獲貸款前撤銷其申請資格；於獲貸款後撤銷其申請資格，並由銀行依前項規定辦理。 十二、申請人未依約定按期還款時，承辦銀行得依貸款利率年息百分之二十以上者計收延遲利息，其授信異常資料之建檔處理、揭露期間及清償註記等，承辦銀行悉依相關規定送財團法人金融聯合徵信中心辦理。 十三、資金需求 (一) 資款資金依合約約	銷結報，應依教育部補(捐)助及委辦經費核撥結報作業要點規定辦理。2.獲補助者，應於辦理結束後2個月內，依相關專案或計畫規定檢附成果報告(含電子檔)相關資料，送本署辦理核銷結案。若目籌款項未達計畫總經費百分之二十以上者，得依實際補助額度，並經本署綜合討核後，列為爾後補助之重要參據；逾期未請款結案者，註銷其補助。3.獲補助者應依本署相關專案或計畫規定，檢附成果報告、領據(請註明單位統一編號)、教育部青年發展署促進青年國	並自行辦妥所需保險。(五)獲得贊助簽證明卻未提出YMS簽證申請者，12個月內不得再申請此項贊助證明(例如：獲得102年第一階段贊助證明卻未再次提出申請者，103年第一階段仍可再次提出申請)，惟若於贊助證明有效期限一個月前主動提出書面放棄申請簽證署申請放棄申請簽證者，則不受此規定限制。十一、本作業規定未盡事宜，得隨時公告補充		為政行機關或公私立學校者，應將計畫專用裝備出原始憑證保存及自行交審保存及管理，本署並此得視實際需要、通知調閱查驗或派員抽查：受補助單位為民間團體或個人者，應將符合本署核定計畫預算項目之支出原始憑證，於辦理結報時一併檢附，送本署審核，其餘未提出原始憑證自行保存，以備相關單位查核，以受補助單位查核。(五)(略)受補助單位因業務實際執行需要，須變更計畫預算規模或調整經費運用項目者，應隨函覆計畫經費調整對照表(附件4)(略)，報本署辦理。未辦變更，署辦理。	論參與時間長短，皆需辦理Tier 5 Charity workers簽證；至歐洲其他國家及非洲北部國家，一般需要志工服務組織提供簽證邀請函(Visa Invitation)。(早辦理一般觀光簽證，將造成青年進行海外志工服務不便反限制。參、推動組織及分工一、成立青年海外和平工作團推動委員會(以下簡稱本會)(一)為強化公私部門合作機制、整合各項資源、建構支持網絡，以擴展青年從事海外志願服務之多樣性管道，特成立本會。

法規名稱	教育部青年發展署青年海外生活體驗專案貸款作業要點	教育部青年發展署促進青年國際參與及交流獎補助要點	教育部青年發展署核發臺英青年交流計畫發臺資質助證明作業規定	教育部青年旅遊學習推動會設置要點	教育部青年發展署青年學習及海外志工獎補助要點	青年海外和平工作團計畫
主要重點內容	定額度，由承辦銀行自有資金支應。(二)信用保證事款及信用保證手續費由教育部青年發展署編列年度預算支應。 十四、承辦銀行委託臺灣中小企業銀行辦理，委辦契約另行訂之。 十五、呆帳責任辦理本貸款之經辦人員，對其非由於故意、重大過失致舞弊情事所造成之呆帳，或全部之損害賠償責任，並免除予以糾正之處置。 十六、本要點未盡事宜，悉依照承貸銀行之規定辦理。	際參與及交流補助經費收支結算表（如附表2）（略）、指定匯款帳戶存摺封面影印本等資料。4.受補助單位為政府機關或公私立學校者，應將計畫支出原始憑證、自行妥善保存及管理，本署並得視實際需要，通知調閱查驗或派員抽查；受補助單位為民間團體或個人者，應將符合本署核定計畫預算項目之支出原始憑證，於辦理結報時一併檢附，送本署審核，其結餘款應依原始憑證自行保存，以備本署相關單位查核。5.獲補助者，應確實投保旅遊平安險等相關保			理變更實際支用規模未達核定預算者，本署將依比例酌減補助額度。(六)如有其他獎補助作業方式，由本署另行公告辦理。 七、督導及查核 (一)對於補助案件，本署得視需要進行不定期查核，隨時了解補助經費運用情形及計畫執行成效。(二)補助款應專款專用，不得任意變更用途。獲補助者，如有變更原計畫內容、取消活動等情形，應於活動前報備本署，並徵得本署書面同意始得變更。(三)補助者於活動期間不得從事與原計畫內容不相關活動，違反者除追繳補	(二)本會置委員15人至25人，其中1人為召集人，由教育部部長兼任；1人為執行祕書，由教育部青年署署長兼任。其餘委員由召集人就下列人員聘兼之：1.政府相關部會代表5人至10人。2.民間團體代表3人至5人。3.青年代表3人至4人。4.大專校院或專家學者代表2人至4人。 (三)前項委員任期2年，期滿得續聘之，若於任期內出缺時，得補行遴聘至原任期屆

法規名稱	教育部青年發展署青年海外生活體驗專案貸款作業要點	教育部青年發展署促進青年國際參與及交流獎補助要點	教育部青年發展署青年交流臺英青年壯遊計畫助證明作業規定	教育部青年旅遊學習推動會設置要點	教育部青年發展署青年學習服務及海外志工獎補助要點	青年海外和平工作團計畫
主要重點內容	十七、本要點經核定後實施，修正時亦同。	險，於提報成果報告時檢據核銷。未辦理保險者，依人數補助每位酌予扣減補助經費5%。(三)逾期未請款結案者，註銷獎勵或補助資格。(四)如有其他獎勵及補助作業方式，由本署另行公告辦理 2- 附表促進青年國際參與及交流補助經費收支結算表（略）。八、督導及查核(一)本署將視需不定期查核獲補助單位經費運用情形及計畫執行成效，並邀請獲補助青年參與成果表或相關推廣活動。(二)補助款應專款專用，不得任意變更使用用途。如有變更應要原計畫內容、			助款項，嗣後不得再依本要點提出其他補助申請案件。(四)受補助經費中如涉及採購事項，應依相關規定採購。法等相關規定辦理。(五)同一計畫如已獲本署其他經費補助，不得再依本要點重複提出申請補助；重複申請案件經本署查證屬實，取消其補助資格，原補助經費應繳回撤案，且二年內不得再向本署提出其他補助申請案件。(六)獲補助者自籌款編列或申請補助資料如有隱匿不實或造假等情事，違反者除追繳補助款項，二年內不得再依本要點提出其他補助申請案件。(七)獲補助申請案件。	滿之日為止。但代表部會出任者，應隨其本職進退。(四)全體委員，任一性別委員人數不得少於委員總數之五分之二。(五)本會以每年召開一次委員會議為原則，加強公私部門協力、協調整合公私資源。1. 前項委員為會議由召集人擔任主席，召集人因故無法出席時，由其指定之代理人代理之。2.本會委員應親自出席會議，但由部會或民間團體兼（擔）任之委員因故無

法規名稱	教育部青年發展署青年海外生活體驗專案貸款作業要點	教育部青年發展署促進青年國際參與及交流獎補助要點	教育部青年發展署核發臺英青年交流計畫簽證說明作業規定	教育部青年旅遊學習推動會設置要點	教育部青年發展署服務學習及海外志工獎補助要點	青年海外和平工作團計畫
主要重點內容		取消活動等情形，應於活動前檢附「教育部青年發展署補助計畫經費調整對照表」（如附表3）（略）函徵本署辦理，並徵得本署書面同意始得變更。（三）獲補助單位如有執行不力、未確依本要點規定辦理、計畫執行延宕未能依補助用途支用未確實補助用途支用等情形，依其情節輕重，停止補助一年至五年。（四）獲補助單位於活動期間不得從事與活動原計畫內容不相關活動、違反本要點除退還補助款項，嗣後不得再依本要點提出其他補助申請案件。（五）補助經費中如涉及			單位若有執行不力、查有未確實依本要點規定辦理、計畫執行延宕有不能積極辦理、經費未確實補助用途支用等情形，列為爾後補助之重要參據，並得依其情節輕重，停止補助一年至五年。（八）獲補助單位執行本署核定之計畫內容，如有不法、涉及刑事責任者，移送司法機關偵辦。（九）本署視需要邀請獲獎補助者參與成果發表及相關推廣活動。八、注意事項（一）有關補助經費之請撥、支用及核銷結報，應依教育部補助（捐）助及委辦經費核撥結報作業要點規	法出席時，得指派相當層級人員代表出席。（六）本會得視需要由執行祕書召開工作會議，就海外志工相關議題及跨單位協調事項等進行討論。 二、部會分工 　業務　|　部會分工 行政作業、彙總管理　|　教育部青年署 建立聯繫網絡　|　外交部、僑委會、陸委會、環保署、財團法人國際合作發展基金會、教育部青年署

法規名稱	教育部青年發展署青年海外生活體驗專案貸款作業要點	教育部青年發展署促進青年國際參與及交流獎補助要點	教育部青年發展署核發臺英青年交流計畫資助證明作業規定	教育部青年旅遊學習推動會設置要點	教育部青年發展署服務學習及海外志工獎補助要點	青年海外和平工作團計畫
主要重點內容		採購事項，應依政府採購法等相關規定辦理。(六)同一活動計畫，如已獲本署其他專案經費補助，不得再依本要點重複提出相關補助。重複申請案件經本署查證屬實，取消其補助資格，原補助經費應繳回撤案，且二年內不得再向本署提出其他補助申請案件：同一民間團體及大專校院依據本要點申請補助，至多補助三案，以達資源公平分配效益。(七)獲補助單位自籌款編列或申請補助資料如有隱匿不實或造假情事，違反補助款項，二除追繳補助款項外，二年內不得再依本要點提出其他補助申請案			定辦理。(二)本署有權將核准獎補助之成果，轉作推動相關業務之運用參考。(三)若計畫執行涉及公益勸募行為，應依公益勸募條例相關規定辦理。 九、附則 本要點自發布日施行，如有未盡事宜，悉依教育部補(捐)助及委辦經費核撥結報作業要點辦理，各項獎補助條件、各項計畫另訂定計畫公告。	<table><tr><td>業務</td><td>部會分工</td></tr><tr><td>急難救助</td><td>外交部、僑委會、陸委會</td></tr><tr><td>提供海外衛生安全及疫情資訊</td><td>衛福部</td></tr></table>肆、執行策略及工作項目 為推動發展青年參與海外志工服務，達成本計畫之目標，研擬三項執行策略及相關工作項目如下： 一、透過公私協力，號召青年海外志願服務 1-1 補助辦理青年海外志工服務計畫 1-2 推動青年從事海外長期志工服務 1-3

法規名稱	教育部青年發展署青年海外生活體驗款專案獎補助要點	教育部青年發展署促進青年國際參與及交流補助要點	教育部青年發展署英青年交流計畫臺賣助證明作業規定	教育部青年旅遊學習推動會設置要點	教育部青年發展署服務學習及海外志工獎補助要點	青年海外和平工作團計畫
主要重點內容		件。（八）獲補助單位執行本署核定之計畫內容，如有不法，涉及刑事責任者，移送司法機關偵辦。（九）若計畫執行涉及公益勞務行為，應依相關規定辦理。 附表 3－教育部青年發展署促進青年國際參與及交流補助計畫第次經費調整對照表（略）。 九、注意事項 （一）獲獎勵及補助者需協助宣傳本署 iYouth 青年國際圓夢平臺（http://iyouth.youth-hub.tw）相關事宜，並（含加入會員），將活動成果報告上傳。（二）本署有權將核准之獎勵或補助成果，轉作本署推動相關				協助經濟弱勢、新住民（子女）及原住民青年參與海外志願服務 二、整合相關資源，支持青年永續發展服務 2-1 調查海外志工推動情形 2-2 辦理青年海外志工服務宣傳捲動活動 2-3 經營青年海外志工資訊平臺專屬網站 2-4 鏈結非營利組織與大專校院交流及資訊串聯 三、團隊競賽選拔，建立青年標竿學習典範 3-1 辦理團隊競賽 3-2 辦理表揚暨分享大會（博覽會） 伍、工作項目及時程 一、透過公私協力，號召青年海外志願服

法規名稱	教育部青年發展署青年海外生活體驗專案貸款作業要點	教育部青年發展署促進青年國際交流及交流獎補助要點	教育部臺英青年質助畫計畫核發證明作業規定	教育部青年旅遊學習推動會設置要點	教育部青年發展署服務學習及海外志工獎補助要點	青年海外和平工作團計畫
主要重點內容		關業務之運用參考。 十、附則 (一)本要點如有未盡事宜，悉依教育部補助及委辦經費核撥結報作業要點規定辦理。 (二)本要點經核定後實施，修正時亦同。				務（略） 二、整合相關資源，青年永續發展服務（略） 三、團隊競賽選拔，建立青年標竿學習典範（略） 陸、計畫期程 109 年 1 月 1 日至 112 年 12 月 31 日 柒、經費來源 所需經費由各相關部門既有經費預算分攤支應。 捌、預期效益 一、引領我國青年參與海外志工服務，擴大青年海外志工參與之學校（組織）數，預期 109 年起至 112 年間能達百校（組織）以上的目標，增加國際能見度與影響

青年海外和平工作團計畫	教育部青年發展署服務學習及海外志工獎補助要點	教育部青年旅遊學習推動會設置要點	教育部青年發展署青英臺青志工計畫核發臺青助證明作業規定	教育部青年發展署促進青年國際參與及交流獎補助要點	教育部青年發展署青年海外生活體驗專案貸款作業要點
力。 二、與大專校院及民間團體形成夥伴關係，並藉由青年海外志工資訊平臺專屬網站的建構，提供永續發展的根基。 三、激發青年志工對國際社會之使命感、責任感，履行世界公民與地球村成員義務，結合聯合國永續發展目標，深化國內青年對於國際議題的認識，俾對國際連結有所幫助，並增進與其他國家人民間之交流。 玖、附件 一、青年海外和平工作團推動委員會組織架構 二、109年推動委員會委員名單					
法規名稱	主要重點內容				

海外學習及專科以上學校國際教育法草案芻議

胡茹萍

　　鼓勵學子海外學習乃國家重要治國方針，為確保國民有機會參與海外學習，政府有義務提供相關機制，協助經濟條件不利之青少年，實現教育機會均等之理想。而面臨全球化、國際化、數位化之衝擊，高等教育國際化亦成為當前各國致力發展之重要方向，其中招收國際教育學生更是發展高等教育國際化之重要策略。然而，即使臺灣多數大專校院相當用心照顧境外學生，卻囿於無法制定明確規範及嚴謹檢核機制，少數境外學生來臺就學，與應學實情不甚相符，且因缺乏照護，而陷入困境，致生境外學生權益受損及學校與我國名譽遭受惡評之情事。

　　為促進我國年滿 16-20 歲之國民，積極參與海外學習，使其瞭解各國多元文化以利培養國民冒險、創新與創業精神；復為提升高等教育階段之國際教育品質，吸引國際人才來臺就讀，以收引才、育才、留才之效；此外，有鑑於我國有良好之華語學習環境與人力資源，及因新南向政策之推動，東南亞國家與我國技職校院交流密切，爰建議擬具《海外學習及專科以上學校國際教育法》草案，明確規範國民海外學習之規劃與推動、專科以上學校國際教育之實施、國際學生之照顧與服務，及財團法人全球華語文教育中心與亞洲技術及職業教育中心之設立，以利促進我國國民積極參與海外學習，及有效推動我國高等教育階段之國際教育事務。

　　初擬之《海外學習及專科以上學校國際教育法》草案，共計八章，分為「總則」、「海外學習之規劃與推動」、「專科以上學校國際教育之實施」、「國際學生之照顧及就業」、「財團法人全球華語文教育中心」、「財團法人亞洲技術及職業教育中心」、「罰則」及「附則」，其規範重點如下：

 第一章 「總則」

一、規範立法目的、主管機關及用詞定義。（草案第一條至第三條）
二、明示行政院應定期邀集相關部會首長，召開國際教育戰略會議。（草案第四條）

第二章「海外學習之規劃與推動」

一、教育部應組成海外學習諮詢會，提供海外學習相關事項之諮詢。（草案第五條）

二、教育部應編列獎助學金，以利推動海外學習。（草案第六條）

三、獎勵推動海外學習成效績優之民間機構。（草案第七條）

 第三章「專科以上學校國際教育之實施」

一、行政院應指定專責機關，建立國際教育人才資源發展之協調整合機制。（草案第八條）

二、教育部得訂定學校辦理國際教育之資格、條件及應遵行規定，建立華語能力之分級及檢定機制，及建立民間機構協助學校辦理國際教育之機制。（草案第九條）

三、為增進國際教育招生吸引力，得編列獎助學金，建立諮詢平臺，及由學校統一向外交部申請辦理國際教育入學許可簽證。（草案第十條及第十一條）

四、學校得辦理國際教育預修學位課程，由學校自行或組成聯合會對外招生。（草案第十二條）

五、學校應建立國際教育品質確保機制，及教育部得進行相關查核。（草案第十三條）

 第四章「國際學生之照顧及就業」

一、學校應建立友善校園環境，並設立國際教育專責單位，提供國際學生相關之輔導及照顧。（草案第十四條）

二、國際學生於就學期間，從事工作之規定。（草案第十五條）

三、國際學生於完成課程後，在臺就業之規定。（草案第十六條）

伍 ## 第五章「財團法人全球華語文教育中心」

規範教育部得自行設立或與大學共同成立財團法人全球華語文教育中心，且個人或營利事業對全球華語文教育中心之捐贈，得免除稅賦。（草案第十七條及第十八條）

陸 ## 第六章「財團法人亞洲技術及職業教育中心」

規範教育部得自行設立或與企業共同成立財團法人亞洲技術及職業教育中心，且個人或營利事業對亞洲技術及職業教育中心之捐贈，得免除稅賦。（草案第十九條及第二十條）

柒 ## 第七章「罰則」

規範民間機構違法辦理國際教育之罰鍰，且明示違反情節嚴重者，得由教育部命其停辦及處罰。（草案第二十一條）

捌 ## 第八章「附則」

一、本法施行細則之授權規定。（草案第二十二條）
二、本法施行日期。（草案第二十三條）

謹擬具條文草案如下，以為拋磚引玉之效：

法律名稱	說　明
《海外學習及專科以上學校國際教育法》	本法係以增廣國民見聞及增進國際教育影響能量為宗旨，且鑒於高等教育國際化，有其迫切性，爰先就專科以上學校國際教育之實施，進行相關規範，爰草擬本法之名稱為海外學習及專科以上學校國際教育法。

條　文	說　明
第一章　總則	章名。
第一條　為促進我國國民擴增國際視野，及健全專科以上學校國際教育實施，提升教育品質，及照顧國際學生，特制定本法。	定明立法目的。
第二條　本法之主管機關為教育部。 　　本法所定事項，涉及各中央目的事業主管機關職掌者，由各該中央目的事業主管機關辦理。	一、第一項定明本法之主管機關。 二、基於推動海外學習及國際教育事項，涉及簽證、就業及相關稅賦等業務，爰於第二項定明本法所定事項，有涉及其他各中央目的事業主管機關職掌者，由各該中央目的事業主管機關辦理。
第三條　本法用詞，定義如下： 一、海外學習：指具有我國國籍，且年滿十六歲至二十歲之國民，赴大陸地區、香港及澳門以外之國家或地區，進行學習體驗。 二、國際教育：指專科以上學校（以下簡稱學校）提供具外國國籍、僑生、香港或澳門居民、大陸地區人民，來臺修習學位課程、非學位課程或學士學位預修課程。 三、國際學生：指來臺就讀學校所提供之學位課程或非學位課程之外國人、僑生、香港或澳門居民、大陸地區人民。 四、民間機構：指依法立案或登記之法人、團體。	一、第一款定明海外學習之適用對象、擬前往國家或地區及以學習體驗為主要目的。 二、第二款定明本法國際教育之教育階段，並參考外國學生來臺就學辦法、僑生回國就學及輔導辦法、香港澳門居民來臺就學辦法、大陸地區人民來臺就讀專科以上學校辦法之用詞，明示國際教育招生對象之範圍及課程種類。 三、第三款定明國際教育學生之範圍。 四、第四款定明民間機構之範圍。
第四條　為推動海外學習及加速國際教育之國際影響，行政院應定期邀集教育部、外交部、勞動部、經濟部、國家發展委員會及其他相關部會首長，召開國際教育戰略會議。 　　國際教育戰略會議之任務如下： 一、系統性推動國民海外學習。 二、宏觀調整國際教育學生招收之重點國家。 三、盤整國家重點產業所需之國際教育人才。	一、第一項考量國民之國際體驗學習及國際教育品質良窳，關乎我國對世界之影響能力，爰提升為國家戰略層級，進行跨部會之合作推展。 二、第二項定明國際教育戰略會議之任務。

條　文	說　明
第二章　海外學習之規劃及推動	章名。
第五條　教育部應邀請政府相關單位、學者專家、社會人士、企業界代表、學校代表、產業（職業）公會或工會等單位之代表，組成海外學習諮詢會，提供海外學習相關事項之諮詢。 　　前項海外學習諮詢會之組成，任一性別委員人數不得少於委員總人數之三分之一。	一、為能解決教育部於進行海外學習政策發展規劃與實務運作所遭遇之困難，爰於第一項定明主管機關應設置海外學習諮詢會，以利廣納各界意見。 二、第二項定明海外學習諮詢會任一性別委員比例不得少於委員總人數之三分之一。
第六條　教育部為推動海外學習，應編列獎助學金，並得接受捐助。 　　為統籌運用前項獎助學金，教育部得設海外學習獎助學金管理委員會（以下簡稱管理委員會）。 　　管理委員會之任務、組成、運作及相關事項之辦法，由教育部定之。	一、為有效推動國民參與海外學習，爰於第一項定明主管機關應編列獎助學金，且得接受外界捐助。 二、第二項定明設海外學習獎助學金管理委員會，以利統籌運用。 三、為利實務運作，爰於第三項授權訂定管理委員會之任務、組成、運作及相關事項之辦法。
第七條　民間機構推動海外學習成效績優者，教育部得予以獎勵；其獎勵之條件、方式及其他應遵行事項之辦法，由教育部定之。	為引入民間資源，爰明示民間機構推動我國國民赴海外學習成效績優者，教育部得予以獎勵，並授權訂定獎勵之條件、方式及相關事項之辦法，以利推動。
第三章　專科以上學校國際教育之實施	章名。
第一節　國際教育之規劃及管理	節名。
第八條　為加速及強化國際影響，行政院應指定專責機關，建立國際教育人才資源發展協調整合機制，推動下列事項： 一、整合國際教育人才供需資訊，訂定國際教育發展策略。 二、協調國際教育發展政策之執行。 三、推動產業、學術、研究及民間機構合作之規劃。	藉由國際教育之影響，讓國際對臺灣有更深入之認識與瞭解，爰定明由行政院指定專責機關，建立協調整合機制，並明示推動之事項。
第九條　教育部得依國際教育發展需要，辦理下列事項： 一、訂定學校辦理國際教育之資格、條件及應遵行規定。 二、建立華語文能力分級及檢定機制。 三、建立民間機構協助學校辦理國際教育機制。	一、鑑於國際教育之辦理品質，攸關國家聲譽，且為利境外學生融入本國社會，及藉由民間共同參與，爰於第一項定明教育部得視國際教育發展需要，辦理相關事項。 二、第二項及第三項定明授權依據，以利實務運作及推動。

條　　文	說　　明
前項第一款辦理國際教育之資格審定及管理辦法，及第二款建立華語文能力分級、檢定、運作與其他相關事項之辦法，由教育部定之。 　　第一項第三款民間機構之許可、監督、檢核、管理及其他應遵行事項之辦法，由教育部會商經濟部、外交部定之。	
第二節　國際教育招生	節名。
第十條　教育部、各中央目的事業主管機關、學校，得編列國際教育獎助學金。 　　教育部得自行、委任或委託學校、法人、機關（構）或團體，建立國際教育資訊、諮詢平臺，及進行相關資料調查與統計。 　　前項平臺之建立，應包括國際教育獎助學金之資訊提供及申請。	一、第一項定明國際教育獎助學金之編列與提供。 二、為利國際教育相關資訊之提供與諮詢，爰於第二項定明教育部得自行、委任或委託相關單位，建立平臺及進行相關資料之調查與統計。 三、為統一窗口，爰於第三項定明平臺應包括國際教育獎助學金之資訊提供與相關申辦功能。
第十一條　學校辦理國際教育招生，得由學校自行或組成聯合會為之。 　　學士學位預修課程之實施，得由學校委託其他學校協助辦理。	一、為擴大國際教育學生來臺研修，爰於第一項定明學校辦理國際教育招生，得採自行或聯合方式，以擴大招生效益。 二、考量學士學位預修課程辦理效益，爰於第二項定明學校得視需要委託其他學校辦理預修課程。
第十二條　取得學校國際教育入學許可之國際學生，其簽證得由學校統一向外交部申請辦理。	藉由學校直接向外交部申辦簽證事宜，以利加速國際教育學生來臺就學。
第三節　國際教育品質檢核	節名。
第十三條　學校應就國際學生學習、輔導、行政支持及相關事項，建立國際教育品質確保機制；其品質確保機制規定，由學校定之。 　　教育部為提升學校國際教育實施品質及績效，得辦理國際教育品質查核；其查核相關事項辦法，由教育部定之。	一、第一項定明學校應建立國際教育品質確保機制，以維護國際學生學習權益。 二、第二項定明教育部得對學校進行國際教育實施，進行品質查核。

條　文	說　明
第四章　國際教育學生之照顧及就業	章名。
第十四條　學校應建立友善校園環境，並設立國際教育專責單位，提供國際學生相關之輔導及照顧。	定明學校應建立友善校園環境及設立專責單位，輔導及照顧國際學生。
第十五條　國際學生於就學期間，符合我國成年之規定，且華語文能力達一定程度者，得經學校同意後，從事工作，不受就業服務法第五十條規定之限制。 　　前項所定華語文能力之程度，由教育部公告之。	一、為促進國際學生融入我國社會及提供部分國際學生經濟支持，爰於第一項定明國際教育學生符合我國成年規定，且具備一定華語文能力者，於經學校同意後，從事工作，不受每星期最長工作時數二十小時之限制。 二、第二項定明由教育部公告華語文能力程度，爰藉此規定，增加華語文學習之誘因。
第十六條　國際學生於完成課程後，其專長符合各中央目的事業主管機關重點產業人才需求者，得向學校提出申請就業之需求，由學校彙整清冊，送教育部；教育部應會同各中央目的事業主管機關審查；審查通過者，其就業不受就業服務法第五章外國人之聘僱與管理規定之限制。 　　前項重點產業人才需求，由行政院指定專責機關，定期公告。 　　第一項就業申請審查通過者，其聘僱程序、聘僱許可期間、就業金卡申請、課稅、退休、居留及其他相關事項之規定，準用外國專業人才延攬及僱用法第五條至第二十三條規定辦理。	一、為配合國家重點產業發展及攬才需求，爰於第一項規定，國際教育學生畢業後，於符合一定條件下，得經政府機關審查通過後，在臺工作，且不受就業服務法第五章之規定限制。 二、第二項定明重點產業人才需求公告之專責機關。 三、第三項定明準用外國專業人才延攬及僱用法第五條至第二十三條之規定，以促進人才留臺。
第五章　財團法人全球華語文中心	章名。
第十七條　為建立華語文能力分級及檢定機制，得由教育部自行設立或與大學共同成立財團法人全球華語文中心（以下簡稱全球華語文中心）。 　　全球華語文中心之任務、行政經費來源、組織、運作、基金之收支、保管、運用、查核、管理及相關事項之辦法，由教育部會同財政部定之。	一、為推動華語文，本條定明得由教育部自行設立，或由教育部與大學共同成立財團法人全球華語文中心，以利推動華語文教育。 二、第二項授權訂定全球華語文中心之任務、經費、運作、查核及管理相關辦法，以利全球華語文中心實務運作。

條　文	說　明
第十八條　個人或營利事業對全球華語文中心之捐贈，於申報當年度所得稅時，得全數作為列舉扣除額或列為費用或損失。	為增進國人及企業對全球華語文中心之重視及提供誘因，爰於第一項定明賦稅優惠之規定。
第六章　亞洲技術及職業教育中心	章名。
第十九條　為促進技術及職業教育之國際影響，教育部應自行設立，或與企業共同成立財團法人亞洲技術及職業教育中心（以下簡稱亞洲技職教育中心）。 　　亞洲技職教育中心之任務、行政經費來源、組織、運作、基金之收支、保管、運用、查核、管理及相關事項之辦法，由教育部會同財政部定之。	一、為推動技職教育之國際影響，且為與東協各國加強技職教育之合作與訓練，本條定明得由教育部自行設立，或由教育部與企業共同成立財團法人亞洲技職教育中心，以利推動技職教育。 二、第二項授權訂定亞洲技職教育中心之任務、經費、運作、查核及管理相關辦法，以利亞洲技職教育中心實務運作。
第二十條　個人或營利事業對亞洲技職教育中心之捐贈，於申報當年度所得稅時，得全數作為列舉扣除額或列為費用或損失。	為增進國人及企業對亞洲技職教育中心之重視及提供誘因，爰於第一項定明賦稅優惠之規定。
第七章　罰則	章名。
第二十一條　民間機構協助學校辦理國際教育，其行為有違反第九條第三項所定辦法之相關規定時，教育部應處民間機構負責人或行為人新臺幣三十萬元以上一百五十萬元以下罰鍰，並得按次處罰至改善為止；違反情節嚴重者，並限期命其停辦；屆期未停辦者，並得按次處罰至停辦為止。	為維護國際教育辦理品質，爰於本條定明民間機構違法辦理國際教育之罰鍰，且明示違反情節嚴重者，得由教育部命其停辦及處罰。
第八章　附則	章名。
第二十二條　本法施行細則，由教育部定之。	定明教育部應訂定本法施行細則。
第二十三條　本法自公布日施行。	定明本法之施行日期。

第五章

大學全面國際化行動及其制度支持機制分析

成群豪

前言

　　「高等教育國際化的黃金時代已經落幕，這或許是不可否認的現實！已有證據顯示，教育機構所付出的努力和大眾所投入的資源及關注度不成正比，促使許多人質疑國際化的價值及目的。」（駐洛杉磯辦事處教育組，2019）

　　這是出自我國「教育部電子報」2019 年 5 月文章〈高等教育國際化的未來前景可期〉的開頭語。此文既用前景可期描述高教國際化，為何開頭就唱衰說高教國際化黃金時期已然過去？全球高等教育從國際組織、政府到大學都以發展國際化為目標，並對於高等教育的國際化運作模式加以定義、分析成因、研判發展取向和探討相應策略（楊正誠，2018；Knight, 2008），顯然全球高等教育正處於積極追求國際化的風潮中，全球如此躍動發展的高等教育國際化圖像，何以此文內容與標題對國際高教未來出現兩種看似衝突的描述？

　　〈高等教育國際化的未來前景可期〉之作者 Doscher 係引述 Fischer（2019）的文章〈國際教育的黃金時代如何失去光澤〉，文中指出國際教育為國家帶來豐厚的財政收入，卻造成大學端財務壓力日增，以美國為例，國際教育獲得國家宣稱是美國軟實力的工具，促進跨境人員和思想交流，甚至是政府外交政策的重要組成部分，但川普（Trump, D. J.）的當選所激發的本土單邊思想，讓美國人發現國際化並未形成國民共識，大學在其校務規劃報告中，將國際化列入戰略計畫和使命宣言，賦予高度優先地位的學校比例在 2011-2017 年持續下降（The Chronicle of Higher Education, 2019.3.28）。Doscher（2019）繼而分析國際化之所以失去光澤實源於大學對於「為什麼」要國際化產生質疑。「為什麼」是一個價值觀命題，涉及目標或信仰，大學渴望擁抱國際化，卻往往缺乏本身對國際化條件的認知，因而信念鬆搖，Fischer 發現大學裡國際化工作感覺像是一個附加的、額外的，由掛在辦公室門上的國際處字樣招牌的單位來處理的工作，由於大學投入於國際化的資源支持與獲得的關注不相稱，這促使許多人質疑國際化的價值和目的，質疑學校的投資回報，校園裡許多人認為國際化只

不過是別人的工作或成立辦公室的理由，認爲事不關己（University World News, 2019.5.11）。

　　前述發生在大學校園裡的現象，使 Fischer 認爲高等教育國際化令人失望；然而無論高等教育國際化如何在全球、區域或國家層級運籌帷幄，實際運行的場域仍是在大學校園裡，大學國際化是一件不好做又必須做的事，在「正確的條件」下，國際化能讓校園裡增加各種不同文化、思想和觀點之間的互動，從而加強了知識生產，使大學成爲世界知識創造的生態系統，貢獻於包括大學本身和學生、教職員工以及社區的福祉，甚至開創日益擴大的福祉圈，將學校國際化的利益，擴大到大學機構邊界以外的全球與人類，大學的國際化就能與高等教育國際化目的一致，這就是 Doscher 仍然相信高等教育國際化還有明天的原因，但這信念和功能的達成，需有「正確的條件」此一前提。

　　投入研究和推動國際高等教育議題的有各類型國際組織、全球各區域組織、各個國家和政府等實體力量，觸及組成和改變國際高等教育樣貌的有文化、語言、經濟、政治等軟性元素，這些力量和因素矩陣式地交互串接在高等教育實境場域──大學。近年許多國際教育組織研究發現，大學若採取以推動「全面國際化」（comprehensive internationalization, CI）作爲此正確條件之前提，方能達成國際高等教育理念和目標。換言之，高等教育國際化前景悲喜，取決於大學實行全面國際化的成敗。

　　一如高教學術自由需有「制度保障」（legal protection）（司法院釋字第 380 號，1995；Sia, 2012），大學全面國際化運作績效則取決於學校所構建的「制度支持」（institutional support）機制，制度支持的框架中著重組織要素（organizational elements）的運作力度，且其關鍵在於學校資源支持能量及其有效性，而組織要素的指標，恰是連動著包括資源支持策略在內的全面國際化重要介面，故本文特別著眼於制度支持中的組織運作向度與要素進行框架性分析（framing analysis）。

大學校園全面國際化行動

　　推動高等教育國際化是全球化的現象，全球化則是高教國際化的理由之一，當今全球高等教育從國際組織、政府到大學都以發展國際化爲目標，爲使所有的大學師生都成爲高教國際化的受益者，作爲高教政策與理念載體的大學，近年來提出「大學全面國際化」的倡議，建構全面國際化的制度運作機制，作爲大學發展國際教育的重要策略。

　　"Promising Practices" 是美國教育協會（American Council on Education, ACE）從 1999 年開始第一個針對大學國際化的研究計畫，探索國際化如何成爲一所大學的一種精神或身分的核心特質，不應是一組相互脫節的邊緣活動。在 2005 年發表了其自稱爲美國高等教育國際化系列論文中的第一篇文章〈建立全面國際化發展的戰略框架〉（Building a Strategic Framework for Comprehensive Internationalization），正式揭露「全面國際化」的發展策略，透過「全球學習的成果和評量」（global learning outcomes and assessment）與「大學校院的檢視與分析」（institutional review and analysis）來實現全面國際化兩大策略，文章同時指出，全面國際化是一項需要融入大學機構組織的長期工作，是一個大學內部系統戰略性的協調過程，旨在調整和整合政策、計畫和行動，將國際的元素結合在教學、學習、研究和服務功能中，同時，全面國際化的挑戰，能促使教職員工重新思考他們的教學、研究和服務的內容、方法，因而提出了將全面國際化工作在大學裡與其他業務「熔於一爐，超前進展」（Putting It All Together and Moving Ahead）的結論（Olson, Green, & Hill, 2005）。

　　從 2003 年起 ACE 每 5 年就會發布一次《美國校園國際化繪測》（*Mapping Internationalization on U.S. Campuses*），此一美國大學國際化調查報告是 ACE 之下的國際化和全球參與中心（Center for Internationalization and Global Engagement, CIGE）的重要研究專案，至今已連續發布了四次。報告內容涉及美國高等教育的所有領域，評估美國高校國際化的現狀、分析趨勢和確定未來發展重點，2017 年版的主要發現有以下四點（ACE, 2017）：

　　一、國際化日益成為一項行政密集型工作，由學校高層主事國際業務的官員以專業辦公室方式，以實施政策、程序和規劃流程來指導國際化工作的大學日增。

　　二、學生流動一直是國際化工作的重點，但 2016 年的調查數據表明，相對於國際化的其他面向，國際學生抵達校園後獲得良好服務與支持的水準令人憂慮。

　　三、吸引學生國際流動主要依賴專業課程和共同課程，但更多的大學正在實施學術課程和課外活動課程整合方案，促進更多學生展開更廣泛的校內全球學習。

　　四、越來越多的大學正在提供以國際化為重點的教師專業發展機會，認同教師的支持是學校國際化的關鍵驅動因素。

　　ACE（2017）也提出大學校院全面國際化模型，包括以下六個相互關聯的目標領域，描繪了共同構成全面國際化方法的大學倡議、政策和計畫，如圖 1。

　　一、明確的機構承諾和政策：大學使命宣言、戰略計畫和正式評量機制。

　　二、領導、管理結構和人員配置：國際化推動結構和人員及辦公室配置。

　　三、課程、輔助課程和學習成果：通識教育和語言要求、課外活動和計畫及學生學習成果。

　　四、教師政策和支持：招聘指導方針、聘期和升等政策，以及教師發展機會。

　　五、學生流動性：留學項目和國際學生招生與相關服務支持。

　　六、合作與夥伴關係：聯合學位或雙主修／雙學位課程、分校和其他海外合作計畫。

圖1　大學全面國際化的六個互聯的目標領域

資料來源：ACE's CIGE Model for Comprehensive Internationalization is comprised of six interconnected target areas for institutional initiatives, policies, and programs.

　　ACE 定義全面國際化指出它是一個戰略性的協調過程，旨在促使大學內部各單位彼此協作、持續發展，而不僅是把國際化當成一個靜態目標。有意識的全面國際化不是學校的輔助事業，而是推進一所大學擁有自身特色的教學、研究、服務使命的手段。簡言之，有效的國際化不可能發生在幾個孤立的辦公室，或僅侷限於某些科系或爲數有限的國際學生（ACE website, 2016）。

　　2011 年，全美外國學生事務協會（National Association for Foreign Student Affairs, NAFSA）也發布了《全面國際化：從概念到行動》（*Comprehensive Internationalization: From Concept to Action*）的報告，提出高等教育面臨全球化和在地化的雙重挑戰，擴展高等教育國際化是全球化進程之一，實際上是一種在各個不同的大學校院裡的雙重系統（Two-Tier System）運作，不是「頂尖」和「一般」的二分法，而是連續性的位於全球－地方範圍內的各個大學的國際參與（international engagement）。全面國際化應與大學現實制度相結合，有意識地將國際、跨文化和全球層面整合並融入大學理念，要從全校層面系統地建立影響力，力求讓所有師生參與進來，將全面國際化付諸行動的政策框架，並成爲大學使命、價值觀和精神的核心特徵（Hudzik, 2011）。

　　Hudzik 另一著作《全面國際化：制度成功的途徑》（*Comprehensive*

Internationalization: Institutional Pathways to Success）一書，從學校的角度
綜觀高等教育國際化現狀。他強調最複雜、最緊迫的問題是國際教育領導
者面臨的是缺乏「制度支持」（institutional support）的校園文化，產生大
學國際化領導力和使命驅動問題，面臨校內單位或人員反對爲國際項目使
用現有的資源，甚至反對調度新的資源支持。書中 Hudzik 也提出大學全
面國際化不能僅依賴校長或國際事務單位的高級官員作爲唯一的領導動力
來源，應提倡多重領導角色，從國際長辦公室到學術院長到校園行政支持
體系所形成的「領導網絡」（network of leadership）來整合校園全面國際
化優先事項（Potts, 2016）。

　　該書的第二部分側重於實踐，包括跨越 8 個國家和 11 個高等教育機
構的不同案例研究（納爾遜曼德拉城市大學、南洋理工大學、昆士蘭大
學、斯威本科技大學、隆德大學、布京理工學院、赫爾辛基大學、諾丁漢
大學、里約熱內盧天主教大學、貝洛伊特學院、密西根州立大學），發現
這些學校的全面國際化目標和策略雖然有相似之處，但透過國際化的目的
聲稱和制度建立，強調了這些學校的環境角色和機構脈絡的差異，個案研
究的內容和風格各不相同，說明了全面國際化路徑應視大學機構而有所不
同，不宜有單一模式的主導國際化的策略（Potts, 2016）。

　　大學校院全面國際化的策略，經過「國際大學協會」（International
Association of Universities, IAU）透過 2010 年開始實施的「國際化戰略諮
詢服務」（Internationalization Strategies Advisory Service, ISAS）計畫，受到
全球許多國家的大學重視並申請參與實地訪視評鑑，顯示全面國際化逐漸
成爲各國大學校務發展的策略工具。2010-2016 年間參加 ISAS 計畫並獲
致良好成果的各國大學及其亮點，如表 1。

表 1　參加 ISAS 計畫並獲致良好成果的各國大學及其成果亮點

大學	國家	成果亮點
北海道大學	日本	1. 認真審視學校國際化戰略以及採取改進方案。 2. 申請日本文部科學省 "Global-30 Project"（5 年全球 30 強計畫）資助計畫獲得成功。
米科拉斯·羅梅里斯大學（Mykolas Romeris University）	立陶宛	1. 將國際化視為大學聲望和進步的核心，採取有力措施向前邁進。 2. 大學正處於其發展的關鍵點，國際化受益於更有針對性和戰略性的方法，包括選擇一些優先活動，制定國際化的具體計畫，並促進加強內部協調和協作（coordination and collaboration）。
莫伊（Moi）大學	肯亞	1. 對大學總體目標和與這些目標相適配的戰略的集體反思，成為學校前進的重要關鍵。 2. 未來的戰略需要建立在對過去有效的方法及其原因的深刻理解之上。
秘魯科技大學（Universidad Cientifica del Peru）	秘魯	1. 提醒學校國際化本身是一個過程，而不是目的；是必須嵌入大學組織各部門，且符合學校形象和願景的策略。 2. 一些國際化的向度直接可見，另一些則較隱含，內化是長期的過程，成功需要領導力、耐心和包容性。
明治大學	日本	1. 參與 ISAS 接受國際化專家的建議，完成 5 年全球 30 強計畫，為「頂尖大學」做準備。 2. 國際副校長將 ISAS 服務的意義歸納為以下幾點： 　(1) 計畫的互動交流和參與過程，有助於學校進一步加深對國際化的理解。 　(2) 學校從專家得到的建議不僅基於國內觀點，也基於全球觀點。 　(3) 讓學校有機會與各個部門一同考慮如何在部門和學院之間進行內部協作。 　(4) 學校收到的建議是專門「量身定做」的，可充分運用於國際化戰略。
波札那大學	波札那共和國	1. 開啟校園內關於國際化的討論。 2. 引起了將校園國際化「當作一門學科」概念的興趣，並探討其制度建立過程。 3. 在大學內部以及與外部利益關係人之間，提供了交流機會。 4. 分享外部專家和相關機構關於國際化的價值、目的等想法，成為制度性的自我反思練習。

大學	國家	成果亮點
胡志明市交通大學	越南	1. 國際化本身不是目標，而是提高教學和研究的品質，以及改善大學體質的策略。 2. 國際化應該被視為一種幫助大學應對社會化議程的制度挑戰，需要更大的財政自給自足。
迦納大學	迦納	透過學校人力資源的開發，參與國際化進程，培養解決問題所需的知識資本，以增進全球競爭力，並確保學校在其所在國家和地區發揮關鍵作用。
海岸角（Cape Coast）大學	迦納	1. 已成為本國最重要的教育機構和區域卓越教育中心，目前制定了國際化政策和議程，朝著發展高品質的學習、教學、研究和推廣目標努力。 2. 學校基於其傳統和制度理念，利用資源的地位，以推進其國際化戰略，發展全校的國際化文化，全校氛圍有利於實現大學朝向自己設定的目標來轉型。
美國國際大學	孟加拉	1. 大學意識到一些做法和活動與國際化計畫的目標和目的不協調。 2. 透過討論重新思考國際化應如何讓學校能有更好的發展。
水仙花國際大學（Daffodil International University）	孟加拉	1. 在國際化方面積極取得成功，並希望提高其國際化水準。 2. 加強國際事務辦公室鞏固學校國際化的努力，建議規劃統整的國際化政策。

資料來源：擷取自 ISAS 2.0 projects, Internationalization Strategies Advisory Service, https://www.iau-aiu.net/IMG/pdf/listisasproject.pdf

　　ISAS 計畫從 2017 年起發展為 ISAS（2.0），繼續接受世界各大學申請參與評鑑，評估學校實施全面國際化的進展與成果，延伸各校繼續發展國際化策略的校務規劃或爭取特定的願景計畫；已有日本北海道大學（2016 年起申請第二期 ISAS 計畫）、英國卡迪夫城市大學、日本志學館大學、印度 KIIT 大學、日本東洋大學、俄羅斯聯邦魯登大學和義大利波隆那大學等學校，參與接受全面國際化評估戰略和監測成就的訪視評鑑。

　　2017 年起 IAU 設置了「實現全面國際化學習徽章」（"Achieving Comprehensive Internationalization" Learning badge），2019 年、2020 年英國卡迪夫城市大學（Cardiff Metropolitan University）和義大利波隆那大學

（University of Bologna）分別因成功地將國際化融入其大學機構戰略和活動中而獲頒此徽章，徽章也爲該大學內部和外部利益關係人，提供了大學在國際化方面進步成就的外部認可，因而產生外延的衍生效益，如有助於學校成功爭取到國家層級高教獎勵政策的經費或榮譽等（ISAS Website）。

綜合言之，大學校院全面國際化或已成爲全球國際高等教育發展下的一項趨勢。若將大學的全面國際化在概念層面上予以脈絡分析，可產生以下認知：

一、全面國際化是大學校院發展策略和制度建設上的當務之急，不只是一種理想實現的可能性。

二、全面國際化肇端於統整的國際化政策，內化爲全校各部門日常工作中的價值文化，不只是領導階層或國際處職員的責任。

三、全面國際化是爲了提高教學和研究的品質，以及改善學校管理體質上的健全和效能，不能是爲了國際化而國際化。

四、全面國際化是全校各單位彼此協調、協作、持續發展的制度建立過程，而不僅是一個靜態的目標。

五、全面國際化是大學校院的一種精神或身分的核心特質，而不是一組相互脫節的邊緣活動。

六、全面國際化應提倡多重領導角色，配合制度建立支持體系，且需建構資源策略，不能只是行政或學術上單打獨鬥的個別活動。

 參　大學全面國際化的制度支持機制

由於全球化的大學全面國際化倡議，美國的國際高教組織大約從本世紀初將全面國際化推上高教政策建議排程，也發表了大量研究，定義了校園全面國際化的構成要素，在大學校院國際化成果上也展開諮商、評鑑等有助於產出導向的案例研究與獎勵，但少有針對大學全面國際化的支持結構進行研究，因而吾人對實施校園全面國際化所需的制度轉型過程知之甚少，即便是大學的利益關係人可能也不清楚自己學校推動全面國際化的制度特色和支持動能。

　　前節大學全面國際化的探索，顯示有效的校園全面國際化超越了傳統的留學項目及國際學生流動和招生，學生和教師流動雖是高等教育夥伴關係的驅動力，但高等教育全面國際化的內涵已經超越此單一面向，Childress（2009）曾提出雖然國際化是當代高等教育的普遍目標，大學可以制定全面國際化計畫，但其制度化仍存在重大障礙，特別是由於國際化是一個制度轉型的過程，它需要一個典範轉變，從大學裡對國際化行動容易出現的「短視現象」中改變高教機構利益關係人的假設、價值觀和實踐。Olson, Green, & Hill（2006）將「制度承諾」列入全面國際化架構的目標領域之一，讓國際化能在大學校務發展策略中確保其優先地位，在其《增進全面國際化手冊》中數度闡明制度承諾能有效確保國際化的永續，而非少數人的一頭熱。

　　高等教育國際化這個標題，往往令人立即與學術活動產生連結，誤以為不同類型的雙／多邊學術活動就是大學校院進行高教國際化的全部內容，事實上大學學術活動是在學術自由保護傘下獨立運作的單位，既不適合自我改革，也不適合集中協調，學者發現國際化重大障礙竟是來自於大學本身的一般結構（the normal structure）使然，發展國際化的共識竟成為大學內部具有挑戰性的議題（Childress, 2009）。大學從事國際化活動時常見的迷思是將國際化層面僅聚焦在學術活動面向，很容易忽略國際化之所以能有效推動的根本原因是組織運作，包括學校治理、經營管理等，所以組織運作向度的全面影響性更值得關注，且國際化必須在機構的文化、政策、規劃和組織發展進程中根深蒂固，成為制度支持的使命核心，以期既能成功又可長久持續（Abdykhalykov & DinaraIssenova, 2017）。所以本文特別強調全面國際化制度支持的框架結構，是大學校院必須先完善其機構對於學校全面國際化的制度性支持，建構各項論述、策略、計畫、執行和評核制度，然後在其組織行為面向上完備其要素內涵。故在參考相關文獻的基礎上，本文進一步透析出在全面國際化進程中，對大學發揮重要支持作用的制度支持及其中的組織運作向度與要素。

　　制度一詞按照教育大辭書的解釋可區分為自生的和制定的二大類，前者是經過生長過程而長期發展出來的，後者則係人為的、有意識之創造而

產生（童秀蘭，2000）。大學校院的制度來源，可以說兩者兼而有之，前者逐漸結合學校定位和傳統組織文化而形成，後者因應特定環境需求或發展目的而建構。而制度支持則為大學為確保其組織功能有效運行並達成其組織發展目標過程中的關鍵背景。

　　許多大學會將學校中列入政策發展或日常推動事項，從制度支持機制層面進行研究，如密西根大學、史丹佛大學等檢視「學生評量的制度支持」（Institutional Support for Student Assessment），也有大學將學生學習成果評量（Student Learning Outcomes Assessment）的制度支持納入「機構績效評估」（Institutional Assessment）系統來檢討，如維京群島大學、紐澤西州立大學等。又，近年來校園電子學習（Academics' e-learning）盛行，成為大學課程教學甚至學術研究的重要工具，為了使電子學習能夠解決在傳統學術模式中的「信任」（trust）問題，許多大學也展開校園電子學習的制度性支持探究，為教學與學習的變化和融合建立制度運作，克服電子學習信任障礙的方法（Martins & Nunes 2016）。再者，為了促進歐洲教育區（European Education Area）高等教育機構的「知識交流和影響」（Knowledge Exchange and Impact, KE&I），歐盟 ACCOMPLISSH 計畫（ACcelerate CO-creation by setting up a Multi-actor PLatform for Impact from Social Sciences and Humanities）評估每個合作夥伴大學對知識交流、共同創造和研究影響的制度支持，提供了大學校院在制度支持上的關鍵措施，將 KE&I 意識「嵌入」（embedding）組織和員工（學術社群）的心態和實踐中，顯示制度支持在大學中有助於機構發展（institutional development）和達成預定目標，此一歐盟評估大學校院制度支持和學術社群人員對 ACCOMPLISSH 計畫合作機構研究影響的認識的階段性報告，強調大學制度支持 KE&I 的途徑有二：一是在學校的研究和活動的文化中嵌入制度支持的影響力，一是將制度支持的影響嵌入學校校務運作發展計畫中（Amber & Keith, 2017）。

　　對於大學全面國際化的制度支持，甚少有人提出相關看法甚至研究，但從以上單一大學所做的將制度支持導入學生評量及機構績效、將大學制度支持導入校園電子學習風潮的案例研究，以及歐盟組織對其會員大學校

院制度支持融入知識交流和影響的策略途徑專項研究等三種事例，都是制度支持機制在大學校務運作上應用的實例，以此推論制度支持機制若導入落實學校的全面國際化策略，極可能有相似的正面產出。是以本文對於大學的全面國際化，透過框架分析，可以獲得以下圖像：

一、大學從事全面國際化行動，需要建立機構的制度支持系統。建立制度支持是完成制度轉型、建立價值觀的過程，特別是一所大學尚未能將全面國際化成為其組織願景或目標的價值體系及形塑完成學術社群的專業意識之際。

二、大學全面國際化的倡議以堅強有力的制度支持機制為後盾，校務運行的制度和其校務發展歷程有關，需調整組織文化成為能適配國際化發展的學校，基本執行方案是融入機構的預算政策、資源配置和人事職能等校務運行。

值得慶幸的是近年對於大學校院建立制度支持機制的專題研究數量稍有增加，如對可持續創業型大學（sustainable entrepreneurship university）支持系統的研究（Irina Tiemann, Klaus Fichter, and Joerg Geier, 2018）；對大學中制度支持導入教師工作效率（institutional support strategies and faculty job effectiveness）的研究（Falola, Adeniji, & Adeyeye, 2020）；國際組織如歐洲大學協會（European University Association, EUA）進行「以研究為基礎的學習」（research-based learning, RBL）之制度支持研究（O'Mahony, Deicke, Hasenknopf, Morgan, Woodcock, & Erikson, 2019）等，從以上如此廣泛性的對於大學相關議題的制度支持研究議題，可以探知以制度支持視角探索全面國際化的政策與行動之研究，應可獲得大學當局更進一步的重視。

大學裡的國際化計畫是為學校發展提供方向，表達制度承諾，期能集中力量於克服制度變革的障礙，降低國際化工作的複雜性（Knight, 1994），但在全面國際化策略進駐校園以來，欲奏其效必須將制度承諾提升為制度保障與支持體系，故制度支持機制也應是大學在地國際化的一項特徵。

大學全面國際化之制度支持內涵分析

　　高等教育國際化可分為在地國際化和海外國際化兩類，前者包括在本地校園發生的國際化活動，後者是出現在海外的國際化有關活動；大家比較熟悉的是海外國際化，在地國際化則是較新的一項概念（王湘月，2019）。吾人也發現，大學進行國際化行動其中在學術活動方面如學生及教師交流、國際化課程、雙聯學位課程、獎助學金、國際會議和研討會、學術領域的國際研究合作等各大學採取的方案大同小異，但在大學內部作為學術活動支撐力量的組織運作方面，包括大學組織與政策、學校經營管理和利益關係人支持服務等，產生的能量效益卻差異很大。

　　全面國際化應被視為大學中普遍存在且容納所有可能向度的一種策略範式，它可以是整個機構的組織範式，也可以是學術部門或專業項目在其運營級別上使用的組織範式（Olsen et al., 2005）；是以全面國際化成為大學實現大學組織運作和學術專業能量目標的重要標誌（Hudzik, 2011）。在地國際化的概念興起後，大學國際化行動順勢被導入全面國際化的制度建設框架，誠如 Beelen & Jones（2015）所說，有目的地將國際和跨文化向度整合到大學校內所有學生的正式和非正式課程學習環境中。

　　本文第二節提及 ACE 的〈建立全面國際化發展的策略框架〉一文，揭露了「全球學習」和「機構檢視」兩個實現全面國際化的策略框架，而 UNECO 也將於 2022 年舉行的第三屆世界高等教育大會（WHEC, 2022），議程討論 COVID-19 造成對全球高等教育的影響，特別強調大學因應全球高教變局下的發展框架，關注焦點為「系統（規範、政策、結構、利益關係等）」和「機構（大學實體、網路）」兩個層面，規劃高教因應新時代的途徑（Global University Network for Innovation, GUNi）。參照此兩大國際組織對大學國際化發展所提出的策略框架，以制度支持機制建構的組織運作觀點，參考 Knight（1994）較早提出的大學國際化要素和檢核點，本文彙整提出大學在制度支持機制下全面國際化組織運作的向度和要素分析如表 2。

表 2　全面國際化組織運作的向度和要素分析

大學全面國際化制度支持機制中組織運作之向度與要素	
向度	要素
系統：組織結構、政策規範等	董事會、校長等高層表達對國際化的定位、願景之承諾
	在使命陳述和其他政策、法規等文件中納入並強化國際層面的相關運作
	明確的國際化理由（目標、效益、方法等）
	國際化之大學競爭力策略規劃與實踐方案
	各部門領導者上下層級溝通（all levels up and down the institutional hierarchy）
	承諾相關的資金、資源、支持條件
	結合教師專業發展
	教職員主動支持或在激勵下的積極參與
	利益關係人的參與和支持
	大學效能與校務研究分析（Institutional Effectiveness & Institutional Research）
機構：大學實體與網路之經營管理	國際化營運的適當組織架構
	整合到全校和各部門的工作規劃、預算和績效、品質審查、稽核、內控與風險管理系統中
	用於行銷、招生、溝通、協調、協助和服務的網路與資訊系統（正式和非正式）
	集中與分散（centralized and decentralized）之國際化推廣與管理機制
	充足且靈活的專案或特別資金支持（external funding）
	國際化資源開發、工作配置體系
	全校教職員的外語能力及國際化職能配置
	募款：為國際學生及國際化活動的籌款行動
	校友發展計畫、境外校友分會、全球校友參與
利益關係人：支持與服務	對國際學生來自全校服務單位的支持，如諮詢、註冊、各級專責單位的任務配置
	學生宿舍、生活服務、空間標示、友善校園環境等之建構
	本地學生與國際學生的文化融合
	學生全球學習、教師國際教學的配套措施

大學全面國際化制度支持機制中組織運作之向度與要素	
向度	要素
	國際學生打工、就業等相關需求之輔導協助
	大學公民參與、社會責任議題與實踐
	與非政府團體或私部門的社區夥伴（community-based）計畫

資料來源：參考 Knight (1994). Internationalization: Elements and checkpoints. Abdykhalykov, DinaraIssenova (2017). Internationalization of higher education: Towards a conceptual framework. 等相關文獻整合改編。

以上所呈現的大學全面國際化制度支持機制組織運作內涵，本文再從文化社會學框架理論角度進行「框架性分析」（framing analysis），從它們所嵌入的學校國際化教育框架及框架形成的過程中被賦予的意義，來觀察制度支持機制產生的作用；較為適合的方法是個案分析，本文試以位於美國紐澤西州的州立拉馬波學院（Ramapo College）為例，從其學術層面實施國際教育的目標規劃及推動，探討制度支持導入其全面國際化的動能。

伍 大學全面國際化之制度支持案例

拉馬波學院有來自全球 40 多個國家的學生，構成了該校多元化的學生族群，該校制定了為期 5 年之《全面國際化策略計畫》（Strategic Plan for Comprehensive Internationalization 2015-2020），節錄如表 3。（Ramapo Website）

表 3　拉馬波學院全面國際化策略計畫

拉馬波學院全面國際化策略計畫 2015-2020
目標 #1：透過國際教育建立學生的全球意識
成果 1.1：強化並評量學生的全球能力
成就指標 1.1.1：獲准參加留學計畫的學生人數每年增加 10%

第 1 年：留學委員會繼續執行計畫，擴大外部服務諮商，推廣獎學金申請，留學辦公室增聘 1 名工作人員
第 2 年：留學委員會繼續執行計畫，新鮮人首次焦點活動
第 3 年：留學委員會繼續執行計畫
成就指標 1.1.2：設計一套評估學生在 2 年級結束（期中）和畢業前（期末）的全球能力的工具
第 1 年：與通識教育合作研究可行的工具，使全面國際化願景和修訂後的通識教育要求一致
第 2 年：為所有第 1 年實施全球能力評量的 1 年級學生舉辦研討會
第 3 年：繼續學生評量，包括前類以及第二學年的學生
第 4 年：繼續學生評量，包括前兩類學生，加上 4 年級第二學期的學生
成就指標 1.1.3：學生能力評量及與國際教育計畫影響有關的數據審查
第 4 年：審視評量數據；制定解決主要差距的計畫
成就指標 1.1.4：每學期為教職員工提供一次訓練課程，為在校學生增加國際學習整合的機會
第 1 年：規劃訓練課程計畫
第 2 年：在全校五個學院實施，並評價實施情形
第 3 年：如有必要，修訂和擴展培訓
成果 1.2：在全球脈絡下增加學生自我覺知和身分發展的機會
成就指標 1.2.1：擴大為國際學術經驗的學生提供獎學金
第 1 年：與拉馬波學院基金會合作，探索獎學金資源可能的擴展途徑
第 2 年：學生出國留學之特定資金來源／機會行銷宣傳
成就指標 1.2.2：在學生學術生涯的每一年建立國際教育的「關鍵參與點」（Key Points of Engagement, KPE）
第 1 年：與學生參與委員會一起為每個學年起草 KPE 計畫
第 2 年：開始在學生所有四個年級實施 KPE，包括高年級座談會
第 3 年：與贊助單位和學生參與委員會一起評估 KPE；進行必要的調整
成果 1.3：增加國際課外活動的機會
成就指標 1.3.1：增加國際課外活動的大學部學生參與，每年增加 10%
第 1 年：教務長擬定指導文件，確定國際課外活動課程
第 2 年：盤點所有此類活動及參與的學生，研擬「集中」（centralized）措施

成就指標 1.3.2：每個國際課外活動都應有特定國家／文化的「出發前（預先學習）和再入境（評估成效）」計畫	
第 1 年：盤點所有此類活動並審查參與人員	
第 2 年：實施	
第 3 年：審查評量是否符合強制性的出發前指導	
第 4 年：繼續提供每月的出發前和再入境計畫	
成果 1.4：為學校的國際活動制定區域重點（地區年計畫）	
成就指標 1.4.1：創建未來 5 年國際教育計畫之課程決策的區域列表	
成就目標 1.4.2：責成國際教育委員會制定與每年區域相關的計畫重點	

資料來源：拉馬波學院全面國際化策略實施計畫（本文節錄其計畫之目標 1 列表，篇幅
　　　　　所限未列出五大目標的完整計畫）取自：https://www.ramapo.edu/international/
　　　　　itzn/plan/

　　此項計畫共有五大目標，除目標 1：建立學生的全球意識如上表所述外，尚有目標 2：課程國際化，目標 3：發展多元化的全球社區，目標 4：培養有效的全球和本地溝通技巧，目標 5：支持學生、教職員工的國際活動。目標之下也分別訂有各項產出成果和以分年度時間表為原則的成就指標，實施過程中可採取滾動式修正。

　　負責該校國際教育的國際教育委員會（The International Education Committee, IEC）認為，國際教育是一種綜合的學習方法，經研究學校優勢發展領域制定了這個「全面國際化計畫」，提出使命為：確保拉馬波學院的國際課程及活動與拉馬波國際教育的四大「支柱」保持一致，即追求跨國、跨文化、跨學科和經驗式學習。達成使命的具體策略為（Ramapo Website）：

一、研擬學校近期和中長期的國際教育教學研究發展方向。

二、營造有利於對國際教育及國際事務感興趣的校園氛圍。

三、培育有國際意識的師生積極參與超越國界的關鍵技能。

四、舉辦校園內外的一系列國際活動讓師生擁抱文化差異。

　　此一計畫的特色之一是全面國際化計畫完全切合學校的使命宣言：「拉馬波學院是紐澤西州的公立文理學院，致力於為學生提供終身成就的

堅實基礎，通過跨學科和體驗式學習以及國際和跨文化理解，促進多樣性、包容性、可持續性、學生參與和社區參與，實現卓越的學術成就」。同時，此計畫目標與指標清晰明確，各項實施期程按照校務發展計畫合理合規布局；除了朝著具體的國際化目標制定每年努力指標，學校還為每個學年設立了一個國際教育重點區域（地區年 Regional Years）計畫，如2020 年是中東和北非年，2019 年是亞太年等，使此計畫既在時間軸線上按部就班發展，也在空間領域擴充國際教育的「地盤」。

　　各大學都會制定自己的使命、宗旨，國際化通常也常見於大學的目標論述，但也更常見國際化行動與學校辦學價值的論述各行其是，使國際化的美好理想淪為行銷文宣，國際行動失去方向，遑論做到學校整個組織運作融入教學、研究與服務的全面國際化。

　　特色之二是多層次地導入了國際化經費資源支持機制，如從學校基金中擴大獎學金資源來源，為教師提供創新課程和學生國際化所需要的經費資源，開發教職員工協助招聘國際學生所需的資源，為教師與學生的國際旅行、開發國際夥伴的資金提供支持，為教師提供跨文化交流的教師專業發展投入資源、加強與紐澤西州多元文化的社區資源合作、投入國際課程績效評量的資源計畫等，均見於計畫內涵之中，形成資源動力和行動方案產生的綜效，同時建立了融合學校價值觀在內的全面國際化典範，體現出全面國際化著重建構學校對此工作的資源及經費的支持系統，而不是單一活動的例行或特別費用等如此碎片化的經費或預算消耗。

　　經費或資源不足是大學實施國際化行動時最常面臨的問題。有打算推行國際教育的大學通常編有單項活動預算，但經費往往捉襟見肘，執行績效不理想時就推給經費資源不足的理由。實施全面國際化，制度支持下的經費及資源支持應呈現其多元有效作用，關鍵人物校長是領導人也是資源籌措的設計者、執行者，如美國阿卡迪亞大學校長、印第安納大學與普渡大學印第安納波利斯聯合分校執行副校長與聖克勞德州立大學校長在2015 年「全民全球學習：適度預算和創意策略」會議上，一同提出由校長出面「與州政府和地方政府以及企業建立關係以獲得資金支持」、「利用外國政府為協助其國際教育發展提供的資金」及「利用教師的國際興趣

和活動增進大學人脈互動獲得資源」等三種擴增資源或經費的策略（ACE Website），國際化經費如由國際處或國際教育委員會獨立承擔，除了單位人力能量問題之外，還易遭遇來自平行業務支援單位或是教師的質疑，甚至抵制的問題，學校高層出馬有其必要，故這種雙重目標資源夥伴關係資源（Dual purposing resource partnerships）形式的經費運作機制，有利於大學校內的全面國際化能量（Hudzik, 2020）。Hudzik 同時警示，未能將國際活動納入核心教學、研究和學術以及社區參與使命是一個根本錯誤，嚴重削弱了國際化在大學中的地位，何況在資源稀缺下，國際化若優先順序較低，往往是被削減、撤資的目標，如果沒有學校層級的支援文化以及國際事務專業單位參與戰略規劃和預算編制進程，想要資源充足極其困難。

全面國際化對學校的經費資源而言，制度支持機制是呈現在「集中」式或「分散」式的領導管理體系，也足以展現大學全面國際化的動態支持能量。拉馬波學院除了已經列入各業務單位工作計畫的常態預算經費，另將提高長期財務實力納入了校級戰略計畫，設置「戰略優先激勵資金」（Strategic Priority Incentive Funding, SPIF），訂有資本預算申請政策和程序，「國際理解」項目已列入制度支持中財務力量支持的目標之一，包括以下任何一項：課程國際化、具體關注國際經驗和學習、掌握自身以外的語言或廣義的外語、在校內和校外創建多元文化社區等行動，均可以請求資金支持，經費使用的績效評估則納入「機構效能委員會」（Institutional Effectiveness Council, IEC）掌理事項，訂有機構效能指標。國際化相關事項列在大學使命與策略目標的完成檢核，因此績效檢核的框架就是向下由執行端的國際化行動，包括常態性的國際教育事項和戰略優先激勵資金所支持的國際理解事項之執行，向上檢核至校層級的目標達成。這是該校實施包括大學全面國際化在內的目標效能，所採取的「優化變革：從孤立轉為整合」（Advancing Change: Moving from "Siloed" to Integrated）策略。

特色之三是各項方案均以學生為中心（student-centered approach）。學生入學後學校在全面國際化方面為其規劃什麼國際教育方案？達到什麼目標？該校特別著重為學生建構「有意義的國際經驗」（Meaningful Inter-

national Experiences, MIE），含意是通過經驗式教學法（experiential peda-
gogy）在學生學習成果上必須達到具備全球／文化知覺與溝通，以及把專
業／通識課程放在全球脈絡裡，包括以下內容：在學科教學／研究計畫層
面實施全球化背景、以全球視角探索和批判分析學科課程、學習經驗如何
助益於學生未來的就業能力、與具有國際背景的個人之經驗互動學習，以
及獲得課程中有意義的國際體驗等，其設計理念是在課程學習中有了國際
經驗，就能避免讓國際學習成爲額外的學生負擔，讓國際經驗與課程教學
甚至學術研究相結合的有機、動態國際經驗得以實踐。拉馬波學院這種中
心思想非常明確的爲學生建構有意義的國際學習經驗策略，增加了學生國
際經驗本益比值，也減輕了國際學習的負擔。另值得觀察的是拉馬波學院
要求帶給學生有意義的國際經驗及其操作向度，和 Beelen & Jones（2015）
所提出的有目的、有計畫地將國際和跨文化向度整合到大學校內，包括本
地學生和國際學生在內的所有學生的正式和非正式課程學習環境中，都是
與全面國際化價值觀相應的策略。

　　近十多年來，學者對教育國際化作爲可交易商品的現實做出批判性
反思，國際大學協會開始重新思考國際化的概念，這導致 AEC 和 NAFSA
等組織呼籲「全面國際化」，這是高教國際化最近一次的範式移轉（Hans
de wit, 2011）（2020 年 COVID-19 的出現，網路教學運用導致高教國際化
範式的再度移轉），然學者也發現在國際教育需求方面，學習者導向的制
度仍相當程度地被排除在高等教育國際化重新定位的進程裡，高等教育的
國際化策略轉型不應是當前普遍所見到的以供給方爲重點，更不應侷限於
國際化爲大學帶來的商業價值，主要應以學生爲中心，培養學生專業和人
文兩項素養，將能量衍生到他們的家庭、未來的雇主和其服務的國家，從
而重新關注學生利益及其能長期貢獻於文化理解、全球公民意識等效益的
願景（Tsiligiris, 2014; Chao, 2015）。

　　大學全面國際化關注留在家鄉未進行跨國流動的學生與教職員，期透
過重新思考目前的高等教育國際化趨勢，以推展立基於讓「每個人都能享
有國際化帶來益處」的高等教育全面國際化成果（張珍瑋，2019）。拉馬
波學院以經驗教育法建構在地學生國際體驗，在學術活動面向採取相關實

際行動確認對於國際化的參與，達成多樣性國際行動目標，讓師生從日常教學、研究、服務中，認知學校的國際化使命宣稱是真實的。

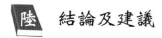 **陸** ## 結論及建議

一、結論

根據聯合國教育科學文化組織（UNESCO）統計，至 2016 年全球高等教育國際學生人數為 485 萬人（教育統計簡訊，2018），而該組織政策報告顯示，全球接受高等教育的學生數量在 2000-2014 年之間達 2 億 700萬（UNESCO Policy Paper, 2017），推算國際學生人數僅約全球高教在學人數的 2%，大學在地學生人數遠多於國際學生，這種懸殊比例提供了在地國際化良好的發展空間，對大學全面國際化的條件醞釀提供了最好的機會。國內大學通常會將注意力集中在如何增加學生出國留學人數，強調招收國際學生數及其學費對學校整體經費的挹注，以此彰顯學校國際化成果，甚而與增強學生、學校甚至國家的國際競爭力之間做出連結。其實國際化不應侷限於少數菁英學生與教師的國際移動，也不應是大學間的拚鬥，大學應投入更多努力於創造師生的國際經驗，能增加師生國際經驗的活動就值得成為國際化課程的一部分，以確保國際化行動涵蓋大學裡的所有利益關係人；大學國際化的策略擬定者應該有環視全場域的智慧，瞭解追求全面國際化成效的潛在力量之一是在地學生的國際化，為這些絕大多數的學生培養跨國、跨文化及全球化面向的關懷能力，並以此作為大學全面國際化制度支持體系的目標、功能和價值。

二、建議

國內各大學目前多在實施校務研究（Institutional Research, IR），在大學國際化方面多著重吸引國際學生至我國攻讀學位，以提升大學在國際的能見度作為校務經營策略之一（郭紹偉、林靜慧與林思吟，2021）。校務研究是一項以數據證據為基礎的校務綜合分析工作，其現階段使命為作為

在地化與國際化交流活動的平臺（周景揚，2020），各校應以立基於自身
定位、宗旨和使命的論述，檢視國際化任務的相關指標和數據，找出劣勢
和前瞻優勢，加強全校在地國際化思維和行動，強化校內學生國際教育課
程和活動，提升教師國際化專業發展和激勵，期能擴大師生國際化能力；
盱衡國內大學對於全面國際化這一塊似乎尚未受到青睞，建議國內大學在
推動校務研究時，能積極於大學全面國際化的理念建構和策略規劃。

　　全面國際化可作為提升大學品質的驅動力，持續推動全面國際化又需
要充沛的資源，將全面國際化與現有的，且能開發擴充的相關資源進行連
結是有效的方法。大學推行全面國際化策略配置經費資源可以資助國際化
課程或學科，可以補助教師專業發展，補助師生國際差旅和交流活動等，
而學校高層領導網絡發揮學術或聲望影響力，引領開發新的資源或資金，
用以支撐校內各級各項計畫與計畫之外（added on）的國際教育行動，擴
張了推動全面國際化的資金力度。大學的財務經營多採預算制度，有什麼
計畫辦什麼事，常陷入預算不足困境，所以各項校務容易呈現碎片化，國
際化也不例外；全面國際化常見的資金困窘在國內更不陌生，國內大學在
政府高度控管下財務面的自主空間甚小，莫說大學全面國際化還不成氣
候，即使大家對國際化的認識成熟到重視在地國際化舉措了，在資源操作
上還是易受到掣肘，如何對動態性的國際活動資源需求獲得制度支持成為
重要課題，如公立大學現行的校務基金機制，應能對全面國際化所需經費
予以靈活調度空間，私立大學若財政狀況良好者應獲得董事會支持授權，
即使是財務狀況困窘者，也可進行創新形式、採取產業化經營的在地國際
化課程等，使全面國際化不僅是只有資金投入還能有所產出。不過，在連
學費收取大學都幾乎沒有自主空間的情況下，我國大學建立全面國際化的
資源或資金面之制度支持可能困難重重，但百里之行，始於足下，開始去
做了才有跨步千里的希望。

　　學生流動一直是國際化工作的重點，但前文 2016 年的調查顯示，相
對於國際化的其他面向，國際學生抵達校園後獲得良好服務與支持的水準
方面，顯然許多大學做的不夠好。雖然校園國際化吸引學生流動主要依賴
專業課程和共同課程為後盾，但愈來愈多的大學正在實施學術課程和課外

活動課程整合方案，促進國際學生和在地學生一同展開更廣泛的校園全球
學習。國際學生是校園裡一扇跨文化理解與包容的機會之窗，大學應該打
開這扇窗戶讓在地學生享受到從窗外灑進來的陽光，就算窗外是陰霾風
暴，也可以擴大增廣國際體驗。QS 世界大學排名近年增列國際學生數量
比例的排名指標，表現良好的大學通常致力於讓國際學生與在地學生加強
互動、溝通和學習，讓國際學生獲得受到關切照顧的溫暖，讓在地學生獲
得珍貴的國際經驗，讓以學生為本的全面國際化行動，開啟並創造大學全
面國際化的推力和條件。

參考文獻

(一)中文

王湘月（2019）。臺灣高等教育國際化與在地國際化之初探。**南台人文社會學報，20**，31-68。

司法院釋字第380號（1995）。司法院院令大法官解釋。民國84年5月26日。

周景揚（2020）。理事長的話於**臺灣校務研究專業協會通訊**，2020(13)。

郭紹偉、林靜慧與林思吟（2021）。透過校務研究分析提升國際競爭優勢。**評鑑雙月刊，90**，40-43。

教育統計簡訊（2018.8.8）。第96號。教育部統計處。

張珍瑋（2019）。評介《全面國際化：機構的成功路徑》。**當代教育研究季刊，27**(4)，113-126。

楊正誠（2018）。高等教育國際化的概念框架與策略發展：評紛亂中的高等教育：改變中的世界的國際化一書。**當代教育研究季刊，26**(1)，115-127。取自http://contemporary.cere.ntnu.edu.tw/sites/default/files/public

董秀蘭（2000）。社會制度Social Institution。**教育大辭書**。取自https://terms.naer.edu.tw/detail/1306776/

駐洛杉磯辦事處教育組（2019）。高等教育國際化的未來前景可期。教育部電子報第872期。取自https://epaper.edu.tw/windows.aspx?windows_sn=22327 https://www.heeact.edu.tw/media/15234/p40-43.pdf

(二)英文

ACE (2017). Mapping Internationalization on U.S Campus. *CIGE/ACE*. Retrieved from https://www.acenet.edu/Documents/Mapping-Internationalization-2017.pdf

Abdykhalykov, K., & DinaraIssenova (2017). Internationalization of higher education: Towards a conceptual framework. Retrieved from https://articlekz.com/en/article/18047

Amber, Y., & Keith, N. (2017). *Assessment of Institutional Support and Staff Awareness of Research Impact Across ACCOMPLISSH Partner Institutions*. Ref. Ares (2017) 5012049 - 13/10/2017. Retrieved from file:///C:/Users/user/Downloads/Attachment_0%20(2).pdf

Beelen, J., & Jones, E. (2015). Redefining internationalization at home. In *The European Higher Education Area*, pp. 59-72. Springer, Cham. Retrieved from https://link.springer.com/chapter/10.1007/978-3-319-20877-0_5

Chao, R. Jr. (2015, June 19). An expanded vision for international education. *University World News*. Retrieved from https://www.universityworldnews.com/post.php?story=20150616110224176

Childress, L. K. (2009). Internationalization plans for higher education institutions. *Journal of Studies in International Education, 13*(3), 289-309. Retrieved from https://files.eric.ed.gov/fulltext/ED493863.pdf

Doscher, S. (2019.5.11). Why the future is bright for internationalization. *University World News*. Retrieved from https://www.universityworldnews.com

Falola H., Adeniji, A., & Adeyeye, J. O. (2020). Measuring institutional support strategies and faculty job effectiveness. *Heliyon, 6*(3), e03461. Retrieved from https://www.researchgate.net/publication/339745443_Measuring_institutional_support_strategies_and_faculty_job_effectiveness

Fischer, K. (2019.3.28). How international education's golden age lost its sheen. *The Chronicle of Higher Education*. Retrieved from https://www.chronicle.com

Hans de wit (2011, September 18). Internationalisation moves into a new phase. *University World News*. Retrieved from https://www.universityworldnews.com/post.php?story=20110916212548839

Hudzik, J. K. (2020, June 06). How to strengthen internationalisation post-COVID-19. *University World News*. Retrieved from https://www.universityworldnews.com/post.php?story=20200605072319401

Hudzik, J. K. (2011). Comprehensive internationalization: From concept to action.

Association of International Educators, NAFSA. Retrieved from http://obiret-iesalc.udg.mx/es/documentos/comprehensive-internationalization

Knight, J. (1994). Internationalization: Elements and checkpoints. *CBIE Research No. 7.* Retrieved from https://files.eric.ed.gov/fulltext/ED549823.pdf

Knight, J. (2008). The internationalization of higher education: complexities and realities. In Teferra, D. and Knight, J. (Eds.). *Higher education in Africa: The international dimension*, 1-43.

Martins, J. T., & Nunes, M. B. (2016). Academics' e-learning adoption in higher education institutions: A matter of trust. *The Learning Organization, 23*(5), pp. 299-331. Retrieved from https://doi.org/10.1108/TLO-05-2015-0034

Olson, C. L., Green, M. F., & Hill, B. A. (2005). *Building a Strategic Framework for Comprehensive Internationalization.* American Council on Education. Retrieved from https://www.academia.edu/

Olson, C. L., Green, M. F., & Hill, B. A. (2006). *A Handbook for Advancing Comprehensive Internationalization: What Institutions Can Do and What Students Should Learn.* American Council on Education. Retrieved from https://www.umt.edu/ilab/documents/Handbook_Advancing%20Comprehensive%20Internationalization.pdf

O'Mahony, C., Deicke, W., Hasenknopf, B., Morgan, W., Woodcock, L., & Erikson, M. G. (2019 February). Making research work - institutional support for research-based learning as a form of active learning. In *2019 European Learning & Teaching Forum.* Organised by EUA and hosted by the University of Warsaw. https://eua.eu/downloads/content/2019.43_omahony_deicke_hasenknopf_morgan_woodcock.pdf

Potts D. (2016). John Hudzik: Comprehensive internationalization: Institutional pathways to success. *Higher Education, 72*, 259-260. Retrieved from https://www.springer.com/journal/10734

Sia, L. (2012).The status of academic freedom and institutional autonomy worldwide and its protection at institutional and national level. *ILO /UNESCO.*

Retrieved from https://www.ilo.org/wcmsp5/groups/public/---ed_dialogue/--sector/documents/meetingdocument/wcms_214152.pdf

Tiemann, I., Fichter, K., & Geier, J. (2018). University support systems for sustainable entrepreneurship: Insights from explorative case studies. In *International Journal of Entrepreneurial Venturing, 10*(1), 83-110. Retrieved from file:///C:/Users/user/Downloads/University_support_systems_for_sustainable_entrepr.pdf

Tsiligiris, V. (2014, April 18). Internationalisation - A student-centred approach is key. *University World News*. Retrieved from https://www.universityworld-news.com/post.php?story=20140416075647276

UNESCO Policy Paper 30 (2017 April). *Six ways to ensure higher education leaves no one behind*. Retrieved from https://inee.org/system/files/resources/UNESCO_Six_Ways_Ensure_no_left_behind_2017_en.pdf

第六章

臺灣籍教授以全英語教導外國學生情形之研究——以某教育類國際碩士學位學程為例

林柏翰　田耐青

壹　前言

　　本研究旨在探討在臺灣的大學裡，臺灣籍教授以全英語爲外國碩士生授課及指導其撰寫學位論文的情形。

一、外國學生來臺攻讀學位者人數日益增多

　　依據教育部統計資料，近 10 年來臺灣大專校院修讀學位的外國學生（註 1）人數成長了 3 倍（圖 1），由 2011 年的 10,059 人到 2020 年的 32,040 人。愈多外國學生來臺攻讀學位，表示愈多臺灣教授有機會在課堂上教到外國學生，指導他們撰寫學位論文。本研究即是在此背景中形成，因此具有時代的意義與研究的重要性。

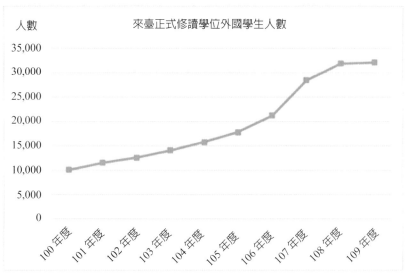

圖 1　2011-2020 年度大專校院正式修讀學位外國學生人數統計表

資料來源：教育部國際及兩岸教育司，2021。

二、研究者的親身經歷

2016 學年度第二作者銜校長之命，向教育部提出「精進全英語學位學制班別計畫書」，申請創立教育類國際碩士學位學程，教學語文是全英語，面向世界招收外國學生。教育部核准並給予 250 萬元開班經費，學校也整理出學程辦公及教學空間，2017 學年度，學程正式成立，迎來第一屆 5 位外國學生。一切看似順利，事實上在個案學校服務三十多年，校內人脈廣泛的第二作者在 2017 年 8 月邀請同事來學程授課時，被多位同事拒絕，即使畢業自英語系國家並已經以中文教授該課多次的同事，也不願來學程授課，三顧茅廬的結果換來的是眾同事的閃躲，曾發生開學前夕還要出動校長親自拜託教授才順利開出足夠課的往事。當外國學生開始寫學位論文時，為其媒合指導教授成為導師（研究者）的重大責任，學程前三屆 10 篇已完成或進行中的論文，有 6 篇由導師指導、4 篇由教學年資 10 年以下的教授指導，這和一般系所的教授指導生態甚不相同。臺灣籍教授以全英語對外國研究生授課及指導學位論文的情形為何？是本文的研究焦點。

三、相關文獻探討

國內外之國際留學相關研究，多以「學生」為研究主體，以外國學生的視角探究其在異國留學時於生活、語言、人際關係、學習等方面的適應議題及相關支援系統（蔡文榮、徐主愛，2013；林侑融，2010；Puspitasari, Weng, & Hsieh, 2020）；較少以「教授」為研究主體，檢視留學國教授指導外國學生的情境。少數與教授相關之研究多以美國及歐洲國家為情境，探究教授以自身之母語（常為英語）進行外國學生的教學與指導，學生以留學國家之官方語文或常用語文進行學習（Zenner & Squire, 2020; Zhang, 2015; Zhang & Dinh, 2017）。

國際留學中「教授」主題之研究非常重要，研究顯示學術指導教授以及師生關係對於外國學生能否成功求學扮演關鍵角色（Mamiseishvili, 2012; Young-Jones, Burt, Dixon, & Hawthorne, 2013）。Mamiseishvili（2012）指出高品質的論文指導會議、師生非正式會議以及師生課外交流有利於

降低學生的輟學率。Young-Jones 等人（2013）的結果顯示指導教授當責（advisor accountability）及培力（advisor empowerment）與學生的在學成績有關。因此，本研究以教授之視角，探討英語非母語的臺灣籍教授以全英語對外國碩士生（並非每一位外國學生均為英語母語人士）授課及指導學位論文的情形。

近年來，英語非母語的國家開設全英語課（English Medium Instruction, EMI）是高等教育國際化的趨勢，協助吸引外國學生（葉純純，2013; Puspitasari, Weng, & Hsieh, 2020）。然而探究「英語非母語」的教授以全英語教導與指導外國學生的研究相較稀少（He & Chiang, 2016; Omar, Mahone, Ngobia, & FitzSimons, 2016；錢宜琳，2010），而這正是本研究所關注之情境。

He 與 Chiang（2016）發現到中國學習的外國學生認為中國籍教師的英語程度不足，無法進行有效的溝通，此外，師生在教學方式上存在文化差異，外國學生不適應中國式的課程教法。Omar, Mahone, Ngobia 與 FitzSimons（2016）以加拿大一所大學為例，顯示非英語系國家之教授以英語教導加拿大學生或外國學生時常面臨語言之障礙，例如：不確定學生是否理解自己教學的內容以及指導學生撰寫論文面臨挑戰。此外，學生與教授應明確溝通雙方的學術責任以及期待（responsibilities and expectations）以減少跨文化溝通的差異性。

錢宜琳（2010）研究 5 位臺灣籍指導教授及 3 位國際博士生之指導關係，與本文研究情境較為相似。5 位臺灣籍教授均取得美國博士學位，教學年資介於 10-25 年之間。3 位外國學生分別來自歐洲、南美及亞洲，因臺灣獎學金而來臺攻讀某大學生命科學學院的博士學位，均為博班 5 年級學生。英語對歐洲學生而言是其母國的第四或第五種官方語文，他是自學英語。南美學生的母語是西班牙文，但他曾赴歐洲某英語系國家取得碩士學位。亞洲學生的母國以英語為官方語文，該國並不要求碩士生出版文章。歐洲學生有 3 名指導教授分別指導他的博士論文及 2 篇期刊論文（畢業條件之一）；亞洲及南美學生則各有 1 位指導教授。研究結果顯示影響臺灣教授及國際博士生指導關係的因素，包含：溝通語文、師生間的互

動、指導風格等。語文方面，除亞洲學生外，教授及學生均非英語母語人士，英語是他們的唯一共同語文。教授及外國學生均指出「以英語適當且有效的溝通意見是困難的」。亞洲學生雖來自以英語爲官方語文的國家，但由於溝通是雙向的且牽涉到雙方的文化，也覺得與教授間的溝通有困難。師生互動及指導風格方面，歐洲學生感到被教授尊重、鼓勵、關懷、支持，教授提供足夠的論文討論時間與資源，並採直接指導風格（directive advising style），協助學生發表論文，故滿意度高。亞洲及南美學生的指導教授由於忙碌，其所提供的研究資源不符學生期望或採放任式指導風格（laissez-faire advising style），只提供大方向的指導，要求研究生獨立思考、決策，故亞洲及南美學生對指導關係的滿意度低。

　　錢宜琳的論文是以理學院的博士學程師生爲研究對象。本研究是以在教育類碩士學程授課及指導論文的臺灣籍教授爲研究對象。學程階段不同（博士 vs. 碩士），主修屬性不同（自然科學 vs. 社會科學），且錢宜琳研究距今已超過 10 年，故本研究有其執行的價值。

研究方法

　　以下先介紹研究情境，即：個案學校與個案學程，再介紹訪談對象、研究者與資料蒐集方法。

一、個案學校

　　個案學校爲一所位於臺灣北部都會區，校史超過百年的公立大學，自創校以來一直致力於國小教育、特殊教育及幼兒教育的師資養成。1994年《師範教育法》改爲《師資培育法》，因應此變動，個案學校也開始設立非師資培育的系所，目前設有三個學院，全校學生大約 5,000 人，師培生及非師培生人數各半。個案學校一直是面向國內招生，2016-2017 學年度在當時校長的推動下，成立三個國際碩士學位學程招收外國研究生，分別是藝術類、教育類及商業類學程，不歸屬於任何學院，直接隸屬教務處。

二、個案學程

個案學程是一個教育類的國際碩士學位學程，以全英語授課，自 2017 學年度創立以來已有四屆學生。該學程為日間制，招收全職學生。學生必須擁有學士學位（不限主修），如英語非其母語或母國官方語文則需要提供英語能力檢定（標準為 CEFR ≧ B2; TOEFL ITP ≧ 543 或 TOEFL iBT ≧ 87）。為獲得碩士學位，學生必須修習 32 學分並完成碩士論文（以英語書寫），但不要求必須於畢業前於期刊發表論文。2020 學年度起，個案學程獲准可以招收臺灣學生（人數上限為名額的一半），學程的編制有一位主任、一位助理及一位專任教師（第一作者）。

四屆下來，個案學程有 14 位外國學生，2 位臺灣學生（不納入本研究）。表 1 為個案學程四屆學生基本資料，退學、休學的 5 位外國學生也納入研究。14 位外國學生中，有 11 位是因來個案學程就讀而由母國遷居來臺，是第一次來臺灣長期停留；另外 3 人已在臺灣擔任英語教學工作數年，對臺灣有較深刻的認識。外國學生以來自美洲最多（6 人），其次為亞洲（5 人）及非洲（3 人），其中，菲律賓、聖文森、美國、印度、南非等國其母語或官方語文為英語。

表 1　個案學程四屆學生基本資料

入學年度	屆別	入學人數	國籍（畫底線為畢業者，方框為休學或退學者）	備註
2017	1	5	菲律賓、蒙古、越南、聖文森、美國（A）*	越南學生於第九學期休學，在臺育嬰。聖文森學生於第九學期休學，返回母國。美國學生 A 於第二學期退學，返回母國。
2018	2	4	印度、巴拉圭、美國（H）、美國（B）	美國學生 H 於第一學期退學，留臺工作。美國學生 B 於第五學期休學，返回母國。
2019	3	3	南非（男）、南非（女）、美國（J）	
2020	4	4	泰國、加彭、臺灣（2 人）	臺灣學生不納入本研究。

* 美國學生人數較多，因此給予代號區分。

三、訪談對象

6 位曾在個案學程開課及／或指導論文的教授接受訪問，其資料如表 2。

表 2　受訪教授

代號	職稱	學位取得國家	個案學校任教年資	學程授課次數及學年	指導外國學生論文篇數及學生國籍
J	教授	英國博士，臺灣碩士及學士	超過 30 年	2（2018、2021皆為協同教學）	0
K	副教授	美國碩士，臺灣學士及博士	7 年	3（2018、2019、2020）	0
P	助理教授	美國碩士及博士，臺灣學士	9.5 年	1（2018）	1（菲律賓學生）
D	助理教授	美國碩士及博士，臺灣學士及碩士	9 年	1（2017）	1（蒙古學生）
Y	助理教授	美國碩士及博士，臺灣學士	3 年	2（2019 協同教學、2020）	1（美國學生）
H	助理教授	英國博士，臺灣學士及碩士	3 年	2（2018、2019）	1（南非女生）

四、研究者

第一作者（L）在臺灣出生，國二時赴美留學，在美國接受國中、高中、大學以及碩士階段之教育，後回臺取得學習與教學博士學位；為個案學程專任助理教授，服務年資 3 年，固定為學程開設五種課程，並在大學部開國民小學教育學程（以下簡稱教程）課程。L 為學程第二至第四屆導師，主要任務之一是依據學生論文主題協助尋找指導教授；擔任學程 5 位外國學生的論文指導教授，即聖文森、印度、巴拉圭、美國（B）及南非（男），不論在教學或研究上，均與個案學程之外國學生有相當密切的聯繫。

第二作者（N）在臺灣出生及成長，接受完整的臺灣教育到大學畢業。大學就讀教育系輔修英語，後赴美國取得碩士及博士學位。在個案學

校服務超過 30 年，所教課程多與教程有關，並固定在個案學校國小雙語教程授課。曾九度帶領個案學校教程生團隊到海外進行實地學習；因執行教育部專案，六度輔助主持人帶臺灣教師團赴美參訪並辦理國際研討會。N 是個案學程的創辦人兼第一屆主任與導師，固定在個案學程授課並指導越南學生論文。

五、資料蒐集方法

本研究的資料來源為 6 位教授及研究者。研究者於 2021 年 7-8 月以個別方式訪問 6 位教授。文中引用受訪者均以匿名呈現，文字可能稍微改寫但透過將逐字稿送請所有受訪者過目，以確保忠於受訪者原意。研究者與受訪者及外國學生之前為修課及指導論文而溝通之 LINE 訊息，也是資料來源之一。研究者亦彙整並反思個人在個案學程授課及論文指導的經驗。另，開課及論文指導紀錄則取自個案學校官網。

 ## 以全英語授課之情形

反思親身的教學經驗並訪問曾在學程以全英語為外國學生授課的教授，2 位作者歸納出生鏽的英語舌頭、聽力大考驗、文化回應教學、教授的刻板印象、第一次在課堂上遇見反對的聲音、教師稱呼的跨文化差異、上課時間安排、被困在課程架構內的學程師生、那些退學與延長修業年限或休學的學生等九個現象。

一、生鏽的英語舌頭

個案學校雖有全英語授課的獎勵金制度，但在學程創立的前一學期（2017 年春季）個案學校僅有 4 位教授以全英語授課，絕大多數的教授長久以來習慣以中文授課。個案學程第一屆開學前 N 邀請同事前來授課時，即使是由英美國家取得學位並有多年教授該課經驗的同事，也覺得回國多年自己的英語舌頭生鏽了，且要將教材全面翻譯成英語工程浩大，而心生恐懼而抗拒。

　　我曾多次建議校長不要一開始就要求教授全英語授課，可
以允許教授以雙語授課，例如：一學期中有幾週以英語授課，
或每次上課有部分時間以英語授課，部分時間以中文授課，再
逐漸進展到全英語授課。但這個建議沒有被採納。……我先生
（註：亦為大學教授）教全英語的課，他花了很多時間將教學簡
報、學習材料、評量等翻譯成英語，很費心力。（J, 2021.7）

　　J曾與N協同開設學程的實習課及專題研究課。實習課以學生為中
心，教授的任務是媒合學生與實習學校，批改教案並參與學生的公開課與
議課，不需要太多講課。另，專題研究課（Seminar）有多位協同教師，J
只負責授課一週，符合其漸進論。
　　N是因為本身擔任學程主任，不得已才於2017學年開始全英語授課。

　　之前收到學校寄的全英語授課獎勵辦法，看完後我直接把
信丟到垃圾桶了。幹嘛這麼辛苦呢？！……以前每年暑假有
三分之二的日子在國外，2017的暑假哪裡也沒去，天天帶兩個
便當來校，鬧鐘設定晚上九點下班，待在電腦前生英語教學簡
報與課程手冊。這個暑假朋友問我去哪，我都說「陰溝裡去」
（English）！（N札記，2017暑）

　　許多教授都有此英語舌頭生鏽，需花大量時間備課的恐懼及抗拒感，
個案學程初始的2017年秋要請教授授課，難度極高，當時身為學程主任
的N向「曾為學程申請書撰寫課程大綱」的教授邀請開課，四處碰壁。
一位教授在拒絕時，直接說「當初寫學程申請書的英語課綱，已經算是幫
學校忙了。」
　　容易緊張的N在暑假發展好英語簡報及教學材料後，將上課要講的
每一句話（從Good evening, students開始，到That's it for the day為止）全
部打成一個文字檔，反覆開口練習。N請一位隨班助理（大學生E，英語
能力極強）。週三晚上的學程課，N要求E週一下午來研究室，兩人坐

在電腦前，以 E 為學生模擬教學，E 會指正英語，教學年資超過 30 年的
N 感覺一定要這樣演練過一次，才敢上場。

> N（模擬發下便利貼）：Please write your answer on the sticker.
> E（查手機確認）：老師，便利貼的英語應該是 sticky note,
> 不是 sticker.
> N（修改講稿）：喔，好，重來。Please write your answer on
> the sticky note.
> （N 札記，2017.9）

這樣的課前演練大約進行了三、四次後，N 參加學校行政團隊赴美考
察兩週，天天跟美國教授溝通。返臺後因積累了許多公文且「英語舌頭練
好了」，就不再進行課前演練了。但是 N 還是要求 E 全程跟課，如果臨
時講不出某個字，就請 E 查翻譯。第一學期的學程授課，如果沒有 E 的
全程協助，真的很難跨出第一步。

P 教授多年都是以中文授課，在學程開課的那一學期，他有 11 學分
的課，還要照顧幼兒，對全英語授課感覺很有壓力。

> 不只語文……連英語的思維方式也生疏了。花了比一般
> 課更多的時間準備全英語授課，不斷思索要如何以英語陳述概
> 念。ppt 會寫得更詳細些……上課時還是會有點卡，特別是句子
> 與句子之間的連結。（P, 2021.8）

D 教授曾於 2017 年授課，當時除了 5 位第一屆的學程學生外，還有
藝術類國際學程的日本學生來修課。D 用自己的方法克服全英語授課的挑
戰。

> 我在每張投影片下方註記重點（只有我看得到）。我不會將
> 要講的話全都寫出來，我不想唸稿。我會依據重點現場發揮，

所以有時會卡卡的，因為我的腦袋還在思考如何將我的意思用英語表達出來。（D, 2021.8）

二、聽力大考驗

開始上課後，教授們才發現講課可以勤能補拙，用課前演練或教學簡報準備；但聽外國學生發言卻是即席的聽力考驗。外國學生來自不同國家，英語口音大不相同，需要全神貫注，不能有一點分心。如果口音重或用字遣詞不同，臺灣籍教授的理解是破碎的，要搭配手勢、文字、圖片或反覆溝通才能確認。

> 我學的是美式英語，聖文森學生是英式英語。兩者的發音不同，用字遣詞有差別，連樓層的算法也不同。要溝通教室在幾樓時還得想一想。聖文森同學去私立小學實習全英語教學時，習慣美式發音的小學生紛紛反應聽不懂，真是撫慰了我的心（雖然看聖文森學生失落的樣子也覺得不忍）。（N 札記，2018 春）

> 聽越南學生發言需要由他濃厚的口音、不太正確的文法中猜想他想要表達的意思，認知負擔重。聖文森同學的英式口音聽習慣後，沒有太大的問題。（P, 2021.8）

> 越南學生口音重，他也有此自覺，在班上很少開口，報告時雖有投影片輔助，但還是需要非常專心去聽才能夠聽懂（D, 2021.8）

三、文化回應教學

學程 14 位外國學生來自 10 個不同的國家，但臺灣籍教授比較熟悉的

僅有留學的英美國家及臺灣的文化。N 的教學風格喜歡舉生活中的實例來說明，對於這一點臺灣學生都很肯定，但是在聯合國的學程班上，如何讓不同文化背景的外國學生都能由臺灣籍教授的舉例中更瞭解學習內容呢？

> 1980 年代在美國唸書時，一次上課教授說一個觀念全班都聽不太懂，於是教授舉「操作坐式庭院割草機」的例子說明。美國學生頻頻點頭都懂了。來自臺北市，一輩子住在公寓，只遠遠看過校工邊走路邊用電動鐮刀割草的我卻愈聽愈迷糊……想起以前在美國學習的痛苦，我立志要教得和我的美國教授不一樣。（N 省思札記，2017.9）

N 第一次授課時多半採自己熟悉的美國文化或臺灣文化為例，配合許多圖文及口語說明背景。但當教學比較上手時，會適度的用班上同學的國家文化為例進行教學。如：某課的 7 位學生來自菲律賓、蒙古、越南、聖文森、印度、美國及巴拉圭。N 教導的主題是多元文化教育中的文化回應教學（Culturally Responsive Teaching, CRT）。文化回應教學倡導教師的教學要回應學生的文化，由學生的生活經驗切入進行教學。

為闡述文化回應教學，N 選擇巴拉圭國民飲料 Tereré 為例，帶領學習。Tereré 是青草茶，通常放在兩公升的大容量保冷壺，用前端有濾器的吸管飲用，巴拉圭人習慣輪流使用同一支吸管共飲一壺茶，是相互信任和肝膽相照的象徵。N 以簡報（資料來自網路）介紹 Tereré，並請巴拉圭同學補充說明。待全班對 Tereré 都有初步認識後，請學生共同思考 Tereré 飲料與自身文化的相關。美國同學（B，華裔）說華人也喝青草茶；蒙古同學說在蒙古如果有人與你分享烤羊表示是把你當成朋友；菲律賓同學說他們那裡天氣炎熱，水壺裡一定裝冰的飲料，分量也和巴拉圭一樣都是兩公升。N 說華人的茶壺壺身裡有濾器，可以像巴拉圭吸管一樣濾掉茶葉。就這樣，藉由思考自身文化與 Tereré 的相關，同學漸漸更認識這種飲料，也親自經歷了一場文化回應教學。

面對聯合國教室的挑戰，K 教授採用「多讓學生說」的策略。在研究

法課上，K提到 contextual factor（情境因素）對解讀訊息的重要性，例如：眨眼睛這個行為，如果是情侶間可能代表的是釋放好感；如果當 A、B 在交談時 C 加進來，這時 A 向 B 眨眼可能代表的是 A 想提醒 B 說話要小心。因為不同情境，同一個行為的解釋便不相同。接下來，K 請班上同學分享在自己的母國文化裡情境因素的相關例子。

> 學生都很踴躍發言，尤其是曾在很多國家生活過的美國學生 B。整體而言，那堂課非常盡興，每個人都學習到很多。這就是我喜歡教學程課的原因，因為我喜歡學習各國文化。（K，2021.8）

四、上課時間須配合外國學生的文化與工作

教育部規定獨立學程每一學年要有至少 15 位不同的專任教授授課，如未達標將降低核准招生人數。這對小國寡民的個案學程來說如同一個緊箍咒，解決之道是學程的專題討論課（Seminar，3 學分）採多位專任教授協同教學，以達規定的教授人數。Seminar 通常安排在下學期，視該學年已開課的教授人數決定 Seminar 的教授人數。以 2021 年春的 Seminar 為例，在瞭解上學期及本學期有 4 位教授已在學程授課後，N 擔任召集人（也授課），出面邀請另外 10 位專任教授協同授課。由於每位教授只教一、兩週，Seminar 課邀請教授相對較順利。課程的理想是擴大學生對教學與學習的瞭解，各教授在此架構下分享自己的教學專業，如：體育系教授的主題是創意體育教學、科學系教授教 3D 列印與科學教學、英語系的教授教雙語教學等。

為配合眾多教授無課的時間，第一屆的 Seminar 課排在週三晚上，美國學生 A 大多時候心情不佳，參與度低。一次為配合來臺外國學者的時間，將課調到週末，A 完全無法接受，直接缺席。開課的時間需要配合學生的文化，在夜間或週末上課美國學生接受度低，有外語教學工作的學生也立刻跳起來說不行。

經過數次教訓，N 後來如此處理：學生確定選 Seminar 課後，N 先請學生共同決定一個週間的日間時段，如週一早上三、四節及午休（即 10 點到 1 點）。個案學校為靈活排課，將 12 點到 1 點 30 分的午休分成兩個時段：12 點到 1 點及 12 點 30 分至 1 點 30 分，如此早上三、四節或下午五、六節的課可搭配午休成為 3 學分的課。學生確定時段後，N 再依此時段來邀請教授，如果教授該時段已有課，N 便直接放棄並約好明年再邀請。N 在個案學校服務多年，每次排課都是由教授決定上課時間，學生無法配合那是學生的問題。只有在這小國寡民的學程需要以學生為中心來訂定上課時間。

五、教師稱呼的跨文化差異

每位外國學生都有自己的文化與生長背景。文化差異經常在課堂中以意想不到的方式展現，其中又以「師生關係」最令人印象深刻，僅是教授的稱呼方式可能就有精彩的異文化交流。例如：美國學生喜歡直呼教授名字（不含姓），此舉卻引發南非及亞洲學生的不適應。一次在導生聚會中，南非男生提出質疑。

> 教授，為什麼美國學生 J 直呼您的名字？您不會覺得不被尊重嗎？在南非不會發生這樣的事情，學生不會直呼教授的名字。我為您感到氣憤。（一旁的亞洲學生點頭如搗蒜，也覺得南非學生言之有理）（L 省思札記，2019 春）

留學美國多年的 L 當下解釋說：

> 在美國大學，如果教授同意，可直呼其名，是一種親切關係的表現，反應出師生間平等的關係。但切記需要先取得教授同意，不要第一次就直呼教授名字。（L 省思札記，2019 春）

同時也跟學生解釋：

　　「你們可以直呼我的名字，我不會介意」，學生們表示聽
完後比較能夠理解與釋懷，但仍不習慣直呼名字，還是用「教
授」一詞稱呼。（L 省思札記，2019 春）

　　有趣的是，對稱呼方式的不適應其實是雙向的，美國學生 J 也聽不慣
其他學生使用「教授」一詞。J 說：

　　南非男生在上課時，一直講「教授」、「教授」，我一直
以為他在講別堂課的教授，沒想到竟然是本課的 Y 教授，為什
麼他不直接叫 Y 的名字就好？害我搞了老半天才知道他在講誰。
（L 省思札記，2020 秋）

　　其實稱呼的方式都是不同文化對教師尊重的表現。直呼名字較親切
與平等，用尊稱則表示尊敬。L 向學生說明並希望大家能夠看見文化的差
異性，尊重各國的文化。L 同時利用外國學生在臺灣的教學經驗進行跨文
化反思。請外國學生分享自己國家的小學生如何稱呼教師。美國學生說：
「在高中以下的階段，美國學生會用 Mr. 或 Ms. 來尊稱老師。」菲律賓學
生說：「我們會用 Mr. 或 Ms.，更尊重時會用 sir 或是 ma'am」，南非女
生也同意上述分享。接下來請外國學生反思自己在臺灣教學時的經驗，臺
灣學生是如何稱呼他們。學生們異口同聲說，臺灣學生會在他們的名字
前面加 Teacher。L 接著詢問，請問你們會非常介意嗎？學生回答，一開
始會不習慣，或是試著糾正學生，但後來覺得臺灣學生還是比較習慣加
Teacher，所以久而久之就接受這樣的文化。L 緊接著問外國學生，請問不
介意這樣文化差別的原因是什麼呢？華裔美籍學生 B 說：「因為關心與
在乎臺灣的學生，雖然會先教導臺灣學生美國的用法，卻可以接受這樣的
文化，因為這樣學生比較舒適。」L 詢問，如果用同樣的同理心，看待同
儕使用不同稱呼來稱呼教授，是否也會有一樣的效果呢？

最後，L 提醒學生，跨文化素養其實就是尊重與同理，稱呼雖然重要，會展現出個別學生的文化價值，但千萬不要鑽牛角尖，被稱呼這種細節絆倒，多一份關心與同理，實際上差異沒有想像中的大。L 認為在聯合國的班級經營中，教授應多注意文化的差異性，即使是小小的稱呼，可能會從不滿積累成危機，建議未來教授應適時進行文化差異的討論，變成一堂跨文化素養討論教學，協助學生用另一種角度思考，並強調課堂中的討論要對事不對人，才不會因為文化差異而忽略掉同學提出的優秀觀點。

六、教授的刻板印象

面對不同國家的學生，教師應隨時注意自己的刻板印象是否影響了教學法的選擇；因為不同國家的學生對教授的身分可能有不同的看法，進而期望不同的課堂教學方法。

透過兩件事說明上述論點。2018 年秋，學程的課加入芬蘭與德國的交換生，L 在課堂中發現，在進行小組學習時，芬蘭學生比較自在，也願意發言，德國學生則否。當時覺得可能是德國學生個性害羞，因此沒有介入，一學期過後 2 位學生順利回國。此經歷當時並不覺得特別之處。

L 在一次導生聚會時才驚覺自己的刻板印象影響了教學法的選擇。時間來到 2019 年秋，L 與學生進行導師聚會並討論開課事宜，L 請學生分享他們在學程的上課經驗。菲律賓學生說，她喜歡某教授的課，因為是以講述法進行，「老師講，我們作筆記」。印度學生附議，她也喜歡講述式教學法。由於此說法來自亞洲學生，L 沒多注意，因為既有的印象就是亞洲學生比較喜歡傳統的講述教學法。但接下來巴拉圭學生附議，沒想到，2 位南非學生也附議了，此時作者才驚覺自己有刻板印象，即認為西方國家的學生會喜歡以學習者為中心教學法：合作學習、小組討論或是建構式、人本主義相關的教學法，而東方國家的學生喜歡傳統式講述法，不會提問也不會質疑教授。

在好奇心的驅使之下，L 接著詢問學生對於教授身分的看法。南非女生說：

在南非，老師就是知識的噴泉（the fountain of knowl-
edge），由老師傳授知識給學生，老師教、學生學，我們當然也知
道合作學習、分組討論都有學習效果，但老師還是主要的知識
來源。（印度、巴拉圭學生亦同意）（L 省思札記，2019 秋）

一旁的南非男生接著說：

教授，您其實不需要跟我們討論開課的事情，您怎樣安
排，我們就怎樣修課，不需要跟學生討論。太多選擇（民主），
學生反而會囉嗦。老師的地位就是比學生高。（L 省思札記，
2019 秋）

其他學生雖然沒有附和南非男生的建議，但印度跟巴拉圭學生皆同意
教授在母國確實是權威的代表，教職本身就會得到學生的尊重。然而華裔
美國學生 B 則表示，教師在美國不會因其教職身分而得到尊重，教師必
須贏取學生的尊重（earn the respect），南非學生亦同意美國學生的說法，
在文化上他們雖然會尊重教師，但教師需要展現出其專業才會得到學生真
正的尊重。事後 L 利用 LINE 聯繫芬蘭與德國交換生，詢問 2 位學生對教
師身分的看法跟習慣的教學方式，芬蘭學生表示教師與學生為平等關係，
習慣合作學習；而德國學生則表示教師具權威性，習慣教師講授。

兩次的事件當中，L 發現過往在美國碩士班時由學生導讀，分組討論
的方式並不一體適用於個案學程，並非所有的西方國家學生都習慣建構或
人本主義的教學方式，仍然有部分西方學生傾向講述教學法。建議未來教
授在學期初可以用混合的方式進行，以講述教學法結合鷹架支持學生漸漸
習慣報告與導讀。碩士的英語為 Master，意即師傅，需要精通專業知識，
並能獨立思考，因此教授應讓學生由學生身分轉變為獨立的研究者，擔起
更多的學習責任。此外，教師亦可依據 Meyer（2014）所提出的文化地圖
評估不同教學法的使用比例，文化地圖中的「社會文化領導」面向意指在
家庭、公司、社區等組織機構中，地位較低的成員對於權力分配不平等的

接受度或質疑程度，面向的兩端分爲等級／階層制度以及平均主義。等級
制度意指社會權力階層明顯，不容社會成員質疑集權組織或個體。另一端
的平均主義，社會權力分配較爲平均。文化領導面向可能與學生習慣的教
學法相關，例如：來自於等級／階層端的學生較傾向講述授課法，來自平
均主義端的學生較傾向建構、人本的教學法。根據個案學程學生的回饋分
享，不同國家的文化領導面向座落之位置，如圖 2 顯示。

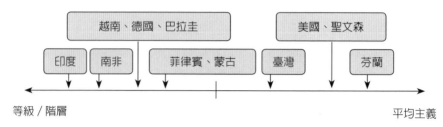

圖 2　個案學程學生所分享的各國文化領導風格（樣本人數有限，僅供參考）

　　綜上所述，不同國家的學生對於教授身分的看法有所不同，教師應納
入學生的文化背景作爲教學法的選擇考量，並視教學目標逐漸調整教學方
式，訓練學生的獨立思考。學生的文化差異並不一定是缺點，可以利用學
生習慣的方式切入，增強師生的關係及班級經營。最後，貼心的提醒，美
國學生喜歡詢問，提出質疑，是教師展現專業與贏得尊重的好機會。

七、第一次在課堂上遇見反對的聲音

　　N 的行動研究課，期末要求學生產出一份研究計畫書。爲增加 4 位學
生評鑑研究的能力，N 請學生分成兩個二人組，閱讀組員的研究計畫書並
進行評論（critique）。虔誠的基督徒南非男生聽到 critique 這個字，立刻
說了一句聖經的經節（Do not judge, or you too will be judged.）。本身也是
基督徒的 N 覺得這是兩件不同的事，再三向其解釋這評論是針對組員產
出的品質，而非組員個人，其他同學也加入說服的行列。最後，南非男生
或許是被說服，或許是基於對教授的尊重，才願意接下這個學習任務。N
教行動研究多次，期末都會安排同儕互評這個學習任務，這是第一次遇到

反對的聲音，而且是來自宗教的原因。

八、被困在學程課程架構內的師生

　　個案學程僅要求外國學生有學士學位，並未要求其學士主修要與教育有關。14 位學生中有 4 位具母國高中以下學校教師證（巴拉圭、印度、南非 2 人），10 位無教育學術訓練，但有教學工作經驗；教授授課時常感多數學生缺乏教育學術背景。

　　其實研究所的 32 學分中有 6 個彈性學分，原意是鼓勵學生跨系所去修與其論文相關的課。查個案學校官網，近 2 年（2019-2020）研究所階段以全英語授課的課程多集中在兩個國際學程，僅有音樂系及資訊系的碩士班有少數課程以全英語授課。由於藝術類學程及此二碩士班之課程屬性與教育差距甚大（詳表 3），個案學程不曾有學生前往選修。

表 3　個案學程之外，個案學校研究所層級全英語授課之課程（部分列舉）

學術單位	以全英語授課的課名
藝術類國際學程	亞太當代藝術、新藝術史與批評理論、公共領域與藝術介入
音樂系碩士班	聲樂作品專題研究、聲樂教學專題研究、指揮法研究
資訊系碩士班	系統分析與專案管理、資料探勘、行銷策略資訊系統

　　於是，個案學程的外國學生都只由學程選課。N 任教的系所常有研究生到外所選與論文主題或研究法相關的課程，以厚植論文基礎，師生都覺得有助論文的寫作品質。由於個案學校全英語授課的碩士層級課程少，這樣的外所選課在外國學生身上無法實現，師生都被困在學程的課程架構裡。

九、那些退學／休學的學生

　　學程 4 年以來有 5 位學生退學或休學，超過三分之一，分析其情形如下：

㈠二人退學

第一屆美國學生 A，非教育背景，喜歡製作教學影片 MV（如：以歌曲介紹水的三態）放在 YouTube 上，來學程主要是想加強自己的教育專業成爲更有教育學術背景的教育型網紅。一次，學程請到一位校外教授來演講，提到其所創立的教學科技遊戲公司，是 A 覺得學程中他唯一有興趣的課。但 A 申請去該公司實習未果，且 A 覺得學程提供的課程較偏向學校型態的教學，不符自己的需求而於第二學期退學返國。第二屆美國學生 H 在臺灣的幼兒園、補習班教英語，他想進入臺灣的國際學校教書，但那需要有教師證。在瞭解學程無法使他擁有美國或臺灣的國小教師證後，H 選擇退學，並在臺灣透過某網站修習美國教育學程學分，目前已取得美國教師證。兩位退學的學生在瞭解個案學程無法支持其生涯目標後於第一學年退學。

㈡三人休學

聖文森學生是一位擁有 18 年教學經驗的高中自然科學與生物課程老師，邏輯清晰，但在決定論文題目與執行時卻陷入難題。第一次的論文主題爲提升母國高中老師專業知能之行動研究，已完成前三章撰寫，指導教授亦同意提交論文計畫書口考，然而卻因聖文森學生想續留臺灣而作罷，聖文森學生之後另提了兩個題目（指導教授皆同意進行），但 2 年內未收到任何紙本進度，於第九學期休學返國。越南學生於第九學期中斷論文寫作，申請休學，留臺育嬰。

第二屆美國學生 B 是一位較年長的華裔學生，他喜歡研究語文的學習，自我認同是一位多語者，但無法適應學術界對論文撰寫的嚴謹要求，於第五學期休學返美。

 肆 以全英語指導論文之情形

以英語撰寫碩士論文是個案學程學生畢業條件之一，然而外國學生背景多元、指導的情形也不一，以下先呈現四類個案，再提出共通的現象，

提供未來教授指導外國學生論文之參考。

一、個案分享

㈠跨領域的挑戰

1.由教育跨至心理計量特性研究的南非男生 G

G 擁有二十多年的英語教學經驗，在南非、英國及美國等地都曾擁有教職，在臺灣亦有近 17 年的高中英語教學經歷。G 在研修 L 的學習評量課程後，對於評量工具的開發以及工具的心理計量特性驗證產生極大的興趣，因此將論文目標定為建立新式學習風格理論並開發評量工具。由於與其專長的英語教學領域差異過大，身為導師的 L 試著勸退 G，但 G 堅持要自行嘗試，他自行開發學習風格問卷並將問卷寄送至全球知名學者的信箱，尋求驗證其內容效度，其中包括多元智能理論的提出者 Howard Gardner 教授。L 知悉 G 已經被全球七十多個學者拒絕後，被 G 的執著感動，於是便接受 G 的請求，擔任其指導教授，開始了一趟辛苦（跨域研究訓練）卻感動（G 的認真）的指導旅程。第一步即是將 G 自行開發的問卷打掉重練，重新建構新的學習風格理論，G 事後表示：

> 我原以為問卷開發就是將既有的問卷問題彙整後，挑選出自己認為比較好的題目，並將題目送出去給專家鑑定就好，直到教授您不斷地詢問為什麼要將某因素納入新理論之中，要求我一步一步地說清楚因素建置的原因與其理論依據，我才瞭解為什麼您說我的研究是博士論文等級，因為要依序從建構理論、說明因素、建置題目及驗證問卷才對，而不是從最後的一個步驟開始。（G, 討論反思，2021.02.14）

為讓 G 達成上述的認知，L 約花費 2 個月的時間，每週末跟 G 進行 4-5 小時的個別會議，一步一步帶著 G 完成上述步驟，G 才理解跨領域的辛苦。除了理論建置之外，亦需要教導 G 進行統計分析以驗證其理論。

整體而言，G 勤奮好學，態度良好，L 很開心讓 G 從一位教師的視角逐漸進入研究領域的思維。但建議未來教授需將跨領域指導的時間納入考量，特別是留職停薪或領獎學金的外國學生常需要 2 年畢業，教授應與學生進行通盤的時間規劃與溝通，找尋出較為接近的跨領域研究，以避免時間與工作量過大之問題。

2. 由理組跨入社會組的菲律賓學生 M

M 擁有母國的化學學士與化學碩士學位，英語是其母國官方語文，碩士論文是回到原先服務的菲律賓大學進行研究，菲國的教授們也都願意協助 M 進行研究，M 看起來有非常好的條件進行論文研究。回想起指導 M 論文的過程，P 教授滿足的說那是一次「非常好的指導經驗」，但這並不代表撰寫論文的歷程毫無問題，事實上這段歷程充滿了 M 的許多疑問及師生間的討論。

最大的挑戰來自 M 的理組背景，自然科學和社會科學的研究取向與思維截然不同，指導跨領域的研究生「增加了教授的挑戰」。整體而言，P 教授認為與 M 的互動是「有趣」的，也相當具有挑戰性。

> 有時 M 會提出讓我意想不到的觀點，這時我會想「喔，原來理組的人是這樣想的」，我相信這一定是因為 M 過去接受的學術訓練讓她這樣思考，所以我需要再想如何與 M 溝通。這樣的討論是有趣的。……有時候 M 無法理解教育研究的概念，我需要用不同的說法解釋給她聽，如果解釋幾次 M 還是不懂，我就感受到自己英語的有限。（P, 2021.8）

一些教育界認為理所當然的事，理科背景的 M 卻需要時間理解、消化。這樣的跨領域挑戰從論文寫作一開始就存在，直到資料的分析與詮釋。

> M 很尊重教授，雖然一開始可能覺得與她過去的訓練不符，但經過幾番討論，她還是會接受教授的指導。（P, 2021.8）

㈡缺乏統計訓練的印度學生 I 與巴拉圭學生 P

I 與 P 為能於 2 年內畢業，選擇問卷調查法，然而，他們很快就發現有統計這道高牆堵在他們的面前，透過下列的 LINE 通訊紀錄，即發現 I 對於教育統計非常的焦慮。

- 教授，我接下來應該要做什麼？我應該要如何計算這些結果？（I, 2020.11.03）
- 我真的需要您的幫忙，因為我的數學非常糟。（I, 2020.12.24）
- 教授，我應該要怎麼描述這些結果。（I, 2020.12.29）

P 雖有電腦程式語言相關專業，對於數學計算不害怕，但對統計亦感陌生。

- 我不知道我應該要報告哪一個事後檢定，您可以再提醒我一下，您上次說的分析方法嗎？（P, 2020.03.13）
- 教授，SPSS 裡面哪一個是單因子相依變數分析的表格？我還是不懂所有的東西。（P, 2020.03.16）
- 我應該要報告哪一些統計資料？我目前的資料裡面沒有您講的任何數據，包含 t 檢定統計分析、雙向或單向的 t 統計臨界值等。（P, 2020.03.30）

個案學程雖然有高等教育統計課程，但由於半數學生採質性研究或論文僅需要基本的描述性統計，故高等教育統計課程因修課人數未達開課人數下限，4 年來僅於第一年開成一次，L 只好個別教學，I 與 P 雖然完成論文的資料分析、詮釋與報告，但對於整體的統計知識仍然不足。

㈢來去匆匆的蒙古學生 S

D 教授指導的 S 在一年內完成論文，指導過程中讓 D 印象深刻的有

兩處。一是資料蒐集的挑戰。S在蒙古大學教英語，她的論文是依據某外語學習理論檢視蒙古的中學英語課本，S於2018學年度寒假前夕通過計畫書口考，未完成所有修正便配合蒙古的中學行事曆匆匆返回蒙古。由於在蒙古大學教英語的S缺乏蒙古中學英語教師人脈，S請她的大學生協助將問卷發給他們的中學教師，並請大學生尋找願意接受訪問的教師。

> 收回來的問卷有些填答不完整，但也很難再請填答者補答……訪談錄音帶的長度由十分鐘到一小時都有，十分鐘是因為有一位教師只願意用課間休息時間受訪。（D, 2021.8）

S在蒙古蒐集資料時雖也有跟D教授保持聯繫，但無法一邊蒐集資料一邊與教授密切討論如何分析並確保資料量的充足。等2018年春開學S回臺開始分析資料時，雖發現資料不甚齊全也只能將就，成為研究上的限制。

第二是研究方法的生疏。S雖有美國MBA學位，但該學位並未要求撰寫論文。S雖在個案學程修了社會科學研究法、行動研究、高等教育統計、質性研究等四門研究法的課，但真正要撰寫論文時，仍缺乏研究的敏感度，需要教授不時提點。

> "What should I do next?" 是指導過程中，S最常問的話。她還不是一個獨立的研究者，我得指導她很多，例如：如何詮釋資料。（D, 2021.8）

(四)家庭為先的越南學生V

V於2017年秋入學時已懷有身孕，先生在個案學校的鄰近大學攻讀博士。V在2018年2月生下第一個孩子，由於獨自照顧幼兒，V的修課進度比同學緩慢，花了2年的時間修完學分。

2019年5月，V決定開始寫論文並請N指導。V在越南已有一個教

育碩士學位，且上一篇論文及本篇都是以量化研究為主，原以為 V 寫第二篇論文應該很順利，V 當時也期望自己能在半年內完成論文，但後來的發展並非如此。2019 年暑，N 要求 V 兩週來校一次以討論論文，即使已經寫過一篇碩士論文的 V 還是會犯低階的錯誤，如：待答問題是將研究目的直接轉成問句，而未依據名詞釋義加以深化。詢問 V，她不好意思的說全天照顧幼兒讓她無法清楚思考。也曾經歷育兒階段的 N 同理 V 的困境，於 2019 年秋提議由 V 自行決定討論時間（而非「兩週固定討論一次」），V 欣然答應，從此 V 的進度明顯變慢，至 2020 年 9 月才通過計畫書口考。

　　2021 年春，V 的先生畢業找到工作，全家搬到臺灣另一城市居住，搬遷安頓加上 2021 年 5 月起臺灣疫情緊張（三級警戒），V 曾四個半月未聯絡 N。V 至 2021 年 7 月才完成計畫書修正，2021 年 8 月 V 告知 N 第二個孩子即將出世，論文陷入無限期的停頓。歸結 V 論文進度緩慢的主要原因為 V 已有碩士學位，人生現階段的優先任務為生養子女、照顧家庭，而非撰寫第二篇碩士論文。

二、共通現象

㈠論文題目及執行受現實考量的限制

　　觀察外國學生所寫之論文主題，因為來個案學程就學而初次來到臺灣者，其論文多以其母國教育或外國學生處境為主題。如：在母國大學實驗創新教學法、依據某理論檢視母國的中學英語課本、調查母國大學師生對批判思考教學的感知、調查母國電腦教育現況、外國學生來臺的文化適應與應對策略等。畢竟外國碩士生缺乏臺灣人脈、對臺灣教育的瞭解有限且不諳中文，以母國為研究情境是合理的選擇。

　　那麼，3 位已在臺灣工作 5-19 年的學生所做的論文題目是什麼呢？美國學生 J 探究如何以成長思維（growth mindset）提升臺灣青少年的英語學習，南非女生探究臺灣雙語實驗課程學校外國教師與臺灣教師的協作，南非男生建構新的學習風格理論並開發其問卷。可以發現，在臺多年的外國學生，其論文傾向研究與臺灣相關之主題，研究對象以臺灣師生為主。

　　兩相比較，在臺多年的外國學生似乎較有人脈可在臺灣進行研究，然而實際訪談美國學生 J 和南非女生的指導教授，則發現指導教授給予相當多的支持。

　　　在資料蒐集上，由於南非女生需要找到個案學校以及願意接受訪談的教師，這部分主要是由我來協助，居中牽線聯絡學校校長，其餘交由研究生來實質互動。（H 教授，2021.8）

　　　J 隻身來臺求學，除要面對異文化的差異外，處理個人的問題，還要到補習班打工賺錢，面臨非常多的挑戰。除了研究上的建議，我也會與他分享宗教信仰的力量，以他的信仰為主，請他多禱告，相信神，也相信自己，堅持下去，祈求順利完成碩士論文研究。（Y 教授，2021.8）

　　南非男生 G 的資料蒐集則是由 L 協助完成，共蒐集超過 120 位臺灣大學生的資料。綜上所述，外國學生因資源與人脈限制，多以母國為研究焦點，於母國進行採樣，來臺多年的外國學生雖然對於臺灣較熟悉，但仍需要指導教授的支持。建議未來教授可以請外國學生做與臺灣相關之議題，其優勢有三：第一，可就近檢視資料蒐集的過程以確保資料的完整，必要時可進行滾動式調整，確保研究品質；第二，透過此類研究，讓臺灣得以從外國研究生的角度來檢視臺灣的教育，豐富臺灣的研究；第三，透過論文研究，讓外國學生進一步認識臺灣的教育。文化交流是雙向的，外國學生多接觸臺灣現場，則對臺灣多一份認識。實際上外國學生在母國蒐集資料需要克服相當多問題，包含交通、人脈、資料不完整等，所花費的時間跟人力並不少於以臺灣為主題的研究。因此，建議未來教授可試著讓外國學生思考以臺灣為焦點之研究主題，將留學的優勢以及跨文化經歷最大化，因為擁有國際移動力與跨文化素養的學生是未來全球各國爭相追求的人才（黎士鳴、湯堯，2018）。

㈡學術倫理的訓練及教學仍不足

學術倫理（以下簡稱學倫）是學術的基本門檻，是研究人員應恪守的道德規範，亦是國際學術研究與交流的基礎禮儀。個案學校雖規定研究生論文口考前必須取得學倫線上課程 6 小時的修課證明，但學生對於學術倫理的理解與知識仍相當匱乏。其中最常見的問題是學生不明白什麼是抄襲，抄襲的定義與情況為何，如何避免抄襲。在學程授課的 Y 教授即有這樣的經歷：

> 〔學程某學生〕的作業涉及抄襲。之前跟學生說過學術寫作的原則，請學生改過。學生說好，也有道歉，但又再犯，這次沒有抄很多，但就是抄襲，抄自網頁資料。（Y, 2021.01.10 LINE 訊息）

所幸在雙方的溝通之下，學生說明過往並無相關訓練，在學程也還未能學到以自己的話重述他人的內容及引用的方法，在 Y 教授細心的教導下，學生順利的完成作業。也讓學生知道，即便在平時的作業，教師仍會關心學術倫理，訓練是一點一滴從平常練習，才能從核心觀念改變。

針對學程外國學生的觀察顯示，學生如符合下列兩項條件則較有學術倫理的相關知識以及訓練：一、部分國家的訓練較為紮實，美國、菲律賓以及聖文森的訓練較好；二、已取得碩士學位的學生又較學士生來的好。但上述條件並非絕對，建議未來教師將學生知識程度不一的情況納入考量，如果有寫作、研究方法或是論文導讀相關課程，可以在學期初的課程當中加入學倫相關的教學或訓練課程，其優點有二：一、先檢視學生在學倫的個別程度，有預防的效果，避免後續產生學倫的問題；二、如果學生有需求，可增加實作的學倫課程，可透過實際個案分析、文句轉寫、引用練習等實作方式，增進學生的學倫實踐能力。

㈢那些未能順利完成論文的學生

N 曾指導超過 80 位臺灣籍研究生撰寫碩士論文，研究生多是國中小

教師，由於臺灣政府鼓勵教師進修，教師取得碩士學位能夠領到更高的薪水。在此實質獎勵下，在職進修的教師研究生幾乎都能夠在碩二這一年內完成碩士論文，順利畢業。

再將目光看向學程外國學生，一年內順利完成碩士論文的學程外國學生，其動機包括生涯規劃、返國述職、經濟等：

- This degree will qualify me for the middle school teacher certification exam.（菲律賓學生）
- I want to go for a Ph.D. degree.（印度學生）
- I am on unpaid leave from my school. I need to finish my study here in two years and go back.（蒙古及巴拉圭學生）
- Both me and my husband quit the job to study full time. I need to graduate and resume my work to support us.（南非女生）

而未能於一年內完成碩士論文的原因包含：過大的跨領域、以家庭為優先、無完成學位之壓力、無畢業實質獎勵等。南非男生 G 由英語教學跨到由心理計量特性的研究，兩個領域差距極大。V 來臺主要是支持先生取得博士學位並生育子女，對於取得第二個碩士學位動機不強。美國學生 B 已達 65 歲退休年齡，為自我實現進入學程就學，L 雖然固定與 B 開會，但每次給予論文建議後，B 皆「重寫」其論文，而非依據建議進行局部修改，反覆三次持續一年後，目前休學返國。自我實現雖動機良好，但寫論文更需要自律或他律的加持。聖文森學生因已有近 20 年教職資歷，加薪幅度不高，求學過程中以享受臺灣文化與環境為主，目前亦延長休業期限返國。

建議未來教授審查學生申請入學資料時，能將就讀動機納入重要考量（強制要求學生說明就讀動機，並占較高的分數比例），外國學生有具體的外在動機支持下較能夠主動積極完成論文。

伍　結語

　　有別於過往的研究著重外國學生來臺求學期間的需求與適應調查研究，本研究聚焦於臺灣籍教授以全英語對外國學生授課及指導論文的情況並進行探究，由臺灣籍教授的視角，歸納教學及指導論文中遇到之情況。研究者歸納出臺灣籍教授以全英語對外國碩士生授課有生鏽的英語舌頭、聽力大考驗、文化回應教學、教授的刻板印象、在課堂上遇見反對的聲音、教師稱呼的跨文化差異、上課時間安排、被困在課程架構內的學程師生、退學與休學等九個現象。在指導論文方面，研究者先分析四類個別案例，再歸納出論文題目及執行受限、學術倫理不足及學生未能完成論文之原因等三個現象。研究者據之提出兩項建議。

一、國際學程教學有助跨文化素養的培育，藉由多元的方式增加師資人數

　　臺灣籍教授多視全英語授課為一大挑戰。然而，教授如果願意跨出中文授課的舒適圈，可從教導外國學生過程中獲益。受訪資料顯示，願意支援個案學程授課的教授皆能夠以不同的方式克服挑戰，逐漸習慣全英語授課並因此開展異文化的學習，擴展自己的見聞。

　　然而，仍有兩項問題需要克服：（一）即使有英美國家留學經驗，教授的跨文化敏感度與素養仍需要培養，例如：發覺自身刻板印象、適時解決文化衝突及提供文化回應教材或範例等能力，都是教導外國學生需要的軟實力。（二）細看受訪教授背景，皆擁有英美國家研究所學位，絕大多數任教年資少於 10 年，顯示針對缺乏 EMI 師資的問題，仍有改善的空間，其中一項即是鼓勵較資深且曾留學英語系國家的教授加入全英語授課之行列。

　　針對上述兩項問題，研究者提供下列建議方式改善：（一）教師可利用學校資源或計畫支持（如高教深耕計畫）建立專業學習社群或教師線上支援群組。以研究者為例，已持續經營 2 年的教師專業學習社群，其社群名稱為「跨領域研究合作社群：精進教師與學生跨文化素養」，目的在於

提升師生的跨文化素養，功能包含分享跨文化素養文獻及知識、增進跨文化教學品質、討論教師跨文化教學之經驗。教師專業學習社群不僅可以增加教師的固著率及合作感，亦成功媒合 2 位國際學生與本校教師進行論文指導。（二）針對增加 EMI 師資人數之問題，建議可透過共同開課、協同教學的方式協助更多教授進入全英語授課之師資行列。有全英語授課經驗之教授與無經驗之教授共同開課，有利於經驗交流、想法激發。或如前述的個案學程 Seminar 課，由多位教授協同教學，每位教授負責一次或兩次上課，除了減少全英語授課的工作量之外，透過教授與外國學生的實際雙邊交流，可大幅減低跨文化教學的陌生感或恐懼。目前許多受訪教授都願意重複支援個案學程，在跨出舒適圈，認識與接觸外國學生後，應可增加教授全英語授課的意願。此外，聘請有全英語授課經驗且教學成效受肯定的教授嘗試進行第一次全英語論文指導，亦是增加指導教授的方式之一。

二、鼓勵外國學生進行臺灣教育現場研究與教育類基礎研究

綜觀學程前三屆 10 篇已完成或進行中的論文，其研究焦點可分成三大類：第一類是外國學生研究其母國的教育，計 5 篇，例如：在母國某大學實驗創新教學法、依據某外語學習理論檢視母國的中學英語課本、調查母國大學師生對批判思考教學的感知、調查母國的電腦教育現況、母國高中教師專業知能發展的行動研究。第二類是研究臺灣的教育，計 3 篇，例如：運用成長思維提升臺灣青少年英語學習、臺灣雙語實驗課程學校外國教師與臺灣教師協作、外國學生在臺灣的文化適應與應對策略。第三類屬教育類基礎研究不受國家限制，計 2 篇，例如：建構創新學習風格理論並發展評量工具、探究多語言者的語言學習策略。這三類論文，對於臺灣教育現場與教育研究有著不同的貢獻程度。

第一類，研究主題為外國學生母國的教育。以巴拉圭學生為例，他研究巴拉圭大學生於「初級程式設計」課程中面臨的學習困難。最大受益者為巴拉圭的相關課程的學生及教師，臺灣的直接受益者僅限其指導教授及口委，其見聞得到增廣。相較之下，第二類論文，如南非女生所做的研

究，由外國研究生的角度（而非臺灣教師的角度）切入，探究臺灣雙語實驗課程學校外師與中師的協作。其指導教授認為「南非女生由於有在臺灣擔任外師近 20 年的實務經驗，因此，在本研究問題意識的發展、資料的蒐集及詮釋上特別深刻」（H, 2021.8）。此類論文能刺激臺灣人思考，由外國人的角度重新省思臺灣教育現象，對臺灣的貢獻較大。第三類屬基礎研究，例如：建構創新學習風格理論並發展評量工具，其研究結果全世界都可以參考，未來可用於國際比較，提升臺灣在國際學術的能見度，對臺灣也有貢獻。

　　不論採取何種研究焦點，重要的是外國學生經歷了研究方法的訓練並完成學位，達成個人階段性生涯任務。然而，赴海外留學的一項優勢在於留學生能夠浸泡於當地文化之中，倘若僅以母國的情境進行論文研究，則可能失去來臺留學的優勢：在認識臺灣文化的同時，留學生才有機會更加認識自己的母文化。建議教授未來於引導外國學生發想論文題目時，可開拓學生視野，跳脫「在母國進行研究」之思維侷限，嘗試研究與其背景相關的臺灣教育主題。

註 1：研究者依據教育部國際及兩岸事務司所頒之《外國學生來臺就學辦法》（Regulations Regarding International Students Undertaking Studies in Taiwan），外國學生的定義是具外國國籍且未曾具有中華民國國籍，未曾以僑生身分在臺就學，且未於申請入學當學年度依《僑生回國就學及輔導辦法》經海外聯合招生委員會分發者。本研究個案學程之 14 位外國學生（international students）均符合該定義。

參考文獻

(一)中文

林侑融（2010）。探討外國學生在臺灣就讀的經驗。（未出版之碩士論文）國立臺灣海洋大學。

黎士鳴、湯堯（2018）。全球移動力GLOBAL模式之初探。臺灣教育評論，7(1)，259-264。

蔡文榮、徐主愛（2013）。外國學生在臺灣的大學適應議題之研究：以中興大學之泰國學生為例。教育科學期刊，12(2)，82-111。

葉純純（2013）。臺灣大專院校教師對全英語授課的看法。課程與教學季刊，16(1)，209-231。

錢宜琳（2010）。臺灣籍指導教授及外國學生關係研究。（未出版之碩士論文）國立臺灣海洋大學。

(二)英語

He, J-J., & Chiang, S-Y. (2016). Challenges to English-medium instruction (EMI) for international students in China: A learners' perspective. *English Today, 128*(32), 63-67.

Mamiseishvili, K. (2012). Academic and social integration and persistence of international students at U.S. two-year institutions. *Community College Journal of Research and Practice, 36*, 15-27.

Meyer, E. (2014). *The Culture Map*. New York, NY: Public Affairs.

Omar, F., Mahone, J. P., Ngobia, J., & FitzSimons, J. (2016). Building rapport between international graduate students and their faculty advisors: Cross-cultural mentoring relationships at the University of Guelph. *The Canadian Journal for the Scholarship of Teaching and Learning, 7*(2), Article 8.

Puspitasari, D., Weng, C., & Hsieh, Y-F. (2020). English medium instruction in Taiwan: From the perspective of international students as thesis writer. *Inter-*

national Journal of Language Education, 4(2), 194-208.

Young-Jones, A. D., Burt, T. D., Dixon, S., & Hawthorne, M. J. (2013). Academic advising: Does it really impact student success? *Quality Assurance in Education, 21*(1), 7-19.

Zenner K., & Squire, D. (2020). International student success: Exploring the intercultural competence of academic advisors. *Journal of Student Affairs Research and Practice, 57*(3), 338-351.

Zhang, Y. L. (2015). Intercultural communication competence: Advising international students in a Texas community college. *NACADA Journal, 35*(2), 48-59.

Zhang, Y. L., & Dinh, T. V. (2017). Advising international students in engineering programs: Academic advisors' perceptions of intercultural communication competence. *NACADA Journal, 37*(2), 33-43.

第七章

大學國際學位生華語課程現況與展望

黃雅英

　　隨著高教國際化的推展，境外學生人數於 2019 年創下歷史新高。根據研究，留學生「目的語」（target language）能力的高低，是影響其留學適應的重要因素，因此爲了協助外籍生適應在臺留學生活，各大學也已針對外籍學位生開設必要的華語課程並納入正規學制當中，有別於針對華語簽證生所開設的非學分華語課程，這些課程所依循的是各大學針對外籍學生所制定的課程制度與規章，各校依其特色與資源狀況而有不同的學分規定與修課規範，以下簡稱「大學華語」，爲了梳理大學華語的現況與展望，本章分別就大學華語的背景、課程類型與問題進行探討，最後提出建議供相關單位參考。

 # 大學華語課程的背景

　　針對外籍留學生學習中文，最早可追溯到唐代時期，對日、韓僧侶的漢語教學。而早期針對留學生的華語教學，也是以來臺的傳教士爲大宗。而臺灣所保留的正體字系統與古籍資料，更成爲西方文史研究者的學術研究重地，加上政經地位的關係，早期也培育了不少政商界的要角。近 20 年隨著華語學習的熱潮，中文不僅被納入美國大學預備課程的第二外語選修，各國也積極招攬臺灣教師以協助其中文作爲第二外語的大學課程。在臺灣，大學華語也不再是專門領域學生的專業課程，修課對象已延伸爲所有外籍學位生，目的從培養專業學術華語能力擴展到培養基本生活華語能力，以協助其適應在臺留學生活，茲說明如下：

一、早期以傳教士與漢學研究留學生為主的大學華語

　　臺灣的華語文教學在十七世紀時就已發展，根據吳儷樺（2012）及李惠敏（2002）的研究歸納，臺灣華語文教學發展可約略分爲兩個時期，最早爲傳教士時期（十九世紀中葉到二十世紀中葉），此時期西方傳教士來臺宣傳福音，爲與臺灣民眾溝通交流而學習華語。此時期的華語教學，無論師資或教材均尚未系統化，而針對留學生的大學華語早期主要的教學對象是來自大學或學術機構，尤其以從事漢學研究爲大宗。臺大的國際華語

研習所（International Chinese Language Program，簡稱 ICLP）即是全球第一所同時提供現代華語和傳統文言文課程的華語教學單位，成立於 1962年，起初爲因應美國史丹佛大學學生的華語學習需求而創立，培育了不少世界知名的漢學家、外交官與政商界領袖。1980 年代開始，中國市場經濟起飛使中文成爲了新的強勢語言，全球各地學習華語的人數愈來愈多。根據當時的統計資料，有 38% 的學生是爲了進行與華語相關的學術研究，26% 是工作上的需要，有 16% 是想學習中文的華裔人士，12% 的學生是因爲仰慕中華文化或與臺灣相關的事物，而其他 8% 則是想要在臺灣升學、交友、探親、旅行等（葉德明，1999）。一直到 2003 年成立了「國家對外華語文教學政策委員會」，統籌對外華語文政策、發展、對外華語文教材、培訓華語文師資，並負責國家華語文檢測；僑務委員會也建置了「全球華文網路教育中心」，發展華語教學數位教材。臺灣在高等教育部分則是於 2001 年大學教育政策白皮書中，開始認眞看待高等教育國際化的重要性。

二、以華語教育產業輸出八年計畫積極布局境外招生

2013 年臺灣爲了促進華語教育產業的輸出訂定了「邁向華語文教育產業輸出大國八年計畫」，鬆綁法規，透過多項計畫與措施，吸引更多華語生到臺灣就學或交流，並鼓勵華語生轉爲高教學位生繼續修讀學位。2016 年教育部更是回應新南向政策，推出「教育新南向——人才培育計畫」，積極向東南亞招收外籍學生，計畫重點在培育東協及南亞青年學子的專業、實作及華語能力。在校期間學生除了要修習本科理論與實務操作課程，還要接受一定時數的華語課程。此計畫並於 106 學年招收新南向國家「臺灣獎學金」新生名額 185 名及「華語文獎學金」名額 82 名，其中華語文能力測驗（Test of Chinese as a Foreign Language，簡稱 TOCFL）的要求門檻不一，以新南向專班來說，原本設有須通過 TOCFL 基礎級的申請門檻，後來因爲華語能力不足以入學，反而影響招生，教育部遂放寬來臺留學生的 TOCFL 門檻，並要求須提供華語課程以彌補不足的華語能力。

　　隨著亞太地區國家社會、經濟與文化崛起的影響，亞洲國家雖然仍有大量學生前往歐美求學，但日益增加的現象是在同一個地理區域內相互流動，當前亞洲便是如此。例如：從印尼到臺灣念書，或者是從中國到新加坡、馬來西亞求學，這類學生數量日漸增加，形成所謂「水平流動」（horizontal mobility），顯示社經水平相近之國家也開始相互交流互動，造成目前亞洲高等教育區域化（regionalization）的現象（黃庭玫、詹盛如，2016），而這樣的發展其實與各國積極鼓勵與推動有密切關係。從前學習中文的外國人主要是來自學術機構，又以從事漢學研究為大宗，近來，因華語熱潮而使華語學習的目的從學術研究擴展為溝通交際的實用目的。如今，在臺灣的華語學習者不僅遍布世界多國，專業華語的學習項目更包括了學術、外交、宗教、政治、貿易、科技產業、法律、甚至醫學等，可謂普遍又多元。

三、配合新南向政策的大學華語產學專班

　　根據教育部統計處（2021）的資料顯示，109 年來臺留學的外籍學生是以越南（17,534 人）、馬來西亞（13,964 人）、印尼（13,804 人）等國家的學生為主，培養中文能力以提升在亞太經貿區的競爭力是其選擇來臺留學的主要原因之一。如此，承襲歐美各大學國際化政策所實施的以英語課程吸引外籍留學生的策略，此拉力似乎就顯得較為薄弱，反之可回應其需求的「華語課程」或是多元東南亞語言與文化的友善校園，似乎更具吸引力。因此，實有必要進一步探討「大學華語」課程在亞洲高等教育國際化水平流動的趨勢下，其扮演的角色與目標，繼而開發出可配合學位課程又能培養其華語文跨文化溝通能力的大學華語課程。

　　王瑞壎（2013）提到，同屬亞洲地區國家之情形，值得我們密切留意。臺灣語言市場與中國有重疊與競爭之處，臺灣應該在現有基礎上發展能提供更有力的條件，以鼓勵外國人至臺灣學習語文。跨疆界教育與高等教育的國際化，已是我國加入世界貿易組織（World Trade Organization，簡稱 WTO）後，須持續面對的問題。從經濟與教育層面而言，從國際間

的互動中，求取動態的平衡與吸引更多國際人才、留學國外國內人才回流，將是政府與高等教育機構需努力的方向。

　　綜合上述，大學華語從早期的傳教士、漢學家、外交官等針對特定對象的華語文教學發展至今，華語學習的對象與目的都更加的多元。在大學正規課堂中，華語課不再只是相關學科學生的專門課程，而是已成爲全球大學第二外語的熱門選項，且因爲供不應求的大學華語師資荒，每年教育部都會透過華師外派選送臺灣大學華語講師赴世界各大學任教，可見國外高等教育對於華語學習的需求。反觀臺灣國內的大學華語教育起步雖晚，但已然成爲臺灣高教國際化歷程的重要環節，同時也是臺灣吸引外籍人士來臺留學甚至外交政策的重要資本。以下進一步探討在此背景下的臺灣國內大學華語現況，以探求回應上述華語學習趨勢的未來展望。

 ## 大學華語課程的現況

　　學制內的大學華語課有別於各大學語言中心所開設的語言課程，其對象是以求取學位爲目標的學位生而非語言簽證生，學生的學習型態與學習時數都不盡相同，以下分別說明大學華語課程的現況與類型。

一、大學華語課程的類型

　　根據《外國學生來臺就學辦法》（110 年 1 月 22 日修正版），第十六條「大專校院應指定專責單位或人員負責辦理外國學生就學申請、輔導、聯繫等事項，並加強安排住宿家庭及輔導外國學生學習我國語文、文化等，以增進外國學生對我國之瞭解。」學校提供的語文課就至少應包含基本的華語課與文化課，另不受招生名額管制的「國內大學與外國大學合作並經教育部專案核定之學位專班」，也在新南向政策之下發展出另一種新興的大學華語課程，茲分別說明如下：

(一)必修型華語學分課

因應《外國學生來臺就學辦法》所規定的「學校應加強安排外國學生學習我國語言與文化」，因此有招收國外學生的大專院校都會安排華語文必修課程，以強化外籍生的華語文學習，而此類必修華語課根據學分性質又分為三種類型。

1. 可認抵共同語文必修4-6學分不等的華語課

對學士籍外籍生來說還可抵免其大一國文學分，同時也與本地學生的大一國文做分流，促進華語作為第二外語以及華語作為母語延伸學習的分流學習效益。但對於碩博士學位的外國學生而言，通常則是計入畢業學分，僅作為 0 學分制的畢業門檻，然此學制下的外國學生所接觸的華語文學習時數不僅遠低於 TOCFL 入門基礎級所建議的 120 小時，更是遠遠不及參與專業華語課堂所需的 B1 程度華語能力。因此，華語文必修學分僅 4-6 學分的大學，對於國際學生而言，等於只能搭配全英語授課的專業學科才能有效吸收並完成學業。在百分百英語授課之前，適當提升華語文的必修學分對於外籍學生以及專業學科的老師而言都是減輕壓力的方式之一，畢竟不是所有學科都適合以全英語授課，對於來臺留學的外籍生而言，僅接觸全英的課程也剝奪了其華語文學習的權益，且華語文能力的高低已被證實是外國學生跨文化適應的主要因素（何佳真，2013；林顯明、宋宥賢，2020；蔡文榮、董家琳，2015），應予以重視並調整課程規範。

2. 8-24學分不等的必修華語修業規定

另外近幾年積極發展國際化的中大型國立大學，不僅致力於強化本地學生的英語能力，也同步調升華語學分，積極培養外籍留學生的華語文能力，以促進校園真正的跨文化交流。例如：國立政治大學的學士班國際學程（International Undergraduate Program，簡稱 IUP）[1]，第一、二年之華語文

---

[1] 國立政治大學（2006）。《學士班國際學程（International Undergraduate Program, IUP）華語文課修習認定通識學分辦法》。網址：https://www.ici.nccu.edu.tw/wp-content/uploads/7.- 學士班國際學程華語文課修習認定通識學分辦法 -International-Undergraduate-Program-IUP.pdf

課程為每週 10 小時，每學期各 6 學分，該課程成績及格者得申請提出通識課程學分認定，共計 24 學分，其餘 4-8 通識學分由學生就該校一般通識課程自行修習。其目的在於培養學生的雙國際語言能力，以提升未來擔當國際交流要角的重要能力。

　　國立清華大學[2] 也於 109 年修改學制，改為需要在畢業前修畢 8-12 學分不等的華語課，更進一步規定學士班外籍學生應於入學後，於在學期間前四學期內修畢 8 學分，若未能滿足上述規定者，則須於畢業前修畢 12 學分，其中華語課的 4 學分可用以抵免共同必修之「大學中文」。

　　國立交通大學[3] 則是以 14 學分的華語課作為認抵通識學分的方式，強化外國學生的華語文能力。依「國立交通大學學士班外籍生共同課程通則」，大學部外籍生須修畢 14 華語學分始得畢業。

3. 特殊專案或獎學金的必修學分規定

　　目前臺灣針對來臺留學的外籍生獎學金包含「教育部臺灣獎學金」[4]、「外交部臺灣獎學金」[5]，以及 國際合作發展基金會（International Cooperation and Development Fund，簡稱 ICDF）針對發展中國家所提供的「國際高等人力培訓外籍生獎學金計畫」，對於獲獎的外籍留學生都有一定時數的華語文修課規定與 TOCFL 門檻。

---

[2]　國立清華大學（2019）。《國立清華大學外國學生修讀華語課程實施要點》。網址：https://clc-cc.vm.nthu.edu.tw/home/assets/images/2019/07/ 國立清華大學外國學生修讀華語課程實施要點 _20190531 校課委會通過 .pdf

[3]　國立交通大學（2020）。《國立交通大學外籍生華語課程學分修習辦法》。網址：https://mandarin.nctu.edu.tw/?r=ch/getfile&file_id=538&file_type=1

[4]　教育部（2015）。臺灣獎學金作業要點修正規定。網址：https://taiwanscholarship.moe.gov.tw/web/data/moe/%E6%95%99%E8%82%B2%E9%83%A8%E8%87%BA%E7%81%A3%E7%8D%8E%E5%AD%B8%E9%87%91%E4%BD%9C%E6%A5%AD%E8%A6%81%E9%BB%9E.pdf

[5]　中華民國外交部（2019）。《外交部臺灣獎學金作業要點》。網址：https://ws.mofa.gov.tw/Download.ashx?u=LzAwMS9VcGxvYWQvT2xkRmlsZS9SZWWxGaWxlLzE3LzczLzM3NTlmNDI1LTRmZDItNDU0My04ZTFjLTI2YWVmMGQwMTFhNy5wZGY%3d&n=5aSW5Lqk6YOo6Ie654Gj542O5a246YeR5-L2c5qWt6KaB6bueLnBkZg%3d%3d

　　ICDF 於 2016 年起辦理了兩屆的華語學程專班，規定要在入學前修完 360 小時的華語課但不算學分，並於入學前通過 TOCFL 進階級（Level B1）的門檻，才能拿到大學 4 年的獎學金；對於申請英語學程專班的獎學金學生，則是應於入學後的前四個學期，每個學期都要修讀華語課，並且在第一年的暑假通過 TOCFL 基礎級（Level A2）作為受獎的門檻之一，亦明文規定不僅學習語言也需要學習臺灣文化。

　　外交部臺灣獎學金是針對臺灣邦交國的外籍人士所提供的留臺獎學金，外交部臺灣獎學金作業之課程種類分為先修華語再進入學位學程，或者直接進入學位學程。先修華語受獎學生應於來臺次年六月前提出通過 TOCFL 之聽力與閱讀測驗基礎級（Level A2）以上之證書影本，未提出者註銷其續領學位學程獎學金資格。逕申讀中文學位學程者，則應提出通過 TOCFL 之聽力與閱讀測驗基礎級（Level A2）以上之成績單或證書影本。

　　教育部臺灣獎學金則是針對非邦交國的外籍人士所提供的留臺獎學金，且設有華語文申請門檻，規定申請者應提供通過 TOCFL 進階級（Level B1）或同等級以上之成績單或證書影本；若無，則應於抵臺就讀第一學期內，自費並自行報考進階級或同等級之 TOCFL，並通過測驗，否則就會取消受獎資格。

　　綜合上述，必修型華語課的性質包含共同語文必修、校必修以及系必修等範疇；在學分數方面，則是從 4 學分到 24 學分都有，尤其部分私校更是高達 40 學分，且近來各校多逐步調升外國學生的華語文修業規定，連英語學程的碩博士生都要求修讀 20 學分以上的華語文課程。一方面是為了回應外籍生來臺留學的其中一大主因：學華語，另一方面是為了培養學生的雙國際語言能力，以提升校友於全球場域的影響力與競爭力，同時也強化外國學生在臺的跨文化適應。然而根據統計，有超過半數的國立大學平均必修華語仍停留在 4-6 學分不等，難以回應目前各大學的國際化政策。

㈡4-16學分不等的博雅選修課

　　除了 4-6 學分的必修華語課，部分學校也積極開設華語文化課程以認

抵 16-20 學分的博雅課程，以及 4-6 學分不等的第二外語學分。此舉在不增加整體學分數與學習壓力的情況下，除了能讓華語文能力有限的外籍學位生得有更充足的華語學習時數外，也解決了部分通識課程難以使用英語教學的困境，例如：國立臺灣海洋大學[6] 於 103 及 104 學年度即開設「中華文化巡禮」以及「華人社會與跨文化溝通」等可認抵博雅課程人格領域的選修課，亦於 108 學年度開設「科技華語」課程，以回應理工背景外籍學位生的華語學習需求；國立成功大學[7] 亦於 110 學年度開設「臺灣社會與文化」、「當代社會議題探討」、「熱門話題討論」、「新聞閱讀與報導」供外籍學位生選讀並抵免博雅課程，甚至規定外籍生須修讀「踏溯臺南」課程，以提升對在地文化的理解。

㈢40-60學分不等的學程必修華語學分課

　　早期的新南向政策亦設有中文能力 A1 程度的來臺門檻，然因爲東南亞現階段的華語教育機制尚未完善，所以東南亞國家之學生在本身之國家不見得有機會受到完善的中文訓練，故特以專班的方式針對特定學群的外籍學位生開設華語文專班學分課，例如：新南向產學專班。此類專班根據教育部 108 年 6 月公布的《新南向產學合作國際專班規範》之規定，修讀此專班的外籍學生須於一年級下學期開學前通過華語文能力測驗 A2 級以上，且每週需安排至少 5 學分 10 小時的正式學分華語課；對於入學前已取得 A2 級能力的學生，學校也須安排進階華語課程，以協助取得更高階的華語能力檢測證明。相對於上述兩種課型，時數較爲密集，加上有語文檢定門檻的壓力，至少能有基礎的華語文能力。然此專班的問題多在於專業師資的缺乏，尤其許多私立大學多是由原大學中的國文老師、英文老師，甚或是該系所具中英語能力的教授擔任授課教師，教學品質備受考驗。因此 2019 年開始，教育部委託臺灣華語文教學學會辦理新南向華語

6　國立臺灣海洋大學（無日期）。教學務系統。網址：https://ais.ntou.edu.tw/，上網日期：2021 年 8 月 13 日。

7　國立成功大學（無日期）。課程諮詢及選課系統。網址：https://course.ncku.edu.tw/，上網日期：2021 年 8 月 13 日。

文教師培訓班，對象即是各大專校院非華語文專業背景但被安排教導新南向外國學生華語課的大學講師或教授，以提升現職專班華語文教師的專業能力，同時也提供有志開設華語文學分課的大學老師提升華語文教學知能的機會。

綜合上述，目前臺灣各大學針對國際學位生所開設的正式學分華語課程，在修課學分、畢業門檻以及認抵機制上，仍未有更明確的規範，但以提升學位生的基本生活能力來看，學習時數仍有調升的必要性。

 ## 大學華語課程的問題與挑戰

根據教育部統計處（2021）的統計資料，在高教國際化的趨勢下，108 年大專校院境外生人數共計 130,417 人，相較 107 年的 129,207 人增加了 1,210 人。按學位／非學位生觀察，108 年學位生 63,530 人，續創歷年新高紀錄，占境外生總數的 48.7%，近總人數的一半。109 年大專校院境外生人數受新冠肺炎疫情影響，下降至 98,247 人。在統計處的分類報告中，境外學位生包含「正式修讀學位外國學生」、「正式修讀學位陸生」及「僑生（含港澳）」，而本研究所指的「國際學位生」是對應教育部統計資料之定義，以入學身分為主，故也包含華裔背景之外籍生。華裔背景之外籍生主要是因 1999 年法規鬆綁後，多數華裔外籍生，未以「僑生」身分申請回國就讀，而以「外國學生」身分入學（黃榮村，2003）之，以下簡稱「僑外生」。

一、課程制度方面的問題與挑戰

大學華語課程目前尚未有統一的規定或辦法，各校亦有不同的修課規定，從第二語言習得的角度來看，主要存有混程度、時數不足、修課人數過多等問題，茲說明如下：

㈠混程度：修課規章多以身分概括而非以華語文能力來分班

　　根據教育部統計處對於境外生的分類報告，境外學位生包含「正式修讀學位外國學生」、「正式修讀學位陸生」及「僑生（含港澳）」。其中「正式修讀學位外國學生」也包含 1999 年法規鬆綁後，未以「僑生」身分申請回國就讀，而以「外國學生」身分入學（黃榮村，2003）之華裔背景外籍生。例如：馬來西亞、印尼、港澳等華裔背景學生以外國學生入學管道申請者，在大學中多被歸類為外籍生，須依外籍生的修業辦法來選課，以下簡稱此類華裔背景外籍生為「僑外生」。對於僑外生而言，部分學校以外籍生修課辦法統括上述各類身分的境外學生，導致華語文能力不足的僑生反而無法修讀他們所需要的華語課，必須與本地學生一起修讀大一國文，不僅對大一國文教師的教學是種挑戰，對於僑生身分入學的境外學生而言也影響了其華語文學習的受教權。

㈡低時數：修課時數遠低於基礎華語能力門檻

　　「大學華語課」對外籍生而言是一門協助其適應在臺生活的目的語課程，但只有平均每週 2-4 小時的教學時數。在修課人數以及分班標準上，僅少數學校符合外語學習的小班制建議，大部分學校對於大學華語課的修課人數仍以 35-50 人為基準，也就是只要外籍學位生人數不到 100 人的中小型或小型學校（占 81.9%）大多難以落實能力分班。因此混程度、低時數、大班課之高異質性課堂已經是高教學分型華語課程的現況，其一學期最多 54 小時的學習時數，連 TOCFL「入門基礎級」（Level A1）所建議的最低基本時數「在臺灣學習華語的時數達 120-360 小時」都無法達到，再加上人數眾多、程度落差甚大，對於華語文能力的提升相當有限。

㈢大班課：影響外語學習的品質

　　目前華語文教學發展成熟的高強度課程模式都是高密集的小班制，甚至搭配一對一的高強度訓練。大學華語礙於學制，無法提供高時數的華語學分，部分學校又因為課程性質的關係，選課人數多達 40-50 人，均不利於華語文的學習，因此建議總學分數低於全國平均值 4.5 學分的學校至少

在人數上要做到嚴格的小班控管。

國立臺灣大學[8]針對其僑外生華語課即明文規定「僑生國文輔導班」每班以 20-30 人為原則，對於「國際生華語」課程則以 25 人以下為原則；根據國立臺灣清華大學[9]之網頁公開的 110 學年度教務課程資訊，其華語課修課人數限制也介於 15-20 人之間；另根據國立成功大學課程諮詢及選課系統，其由華語中心針對外籍學位生所開設的大學國文，不管是從零基礎的 A0 等級還是到中高級的 B1 等級，其修課人數限制均為 17 人。

另參考德國歌德學院（Goethe-Institut）[10]，其針對外籍人士所開設的德文訓練班分為密集班及非密集班兩大類，密集班之課程為 10-16 日，共有 50-80 堂課，一個班級人數限制為 9-16 人，藉此能夠最大化訓練學生的語文能力；非密集班之課程為 24-30 日，共有 40-72 堂課，一個班級人數限制為 7-16 人，均為小班課程。

綜合上述，目前國內針對外籍學位生的華語課修課人數上限從 15-35 人都有，但部分重視國際學生華語學習成效的國立大學均設定 12-17 人的小班制人數限制；國外成熟的第二外語教育機構之分班原則也介於 7-16 人之間。根據研究者的調查，外籍學生也傾向於 10 人的小班制華語文學習環境，以保障他們的學習權益。小班制不僅有利於華語文的分級教學，對於總時數過低的大學華語課程來說，更是保障外籍學生在有限的華語學習時數中之學習權益的必要措施。

---

[8] 國立臺灣大學（2021），《國立臺灣大學僑生、國際學生「大學國文」輔導辦法》。網址：https://sec.ntu.edu.tw/001/Upload/18/relfile/9758/24723/87012c13-765a-4de8-a1e2-7dd7b170f327.pdf

[9] 國立清華大學（無日期）。國立清華大學課務組課程查詢系統。網址：http://curricul.site.nthu.edu.tw/p/404-1208-102114.php?Lang=zh-tw，上網日期：2021 年 8 月 13 日。

[10] Goethe-Institut. (n.d.). German Courses in Germany. Retrieved August 13, 2021, from https://www.goethe.de/ins/de/en/m/tup.cfm?&type=ER

二、課程要素方面的問題與挑戰

除了上述課程制度與架構帶來的挑戰外，在課程要素方面也存在一些問題，茲說明如下：

㈠學生面：留臺人數創新高但缺乏華語課程系統性的研究

華語學習與高教國際化關係緊密，而提升校園外籍學位生的華語文能力也變得愈來愈重要。在大學正規學制中針對來臺修讀正式學位的國際學位生所開設的「高教國際學位生華語課」，以下簡稱「大學華語」，其學分系統歸屬多元，包含校定必修、系必修以及共同必修、通識選修等學分類型，其中受到共同必修的課程制度規範，修課學生普遍來自不同國家、系級，也有不同的華語學習需求，因而具有跨文化、混程度的高異質課堂特性。為思索可能的課程優化途徑，研究者搜尋大學華語教學場域的相關文獻資料，僅查到少數幾篇研究，乃回應跨文化華語教學的實踐性研究（黃雅英，2017、2019），以及針對此問題進行課程時數於架構調整的方案研究（王惠鈴、王柏婷、周惠那、李希奇、許芳瑜，2019），其他多為探討來臺留學生在臺適應問題（何佳真，2013；林顯明、宋宥賢，2020；蔡文榮、董家琳，2015）、選擇高等教育的因素（卓福安，2016；馬藹萱，2014）等之研究。對於如何回應此課程的跨文化、混程度特性尚無相關研究討論，可見針對此新興課程現象進行研究的重要性與迫切性。

1. 來臺國際學位生多半不具備基礎華語能力

與國人於赴海外留學須通過 TOEFL、GRE 等英語能力測驗並獲得一定高分的印象不同，臺灣大專院校所招收的外籍學位生，除非其科系為文史哲或中文等相關科系，大部分的外籍學位生之華語文能力是以初級程度者為大宗，因為目前並沒有一個很明確的華語文能力入學門檻。在國際上，華語文教育乃新興學科，近 10 年來世界各國並沒有將其納入正規課程，規章制度尚未完善且稍顯不成熟。若臺灣大專院校所招收之外籍學生之年齡層介於 18-25 歲之間，因其從小並未接受正規的華語文教育，要求他們須具備基本的華語文能力對他們而言確實有點吃力。在外籍學生多半

不具備基礎華語文能力的情況下，僅依靠有限的華語學分與學習時數，要在一個學期內提升其華語文能力，在理論上是不太可能的。根據 TOCFL 國家委員會對於「入門基礎級」所建議的最低基本時數「在臺灣學習華語的時數達 120-360 小時」來看，一門 3 學分的學分型華語課，若以一學期 18 週來計算，最多也才 54 小時，對於初級甚或零起點外籍學位生華語能力的提升，幫助相當有限。

2. 外籍學生待提升的華語能力與在臺跨文化學習適應的問題

外籍生來臺後普遍有適應不良的情形，而這又與其華語能力息息相關（蔡文榮、董家琳，2015）。根據何佳真（2013）的研究，令外籍生感到適應困擾的範疇主要為「語言適應困擾」、「課業學習困擾」、「人際互動困擾」、「飲食習慣困擾」和「學校制度瞭解上的困擾」，其中與華語文能力相關的因素就有三項，可見提升外籍生華語文能力的重要性。另外，林顯明與宋宥賢（2020）也提及，文化因素對於學位生和非學位生、外籍生和僑生有著不一樣的影響。過大的文化與語言使用習慣差異會使得學位生對於來臺攻讀學位感到卻步，但會吸引非學位生來臺進行短期之文化體驗和語言學習；僑生具有較高的中文語言使用能力，因此臺灣的文化因素是吸引其來臺的因素之一，但文化因素對於外籍生的吸引力和影響力則會受到中文能力之差異而有所不同。在文化、飲食習慣及語言使用等差異，對於部分來自新南向國家的學生而言，確實是生活中必須面對的適應問題。

外籍學位生進到大學後所接觸的華語課，是在大學正規學制下所開設的具學分效力的華語課，以下以「學分型華語課」稱之。「學分型華語課」不同於各大學附屬華語中心針對不具學籍之「華語生」所開設的密集性華語班，在課程架構、教材教法以及學生學習動機上都存在極大差異，且一星期僅 2-3 小時的鬆散課型，加上學生身分多元但分級不足，對於華語作為第二語言的學習效益相當有限。

㈡教師面：缺乏華語文專業背景的大學教師；教師的跨文化教學素養不足

在高等教育國際化情境下，有效教學需包含能夠重視及管理不同文化背景之學生的能力，教學方法亦需顧及學生的不同文化背景（周宛青，2018；Devlin & Samarawickrema, 2010），然至今針對此重要議題的研究仍嫌不足。黃雅英（2020）以跨文化華語教學素養爲視角，分別從教育部華語師資認證、短期華語師資培訓班以及華語教學學分學程，檢視臺灣各公私立大學短期華語師資培育課程中跨文化素養內容。結果發現，現階段的華語師資培育課程仍是以教育部華語師資認證考試的考科爲主要核心課程，在文化教學的部分，隨著華語文師資認證考試類科於「華人社會與文化」出題範疇的修正後，部分中心已將文化意識、跨文化等概念導入師資培訓課程當中。例如：國立臺灣師範大學華語文教學系的暑期華語師資養成班設有「跨文化素養與溝通」、國立清華大學華語中心華語文教學師資培訓班（共 96 小時），亦規劃了「跨文化溝通與素養」（3 小時）課程；教育部委託淡江大學華語中心開設的新南向專班華語師資培訓課程（共 150 小時），則是設有「語言與文化」（3 小時）以及「跨文化研究」（3 小時）的文化類課程，但所占時數仍然偏低。整體而言，短期華語師資班在跨文化素養的培育上仍有發展空間。

在正規學制中的短期華語師資培育課程內容，以學分學程來看，其課程分類主要可概括爲語言、教學以及文化三大領域。僅一所大學將教學實習增列爲第四大領域，且只要四大領域加起來共 16 學分即可結業；其他華語學分學程的學分數規劃仍是以語言學爲主，其次爲教育學，最後才是文化類。對於華語師資的跨文化素養仍缺乏相對時數的課程，尤其 18 學分以下的學分學程，更是僅以語言、教學爲主，僅保留一科華語師資考照科目「華人社會與文化」，可見文化類在華語學分學程中，並未得到太大的重視。

然而在高教國際化的教學場域下，學生多來自世界各國，有不同的語言文化背景、多元的學習風格與需求，對於所謂的「大學語言」課程也

有不同的想法與期待。除了強化外派華語老師的國外教學適應能力外，在國內擔任高等教育正規學分華語課程的教師，更需要一定的跨文化教學素養，以回應多元語言與多元文化的國際華語課堂情境，而非僅從教師自己的華語教學視角灌輸、操作所謂的文化教學，如此不僅忽略了高教學分型華語課學生的自學能力與成人對於第二文化學習的基礎，也容易增強不必要的偏見與刻板印象。因此華語師資培育課程的內涵架構，除了文化類科須正視跨文化的教學觀外，其他類科，諸如：課程設計、教材教法等也應適時導入多元語言與多元文化的跨文化教學概念。

㈢教材面：缺乏適切的教材教法以回應特定學科目的之華語文學習需求

近年來赴臺修習工程科學的人數已有顯著提升的趨勢，依據教育部統計處（2021）資料顯示，自 2011 年起，工程科學類的留臺外籍生人數，即逐年攀升，如圖 1 所示。

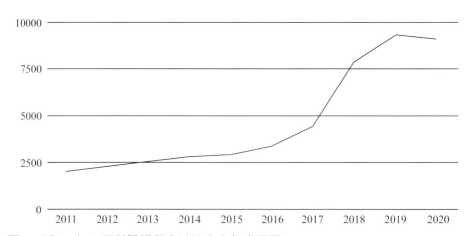

圖1　近 10 年工程科學類留臺外籍生人數成長圖

資料來源：教育部統計處（2021）。大專校院正式修讀學位之外國學生人數——按性別、學門與國別分。網址：http://stats.moe.gov.tw/files/gender/116-2.xls，上網日期：2021 年 8 月 12 日。

　　尤其 2017 年開始，大專院校類科新增「資訊通訊科技類科」，依照工程科學類的範圍將其納入計算（共 1,107 人）後，更是呈現明顯的上升趨勢，大幅增加了 25 個百分點，總人數已高達 4,502 人，僅次於留臺人數最多的商業及管理類科（共 4,978 人），如表 1[11] 所示。

表 1　外籍生在臺就讀人數統計

	商業及管理	人文		工程科學	
2011	2,879	1,298		2,045	
2012	3,238	1,262		2,325	
2013	3,475	1,270		2,499	
2014	3,667	1,370		2,738	
2015	3,914	1,516		2,923	
2016	4,250	1,716		3,345	
2017	4,978	人文	語文	資訊通訊科技	工程及工程業
		330	1,817	1,107	3,395
2018	6,500	人文	語文	資訊通訊科技	工程及工程業
		369	2,069	2,148	5,748
2019	7,003	人文	語文	資訊通訊科技	工程及工程業
		403	2,235	2,352	7,023
2020	7,066	人文	語文	資訊通訊科技	工程及工程業
		403	2,234	2,412	6,745

資料來源：教育部統計處（2021）。大專校院正式修讀學位之外國學生人數——按性別、學門與國別分。網址：http://stats.moe.gov.tw/files/gender/116-2.xls，上網日期：2021 年 8 月 12 日。

　　自 2018 年其人數更是超出商業及管理類科，躍居所有類科之首。然華語的障礙與鴻溝，卻是留學生所始料未及的，再加上大學學制的課程架

---

[11] 自 2017 年（106 學年度）起，學門類別又多了語文類科及資訊通訊科技類科，語文類科計入人文類科，資訊通訊科技類科計入工程科學類科。相較之下，工程科學類科總人數仍高於人文類科。

構，初來乍到的外籍留學生在適應校園生活前，還需面臨大一沉重的系必修、院必修等基礎專業科目，例如：微積分、基礎化學、普通物理等。在校園文化生活與專業科目的雙重壓力下，無疑提高了外籍留學生在臺留學的焦慮感與挫折感，可見工程華語、科技華語等課程之相關教材教法發展的迫切性。

綜合上述，華語課程在高教國際化的過程中不僅是吸引外籍生來臺就讀的拉力，也是影響外籍學位生在臺適應與否的重要課程。作為高等教育國際化的誘因與工具的同時，提升校園內師生華語跨文化溝通的暢通，更是回應高等教育國際化初衷的必要措施。因此，為了促進校園內的「在地國際化」，臺灣各大學紛紛從課程面進行革新，發展適合外籍學位生修讀的各式課程，其中「大學華語」不同於語言中心的語言課程，其具有學分的效益，亦有高等教育正規課程所賦予的意義。然而，因其過去是以語言中心的華語學生為大宗，正規學制對於「大學華語」缺乏系統性的討論，因此，下一節將進一步梳理「大學華語」的問題，參考國外大學針對其留學生所推行的目的語課程制度與策略，以提出可能的發展途徑。

大學華語課程的展望

大學華語課程可說是協助境外生在臺適應的重要歷程，同時也是提供各國境外生以華語進行跨文化交流學習的重要平臺，更是各大學展現其國際化課堂的重要場域，有其重要性與必要性，應積極調整課程規範以更符合大學華語的宗旨。

一、調整修課規範以回應大學華語宗旨與修課效益

境外生身分多元，部分學校仍以身分作為分流大一國文的基礎，結果造成中文能力有限的僑生反而無法參與針對非母語學生所開設華語文課程，甚至必須與本地學生共同修讀大一國文，間接剝奪了僑生學習華語的權益。除了大型學校，一般中小型大學的境外新生人數多不超過百人，如

果又區分僑生、外籍生，在修課人數動輒 20-30 人的情況下，扣除僑生後的外籍生人數反而不足以開設不同能力等級的華語課，往往變成所有僑生塞一個班並由國文老師授課，所有外籍生分作一到兩班由華語老師授課，兩者都得不到最適切的照顧，不僅造成混程度的亂象，也無法照顧到所有需要上華語課的境外生，建議未來以國際化爲目標的大學，應打破單位的藩籬，回歸華語文專業，積極建立以華語文能力作爲分班標準的機制，並安排具華語文教學專業的師資從二語學習的角度給予境外生適切的華語文教育，一方面回應學生受教權，一方面集中人數分級分班，健全大學華語課的分級制度。

二、發展文化回應與跨文化適應之華語課程

根據教育部統計處（2021）的資料顯示，109 年來臺留學的外籍學生是以越南（17,534 人）、馬來西亞（13,964 人）、印尼（13,804 人）等國家的學生爲主，培養中文能力以提升在亞太經貿區的競爭力是其選擇來臺留學的主要原因之一。如此，爲了積極吸引外籍生來臺留學，除了承襲歐美各大學國際化政策所實施的以英語課程吸引外籍留學生的策略外，發展可回應其華語文學習與跨文化適應的「華語文跨文化課程」亦相當重要，未來可進一步探討「大學華語」課程在亞洲高等教育國際化水平流動趨勢下的角色與目標，繼而開發出可配合學位課程又能培養華語文跨文化溝通能力的大學華語課程。

三、回應學術華語以及專業學科目的之華語學習需求

學生的回饋一直是衡量教學效益的重要項目之一（Devlin & Samara-wickrema, 2010; Hativa, Barak, & Simhi, 2001; Henard, 2010; Vulcano, 2007）。根據筆者訪談工程科技類科外籍生的紀錄，即使是已在臺學習華語 4 年（TOCFL B2），且生活溝通沒問題、已具備專業學科先備知識的學生，在專業學習上也遇到了很大的問題（如下）：

S1B2[12]：我在我的國家已經念到大二（已學過微積分），但是我到臺灣必須從大一開始念，所以還是要上微積分，但是我的微積分卻被當了兩次。不是我聽不懂微積分的 terms（生指：Professional terminology），而是我聽了一個學期才知道老師說的「Jiā」是 plus、「jiǎn」是 minus。我覺得如果一開始上課的時候老師可以給我一張基本的中文數學符號發音表，我可以更好聽懂老師的意思。

即使是經過一年密集班訓練並通過 TOCFL B1 程度的大二學生，也難以適應專業華語的學習環境（如下）：

S3B1: I am supposed to take an online exam in Mandarin when it can only be taken once in a set time. Sometimes I wonder why I am here, whether it is to learn Mandarin alone or whether it is to actually learn skills I can use in the area of my degree. How many times must I explain language used for everyday speaking and the jargon used in specific subject areas differs quite a lot therefore even though I speak Mandarin, I cannot pick up all the jargon for the 13 courses I do in one semester.

該生提到，專業華語以及一般華語是很不一樣的，他究竟該把時間拿去準備他的 TOCFL B2 考試，還是先應付專業科目中的中文，讓他非常困擾。訪談時亦提到，希望學校可以安排學術目的之中文課，提供相關科目的基礎單字，例如：生物學、化學的基礎字表，這樣對他的學習會很有幫助。

根據上述，科技華語的研究主要集中在科技華語的本體性研究以及教材分析，對於教學實施面向的討論還是十分缺乏。目前針對科技華語的課

---

[12] S1B2：S1 表示為當日訪談的第一位學生，B2 表示其程度為 TOCFL B2。

程模式、教學目標、教學方法以及師資培訓等方面，尚無兼具大學學分教學經驗之學者、教師進行廣泛而深入的實踐性研究，這與此領域的研究時程、課程制度、留臺外籍學生人數的消長及其學制都有很大的關係。

四、跨文化教學素養與內容導向的專業華語師資培訓

近來因為受到 2030 雙語教育政策推動的影響，臺灣與英語系國家透過大學交換生等方式互相支援英語與華語師資，同時提供來臺英語交換師生的華語文課程，以提升英語教師華語文能力，以協助其適應在臺的工作與生活。如陽明交通大學的「美國國家中文領航項目」（The Language Flagship），以下簡稱領航項目，是美國國家級的重點教育計畫，隸屬美國國防語言與國家安全教育辦公室，目的在透過政府與大學的合作，推動戰略性語言教育，使美國大學生具備雙語言、雙文化的能力，日後得以運用流利外語在美國政府與企業工作。全美目前有 13 所大學設有中文領航項目，參與的學生在最後一年學程將到全中文環境學習語言與專業相關領域。目前陽明大學是美國領航項目唯一的海外中文據點，另教育部亦預備於中山大學成立「臺美教育倡議─雙語教育培訓基地」，此基地將成為整合地方教育局、大專校院、中小學及美國在臺協會所代表的美國龐大英語教學人力及資源的平臺，其核心任務除了協助臺灣教師英語專業知能成長、進行雙語教育教材研發合作與教學評量設計，另一重大使命即是建立數位華語教材及教學平臺等學習資源，培訓華語師資。為了回應上述交流下多元專業背景的大學華語學習者，各大學宜積極培育兼具系所專業知識與華語文教學能力的華語文教學助理或教師，以積極回應短期交換學生或雙聯學制學生的內容導向華語學習需求。

綜合上述，大學華語課程不僅是吸引外籍生留臺的拉力也是促進校園內本地學生與外籍生相互交流共學的重要機制，雖然目前尚無統一的課程規範，但近幾年積極發展國際化的大學，都已逐步調升修課時數並落實能力分班以優化華語學習效益。在課程類型上除了必修課程也發展特色選修課，積極透過華語課程建立正面的辦學口碑。近 3 年來臺的外籍生中，又

以印尼學生的成長最多，對於這些非漢字文化圈國家的外籍學生而言，中文的漢字與聲調系統都是相對陌生而難學的，若再加上混程度、低時數、大班制的大學華語課，對其華語學習更是雪上加霜，也與一般人對於外語學習的專業期許有所落差，應儘快思考相關優化機制，以免影響臺灣高教的辦學口碑。

參考文獻

㈠中文

王惠鈴、王柏婷、周惠那、李希奇、許芳瑜（2019）。以通識主題浸潤國際
　　生的華語溝通能力：以逢甲大學全校國際生大一不分系學士班為例。**高
　　等教育研究紀要**，**10**，1-18。

王瑞壎（2013）。OECD國家跨疆界教育與高等教育國際化。**臺灣教育評論
　　月刊**，**2**(1)，9-17。

何佳眞（2013）。**大專院校國際學生來臺身心適應歷程研究——以東南亞與
　　中南美洲國際學生為例**（未出版之碩士論文）。國立屏東教育大學，
　　屏東縣。

吳儷樺（2012）。**走過時代的華語專家——近代臺灣華語教學之敘說研究
　　（1960～2011）**，國立高雄師範大學華語文教學研究所碩士論文，高雄
　　市。取自 https://hdl.handle.net/11296/fua7kz

李向農、萬瑩（2013）。留學生預科漢語模塊化教學模式的探索與實踐。**華
　　中師範大學學報：人文社會科學版**，**6**，176-181。

李惠敏（2002）。**從洋鬼子到外勞：國族、性／別與華語文教學**。臺北：巨
　　流。

周宛青（2018）。高等教育全英語課堂教學個案研究。**教學實踐與創新**，
　　1(1)，155-191。

卓福安（2016）。影響馬來西亞華裔學生來臺就讀高等教育之因素與因應之
　　道。**應華學報**，**18**，107-141。

林顯明、宋宥賢（2020）。新南向政策國家學生赴臺留學動機、生活適應情
　　形及跨文化調適策略之研究。**教育科學研究期刊**，**65**(3)，81-122。

馬藹萱（2014）。從在臺外籍生之學習選擇看留學生遷移決策之社會建構。
　　人口學刊，**48**，43-94。

黃庭玫、詹盛如（2016）。臺灣高等教育研究現況分析。**評鑑雙月刊**，**60**，

32-35。

黃雅英（2020b）。短期華語師資培育中跨文化素養課程的檢視。**臺灣教育研究期刊**，**1**(3)，1-8。

黃雅英（2020c）。高教國際化下通識學分型華語課程架構分析與改進之研究。**通識教育學刊**，**25**，29-63。

黃榮村（2003）。從國際化觀點展望臺灣二十一世紀的教育。**國家政策季刊**，**2**(3)，1-26。

葉德明（1999）。華語文教學的推廣與展望。臺北：師大書苑。

蔡文榮、董家琳（2015）。馬來西亞學生來臺留學適應問題之個案研究。**教育科學期刊**，**14**(2)，107-134。

㈡英文

Devlin, M., & Samarawickrema, G. (2010). The criteria of effective teaching in a changing higher education context. *Higher Education Research & Development*, *29*(2), 111-124.

Hativa, N., Barak, R., & Simhi, E. (2001). Exemplary university teachers: Knowledge and beliefs regarding effective teaching dimensions and strategies. *The Journal of Higher Education, 72*(6), 699-729.

Henard, F. (2010). Learning our lesson: Review of quality teaching in higher education. Retrieved from http://www.oecd.org/education/imhe/44058352.pdf

Vulcano, B. A. (2007). Extending the generality of the qualities and behaviors constituting effective teaching. *Teaching of Psychology*, *34*(2), 114-117.

㈢網路資料

教育部統計處（2021）。**大專校院正式修讀學位之外國學生人數──按性別、學門與國別分**。取自 http://stats.moe.gov.tw/files/gender/116-2.xls

教育部統計處（2021）。**大專校院境外學生概況**。取自 https://stats.moe.gov.tw/statedu/chart.aspx?pvalue=36

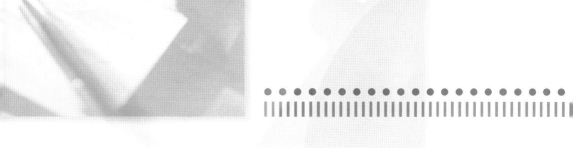

第八章

鞏固國際生源——
銘傳經驗

周宛青

　　國際學生數爲高等教育國際化重要項目與指標。臺灣致力於高教國際化近 20 年，不論是設立臺灣獎學金、鼓勵及補助設立全英語授課（English-Medium Instruction, EMI）學程等政策，皆是以吸引境外生[1]赴臺就學爲主要目的。然而，對外而言，臺灣要在各國強烈競爭下拓展國際生源並不容易；對內而言，高教各校更面對了彼此的競爭，甚至形成互搶生源的現象，使國際教育行政體系面對極大壓力（周宛青，2021c）。本章分享多年境外生人數持續名列前茅的銘傳大學的經驗，提供國際招生策略研究、制定、執行者參考。

 前言

　　招收國際生可豐富高等教育課堂討論內容；擴大師生視野及文化包容性，更能進一步提升學術動能；增進學生未來競爭力；同時擴展生源及財源。[2]OECD 在每年出版的教育指標中皆含有高等教育國際學生數的項目，此數據代表教育機會與品質，以及就業力的提升（OECD, 2017、2018、2019、2020）。國際化歷史悠久的美國調查顯示，招收國際生仍是其高等教育機構最重要的國際化項目（Brajkovic, 2017）。[3]美國教育委員會（American Council on Education, ACE）亦明訂學生移動力爲高等教育完全國際化（comprehensive internationalization）六項主要目標中的一項（American Council on Education, 2021）。[4]

---

[1]　我國政府統稱包含僑生、陸生的各種學位及非學位留學生爲境外生。

[2]　留學生給各國每年可帶來 3,000 億美元的經濟利潤（ICEF Monitor, 2019, Aug 28）；留學生大國如美國每年更有高於 410 億美元的經濟利潤（NAFSA, 2019, Nov 18）。

[3]　其餘依序是學生交流、國際合作、國際化課程與活動，以及系所教師國際化。

[4]　美國教育委員會是經由被認證的高等教育機構推派代表所組成的全國性委員會，具督導高教機構的性質。美國教育委員會定義高教國際化是一種策略及統合體系。完全的高教國際化包含機構對國際化的承諾與政策、國際化的領導與組織結構、國際化的課程設計、國際化的教職員體系（包含培訓與鼓勵政策）、師生國際移動力，以及國際化的彩伴關係和網絡（American Council on Education, 2021）。

　　全球留學生市場在此認知下蓬勃發展。國際學生數自 1998 年起，平均以每年 4.8% 的比例穩定成長（OECD, 2020），其中以英語系國家爲留學生的最大輸入國（OECD, 2020）。縱使在 COVID-19 的威脅下，2019-2020 年度美國仍有 110 萬（Israel & Batalova, 2021）、澳洲 75 萬（Statista, 2021a）、英國逾 55 萬（ICEF Monitor, 2021, Jan 27）[5] 的境外留學生。非英語系國家近年亦急起直追，提供留學生獎學金、擴增 EMI 學程等各項誘因，希冀自留學生輸出國變爲輸入國（OECD, 2019）。以鄰近的亞洲國家爲例，近年皆紛紛制定政策、積極向外招生（Macaro, Curle, Pun, An, & Dearden, 2018; Rose & McKinley, 2018）。日本於 2009 年提出的「招收國際學生 30 萬人計畫」在 2019 年達標，境外生正式超過 31 萬（JIJI, 2020）；南韓自 2004 年起積極對國際招生，2019 年境外生已逾 16 萬人[6]（Csizmazia, 2019; Statista, 2021b）；中國 2010 年以 2020 年 50 萬留學生爲目標（駐美國代表處教育組，2016），2018 年境外生已近 50 萬（492,185）人（Ministry of Education of the People's Republic of China, 2019），幾近達標。[7]

　　國際學生數亦爲臺灣高等教育國際化的重要指標（李建興，2019 年 7 月 1 日；教育部獎勵私立大學校院校務發展計畫要點，2021 年 2 月 4 日）。[8] 近年臺灣舉凡大型的教育計畫皆有國際化項目，[9] 更有許多專門以

---

[5]　較前年度增長 12.15%。

[6]　2020 年受疫情影響降至約 154,000 人（Statista, 2021）。

[7]　中國官方尚未公布 2019 年以後數據。

[8]　例如：《遠見雜誌》以國際合作論文比、國際學生數比、國際教師數比、本國學生出國交流人數、日間學制修讀雙聯學制學生數、跨國學位合作校數、國際網路影響力爲國際化指標。教育部則以辦理國際學術交流及學術合作活動，或與境外大學建立實質交流合作或學術研究情形；強化國際交流，薦送優秀教師（學生）至國外研究（學習）之具體方案及現況；提升學生國際移動力之具體措施等爲國際化特色指標。

[9]　如「大專校院高等教育深耕計畫」、「教育部獎勵私立大學校院校務發展計畫」、「新南向計畫」，最近的「雙語國家政策發展藍圖」，已停止的「獎勵大學教學卓越計畫」、「邁向頂尖大學計畫」。

國際招生與交流爲主要目的的鼓勵措施[10]（周宛青，2021b）。在政府與各校大力投入資源下，境外學生人數快速成長，2011 年（100 學年度）僅 5.7 萬，2020 年（108 學年度）已突破了 13 萬（教育部，2020）。[11] 110 學年度各大學共開設了 231 個 EMI 學位學程（臺灣海外聯合招生委員會，2020），進一步擴大了招收境外生的量能。

銘傳大學（以下稱銘傳）大量招收國際生始於其國際學院的成立。2001 年，銘傳在政府推動國際化之先，[12] 成立了臺灣高等教育機構第一所全英語授課的國際學院，積極招收境外生（李銓，2010）。不同於多數大學，特別是公立大學以招收研究生爲主的策略，銘傳向下扎根，從大學部著手。大學部雖可招收更多境外生，但與年齡較長、成熟度較高、已具專業度且多能獨立作業的研究生不同，大學生年紀輕、修習課程數多，對教師語言、課程選擇、支持體系的需求亦更高。是故此舉雖然給銘傳帶來更多的招生空間，但亦帶來更多教學與行政上的挑戰。

銘傳國際學院兼收本籍學生，與境外生共同學習。除拓展國際生源，亦希冀提供本籍學生國際化的學習環境，吸引原本希望出國留學而因各種因素選擇留在臺灣就學、或認知語言能力重要性的本籍學生，爲一種「在地留學」的概念（周宛青，2017a；遠見雜誌聯合傳播部，2021 年 3 月 28 日）。[13] 然不同於開設境外生專班可集中管理與輔導，境外生與本籍學生來自不同文化背景、擁有不同學習歷程，共同學習又大大增加了教學與行政上的挑戰。

---

[10] 如《教育部補助臺灣高等教育輸出要點》、《教育部補助辦理國際學術教育交流活動實施要點》、《教育部補助大學校院推展國際共同人才培育審查作業要點》等。

[11] 2021 年（109 學年度）受疫情影響，境外生人數驟降至 98,247 人（教育部，2021）。

[12] 教育部於 2003 年方提出「促進高等教育國際競爭力專案」；2004 年設立「臺灣獎學金」，將「擴大招收外國學生來臺留學」列入「國家發展重點計畫」（行政院，2011），自此積極招收境外學生。

[13] 國際學院本籍生亦表示，4 年收穫最多的即是語言能力的提升及跨文化溝通的能力，已見成效（周宛青，2017a）。

　　銘傳國際學院成立時國家法令仍不完備，限制了許多境外生於臺就學的機會與招生空間，[14] 當時對境外生最具吸引力的臺灣獎學金亦尚未設立，招生實爲不易。然銘傳國際學院自 2001 年成立第一個學位學程，隔年便擴大爲四個學程，2003 年研究所成立。至 2021 年共有國企、傳播、時尚、觀光、資訊與外交六個大學部學位學程及一個國際事務碩士學位學程，600 餘位學生就讀。其中境外生超過一半比例，爲銘傳非僑陸生最大的境外生就讀學院。

　　增加科系的同時亦必須擴大生源，評估市場後銘傳將主力放在東南亞、東北亞及美國，透過校長及國際事務負責人員積極走訪，建立及鞏固招生管道。開放陸生後銘傳更積極向中國招生，即使在 2014 年公立大學加入陸生市場後，招生人數仍多能維持全國前三名。僑生、特別是屬僑生體系的海外青年技術訓練班（海青班）人數亦數年蟬聯全國之冠，16 年來已有超過 2,200 多位結業學生（遠見雜誌聯合傳播部，2021 年 3 月 28 日）。茲舉實際數據說明：

　　以近 10 年爲例，銘傳大學境外學位生總人數皆保持全國大專院校前三名（表1），[15] 以東南亞學生爲大宗，其次是陸生與東北亞學生。[16] 境外生中的陸生人數除 108 學年度爲全國第五外，近 10 年皆爲前三名，其中 100 及 101 學年度更居全國之冠（表2）。海青班人數更是持續全國第一（表3）。僑生一向以公立大學居多，銘傳大學近 10 年僑生人數亦都能保持全國前 10 名（表4）。

---

[14] 例如：當時的《外國學生來華留學辦法》（法務部，2021）第三條規定，「外國學生申請來華留學，於完成申請就學學校學程後，如繼續在華升學，其入學方式應與我國內一般學生相同」，便大大限制了高中或大學就讀 EMI 學程的學生在臺繼續升學的機會。第二條規定因移民等因素而取得國外國籍者，自喪失中華民國國籍之日起八年內，不得申請入學高級中等以上學校，亦剝奪了隨父母移民而欲回臺就學的年輕學子在臺就學機會。

[15] 105-108 學年度第一名皆爲國立臺灣大學、銘傳居次，爲私校第一；109 學年度第一名爲國立臺灣大學、第二名爲國立成功大學。

[16] 多年來皆以馬來西亞生居冠，103-107 學年度以陸生居次，108-109 學年度爲港生居次。

表1　銘傳大學近10年境外生人數及全國排名

學年度	人數	全國排名
109	1,862	3
108	1,957	2
107	2,011	2
106	2,123	2
105	2,160	2
104	2,079	2
103	1,907	2
102	1,649	2
101	1,310	3
100	1,167	3

資料來源：政府資料開放平臺，2021a；教育部，2020、2021a。

表2　銘傳大學近10年陸生人數及全國排名

學年度	人數	全國排名
109	168	3
108	373	5
107	472	3
106	553	2
105	595	2
104	519	2
103	419	2
102	276	2
101	148	1
100	80	1

資料來源：政府資料開放平臺，2021a；教育部，2020、2021a。

表 3　銘傳大學近 10 年海青班人數及全國排名

期別	人數	全國排名
第 39 期（2020-2021）	201	1
第 38 期（2019-2020）	213	1
第 37 期（2018-2019）	241	1
第 36 期（2017-2018）	295	1
第 35 期（2016-2017）	209	1
第 34 期（2015-2016）	211	1
第 33 期（2014-2015）	238	1
第 32 期（2013-2014）	188	1
第 31 期（2012-2013）	184	1
第 30 期（2011-2012）	114	1

資料來源：政府資料開放平臺，2021a、2021b。

表 4　銘傳大學近 10 年僑生人數及全國排名

學年度	人數	全國排名
109	276	6
108	302	5
107	315	4
106	300	4
105	275	5
104	256	5
103	218	6
102	210	6
101	177	8
100	162	9

資料來源：教育部，2020、2021c。

自 2001 年累計至今已有 96 個國家的境外學生就讀銘傳，若包含交換學生，[17] 單年度同時在校的境外學生可超過 60 個國籍，達 4,000 人，占全體學生人數近 20%（銘傳大學，2018；International College, 2021）。[18] 銘傳設有華語中心，2020-2021 年（109 學年度）學生人數亦為全國第三（教育部，2021a）。[19]

以上數據顯現了銘傳大學多年來的招生成果，此成果並非源於單一補助或專案。境外生的大量加入，必將給教育機構教學及行政體系帶來極大挑戰，故此持續成果代表銘傳國際教育多年已累積起一定的實力，其經驗與歷程值得參考。

 ## 貳 鞏固國際生源

招收境外生的長遠規劃取決於穩固生源，而生源穩固的先決條件便是機構符合境外學生選擇來臺及擇校的需求，並可提供境外生國際化的學習環境。國際化的學習環境打造不易，之於非英語系國家而言，往往涉及組織長期的全力投入甚至變革。

留學生的留學動機代表留學地對母國的優勢，為制定招生策略的重要參考依據。境外生選擇來臺就學的前三大動機可歸納為經濟負擔、親友與師長口碑及語言因素（周宛青，2018、2020、2021a）。學雜費一向是影響留學決策的重要因素。相較於歐美國家，臺灣學雜費相對低廉，且多數學校對境外生無額外收費。對比日、韓、香港等地，臺灣的生活開銷亦相對低廉，故較低的經濟成本是臺灣招收境外生的整體一大優勢。對於偏文化集體主義的亞洲國家而言，親友與師長的口碑往往在最後關頭左右了留學生的擇校決策（周宛青，2018、2021a；Alfattal, 2017）。再者是

---

[17] 2021 年包含國際與中國共有逾 300 所交流學校，提供學生交換及取得雙學位的機會。

[18] 例如：2021 年即同時有 61 個國籍的學生於銘傳就學。資料來源：銘傳大學國際教育交流處。

[19] 人數前三名依序是國立臺灣師範大學、淡江大學及銘傳大學。

語言因素。留學生對於語言多有兩種考量：一是授課語言（Chen, 2007; Li & Bray, 2007）；二是學習外語的機會（周宛青，2018、2020；Ahmad & Shah, 2018）。是故 EMI 學程的設置數量將直接影響國際招生的結果；而華語課程的提供亦將增加留學生選擇某學校的動機。

OECD 對留學生的統計除以上動機外，還包括移動成本與溝通效益、學分認證及各方合作協議與教育品保，以及移民相關政策，皆影響留學生的留學決策（OECD, 2017）。OECD 提到的學分認證及各方合作協議與教育品保，對於境外生的擇校也有一定影響力。特別是臺灣國際知名的學校較少，亦不像歐盟有統一的學分互認體系（European Credit Transfer and Accumulation System, ECTS），若有好的合作協議及教育品保，亦可增加學生的擇校動機。

留學動機因母國條件亦有些微差異。舉例而言，親友及師長口碑、授課語言及經濟負擔依序爲陸生選擇來臺灣就學及擇校的主要動機（周宛青，2021a）；親友及師長口碑亦是東南亞學生選擇來臺及擇校的最大動機，其次則爲經濟及語言因素；經濟考量，特別是臺灣獎學金，是吸引國際學生來臺就學的最主要因素；親友及師長口碑則是擇校的主因（周宛青，2020）。由此可見，口碑爲最重要的共同擇校因素。因此，與合作學校建立良好關係，提供校友及就學中境外生良好的學習經驗及傳承機會，之於招生至關重要。許多東南亞學生在臺須自給自足，非常看重打工機會（周宛青，2018；Lee, 2014），是故獎學金或工讀機會的提供亦是吸引國際生擇校的具體重要措施。此外，對亞洲學生而言，學校的地理位置亦影響了學生對學校的選擇。例如：馬來西亞的案例便顯示，位在都會區、交通便捷的學校，增加了學生生活的便利性與打工機會，具招生優勢（Shamsudin, Nurana, Aesya, Hussain, Milad, & Affendy, 2018）。

招收境外生應是長久的組織規劃，因此美國教育委員會所訂的高等教育完全國際化目標中，將機構對國際化的承諾與政策，以及國際化的領導與組織結構列爲第一與第二項目標（American Council on Education, 2021）。然臺灣一些高教機構招收境外生往往是爲因應特定補助案，加上補助計畫皆有年限、具未來不確定性，學校便多以實施交流、交換等

既有項目爲主要成果，頂多增加其數量。近年許多補助計畫皆有國際化項目，各校又忙於不同案件的申請、執行與結案，難有整體規劃（周宛青，2020、2021c）。需知短期誘因若無整體環境支持，將難以建立口碑，終究會流失生源。例如：臺灣高教未經全面規劃就匆忙上路的「新南向產學合作國際專班」便產生了許多問題，犧牲了學生權益及臺灣教育名聲（周宛青，2019、2021c）。

高等教育若目標明確，國際化亦可以是組織變革的契機。姜麗娟（2012）參考 OECD 的「國際化品質評估歷程」（Internationalisation Quality Review Process, IQRP），提出可以「1. 機構自訂之國際化目的、目標達成情形；2. 國際面向整合至機構主要功能與優先政策的情形；3. 在機構全面品質保證機制中，將國際化納爲關鍵主題的情形。」爲準則，使大學國際化成爲教育品質改善的重要過程與手段（姜麗娟，2012；De Wit, 2011），如此國際化方能深化，提供境外生好的學習環境、建立口碑，吸引更多境外生就讀，鞏固生源。

 ## 參　銘傳大學全方位招生與組織變革經驗

銘傳招收境外生具備全方位的規劃，亦經歷了組織變革的過程，茲將其特性分述如下：

一、打造全面性國際化學習環境

國際化的學習環境有兩大重要面向，一是 EMI 課程、二是行政輔導體系與整體校園國際化。

語言是留學生選擇留學地的重要動機。華語爲教學語言是多年來東南亞僑生以及陸生選擇來臺就學的主要因素（周宛青，2018、2021a）；EMI 則是其餘境外生來臺就學的必要條件，亦爲高教接軌國際、[20] 擴展國

---

[20] 英語除代表學術研究與發表能量外（Wang, 2020），亦爲進入國際勞動市場的基本語言（Graddol, 2006; Kangg, 2020）。

際生源不可或缺的要素（conditio sine qua non, Dafouz, & Smit, 2020）（周
宛青，2021b；Galloway, 2017; OECD, 2019）。[21] 推廣 EMI、打造雙語國家
更是臺灣教育現階段最重要的政策（國家發展委員會，2021b）。

　　行政體系與校園環境提供整體教與學的情境與師生支持，對於身處
異文化的境外生而言至關重要（周宛青，2021c）。臺灣教育環境一般而
言是友善的（周宛青，2019；龔儀、江滿堂、黃俊維，2015），然，因大
專院校校園整體的國際化不足，如僅提供單語的資訊系統，已造成學生資
訊上的不平等及生活上的疏離感，更衍生出後續龐大輔導壓力，造成教師
及行政人員的疲乏感與高流動率，形成負面循環（周宛青，2021c；Hou,
Morse, & Chiang, 2013; Lau & Lin, 2017）。銘傳在 EMI 課程與學習環境面
向皆做了許多努力，這些努力形成了招生的重要利基。

(一)澈底執行EMI

　　既要大量招收國際生，便需澈底執行 EMI，銘傳國際學院能迅速發
展的重要原因之一是能提供完整的 EMI 學習環境。至今臺灣仍有許多學
校的 EMI 僅為系所部分課程。EMI 課程分散各系，不諳華語的境外生必
須跨系修課，被迫修習與專業不甚相關的課程甚或以華語授課的課程，方
得符合畢業學分規定，降低了學生學習動機與學習成效（周宛青，2020、
2021b）。銘傳於 109 學年度總共開設了 2,224 個班級，共 556 門 EMI 課
程。[22] 與臺灣多數學校不同，銘傳EMI課程多集中於國際學院，並且有完
整課程規劃。

　　國際學院開設自己的 EMI 校、院必修及通識課程，包括體育課皆為
完全 EMI，避免了境外生被迫跨系及需以華語修課的問題。此外，與多數
學校不同的是，銘傳 EMI 各學程皆有專任師資，可專注於系所教學及行
政、學生輔導等事務。此亦降低了由系主任情商來的 EMI 教師或與它系

---

[21] 基於此認知，EMI 課程與學程的設立已成為近年最顯著的國際潮流與各國現
　　階段高教重點政策，有學者稱此潮流為「無法停止的火車（unstoppable train,
　　Macaro, 2015）」。
[22] 資料來源：銘傳大學國際教育交流處。

共用之教師缺乏歸屬感，凡事以母系事務優先、無心精進、無法支援系所行政業務及流動率大的棘手問題（周宛青，2021c）。

而境外生人數的增加又使得 EMI 執行必須更澈底；教師及行政體系的經驗累積可進一步提升整體教學與環境品質，形成良性循環。此基礎設施加強了境外生選擇銘傳大學的擇校動機，為銘傳招生宣傳重點。

㈡設立專責一級單位及委員會、注重輔導機制

具深度與廣度的國際化學習環境有賴於有效的領導與組織建置。銘傳涉及境外生的行政組織包括四個一級單位：國際教育交流處及大陸事務交流處[23]負責招生、交流事宜；國際學生顧問室處理簽證、健保及一切生活輔導事宜；新南向暨兩岸及境外生院主要負責研習計畫與監督。[24]一般大學僅有國際教育交流處為一級單位，陸生招生及整體輔導工作多屬二級，執行與協調有效性上不如一級單位。銘傳二級有隸屬學務處的僑生暨陸生輔導組負責僑、陸生的生活照顧與輔導。109 學年度以上各單位負責境外生事務的行政人員高達49人。[25]加上教學單位有一級的學院、二級的各系所，以及華語教學中心，負責師資課業事務及華語訓練，[26]國際事務各有上下游專責單位負責。

除人力投入外，銘傳的國際教育組織尚有兩大特色：一是在建置時期便成立了由校長直接領導的國際教育委員會；二是成立上述獨立的國際學生顧問室，專職輔導事宜，並設為一級單位。

「銘傳大學國際教育委員會」的功能是統整國際教育資源，由校長擔

---

[23] 110 學年度因疫情等因素兩岸交流無法順暢，銘傳將運作已 11 年的陸教處調整為陸教組。

[24] 以推展大陸研習專班及監督國際教育經費使用為主。

[25] 包括美國分校與執行副校長室 8 人、國際副校長室 2 人、國際教育交流處 15 人、國際學生顧問室 5 人、大陸教育交流處 9 人、新南向暨兩岸及境外生院 4 人、學務處僑生暨陸生輔導組 6 人（資料來源：銘傳大學各處室網站）。

[26] 並不限於境外生最多的國際學院。例如：僑生及海清班學生多就讀於傳播學院、觀光學院及設計學院，陸生則各院系皆有（資料來源：銘傳大學國際教育交流處）。

任主任委員，教務長擔任執行祕書。學務長、國際教育交流處處長、國際學生顧問室主任、海青班主任、國際學院及各學院院長、應用語文學院各學系及華語中心主任皆爲成員。每週四定期開會討論國際教育政策方向、執行中計畫及即時解決於執行中產生的問題，進行計畫管制考核。多年來的固定實體會議近年逐漸由 LINE 平臺群組會議替代，進一步增進時效。此上而下的統合使國際化目標明確，更增加了政策執行的效率。

　　銘傳強調其「人之兒女、己之兒女」的教育理念，高度重視輔導制度。辦理簽證、健保等與法令相關問題雖皆有準則可依循，但一個閃失便可能使境外生失去就學機會。來自不同文化背景、離鄉背景的境外生亦有較多的臨時、甚至緊急狀況，需要更多的社會支持。就醫、租屋、開戶、辦電話、逢年過節陪伴等，若皆由系所祕書，或是負責國際招生與交流的國際教育行政人員負責，將造成行政體系的巨大負擔（周宛青，2020）。銘傳大學在成立國際學院的第二年便成立了國際學生顧問室，專責輔導事宜。更將其層級設爲一級單位，方便與全校各行政與教學單位協調。除負責簽證、健保等與法令有關的問題，亦負責生活諮詢輔導，辦理活動及處理除僑、陸生以外境外生的緊急事件。國際教育交流處亦固定執行國際學生學伴計畫，配對本籍及境外生，由同儕給予境外生社會支持（銘傳大學，2019）。僑生暨陸生輔導組專責僑、陸生輔導，除辦理各項活動，亦針對大一僑生開設會計學、統計學及微積分等重點課程輔導，給予課業及生活支援（銘傳大學，2021b）。

　　各班導師亦肩負輔導責任，與專責人員皆扮演重要角色。銘傳各班導師除給予學生課業、生活等輔導，依規定必須出席每週班會並繳交班會紀錄外，亦必須進行外宿生訪視，參與導師輔導知能活動，爲少數能將導師制度落實的高教機構。導師可於第一時間意識到境外生問題予以輔導或轉介相關單位，若個案涉及層面較廣，導師可申請啟動「聯合輔導機制」，由各相關單位召開聯合會議、共同輔導及做出輔導決策。此「聯合輔導機制」分擔了個別人員的壓力，並使專業得以適時進入輔導體系，之於境外生輔導更爲重要。

　　機制有其重要性，但實質成效更取決於人員的投入程度與穩定性。

境外生業務可能涉及外交等層級，較本籍生複雜，新人常因壓力而無法持續承擔，因此國際教育人員往往有高流動率，造成各校行政系統巨大壓力與政策執行的困難（周宛青，2020、2021c）。銘傳國際教育交流處、國際學生顧問室與僑陸組主要招生及輔導人員皆已任職 15 年以上，此低流動率使專責人員得以長期經營招生人脈及累積輔導經驗。例如：個案研究顯示，銘傳僑陸生輔導體系已給予了學生非常重要的社會支持，參與者形容輔導人員「像大家長一樣照顧我們，是我們在臺灣的媽媽」（周宛青，2017b）。銘傳大學於 2018 年獲頒「大專校院境外學生輔導工作績優學校」，多位各處室輔導人員亦獲「大專校院境外學生輔導工作績優人員」獎。[27]

學校國際化目標明確使得國際教育人員在推動各項業務時，能得到各行政與教學單位的支持；專業分工與充分授權使得人員能專心職守，長期投入；[28] 輔導機制則給予境外生良好的心理支持與就學環境。

㈢建置雙語校園

不諳華語的境外生在臺最大的負面經驗之一，即為單語校園環境。許多學校的選課、請假、公告等系統僅有中文選項，造成境外生資訊的不平等與學習的不便利。於是，協助翻譯及解釋原本屬於教務、學務等其他單位的事宜，占去了系所祕書、教師或國際教育行政人員許多時間，國際人員等於肩負了全校各單位、甚至不同層級的業務，承擔了更多責任（周宛青，2020、2021c）。

是故銘傳將校園「雙語化」列為其發展重點之一（銘傳大學，2021a）。為澈底執行校園雙語化，銘傳設有直接隸屬於執行副校長室的翻譯小組。主要職責為美國認證文件翻譯、全校雙語資料翻譯、行政單位網頁翻譯、校刊英文版、重要會議口譯、雙語字庫建置及維護等。

---

[27] 例如：僑陸組葉聰嬌組長、吳婉瑜辦事員；國際教育交流處林詠薇、林郁萍組員；國際學生顧問室鍾明芬組員等各於不同年度獲得大專校院境外學生輔導工作績優人員等獎。

[28] 資料來源：銘傳國際教育交流處國際事務組朱亭佳組長。

　　與境外師、生最相關的是教師與學生系統及公告系統。國際學院成立同時，銘傳即同步將教師與學生系統雙語化。教師成績輸入、請假、調補課、助理聘任、資產與薪資及全校公開資訊查詢等英文版功能皆具全。學生選課、請假、案件申請、課程及導師評量等功能於英語介面中，亦皆能有效運作。

　　公告系統多為即時重要消息，為避免資訊不平等，銘傳每則重要公告，包括對全校師生的 email 通知皆為中英對照，或擁有華語及英語兩版本各別公布。各單位可透過申請，由翻譯小組協助翻譯任何公告與法規等文件，確保訊息能有效傳達。硬體方面，各樓層、建物、教室、圖書館及宿舍等地皆有雙語標示，故早於 2004 年即獲頒行政院「優質英語生活環境」特優獎。

　　國際相關人員可協助境外生溝通及轉介，但無法取代原屬各單位的業務。因此，銘傳規定各行政處室皆須有可以英語溝通的人員配置。舉例而言，前程規劃處聘有能以英語溝通的心理諮商及輔導人員，各班導師若遇到需專業協助的境外生個案即可轉介英語諮商師，亦可請諮商人員至負責班級做英語職能測驗及舉辦講座；圖書館亦經常性舉辦各種介面及資源運用的英語講座，導師亦可請相關人員於班會時以英語解釋圖書館系統，使業務仍能回歸專責單位。

　　學習華語亦是許多境外生選擇來臺就學的因素之一（周宛青，2020）。銘傳華語中心提供境外生修習必修華語學分及非學分課程，並由本籍在校生擔任免費的華語小老師，協助境外生課後練習、融入臺灣社會，此亦可增加其選擇銘傳的動機。近年除各種程度的實體課外，更大量開設線上語言及文化類課程，使學生可以跨時空、甚至客製化修課，以擴大招生市場及符合海外學生的需求。[29]

　　因此，銘傳打造國際化學習環境包括了課程、行政系統與專人的設置，投入程度超過一般學校僅注重硬體建設的做法。

---

[29] 例如：日本及泰國交流學校學生為線上課程主力，故課程介紹皆有三種語言（資料來源：銘傳大學華語中心網頁）。

二、建立口碑注重經驗傳承

口碑是境外生來臺擇校的最大影響因素，對招生具關鍵影響。銘傳大學口碑建立可歸納於以下努力：

㈠勤跑行程建立人脈

亞洲人素有「見面三分情」的文化，雖屬公務，人與人間情感的建立依然特別重要。目前臺灣境外生仍以亞洲為主要來源，銘傳亦不例外，「勤跑行程搏感情」或可稱為銘傳多年來的招生模式。以國際教育及大陸教育交流處為例，主管與承辦人員每年安排的海外差旅高達十餘趟，每趟行程皆密集而辛苦。銘傳國際教育交流處劉廣華處長形容一趟馬來西亞行程便安排了「一個銘傳之夜、兩個碰頭餐、三個僑生新生說明、四個個別招生宣講、五個團員拜訪、六個留臺同學會及七個獨中，共八百公里路」，而且招生「經常是陸、海、空三路並進」。

> 國際線接國內線像是跑東馬（東馬來西亞），需搭小飛機轉國內線⋯⋯海路主要是歐美及港澳之間的來往⋯⋯陸路主要是至 [中國大陸或日韓] 需搭乘當地高鐵、地鐵、捷運、輕軌⋯⋯公路是在當地包遊覽車、搭計程車、巴士，或是當地有辦公室同仁或是同學會組織，由私家車幫忙⋯⋯走路主要是輔助大眾運輸工具的不足，或是怎樣都叫不到車的時候，尤其在澳門，通常計程車都在娛樂區附近遊走攬客，就算偶爾攔到也都喊高價，或是拒載跑掉。好幾次被迫扛行李跋涉到目的地。[30]

換言之，除各校皆參與的教育展外，銘傳對於個別交流學校亦因地制宜、建立密切連結。對於占境外生人數最多的馬來西亞，重點是積極聯繫僑教體系、當地僑領及合作之高中；緬甸更重視與華人學校的連結與勤跑

---

[30] 資料來源：銘傳大學國際教育交流處劉廣華處長 2018 年 4 月 26 日及 11 月 12 日臉書公開貼文，經允許轉述。

各校：越南、泰國與美國因銘傳於當地設有辦公室，除排定行程外，亦多由海外據點持續性在當地辦理招生及交流事宜。[31] 合辦活動亦是增加互動與招生的有效方式，例如：銘傳與泰國交流學校合辦華語文演講比賽已 9 年；銘傳舉辦蒙古趣味競賽、全臺蒙古學生聯誼會活動已十餘年；亦曾邀交流學校來校參與啦啦舞、足球等活動增加情誼。[32]

如此長久下來，與交流學校人員間除公務外，亦建立了深厚友誼。人脈在國際教育合作中扮演至關重要的角色（Sakamoto & Chapman, 2011），銘傳在主要負責人員十餘年來皆無變動下，所建立情誼在招生時便發生作用。這也可能是縱使在疫情下，109 學年度銘傳的境外生人數，能不減反增的重要原因之一。

㈡注重校友與學長姐經驗傳承

學長姐與校友是最重要的口碑來源。銘傳於招生活動中，如海外教育展，皆安排當地校友及學長姐參與。當然，校友與學長姐的投入亦是基於與系所師長及國際教育人員長期正面互動及活動中所建立的情誼。例如：海青班學生畢業式素有「與校長抱抱」的傳統，每屆學生皆感動落淚哭成一團；由師長帶領境外生至金門校區舉辦的龍舟競賽每年皆有踴躍的參與者。工讀與活動參與亦提升了境外生對母校的認同與歸屬感，因此許多校友與在校境外生皆能主動並無償來協助推廣招生及支援教育展宣導工作；一位國際教育交流處的越南工讀生更主動牽線，促成銘傳與其母校締結姊妹校。[33]

三、獲取美國認證與推動組織變革

隨著教育市場的擴大，許多境外生並不熟悉臺灣學制與學校差異，具華人背景的境外生對於一些歷史較悠久的公立大學可能較為熟悉，私立大

31　資料來源：不加香菜 Podcast「不加香菜，加分成功！從在地留學到外國留學，劉杯杯帶你感受銘傳世界地球村」節目。

32　資料來源：銘傳大學國際教育交流處。

33　資料來源：銘傳大學國際教育交流處。

學要擴大國際招生市場非常不易，此時教育品保機制便可扮演關鍵角色，更是組織變革的契機。

獲得國際教育品保機制認證是銘傳的一大特色，此在對國際招生宣傳時有良好加分效果。銘傳大學自 2006 年開始申請美國認證，2008 年通過第二階段自我評鑑，2010 年獲首度認證，成為全亞洲第一所美國認證大學；2016 年通過再認證，此次並獲得長達 10 年免評最高期效。

銘傳申請的認證機構是美國「中部各州校院高等教育評審會（Middle States Commission on Higher Education, MSCHE）」，負責評鑑在美國中西部各州地區學位授予的學院和學校，銘傳申請當時亦接受境外學校的申請。[34] 通過 MSCHE 認證及再認證，代表銘傳大學的綜合表現與實力得到美國教育機構的公開承認，亦等同於銘傳大學的國際化環境與教育品質被國際肯定。銘傳學生若要赴美深造，銘傳的學歷與學分依據美國法律需 100% 被承認，亦可依法申請美國聯邦獎學金及就學貸款。對於不承認臺灣大學學歷的國家（如馬來西亞），透過美國認證即可予以承認（鄭凤珍，2010）。

通過認證後，銘傳於其網頁及各招生管道皆大力宣傳美國認證成功成果，於學生成績單及畢業文憑上亦印有「美國認證大學」字樣，藉此可提升知名度，吸引更多境外生放心申請至銘傳就學，增加擇校動機。

銘傳大學申請美國認證有兩大目的：一是提升國際知名度；二是提高教育品質（李銓，2010）。經由認證的實行，銘傳的組織運作、教學行政

---

[34] MSCHE 隸屬於美國高等教育認可審議會（Council for Higher Education Accreditation, CHEA），該會將全美劃分六區，每區皆有一認證機構進行該區高教機構的認證。各區認證機構由同儕組成評審會，認證過程包括資格審查、自我評鑑，以及具有候選資格後的自我研議（self-study）三階段。通過認證的學校即成為該區會員學校，哥倫比亞、康乃爾大學等皆為 MSCHE 認證學校及會員。銘傳大學選擇 MSCHE 是因該會為美國認證機構中少數對境外學校開放，已有成功認證先例的機構，並對銘傳的申請表示興趣（鄭凤珍，2010；Yien, 2011）。該機構於 2007 年起暫停海外學校認證（銘傳一週，2010 年 8 月 19 日）。

制度等均必須遵循美國高等教育的思維模式逐步調整，達到美國高等教育的水準（李銓，2010；銘傳一週，2010年8月19日）。換言之，在推動國際化的同時，銘傳一併作了組織變革，加深機構整體國際化的深度與廣度。美國認證是由時任校長的李銓博士提出構想並親自督導，2005年更特別聘請具豐富國際教育與認證經驗且對臺灣及美國教育系統皆熟悉的顏善邦博士擔任行政副校長，以顧問及評估專家的角色切入、統籌，並與學術副校長王金龍博士一同規劃認證施行事宜。[35]

於2010年的認證與2016年的再認證過程中，全校皆組成了橫跨教學與行政、院系、層級的認證工作小組。[36] 各小組成員來自不同行政、教學單位，從主管到祕書、院長到教職員生皆有，定期開會。從討論效標、蒐集相關資料、執行效標、檢討修正、彙整報告，到參與訪視方完成任務。首次認證時除學校刊物及各系宣導外，亦給予學生認證說明手冊，讓學生瞭解美國認證的意義。

不同於臺灣評鑑訂有較具一致性的效標，美國認證有十四個項目，[37] 每項目的效標皆是由受評機構自我研議而來；相較於臺灣的評鑑多以文件數據為主要審查依據，美國認證更重視組織對於機構目標的主動行動規劃、自訂的效標，以及最後執行成果。換言之，美國更重視組織的自我特

---

[35] 顏博士生長於臺灣，後赴美深造取得博士。曾任美國密西根州立賽基諾大學副校長、美國高等教育評審委員會中北區協會顧問與評估專家、美國國會指派國家太空總署密西根負責人等職，資歷豐富。受李銓校長邀請擔任銘傳副校長時仍任賽基諾大學副校長，基於對銘傳認證、成立臺灣新教育模式的認同，與希冀對臺、美教育皆有所貢獻的理念，辭去美國賽基諾大學副校長、放棄終身教授職，接受銘傳邀請（Yien, 2011）。時任校長李銓博士的領導力與識人及顏博士的加入，是兩次認證成功的關鍵。

[36] 筆者兩次皆擔任認證小組成員，2010年為審議委員；2016年為工作小組副組長。

[37] 十四個項目為：1. 宗旨及目標；2. 規劃、資源分配及機構更新；3. 機構資源；4. 領導及治理；5. 行政；6. 機構誠信；7. 機構評鑑；8. 學生入學許可機制；9. 學生服務；10. 教師事務；11. 教學與教務；12. 通識（共同）教育；13. 推廣教育；14. 學生學習評量。其中1-7項屬於教育範疇；8-14項屬於教育效能，共兩大部分（李銓，2010，頁15-16）。

色建立、自省、持續成長與精進。

　　大量人力與資源的投注及橫向與縱向的動員，以認證各項目爲分工機制，打散了原本各單位的任務疆界，方得做全盤的組織檢視與重整、澈底規劃與執行。全校教職員經過此認證的效標研議、佐證資料蒐集與翻譯，以及訪視委員全英語訪評，經歷了思維模式的衝擊與語言挑戰。[38] 此學習過程實勝過一般的教育訓練，使人員日後在處理國際事務時心態上能更有彈性地從不同角度看問題，此亦是申請認證的目的之一（Yien, 2011）。

　　面對少子化等議題，私校教職員較能理解學校國際化策略的必要性；相對於公立大學，私立大學由上而下的整合亦較爲容易。銘傳大學自專科時期起便注重英語教育，[39]2000 年推動國際學院即開始了全校積極國際化的歷程。因此，兩次美國認證雖然給各單位帶來額外的工作量與負擔，單位皆能配合。銘傳將行政與教學主管及基層人員皆納入認證小組、定期開會，使各單位對於認證規定有更正確的認識及共識，亦增加了過程中的效率。銘傳大學尚有 12 個系所通過中華工程教育學會（IEET）國際認證；管理學院亦已取得美國國際高等商管學院聯盟（AACSB 認證），成爲全球不到 5% 通過認證的商管學院。

　　認證爲永續性的機制，等於建置一個不斷將國際化深化至組織層面的機制，更是重要內、外部教育品質及國際化品保機制。通過各項國際認證，銘傳增加了國際信譽，提升境外生擇校動機；更趨國際化的環境亦可使學生在潛移默化中培養未來競爭力。

四、減輕經濟負擔增加擇校誘因

　　相對較輕的經濟負擔是境外學生選擇來臺就學的重要動機。臺灣公立大學學費幾乎是私校的一半，因此除排名外，經濟負擔亦使得公立大學在國際學生擇校時更具優勢。甚者，資源豐富的公立大學亦紛紛制定境外生獎學金等措施，進一步提供境外生擇校誘因。在此競爭下，私校提供額外

---

[38] 例如：在訪視時回答問題表達方式的文化差異（Yien, 2011）。
[39] 目前亦是全臺大學四年及碩士二年英文皆列爲校必修的大學。

的獎學金或補助已成爲吸引境外學生的必要措施之一，銘傳亦不例外。[40]

　　銘傳對境外生的獎學金可分 EMI 學生、華語授課的一般科系學生及僑生三大類。EMI 學生方面，除領有臺灣獎學金的學生外，銘傳大學設有「國際學院大學部學費優惠」，對於就讀國際學院的境外生有第一年 40%、第二年 30%、第三年 20% 及第四年 10% 的學費減免（銘傳大學，2019）。東南亞國家是臺灣境外生的主要來源（教育部，2021b；國家發展委員會，2021a），臺灣的學雜費及生活開銷雖相對低廉，但對於一些家境不富裕且需自給自足的東南亞學生而言，光靠打工收入仍非常吃緊，銘傳大學因此設立了「東南亞獎學金」，對就讀華語授課科系的東南亞外籍生提供就學補助與獎勵，第一學期入學立即自動獲得此獎學金，每學期有新臺幣 16,000 元補助（銘傳大學，2019）。[41] 僑生方面，銘傳大學設有「僑生清寒獎學金」及「清寒僑生助學金」。獎學金依當學期僑生人數的 20%，依成績高低排序每人獲得新臺幣 8,000 元獎勵；助學金則須持有清寒證明，人數、金額每學期不同。以上已獲得獎學金的境外生若學業成績優良，獲得該班第 1 名且學業成績在 80 分以上，操行成績在 86 分以上，學校亦將自動發給每學期新臺幣 1 萬元的獎學金（銘傳大學，2019）。

　　除獎學金外，打工機會亦是外籍生來臺的重大誘因（周宛青，2018、2021a），[42] 基於建立雙語校園目標，銘傳大學的許多教學與行政單位亦提供許多工讀機會給予境外學生，由境外工讀生擔任各單位服務與行政工作窗口工作（李銓，2010），此不但是額外誘因更是雙贏政策。當然，銘傳臺北校區位在都會區、交通便捷，增加了學生生活便利性與打工機會，亦爲招生優勢。

　　比起公立及一些私立學校，銘傳提供的獎學金並不優渥。例如：國

---

[40] 僑生與陸生因有不同入學資格，各校國際生獎學金多不含僑陸學生，而多設有專屬僑生的獎學金；陸生則因政策多未有獎學金選擇。

[41] 第二學期後，上一學期學業成績總平均以及操行成績皆達 80 分以上，便可申請並繼續獲得下學期的獎學金。

[42] 陸生雖然也考量經濟因素，擇地更大的動機是授課語言及學術的提升感（周宛青，2021a）。

立臺灣大學針對大學部境外生設有「國立臺灣大學國際學位生助學金」、「國立臺灣大學海外高中推薦入學僑生及港澳生招生獎助學金」；研究生設有「國際優秀研究生獎助學金」、「拉丁美洲暨加勒比海地區邦交國特設獎學金」，符合資格者可獲學雜費全免外，仍有機會獲得每月新臺幣 6,000-8,000 元的生活津貼；僑生設有「研究所優秀僑生獎學金」，每名每月可獲新臺幣 1 萬元；另還有一些專案如 ITRI & NTU Coordinated Graduate Program、「臺大與東南亞地區農業高等教育與研究中心聯合獎學金」等補助機會；各學院系所亦有國際學位生獎助學金，如文學院便有自設之「文學院國際學生獎學金」，選擇更加多元豐富（國立臺灣大學，2021a、2021b）。國立臺灣師範大學提供「國立臺灣師範大學外國學生獎學金」，給予各級境外生第一學年學雜費減免，碩博士生經系所推薦亦得以繼續申請第二年以後的獎學金（國立臺灣師範大學外國學生獎學金實施要點，2018 年 12 月 19 日）。屬技職體系的國立臺灣科技大學設有以研究生為主的「臺科大外籍研究生獎學金」，得免繳學雜費外，視學位亦有每月新臺幣 8,000-11,000 元的生活津貼；另亦有雙學位獎學金及清寒獎學金的選擇（國立臺灣科技大學，2021）。國立臺北科技大學亦設立「優秀國際研究生獎學金」給予碩博士生全額學雜費補助外，亦給予每月生活津貼（國立臺北科技大學優秀國際研究生獎助要點，2019 年 11 月 9 日）。淡江大學對符合條件的境外生設有入學學雜費全額獎學金外，還設有「外國學生優秀及清寒獎學金」、「外國學生清寒獎學金」、「淡江大學境外生有蓮獎學金」等不同誘因（淡江大學，2021）。天主教輔仁大學設有「外國籍學士與碩士新生獎學金」，境外生可連續領取四學期，每學期新臺幣 50,000 元的獎學金；博士生更可連續八學期領取，減免學雜費及新臺幣 50,000 元的獎助生活費。

因此獎學金為銘傳大學吸引境外生擇校的必要措施，但非主要誘因。事實上，大量發放獎學金或許能衝高境外生人數，但若未經嚴格審核，反而難維持教育品質。

五、前瞻性策略

在國際與國內的高度競爭下，鞏固境外生源需有前瞻性政策。以下提出兩點銘傳與未來規劃相關的政策與努力：

(一)建立海外據點

一般而言，教育輸出有出口、授權、合作及獨資四種模式，亦代表高教國際化發展階段（Healey, 2008）。[43]「出口」是指學生在母國學習而得到他國學位，如遠距學位課程；「授權」是指全部或部分課程由海外合作學校授課，即是臺灣熟悉的雙聯或雙學位模式；「合作」是與他國學校合作成立海外校區，例如：美國的許多大學透過合作模式於中國、星、馬等地成立分校招收當地學生；「獨資」則是於海外設立獨立分校或是教育中心，由於經營不易，目前多半是以研究所為主在 OECD 國家的小型分校（Csizmazia, 2019）。

銘傳大學美國分校於 2013 年在獲得美國密西根州與臺灣教育部的許可下成立，採合作模式，與密西根州立塞基諾大學合資並共同運作（銘傳大學，2021c）。目前設有華語文教學碩士學位學程及新媒體暨傳播管理系碩士班，兼收美國及臺灣赴美進修的學生，享有美國國內本州學費優惠，[44] 亦為華語文教學系學生暑期修課與實習的熱門選擇，學生在完成學分後可獲得塞基諾州立大學及銘傳大學核發的兩張碩士畢業證書。銘傳美國分校於 2020 年 9 月起已可獨立發放美國學生簽證 I-20 文件，增加學生申請動機。

除美國校區外，為拓展未來生源，銘傳近年亦於越南、日本及泰國成立辦公室，並已對當地學生開班及招生。例如：與泰國商會大學共設學士、碩士一貫、全英語授課的「國際商務管理學程」，以及華語授課的

43　亦稱為「烏普薩拉國際化模式（The Uppsala Internationalisation Model）」，由於先在北歐國家盛行，故以瑞典烏普薩拉市命名。

44　一般赴美國際生須繳每學分約 1,000-1,500 美元的學分費；銘傳學生每學分僅需繳約 500 美元。

「工商管理學程」共育人才（遠見雜誌聯合傳播部，2021 年 3 月 28 日）。

經營政府海外教育中心及大型計畫，亦提升了銘傳知名度。銘傳大學曾負責臺灣於韓國、美國與蒙古的教育中心，目前負責蒙古教育中心及臺灣獎學金辦公室。透過教育中心的成功營運，銘傳將其名聲帶至海外。例如：至 2021 年銘傳承辦蒙古教育業務已 14 年，曾有它校教育人員感嘆說，在蒙古，臺灣最有名的學校便是銘傳大學，其他學校招生不易。

海外據點是一種長期投資，短期不見得能給學校帶來實質經濟效益。許多案例亦顯示國際合作經營不易，除經濟考量外，經營與辦學理念及個別學校的策略變異等皆是挑戰。[45] 然國際合作能促進高教機構國際化與組織文化的改變（Sakamoto & Chapman, 2011）；透過海外據點，國際化更能於海外有生根及深耕的機會，是擴大生源及海外招生的前瞻建置。

㈡建立新招生模式

網路是現今資訊獲取與分享的重要管道及人際互動的重要媒介，國人常用的 Facebook 於 2021 年第一季已有超過 28 億、年輕人常用的 Instagram 亦有超過 10 億的全球經常使用者（Omnicore, 2021a、2021b）。隨著網路與社交媒體世代來臨，傳統的招生模式雖仍具相當效果，融入網路科技已為不可或缺的措施。特別是在 COVID-19 爆發後，赴他國招生多了出入境規定及安全考量，各校除長久經營的網頁外，若不積極運用新媒體，將無法開展招生業務，於是 Teams、Google Meet 等一般用於商務及遠距教學的視訊平臺亦被運用於教育招生。

網路招生是否會取代實體教育展以及親跑行程式的傳統招生模式，成為未來招生主流仍待觀察，但可肯定的是此管道的重要性必定會隨著數位原生代 [46] 獲取資訊的習慣與需求而增加，亦能節省旅行、場租、印刷、

---

45 例如：由耶魯大學及國立新加坡大學合作成立的「耶魯—新加坡國立大學學院（Yale-NUS College）」便在 2021 年因募資不足、學校策略改變及其他因素而無預警由新加坡大學決定終止，引起師生不悅（李立心，2021 年 9 月 5 日；Horowitch, 2021, Sep 7; Sen, 2021, Sep 23）。

46 生長於數位產品環繞的世代，通常指 2000 年後出生的人，如今已是上大學的年紀。

時間等傳統招生模式成本。歐美澳教育機構利用網路平臺提供招生資訊時間較早，例如：美國教育資訊中心（EducationUSA）便結合了官方、各校與非政府組織的資源，在全球設有 450 多個線上諮詢中心，經常性舉辦線上教育展等活動，提供全方位留美資訊與個人諮詢服務（美國教育資訊中心，2021；EducationUSA, 2021）。臺灣則是在 2020 年疫情後，線上教育展及各校線上招生活動才開始被重視，在各校皆在摸索線上招生新模式的同時，銘傳是非常積極投入的學校之一。[47]

2020 年招生期間，銘傳國際教育交流處除參加線上教育展外，亦立即開始舉辦網路說明會、Podcast 宣傳、學長姐直播、線上面談、網路抽獎活動、組織社交媒體群組、粉絲專頁等招生宣傳平臺，並與個別交流學校舉辦線上宣講互動活動（銘傳一週，2021 年 4 月 23 日）。例如：銘傳海清班在 2020 年 5 月至 9 月招生期間舉辦了 16 場直播活動，基於此經驗，銘傳協助僑務委員會規劃了 40 期海青班線上直播招生活動；[48]港澳僑生招生體系亦於網路平臺舉辦兩次 2 小時線上直播座談說明會，並規劃學長姐時段，學生以母語分享在銘傳與臺灣的學習、生活及成長經驗；2020 年也個別與香港及越南等交流學校辦理了多場招生說明會；依校區區分的臉書社群及微信群組，則是與潛在未來學生持續互動的社交平臺。整體境外生招生而言，國際教育交流處於 2020 年招生的 4 個月間舉辦了與逾 30 校的網路宣講活動；[49]在合作交流方面，亦舉辦了遠距演講比賽、虛擬獎學金競賽等，藉由新社群媒介、以遠距取代實體宣傳管道（銘傳一週，2021 年 4 月 23 日）。2021 年舉辦的僑生圍爐活動改以現場直播方式進行，使學生能與家長同步圍爐，增加家長對學校的信任及建立口碑。

網路平臺觸及率更廣，可立即互動給予回饋，亦可另闢聊天室及粉絲專業與潛在學生及相關人員建立長期的即時溝通管道。年輕人更善於網路

---

[47] 國立臺灣大學亦舉辦了多場線上說明會。其他如清華、逢甲、開南等大學亦皆於疫情間舉辦過線上招生說明會。

[48] 資料來源：銘傳大學國際教育交流處許淑妮主任。

[49] 資料來源：銘傳大學國際教育交流處劉廣華處長。

掌控與互動，成果雖仍然待長期評估，目前措施已得到非常良好的回饋。當然，長久以來實體互動的堅固友誼基礎亦是線上活動舉辦成功的主要因素。銘傳在疫情間充分利用新媒體與網路資源，建立新招生管道與模式，在大量活動下人員能快速累積新招生模式的經驗，有助於未來拓展國際生源。

 ## 肆　結語

高教國際化不僅是促進學術提升、國與國間人才交流、增加高教生源與財源的措施，更是進行高教組織改善的契機。事實上，高教國際化範圍甚廣，不限於招收境外學生，例如：宣揚本國文化、培養師生國際素養亦皆是當務之急（周宛青，2020c）。

然不可否認的是，境外生的加入是促使機構國際化最大及最有效的因素。銘傳經驗顯示，欲鞏固境外長期生源，必須進行組織改善、建立自我特色以符合境外生的擇校動機；提供境外生良好的國際化學習環境以建立口碑。此中最重要的是領導階層致力於國際化的堅定理念與清楚目標，並能無畏於組織改善時期的可能變動，全力投入資源澈底執行。銘傳大學在積極招生的過程中，施行了多面向國際化政策與相對深廣的組織變革，更透過取得美國認證，由外部機制帶動、形成由上而下、動員橫向與縱向的全方位國際化努力，應可視為招生成效良好的重要原因。此由大量國際生的進入及長遠規劃，帶動機構內變革的模式，值得國內大學於建立自我特色、加強國際競爭力規劃時參考。銘傳案例亦顯示，取得內部共識及整體性規劃是高教機構制定國際化政策時的重要步驟。政府鼓勵高教國際化時，除境外生人數及全英語課程數等量化效標，更應重視學校國際化的整體規劃，以達成持續擴大國際生源的長遠目標。

參考文獻

㈠中文

台灣教育研究院（2020）。談師資培育跨文化素養教育如何落實 II。臺北：台灣教育研究院臺灣教育論壇，1-23。取自http://www.ites.org.tw/2020/04/26/on-how-to-implement-the-cultivation-of-cross-cultural-literacy-education-for-teachers-2/

行政院（2011）。高等教育輸出──擴大招收境外學生行動計畫。取自https://www.ey.gov.tw/upload/relfile/27/80182/1671614971.doc

李立心（2021年9月5日）。名校聯手也開不成？耶魯－新加坡國立大學合開的文理學院為何停招。天下雜誌。取自https://www.cw.com.tw/article/5118009

李建興（2019年7月1日）。私校、科大教學表現翻升　醫理工大學產學績效突出。遠見雜誌。取自https://www.gvm.com.tw/article/66944

李銓（2010）。銘傳崛起──邁向美國大學認證之路。臺北：銘薪。

周宛青（2017a）。高等教育國際化下臺灣本籍生整體學習經驗質性研究。臺灣教育評論月刊，**6(4)**，228-254。

周宛青（2017b）。陸生在臺生活經驗質性研究。**學生事務與輔導，56(2)**，50-70。

周宛青（2018）。由東南亞學生來臺就學動機評估臺灣高等教育對東南亞國家的利基。**高教深耕x教學實踐研究研討會論文集2018**。國立宜蘭大學，宜蘭，223-234。ISBN: 978-986-05-6072-5。

周宛青（2019）。由境外生在臺經驗反思高等教育國際化策略。**臺灣教育評論月刊，8(11)**，7-15。

周宛青（2020）。**臺灣高等教育全英語課堂教學之挑戰及展望**。科技部專題研究計畫結案報告（編號：MOST 108-2410-H-130-022-）。

周宛青（2021a）。由陸生來臺就學動機歸納臺灣高等教育對中國大陸的優

勢。**銘傳學刊，21**，印製中。

周宛青（2021b）。由學生學習經驗評估臺灣高等教育全英語課堂教學的成果與展望。**2021雙語教育課程與教學研討會暨第43屆課程與教學論壇論文集**。國立高雄師範大學，高雄，203-234。

周宛青（2021c）。我國大學國際化推動方向之檢討與展望——被忽略的行政體系的聲音。**台灣教育研究期刊，2(3)**，1-16。

法務部（2021）。外國學生來臺就學辦法—沿革。**法務部全國法規資料庫**。取自http://law.moj.gov.tw/LawClass/LawHistory.aspx?PCode=H0110001

美國教育資訊中心（2021）。**關於我們**。取自https://www.educationusa.tw/dispPageBox/CtUstudy.aspx?ddsPageID=USTUDYAA&

姜麗娟（2012）。大學國際化評鑑：實例介紹及其對國內的啟示。**評鑑雙月刊，35**。

政府資料開放平臺（2021a）。**109學年大專校院境外學生人數統計（校別）**。取自https://data.gov.tw/dataset/6289

政府資料開放平臺（2021b）。**海外青年技術訓練班實到學生人數統計（按校別分）（第30至39期）**。取自https://data.gov.tw/dataset/7018

淡江大學（2021）。**國際暨兩岸事務處——獎助學金**。取自http://www.oieie.tku.edu.tw/zh_tw/LinkStudent/Scholarships

教育部（2020）。**大專院校境外學生概況（100至108學年度）**。取自http://stats.moe.gov.tw/statedu/chart.aspx?pvalue=36

教育部（2021a）。大專校院境外學生人數統計。取自https://depart.moe.edu.tw/ed4500/News_Content.aspx?n=5A930C32CC6C3818&sms=91B3AAE8C6388B96&s=B7F6EA80CA2F63EE

教育部（2021b）。各學年度東協南亞紐澳學生在臺大專校院留學研習人數統計表。取自https://depart.moe.edu.tw/ed2500/News_Content.aspx?n=1F2B596FE760D1FC&sms=F42C4CEA6ED95269&s=1DFFB3B78ADF0E40

教育部（2021c）。僑生及港澳生人數概況統計（**100至109學年度**）。取自https://www.edu.tw/News_Content.aspx?n=829446EED325AD02&s=212B2CF76078EBF4

教育部（2021年2月4日）。**教育部獎勵私立大學校院校務發展計畫要點**。取自https://edu.law.moe.gov.tw/LawContent.aspx?id=FL046021

國立臺北科技大學優秀國際研究生獎助要點（2019年11月9日）。取自https://oia.ntut.edu.tw/var/file/32/1032/img/2222/205044097.pdf

國立臺灣大學（2021a）。**國立臺灣大學學務處僑生及陸生輔導組**。取自https://oia.ntu.edu.tw/prospective-students/scholarship

國立臺灣大學（2021b）。**國立臺灣大學國際事務處─獎學金**。取自https://oia.ntu.edu.tw/prospective-students/scholarship

國立臺灣科技大學（2021）。**國立臺灣科技大學國際事務處-Financial Aid**。取自https://www.oia.ntust.edu.tw/p/412-1060-8929.php?Lang=en

國立臺灣師範大學外國學生獎學金實施要點（2018年12月19日）。取自https://www.ntnu.edu.tw/oia/doc/scholarship2019012303.pdf

國家發展委員會（2021a）。大專院校境外學生人數。取自https://www.ndc.gov.tw/Content_List.aspx?n=80C3A12901E1F481

國家發展委員會（2021b）。**雙語國家政策**。取自https://www.ndc.gov.tw/Content_List.aspx?n=FB2F95FF15B21D4A

遠見雜誌聯合傳播部（2021年3月28日）。亞洲第一所美國認證大學──銘傳大學厚植國際移動力。**遠見雜誌**。取自https://www.gvm.com.tw/article/77922?utm_source=facebook&utm_medium=social&utm_content=77922&utm_campaign=share&fbclid=IwAR2-9%E2%80%A6

銘傳一週（2010年8月19日）。不可不知的**MSCHE美國國際認證-0819**。取自https://www.week.mcu.edu.tw/5879/

銘傳一週（2021年4月23日）。**銘傳大學國際招生逆勢成長**。取自https://www.week.mcu.edu.tw/39086/

銘傳大學（2018）。**2018國際學院簡介**。取自https://ic.mcu.edu.tw/sites/default/files/u3/2018%E5%9C%8B%E9%9A%9B%E5%AD%B8%E9%99%A2%E7%B0%A1%E4%BB%8B%E4%B8%AD%E6%96%87%E7%89%88_1220-compressed.pdf

銘傳大學（2019）。**2020-2021國際新生手冊**。取自https://iee.mcu.edu.tw/

sites/default/files/u3/2020-2021%e5%9c%8b%e9%9a%9b%e6%96%b0%
e7%94%9f%e6%89%8b%e5%86%8a(%e4%b8%ad%e6%96%87)0707-
%e5%b7%b2%e5%a3%93%e7%b8%ae.pdf

銘傳大學（2021a）。**發展重點**。取自https://web.mcu.edu.tw/zh-hant/content/
%E7%99%BC%E5%B1%95%E9%87%8D%E9%BB%9E

銘傳大學（2021b）。**僑生暨陸生輔導組簡介**。取自https://student.mcu.edu.
tw/zh-hant/node/11

銘傳大學（2021c）。**歷史沿革**。取自https://web.mcu.edu.tw/zh-hant/history

臺灣海外聯合招生委員會（2020）。**僑生及港澳生招生名額查詢系統2021年
秋季入學**。取自https://student.overseas.ncnu.edu.tw/quota/index.html?sch
ool=all&group=all&keyword=&first-group=true&second-group=true&third-
group=true&myanmar=false&eng-taught=true&school5=false

鄭凤珍（2010）。引領改變的風潮——銘傳大學MSCHE國際認證經驗。**評
鑑**，**29**，38-44。

駐美國代表處教育組（2016年10月7日）。全球最受歡迎的留學國中國排第3
為什麼？天下雜誌。取自https://www.cw.com.tw/article/5078709

龔儀、江滿堂、黃俊維（2015）。屏東教育大學陸生來臺學習意見之研究。
學校行政雙月刊，**98**，115-132。

㈡英文

Ahmad, S. Z., & Hussain, M. (2017). An investigation of the factors determining
student destination choice for higher education in the United Arab Emirates.
Studies in Higher Education, 42(7), 1324-1343.

Alfattal, E. (2017). International students' college choice is different! *International
Journal of Educational Management, 31*(7), 930-943.

American Council on Education. (2021). *Comprehensive internationalization
framework*. Retrieved from https://www.acenet.edu/Research-Insights/Pages/
Internationalization/CIGE-Model-for-Comprehensive-Internationalization.
aspx

Brajkovic, L. (2017). Internationalization of higher education, US perspectives.

Encyclopedia of international higher education systems and institutions. Retrieved from https://doi.org/978-94-017-9553-1_226-1

Chen, L-H. (2007). East-Asian students' choice of Canadian graduate schools. *International Journal of Educational Advancement, 7*(4), 271-306.

Csizmazia, R. A. (2019). Challenges and internationalization of higher education in South Korea. *SSRG International Journal of Humanities and Social Science, 6*(6), 11-18.

Dafouz, E., & Smit, U. (2020). *ROAD-MAPPING English medium education in the internationalised university.* Cham: Palgrave Pivot.

Dearden, J. (2014). *English as a medium of instruction-A growing global phenomenon.* British Council. Retrieved from https://www.britishcouncil.es/sites/default/files/british_council_english_as_a_medium_of_instruction.pdf

EducationUSA (2021). *The EducationUSA network.* Retrieved from https://educationusa.state.gov/us-higher-education-professionals/educationusa-network

Galloway, N. (2017). *How effective is English as a medium of instruction (EMI)?* British Council. Retrieved from https://www.britishcouncil.org/voices-magazine/how-effective-english-medium-instruction-emi

Healey, N. M. (2008). Is higher education really 'internationalising'? *Higher Education, 55*(3), 333-355.

Horowitch, R. (2021, Sep 7). Yale-NUS closure comes without Yale input, University officials say. *Yale Daily News.* Retrieved from https://yaledailynews.com/blog/2021/09/07/yale-nus-closure-comes-without-yale-input-university-officials-say/

Hou, A. Y. C., Morse. R., & Chiang, C-L. (2013). Challenges to quality of English medium instruction degree programs in Taiwanese universities and the role of local accreditors: A perspective of non-English-speaking Asian country. *Asia Pacific Education Review, 14*, 359-370.

ICEF Monitor (2019, Aug 28). *International students generate global economic impact of US$300 billion.* Retrieved from https://monitor.icef.com/2019/08/

international-students-generate-global-economic-impact-of-us300-billion/

ICEF Monitor (2021, Jan 27). *Foreign enrolment in UK higher education reached a new high in 2019/20.* Retrieved from https://monitor.icef.com/2021/01/foreign-enrolment-in-uk-higher-education-reached-a-new-high-in-2019-20/

Ming Chuan University (2021). *International College-Message from the dean.* Retrieved https://ic.mcu.edu.tw/node/42

Israel, E. & Batalova, J. (2021, Jan 14). International students in the United States. *Migration Policy Institute.* Retrieved from https://www.migrationpolicy.org/article/international-students-united-states-2020

JIJI (2020, Apr 23). Number of foreign students in Japan reaches record high. *The Japan Times.*

Knagg, J. (2020). English-medium instruction (EMI) in higher education: Nature, benefits and risks - an introduction for non-experts. In S. Bullock (Ed.). 2019 *International Symposium on EMI for Higher Education in the New Era: Selected Proceedings* (pp. 54-59). London: British Council.

Lau, K. & Lin, C-Y. (2017). Internationalization of higher education and language policy: The case of a bilingual university in Taiwan. *High Education, 74*, 437-454.

Lee, C-F. (2014). An investigation of factors determining the study abroad destination choice: A case study of Taiwan. *Journal of Studies in International Education, 18*(4), 362-381.

Li, M., & Bray, M. (2007). Cross-border flows of students for higher education: Push-pull factors and motivations of mainland Chinese students in Hong Kong and Macau. *Higher Education, 53*(6), 791-818.

Macaro, E. (2015). English Medium Instruction: Time to start asking some difficult questions. *Modern English Teacher, 24*(2), 4-7.

Macaro, E., Curle, S., Pun, J., An, J., Dearden, J. (2018). A systematic review of English medium instruction in higher education. *Language Teaching 51*(1), 36-76.

Ministry of Education of the People's Republic of China (2019). *Statistical report on international students in China for 2018*. Retrieved from http://en.moe. gov.cn/news/press_releases/201904/t20190418_378586.html

NAFSA (2019, Nov 18). *New NAFSA data: Despite stagnant enrollment, international students contribute nearly $41 billion to the U.S. economy*. Retrieved from https://www.nafsa.org/about/about-nafsa/new-nafsa-data-despite-stagnant-enrollment

OECD (2017). *Education at a glance 2017*. Retrieved from https://www.hm.ee/ sites/default/files/eag2017_eng.pdf

OECD (2018). *Education at a glance 2018*. Retrieved from https://www.oecd-ilibrary.org/education/education-at-a-glance-2018_eag-2018-en

OECD (2019). *Education at a glance 2019*. Retrieved from https://read.oecd-ilibrary.org/education/education-at-a-glance-2019_f8d7880d-en#page1

OECD (2020). *Education at a glance 2020*. Retrieved from https://read.oecd-ilibrary.org/education/education-at-a-glance-2020_69096873-en#page228

Omnicore (2021a). *Facebook by the numbers: Stats, demographics & fun facts*. Retrieved from https://www.omnicoreagency.com/facebook-statistics/

Omnicore (2021b). *Instagram by the numbers: Stats, demographics & fun facts*. Retrieved from https://www.omnicoreagency.com/instagram-statistics/

Rose, H., & McKinley, J. (2018). Japan's English-medium instruction initiatives and the globalization of higher education. *Higher Education, 75*, 111-129.

Sakamoto, R., & Chapman D. W. (Eds.) (2011). *Cross-border partnerships in higher education strategies and issues*. London: Routledge.

Sen, N. (2021, Sep 23). 'Breach of trust': Yale-NUS faculty members break silence, slam decision to close college. *Today*. Retrieved from https://www. todayonline.com/singapore/breach-trust-yale-nus-faculty-members-break-silence-slam-decision-close-college

Shamsudin M. F., Nurana N., Aesya A., Hussain, H. I., Milad A. S., & Affendy A. H. (2018). The factors university location towards student choice to private universities. *International Journal of Engineering & Technology, 7*, 97-99.

Statista (2021a). *Breakdown of international students in Australia in 2019, by country of origin.* Retrieved from https://www.statista.com/statistics/952164/australia-international-students-by-country-of-origin/

Statista (2021b). *Number of foreign students in higher education institutions in South Korea from 2010 to 2020.* Retrieved from https://www.statista.com/statistics/876030/number-of-foreign-students-in-south-korea/

Top Global University Japan (2021). Retrieved from https://tgu.mext.go.jp/en/index.html

Wang, Y. (2020). The role of English in higher education internationalization: Language ideologies on EMI programmes in China. In Bowles H., Murphy A. C. (Eds.). *English-Medium Instruction and the internationalization of universities* (pp. 103-128). International and development education. London: Palgrave Macmillan, Cham.

Yien, R. S. P. (2011). *The making of the first U.S.-accredited university in Asia.* Taipei: Ming Chuan University.

國際篇

第九章

英國高等教育國際化的發展與新策略

王如哲

前言

英國教育享有全球聲譽，其特徵是卓越和品質（The Department for Education and the Department for International Trade, 2019）。根據 Quacquarelli Symonds（QS）世界排名，英國有 4 所大學進入世界前 10 名，18 所大學進入世界前 100 名。英語是世界上使用最廣泛的語言之一。英國學校的校友在世界許多政府中擔任高階職務。根據高等教育政策研究機構（The Higher Education Policy Institute）估計，有 50 多名現任世界領袖曾接受過英國教育，這在全球舞臺上為英國帶來了許多利益（The Department for Education and the Department for International Trade, 2019）。

與教育相關的出口在 2016 年為英國經濟做出重要貢獻，創造近 200 億英鎊收入，其中包括跨國教育（transnational education, NE）活動產生的超過 18 億英鎊，按當年物價計算，自 2010 年以來成長 73%。在 2014-2015 年，英國大學機構（Universities UK）估計，英國大學及其國際學生和訪客造就了英國超過 940,000 個工作職位（The Department for Education and the Department for International Trade, 2019）。可見，英國高等教育品質及其對外輸出一直是居於領先之地位，本文以〈英國高等教育國際化的發展與新策略〉為題，進一步進行分析。

 緣起

國際化是促使英國高等教育體系的角色和功能不斷演變之關鍵因素（Humfrey, 2011）。自中世紀歐洲以來，大學一直是國際化的機構，但高等教育正在經歷「再次國際化（re-internationalization）」，因為經濟和文化全球化（economic and cultural globalization）開啟了高等教育的新時代。隨著國家邊界的模糊和各國相互依存度的增加，國際間學術研究的影響可能超過任何其他領域或行業。許多政策制定者和學者認為高等教育機構需要國際化，以便讓學生為全球化世界做好準備（Pearce, 2011）。影響所及，國際化正成為全球高等教育中日益重要的課題（Healy, 2002）。然而

參與高等教育體系（higher education sector）的各類研究人員和有關協會對國際化的含義有不同的解釋（Healy, 2002）。例如：Harari 建議國際教育不僅必須包括課程、學者／學生的國際交流、與區域的合作計畫、培訓和廣泛的行政服務，還必須包括獨特的承諾（distinct commitment）、態度、全球意識（global awareness）、超越的方向和向度，以及整個機構塑造的氛圍（ethos）（Healy, 2002）。

英國是資本主義體系（capitalist system）中的市場經濟體（market economy），教育因而在政府對資本累增過程（capital accumulation process）中作出貢獻，並爲持續擴張的勞力市場（labor market）提供所需人力。教育現在被視爲經濟和國際競爭力（international competitiveness）的動力，大多數政府希望大學在全球脈絡（global context）之下謀求國家利益（national interests），因此日趨強調高等教育的實用性和技術性價值（practical and technical value）（Pearce, 2011）。

在 1967 年，英國政府雖然面對高等教育機構的反對，最後仍將原來對海外學生的自由放任政策（laissez-faire approach）畫下休止符，並開始實施對海外學生差別收費政策（Healy, 2002）。此一政府實施對海外學生收取全額學費的國家政策，實際上不是由海外學生問題引發的，而是爲了在公共政策中全面節省開支。全成本費用，導致英國留學生來源國分布明顯轉移至中東和遠東新興發展國家（newly developed countries）（Healy, 2002; Perez-Gore, 2012）。英國大學從來沒有提出過差別收費的建議，而且確實強烈予以反對，但英國大學面臨著國際學生人數下降和公共部門補助減少的未來（Humfrey, 2011）。

1990 年代政府對大學的資助進一步削減，導致大學尋求非政府資助，例如：海外學生學費收入。後來高等教育服務首次被英國貿易和工業部（Department of Trade and Industry）視爲可交易的出口商品，並導致英國大學與海外機構之間的特許經營（franchising）和出現驗證協議（validation agreements）之新發展（Healy, 2002）。

參 高等教育國際化之定義與準則

一、高等教育國際化之意涵

Knight（2003）曾針對國際化予以定義如下：國家、教育部門和機構層面的國際化被定義爲將國際、跨文化或全球層面（global dimension）整合到高等教育的目的、功能或實施過程。

Qiang（2003）在文獻回顧中進一步指出，國際化四種不同的建立制度做法（approaches to institutionalization）：(1)「活動方法（activities approach）」，包括課程設計、學生交換等活動，作爲國際化過程中的要素；(2)「能力方法（competency approach）」，側重於在全球化環境中運作所需的跨文化技能；(3)「氛圍方法（ethos approach）」，強調需要建立組織信念，以促進和維持機構內的國際原則；(4)「過程方法（process approach）」，這正如同制度政策的制定（institutional policy making）一樣，旨在實現永續的國際化精神，但更強調課程和研究國際化之重要性。除了上述，亦可以從各種不同角度檢視國際化，Knight（2004）提及在制度層面實現國際化的六種不同方法（參見表1），其中活動方法（activity approach）是國際化中應用最爲廣泛的方法（Knight and de Wit, 1995），國際化是從招收留學生或留學等具體活動來描述的。然而，不同的大學會根據各自領導階層的觀點並從各種不同的角度切入國際化議題。一些高等教育機構以學生或機構期望結果的形式呈現國際化，或者描述主要動機，或者將其視爲一個過程，其中國際向度融合至機構活動的所有層面。在地國際化（at home approach）的方法側重於高等教育機構的主要功能，包括課程、課外活動和組織層面。最後，海外或跨境方法（the abroad or cross-border approaches）側重於與海外國家的聯繫和跨境教育的流動（Knight, 2004）。

表 1　高等教育機構國際化之六種方法

方法	描述
活動	以活動而言，國際化包括海外學習、課程、學程、機構聯繫與網絡、發展方案，以及分設校區。
成果	以成果而言，國際化包括學生素養、增加的資歷、更多的國際協議、姊妹校或方案。
準則	以動機準則而言，國際化包括學術標準、創收、文化多樣性，以及學生和教職員發展。
過程	以程序觀之，國際化是國際層面、統整融入教學、學習，以及服務之機構功能。
在地	國際化為提升與增進國際與跨文化理解，並且聚焦於國內校園活動。
海外（跨境）	國際化可被視為是對其他國家之跨境教育實施，透過的方式有面對面、遠距，以及各種不同的行政安排，諸如特許經營機構、雙生的、分校的。

資料來源：Knight, 2004.

二、高等教育國際化之準則（Rationales）

Middlehurst 和 Woodfield（2007）曾概述國際化策略中的準則如下：

（一）教學與學習：課程設計、教學方法、海外學習機會、合作計畫和學習；

（二）研究：能力建構（capacity building）（例如：員工晉用和學生招收）、開發國際知識庫（international knowledge base）、聯合計畫和新的資助機會；

（三）文化：跨文化理解（intercultural understanding）、多樣性、尊重、交流（語言）及全球公民（global citizenship）；

（四）聲譽（reputational）：確保國際地位和品牌（branding）（例如：「研究領先者」，世界排名）；

（五）經濟／市場主導的（economic/market-led）：招收海外學生、創造研究基金和諮詢費用收入；

（六）管理（managerial）：強調組織效率（organizational efficiency）、協調和聚焦，以避免活動重複並獲致最佳生存能力（viability）；

（七）發展（developmental）：在發展中國家的能力建設（研究和教學）和援助。

 ## 肆　英國高等教育現況及成果

一般而言，高等教育可以透過五種方式實現國際化（IDP Education Australia, 1995）：(1) 學生之國際流動（international movement）；(2) 人員（staff）之國際流動；(3) 校園（campuses）之國際流動；(4) 政府之間、機構之間或研究層面之國際合作（international links）；(5) 高等教育課程（higher education curricula）的國際化。茲分項予以敘述如下：

一、學生之國際流動

近年來英國大學招收日趨增多的非英國籍學生（non-UK students）。國際生與英國大學之間的關係可以描述為自己國家和英國之間的大學教育選擇。有一種觀點認為，來自其他國家的學生就讀於英國大學是為了接受具有英國特色（British features）的教育。在這種情況下，英國大學只需要繼續做原來所做的，不管那是什麼，國際生都會前來英國就讀。相反的觀點是，英國大學的學生和教職員工接觸於來自世界各國大量學生，這種國際豐富性（international richness）無可避免會正面影響英國大學教育本質（Luxon & Peelo, 2009）。

此外，在過去，對國際化及其對純經濟方面的好處有其他的解釋。然而，國際招生可為英國帶來政治、經濟和教育利益。因此，例如：在英國接受教育的學生可能回國擔任在政治和貿易協定中具有影響力的職位；英國可以吸引來自世界各地的「最優秀人才（best brains）」，並使其高等教育體系從多元國際視野中受益。Bligh（1990）認為，英國從世界各地普遍使用的英語，以及學習英語投入的金錢中獲益。短期主義取徑（short-termism approach）純粹從金錢角度看待非英國籍學生，而忽略了讓國際學生參加課程的發展潛力。相形之下，Wisker（2000）最近對英國高等教育的看法在這方面是樂觀的，她認為高等教育機構正在隨著國際生的增加而

發生變化：逐漸地，真正的國際化（genuine internationalization）已經接替發生，而擺脫了英國大學先前的自滿（complacency）和孤立（insulary）。

　　英國高等教育體系對整體教育出口做出了重大貢獻，其中學生招收發揮了關鍵作用。英國政府和教育部門已採取重要措施來支持國際生招收和高等教育體系之運作。根據最新的 2018 年統計資料，英國高等教育跨國輸出產值繼續快速成長，對英國的經濟產值達到 6.5 億英鎊。圖 1 顯示自 2010 年以來，高等教育產業一直穩定成長，年度產值達 3.5 億英鎊（The Department for Education and the Department for International Trade, 2021）。

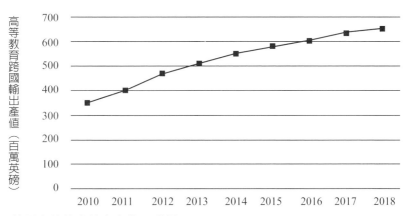

圖 1　英國高等教育輸出之收入成長

資料來源：DfE, 2020.

　　以上是新型冠狀病毒大流行之前的英國國際化成長資料且顯示一個正向的發展（The Department for Education and the Department for International Trade, 2021）。

　　圖 2 顯示 2015-2016 年至 2019-2020 年期間，在英國就學的非英國居民之高等教育學生成長情況。在 2015-2016 年和 2016-2017 年之間這些國際生人數相對穩定，但在 2017-2018 年和 2019-2020 年之間急劇上升。在 2019-2020 學年，英國招收了大約 560,000 名國際生。自 2019-2020 年以來國際生成長了約 12%，是 10 年來最大的成長幅度，部分原因是中國和印度學生的大幅增加。來自印度的學生總數從 2018-2019 年的 27,505 人增加

至 2019-2020 年的 55,465 人，大約增加了 1 倍之多。除了上述之外，英國英語機構（English UK）估計學習英語語言之國際生每年為英國創造大約 14 億英鎊的收入。在對富時 100 指數公司（FTSE 100 companies）中小企業（medium-sized enterprises）（SMEs）的從業人員提供技能、資格文憑和教育科技上，教育體系無疑是重要的貢獻者。

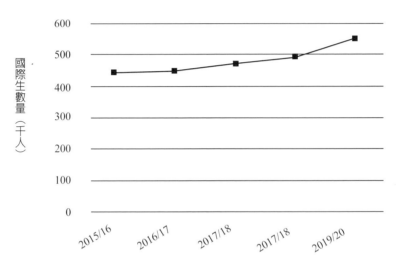

圖 2　英國大學國際生之變化

資料來源：The Department for Education and the Department for International Trade, 2021, p. 14.

二、人員之國際流動

Bligh（1990）認為高等教育需要多樣性（diversity），並將其研究人員視為國際社群（international community）的成員。在英國大學的 194,190 名學術人員中，超過四分之一（28%）是非英國公民（參見表 2）。

表 2　英國大學學術人員之非英國公民人數及其占比

大學學術人員	人數	百分比
英國公民	139,195	72%
非英國公民	54,995	28%

資料來源：The Royal Society, 2021, p.1.

　　除上述之外，圖 3 顯示在美國之國際學者趨勢。在 2018-2019 年於美國之國際學者爲 12 萬 3,508 人。但後來受疫情大流行之影響，在隔年 2019-2020 年總人數下降了 9.6%。

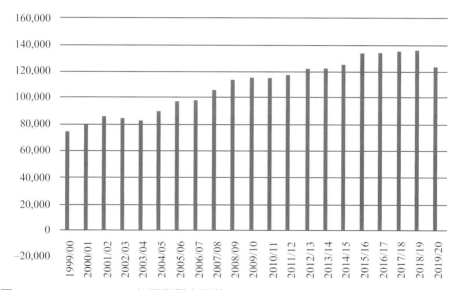

圖 3　1999/00-2019/20 年國際學者趨勢

資料來源：Institute of International Education, 2021, p. 1.

　　表 3 顯示美國國際學者的來源國前 25 名國家，其中英國名列第 10，共有 2,458 名英國學者交換至美國大學，可見在全世界擁有最多國際學者之美國，英國學者占有相當高的比例，顯示出英國在大學學術人員之國際流動上之重要引領地位。

表 3　美國國際學者的來源國前 25 名國家

2019/20

排名	來源國	學者人數	占總人數 %	變化 %（與前一年比較）
1	中國	42,863	34.7	−10.6
2	印度	13,511	10.9	−4.0
3	韓國	7,007	5.7	−2.3
4	加拿大	4,399	3.6	−5.1
5	巴西	4,268	3.5	−0.2
6	德國	4,177	3.4	−13.1
7	義大利	3,577	2.9	−11.9
8	日本	3,566	2.9	−12.6
9	法國	3,434	2.8	−16.9
10	**英國**	**2,458**	**2.0**	**−9.0**
11	西班牙	2,422	2.0	−17.2
12	臺灣	1,703	1.4	−14.7
13	墨西哥	1,595	1.3	−8.4
14	土耳其	1,593	1.3	−18.0
15	伊朗	1,540	1.2	-15.7
16	以色列	1,454	1.2	−9.1
17	哥倫比亞	1,088	0.9	−6.1
18	澳洲	1,060	0.9	−4.9
19	荷蘭	991	0.8	−13.1
20	巴基斯坦	955	0.8	−6.6
21	埃及	879	0.7	−4.0
22	俄羅斯	868	0.7	−11.9
23	希臘	785	0.6	−6.1
24	波蘭	772	0.6	−2.8
25	瑞士	641	0.5	−7.8

資料來源：Institute of International Education, 2021a, p. 1.

三、校園（campuses）之國際化

什麼是大學校園環境的國際化？大學校園環境國際化的重點是教育體系部門和機構層面（sector and institutional level）。然而，這正以多種方式進行，並且包含各種國際化的途徑，這主要取決於特定大學和大學校院系所實際需要及其適用時機（Luxon & Peelo, 2009）。

一般而言，大學校園之國際化關鍵要素是（Fielden, 2011）：

• 有很高比例學生是國際學生。

• 以某種形式提供跨國教育（transnational education provision）。

• 國際研究合作（international collaboration in research）。

• 擁有來自不同國家的學術人員（academic staff）。

• 國際化課程（internationalized curriculum）。

• 本地學生和國際學生之間的社會和學術融合。

• 教職員工和學生流動（staff and student mobility）和出國留學交流（study abroad exchanges）。

• 國際辦公室（international office），以支持並訂定國際化策略。

在上述之中，Brown（2000）認為國際辦公室（international offices）在這個過程中扮演引領政策發展和策略訂定之核心角色，透過「與院系和其他大學行政處室部門協商，而這些部門也應該透過自己的策略計畫來闡明本身的目標。」因此，大學機構內的國際辦公室得以將學術單位部門、學生支持、員工發展和招生部門結合起來，以便在整個大學實施前後連貫之國際化策略。

總之，大學校園國際化傳達多種含義和應用，從極簡單的觀點（例如：出國留學計畫、招收國際生或進行國際合作研究）至將國際化視為一個複雜的、包羅萬象的和政策主導過程（policy-driven process）的觀點，統整使其成為大學校園的生活、文化、課程和研究活動中不可或缺之要素（Davies, 2016）。

根據 Times Higher Education（2021），瑞士、香港、新加坡或英國擁有全世界最國際化大學。這是根據「泰晤士高等教育 2021 年世界大學排

名」（Times Higher Education World University Rankings 2021）蒐集的國際生分數、國際教職員分數、國際論文合著分數和國際聲譽指標編訂而成的，顯示上述四個國家擁有一些在世界上最國際化的大學。這些機構都擁有高比例的國際學生和教職員工，與來自世界各地的學者合作開展研究，並在全球享有盛譽。在世界上最國際化的大學前五名之中英國擁有 2 所，參見表 4。

表 4　世界上最國際化大學之前五名大學

排名	大學	國家
1	香港大學（University of Hong Kong）	香港
2	蘇黎世聯邦理工學院（ETH Zurich）	瑞士
3	香港中文大學（Chinese University of Hong Kong）	香港
4	牛津（University of Oxford）	英國
5	倫敦帝國大學（Imperial College London）	英國

資料來源：Times Higher Education, 2021, p. 1.

英國有 10 所大學入榜於前 180 所世界最國際化大學，亦即牛津大學（University of Oxford）（第 4 名）、倫敦帝國大學（Imperial College London）（第 5 名）、劍橋大學（University of Cambridge）（第 7 名）、倫敦大學學院（University College London, UCL）（第 10 名）、倫敦國王大學（King's College London）（第 13 名）、倫敦政經學院（London School of Economics and Political Science）（第 15 名）、愛丁堡大學（University of Edinburgh）（第 18 名）、瓦立克大學（University of Warwick）（第 20 名）、曼徹斯特大學（University of Manchester）（第 23 名）、杜倫大學（Durham University）（第 25 名），參見表 5。

四、政府之間、機構之間或研究層面之國際合作

表 6 詳細列出了服務貿易總協定（General Agreement on Trade in Services, GATS）的四種跨境服務實施（cross-border service delivery）模式，以及可進行比較之高等教育國際化模式。每種模式都需要國際化大學不

表 5　英國 10 所列入全世界 180 所國際化的大學

2021 年國際排名	大學	國家／地區
4	牛津大學（University of Oxford）	英國
5	倫敦帝國大學（Imperial College London）	英國
7	劍橋大學（University of Cambridge）	英國
10	倫敦大學學院（University College London, UCL）	英國
13	倫敦國王大學（King's College London）	英國
15	倫敦政經學院（London School of Economics and Political Science）	英國
18	愛丁堡大學（University of Edinburgh）	英國
20	瓦立克大學（University of Warwick）	英國
23	曼徹斯特大學（University of Manchester）	英國
25	杜倫大學（Durham University）	英國

資料來源：Times Higher Education, 2021, p. 1.

同程度的參與和承諾。模式 1「跨境供應（Cross-border supply）」相當於傳統意義上的出口，因此幾乎不需要額外的承諾。雖然這種模式可能僅涉及將在國內市場提供的遠距學習活動擴展至海外市場，但它往往與海外大學機構的契約形式相關聯。同樣地，模式 2「海外消費（Consumption abroad）」幾乎也不需要任何承諾。事實上，如果這種類型的服務輸出是由大學主動提出的，通常大學並不會積極尋找海外學生或投入資源來促進於交流，這是一種承諾最少、歷史最悠久的國際化形式。相形之下，模式 3「商業存在（Commercial presence）」則需要最高程度的承諾，因爲它包括以外國直接投資的形式進行大量資源之分配，以建立合資企業或全資經營。模式 4「自然人型態（Presence of natural persons）」是一種低承諾程度的課程開授，這是關於學術人員短暫交流之海外授課及其課程。這種模式通常與其他高等教育實施方法相關聯。然而，如表 6 所示，許可和特許經營模式更準確地反映出課程培育方案之流動性（program mobility），而非機構流動（institutional mobility）。但重要的是，要注意高等教育的國際化可能需要同時使用一種以上的實施方式（Li & Roberts, 2012）。

表 6 服務貿易總協定（GATS）相對應的高等教育國際化模式

服務供應模式	教育實例／型態	主要特徵	高等教育國際化模式
跨境供應（模式 1）	遠距教育 線上教育 課程商業上的特許經營／並存的	方案流動	出口與契約機制
海外消費（模式 2）	海外學生	人員（學生）流動	出口
商業存在（模式 3）	教育機構或衛星分校之設立 分校包括與海外機構聯合創立的	機構流動	對等聯合創立與完整擁有之分校
自然人型態（模式 4）	教授、講師、研究人員提供之海外教育服務	人員（學術的）流動	出口／契約的，但是通常用其他的方法結合

資料來源：WTO, 2010, p. 8.

從商貿服務顯示出的國際化之階段性方法（a stages approach to internationalization）。例如：Roberts（1999）在商貿服務國際化（internationalization of business services）的研究中，發現各種不同的階段。儘管 Healey（2008）提供了出口（exporting）、許可生產（licensing production）、合資企業（JVs）和獨資企業（sole ventures）在高等教育國際化中的四種模式之相關證據，但他認為這些模式的發展是因應政府之有關政策（a response to government policy），而不是一種有目的性的商業策略（purposeful business strategy）來拓展海外市場。此外，Chadee 和 Naidoo（2009）發現，在大學本地校園達到飽和之前，出口仍然是美國和英國大學的主要海外實施方式，但隨後開始以特許經營和與亞洲高等教育機構合資的形式在海外市場（offshore markets）擴展（Li & Roberts, 2012）。

後來研究人員和科學政策界（science policy circles）對研究合作的概念日趨感到興趣（Katz, Martin, 1997）。學術研究變得日漸國際化（Owens, 2018）。科學家通常不會孤立地工作。在非常普遍的意義上，所有科學家都是全球社群成員，共同探索和理解自然奧祕，並提供可以建立科技上層結構之理論基礎（Subramanyam, 1983）。科學是一項日益全球化的活動，

國際合作（international collaboration）可促進高品質的知識生產（Chinchilla-Rodríguez et al., 2018）。

　　國際合著論文（internationally co-authored papers）的數量與百分比是大學排名系統中的一個重要指標，這可見諸於例如：萊頓排名（Leiden Ranking）、多層面全球大學排名（U-Multirank）和自然科學文獻引用排名（SCImago）之國家和機構排名（Moya-Anegon, Guerrero-Bote, López-Illescas, & Moed, 2018）。

　　英國在過去 10 年中擁有國際合著者的論文數量和比例均有所增加。2010 年，英國與國際合作夥伴共同撰寫的論文首次超過在國內發表的論文（表 7）。由於每個國家都與其他研究經濟體密不可分，因此對一個國家的研究績效進行任何比較分析，以確定單獨的國家構成部分將變得愈來愈困難。從研究領先的五個國家之間的總合作和雙邊合作之總數（表 8）顯示，英國與美國是最頻繁的國際合作夥伴，在 2002-2011 年期間英國與美國合著了 116,192 篇論文。英國亦經常與德國和法國合作，這些早先被認為是歐洲其他主要的研究經濟體（Adams & Gurney, 2018）。

表 7　英國國際合著論文之數量百分比變化

年分	總數	國際合著論文	
		數量	百分比
2002	70,671	27,151	0.38
2003	76,438	30,229	0.40
2004	74,026	30,247	0.41
2005	83,109	34,821	0.42
2006	82,245	35,795	0.44
2007	83,460	37,515	0.45
2008	92,643	43,517	0.47
2009	94,034	45,904	0.49
2010	93,009	46,805	0.50
2011	97,725	50,414	0.52
	847,360		

資料來源：Thomson Reuters Web of Science.

表 8　英國國際合著論文之主要合作國家學者及其占比

英國	美國	德國	法國	中國
合作論文總數	116,192	57,922	42,951	21,184
單一合作國家合著論文數	56,169	19,593	12,698	13,208
單一合作國家合著論文占比	0.48	0.34	0.30	0.62

資料來源：Thomson Reuters Web of Science.

五、高等教育課程的國際化

　　在機構和政策層面上關於國際化的探討文章很多；相對地，國際化對高等教育的核心活動，亦即教學和學習的影響之討論文章相對很少，而且是最近才出現的現象（Luxon & Peelo, 2009）。

㈠目的與類型

　　課程的國際化（internationalization of the curriculum）側重於有目的地發展學生的跨文化技能（inter-cultural skills），這可以透過課程內外的一系列方法來達成（Tangney, 2018）。課程國際化（internationalization of curricula）可能有多種形式如下：(1) 為特定國際專業（international professions）學生準備之課程；(2) 獲得國際認可之專業資格（internationally recognized professional qualifications）課程；(3) 聯合開授或雙學位（joint or double degrees）課程；(4) 國外大學開授必修部分課程（compulsory parts）並由當地教授（local lecturers）授課；(5) 國際學科（international subject）課程；(6) 跨學科課程（interdisciplinary programs）涵蓋多個國家；(7) 課程採用國際比較方法（internationally comparative approach）；(8) 外語（foreign languages）或語言學（linguistics）課程，解決跨交流問題（cross-communication issues）並提供跨文化技能（inter-cultural skills）培訓；(9) 課程內容係專為外國學生（foreign students）設計的（IDP Education Australia, 1995）。

(二)特徵

有關文獻指出國際化（internationalization）的二項主導因素（underlying drivers）。這主要根據對英國和澳洲大學的研究，其中還有一些來自北美研究。第一項關注畢業生在全球社群（global community）工作和競爭所需的技能和知識；基本前提（underlying premise）主要是經濟的。第二項是基於價值的（values-based），更注重培養畢業生的特質（attributes），特別是社會正義（social justice）、人權、環境永續（sustainability）和全球公民（global citizen）（Tangney, 2018）。

上述兩者相同之處在於：其結果都要求培養學生的跨文化技能（cross-cultural skills），將全球實例（global examples）和多層面視野（multidimensional perspective）融入課程，並以此發展全球思維（global mindset）。但不同之處在於後者基於價值取向（values-based approaches）之一個顯著特徵在於行動（action）是一個關鍵要素（critical element），即學生將在日常生活中做出有目的性的改變（purposeful changes），儘管這只是局部的。他們更能知道如何與自己具有不同文化認同的人互動。此外，對課程採用全球思維（global mindset）可以挑戰傳統的課程呈現方式、學科中知識是如何產生或已經產生的，以及學科對話（discipline discourse）中的偏見（biases）。

Tangney（2018）指出，課程的國際化在英國包括威爾斯大學在內的學習和教學策略中廣泛實現，主要係透過下述問題予以檢視（Tangney, 2018）：

1. 系所課程（program）是否透過國際案例研究（international case studies）或比較研究（comparative studies）、文章（articles）或文本（texts）等方式，以擴展全球視野（global perspective）？

2. 課程的實施和內容是否涵蓋一系列國際觀點、價值觀和本體論（ontologies）的存在和有效性（validity）？

3. 課程內容是否包括對學生自身文化價值觀、他人文化價值觀，以及學科對話（discipline discourse）背後的文化價值觀之批判反思（critical reflection）？

4. 課程內容是否避免不適當的我族中心語言（ethnocentric language）和文化假定（cultural assumptions）？

5. 是否鼓勵跨文化學生互動（intercultural student interaction），例如：透過敏感但明確方向的共同合作學習機會（collaborative learning opportunities）？

6. 系所課程是否提供與來自不同文化背景的人進行面對面（face-to-face）交流機會，例如：透過來賓演講（guest presenters）、使用網際網路科技（internet technology）或國際實習／方案（international placements/projects）？

7. 課程說明和宣傳是否清楚闡述國際背景（international context）的性質和範圍？

8. 課程學習環境是否促進所有學生跨文化能力（intercultural competence）的培養？

9. 在個人發展規劃（personal development planning, PDP）活動中，是否明確培育出跨文化技能（intercultural skills）？

10.是否鼓勵教師培養自己的跨文化意識（intercultural awareness）和技能，例如：透過國際交流（international exchanges）？

伍 英國高等教育國際化之挑戰與策略

一、英國高等教育國際化之主要挑戰

如前所述，英國招收愈來愈多的非英國籍學生（non-UK students）（參見圖 4），給英國大學（British universities）帶來新的挑戰（Luxon & Peelo, 2009）。

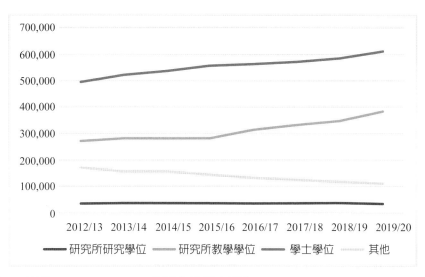

圖4 英國 2012/13-2019/20 國際生數量之變化

資料來源：HESA, 2021, p. 1.

(一)關注國家體系管理問題

隨著國際生人數的快速成長，學生招收愈來愈成功，這亦引發關注於國家體系管理問題（management of the national system）（Humfrey, 2011）。在國際生全球競爭的時代，留學國家目的地品牌化（branding）的概念，以及每個機構都需要為品牌負責，很快就產生了英國大學集團公司（UK plc）的想法，以及隨之而來的保護需求並提升該品牌（Humfrey, 2011）。影響所及，如何建立支持大學自主體系之國際生國家管理體系，乃是英國當前面對的一大挑戰。

(二)如何重視並融入國際生知識派典之差異

就課程而言，可能有一個問題，即海外學生進入英國課程的程度與英國本地生在知識本質（nature of knowledge）的派典（paradigms）可能不同。例如：根據觀察，瑞典的教育和研究追求實證主義模式（positivistic modes），但挪威的教育更傾向於詮釋學型態（hermeneutic styles）（Healy, 2002）。Choi（2020）強調國際學生會創造他們自己的新空間，使自己可

以同時擁抱本國性和全球性（Choi, 2020）。所以，英國大學必須在進行
大學教育時同時考量到來自不同國家之國際生知識典派及文化差異。

㈢因應國際化等同於高等教育品質和地位的追求

國際化所感受到的好處受到廣泛宣傳並孜孜不倦地予以尋求。許多實
務人員（practitioners）開始相信，國際化等同於高等教育品質和地位的追
求。在國際化的當前階段，相當重視學生體驗，而這種體驗的主導因素是
提升教學品質（Humfrey, 2011）。基於此，英國為了持續其高等教育品質
之引領地位，必須更加促進英國高等教育之國際化。

㈣正視國際化攸關機構收入和國家經濟利益，但亦須兼顧高等
教育公共性

高等教育國際層面（international dimension）日趨受到關注，其中
一項發展是基於經濟考量而招收國際生，這對機構收入（institutional in-
come）和國家經濟利益（national economic interest）具有重要意義（Healy,
2002）。英國因而更進一步面臨追求高等教育的經濟利益之同時，如何兼
顧高等教育公共性之難題。

二、英國高等教育國際化之新策略

在 2013 年，英國政府公布了《國際教育策略：全球成長與繁榮（*The
International Education Strategy: Global Growth and Prosperity*）》報告書。
該報告書彰顯出了政府和教育部門共同努力，以運用全球機會的雄心，此
報告書揭示之國際教育策略旨在鞏固英國的優勢，專注於國際生、跨境教
育（TNE）、教育科技（EdTech），以及更廣泛地加強英國在海外的教育
品牌（education brand）（HM Government, 2013a）。

後來英國政府於 2019 年公布 3 月國際教育策略：全球潛力、全球成
長（International Education Strategy: Global potential, global growth）（The
Department for Education and the Department for International Trade, 2019），
其重點如下：

㈠目標

即使英國教育出口（UK education exports）持續成長，競爭日益激烈的全球環境也意味著需要採取措施，以保持市場占有率（market share）。除了教育出口之外，還須培養共同合作（collaboration）和夥伴關係（partnerships）以增進價值，並有助於打造軟實力和全球關係（The Department for Education and the Department for International Trade, 2019）。

目標是推動整個英國教育在全球競爭的雄心壯志（The Department for Education and the Department for International Trade, 2019）包括：

1. 目標是在 2030 年將教育出口增加至 350 億英鎊。2016 年對英國的國際教育出口產值接近 200 億英鎊，根據目前的成長率，在 2020 年可達到 230 億英鎊。

2. 作為目標的一部分，希望於 2030 年前在英國學習的國際高等教育學生人數增加至 600,000 人。

㈡行動

為支持此項新策略的實施，英國將致力於支持整個教育體系的五項關鍵跨領域行動（5 key, cross cutting actions）如下（The Department for Education and the Department for International Trade, 2019）：

1. 任命國際教育冠軍（Appoint an International Education Champion）單位及其人員，帶領開展海外活動並開拓國際機會，在新興市場和成熟市場（new and established markets）發展強大的國際合作夥伴關係，並幫助因應挑戰和克服障礙。

2. 確保教育是偉大的，向國際更全面推展英國教育的廣度和多樣性，從早期教育至高等教育階段。鼓勵教育競標（education bids）以獲取 2019 年的大挑戰基金（GREAT Challenge Fund）。這個 500 萬英鎊的基金在於資助英國教育的出口活動（export activity）。

3. 繼續為國際學生提供一個友善的環境，並提供更具競爭力的教育。這包括延長畢業後留英簽證（the post-study leave period）；考慮簽證流程可以改進的地方；支持就業；並確保在英國現有和未來的國際生受到歡迎。

4. 透過政府各部會之參與（ministerial engagement）架構和正式的國內外政府部門之間的協調結構，以建立全方位政府方法（Establish a whole-of-government approach）。透過包括其他政府部門和權力下放行政部門（Devolved Administrations）在內的官方指導小組（officials' steering group）進行管理，並融入現有的由國際貿易部和教育部部長領導的教育部門諮詢小組（Education Sector Advisory Group）。

5. 透過提高每年發布的教育出口資料的準確性和涵蓋範圍，更清晰瞭解出口活動，開發增強的方法（methodology）和較佳資料來源。此策略共包含二十三項行動（action）（參見表 9）。

表 9　英國高等教育國際化新策略之二十三項行動

編號	內容	時程
行動 1	英國政府於 2019 年任命國際教育冠軍（International Education Champion）之單位。任務是為英國開拓國際機會，將教育部門與海外機會結合起來，並幫助克服成長的任何挑戰和障礙。	2019 年夏季完成
行動 2	英國政府將確保教育是偉大的，更全面地向國際社會推展英國教育的廣度和多樣性，從早年階段到高等教育。鼓勵教育競標 2019 年的教育基金。這個 500 萬英鎊的基金支持英國教育之全球出口活動。	2020 年春季完成
行動 3	英國政府不斷檢討簽證制度（visa system），以確保其符合目的，並且使英國的簽證是世界一流的制度。政府將透過延長畢業後停留英國時間（post-study leave period），並讓學生在畢業後更容易從事技術性工作，從而加強英國對國際高等教育學生的簽證優惠。	持續進行
行動 4	英國政府將繼續精進國際學生的簽證申請流程，以改善學生及其贊助機構人員之赴英旅程（customer journey）。這將包括檢視進行簽證面談的過程，以確保過程切中焦點，並儘量減少對申請人之任何不便。	持續進行
行動 5	英國政府將與英國大學國際化資訊機構（UUKi）和教育部門合作，確定並分享大學如何有效支持國際學生在英國本土和返回本國後就業和繼續深造的良好作法。還將與該機構合作，加強國際畢業生成果的證據資料，並監控英國在國際生招收和國際生體驗方面的排名位置（comparative position）。	持續進行，每年檢討
行動 6	英國政府將加強由國際貿易部和教育部共同主持的教育部門諮詢小組（Education Sector Advisory Group），作為政府和教育部門之間的夥伴關係，以實施此策略，發現新機會並共同確定因應挑戰的解決方案。這將得到一個跨政府、高階官方層級的國際教育指導小組，	2019 年夏季完成

編號	內容	時程
	由教育部和國際貿易部聯合主持,包括下放權力行政部門(Devolved Administrations)、內政部、外交和大英國協事務部(Commonwealth Office)、國際發展部和其他政府部門的代表。	
行動 7	國際貿易部將優先提供資源,支持中國特定地理區域與香港特別行政區(key geographic regions of China/Hong Kong)、東南亞國家協會(ASEAN)地區、中東和北非及拉丁美洲等主要地理區域的教育機會,檢視當前的活動並擴大在這些地理區域的影響力。尋求更能瞭解國際貿易部在低度發展(less developed)國家的機會領域。	持續進行,並於 2020 年春季檢討
行動 8	國際貿易部的教育團隊將與英國政府在海外的同事合作,為英國教育尋找新的機會,並支持英國供應商來滿足這些需求。	2019 年夏季完成
行動 9	英國政府將透過提高教育出口資料(education exports data)的準確性和涵蓋範圍,提供更清晰的出口活動面貌。教育部將與國際貿易部、該部門和國家統計局(Office for National Statistics)等其他關鍵機構合作,在每個年度資料發布之間展開工作,以加強方法、確定更好的來源範圍,並尋找提供更準確、最新報告的方法。在整個過程中,政府將繼續尋找方法來發展對全球教育市場和區域趨勢的瞭解,在有資料可運用情況下,更能告知政府和教育體系的優先事項。	持續進行,每年檢討
行動 10	國際貿易部將與相關部門機構例如:早期聯盟(Early Years Alliance)和其他行業機構合作,為現有和感興趣的教育機構提供新的有針對性的培訓計畫和有關國際機會的訊息會議。會議將以多種形式提供,例如:網絡研討會(webinars)和產業會議(industry conferences)上的演講。從 2020 年開始,每個季度將至少舉辦一次網絡研討會,並在每年至少三場會議上進行演講。鑑於世界不同地區的需求差異,網絡研討會將按地區舉辦。	2020 年夏季完成
行動 11	國際貿易部將透過與教育體系部門分享有關國際機會規模和範圍的更多情報,以鼓勵早期市場的成長。這將包括為英國大學機構設立海外據點、師資培訓(teacher training)和課程設計的機會。確定有哪些想要擴大服務的教育供應商,並為他們尋找最佳出口機會。	2020 年夏季完成
行動 12	國際貿易部將鼓勵獨立學校獲得國際機會,利用改進的教育出口資料來確定對於英國學校有最多機會之國家。將教育供應商與投資者聯繫起來,並與主要部門機構合作,為有興趣發展國際影響力的學校訂定指南。這將得到英國各地面對面培訓活動的支持,這些活動將提升獨立學校推展國際化可獲致之好處。	持續進行,並於 2020 年春季檢討
行動 13	教育部將與國際貿易部合作,透過提倡英國學校海外視導計畫(British Schools Overseas Inspection Scheme),協調政府和關鍵部門機構的努力,以提高在英國和海外學校的品質和安全。鼓勵獨立學校更能瞭	持續進行,並於 2020 年春季檢討

編號	內容	時程
	解監護人安排（guardian arrangements），向做得好的學校學習，以及發揮認可機構（accreditation bodies）的重要作用。	
行動 14	國際貿易部將與產業資部門（ELT）密切合作，提供訊息以增加他們對出口服務和專業知識（exporting services and expertise）的參與。組成研討會以鼓勵產業資部門（ELT）提供商利用出口機會。還將提供有關項目工作投標和建立海外中心的培訓，以及支持這樣做之後勤規劃（logistical planning）。	持續進行，並於 2020 年春季檢討
行動 15	國際貿易部將向英國產業資部門（ELT）通報與其他行業相關的全球機會。確保產業資部門（ELT）提供教育機構有機會參與更廣泛的國際貿易部主導的活動，在這些活動中，產業資部門（ELT）可以發揮更顯著的作用。從 2019 年起，將在英國舉辦網絡研討會和工作坊，分享行業最佳實務（best practice），並確定由其他英國出口商運營的需要技能和培訓的大型國際方案（large-scale international projects），這些可以透過語言培訓來提供有關之支持。	持續進行，並於 2020 年春季檢討
行動 16	國際貿易部將利用出口管道（exports pipeline）資料庫（database），並利用海外機會來促進英語語言和英國產業資部門，造就個人和國家之繁榮。從 2019 年起，國際貿易部將與英國文化協會（British Council）舉辦聯合網絡研討會，以提高對產業資部門開設的認識，以利國教育體系部門（UK education sector）活動之推展。	持續進行，並於 2020 年春季檢討
行動 17	國際貿易部將鼓勵更多英國技能組織，以便考慮在有能力的情況下在國際上開展，將提供培訓、支持和獲取英國出口融資（UK Export Finance）的途徑。從 2019 年起，將在政府間建立正式網絡，以突出英國技術與職業教育及訓練（TVET）開設的能力及其與所有工業部門技能發展的相關性。將創建並向技術與職業教育及訓練（TVET）供應商網絡提供重點支持計畫，促進英國出口融資（UK Export Finance）所需要之資助。	2020 年春季完成
行動 18	國際貿易部和教育部將繼續利用海外政府對政府、政府對產業的聯繫，以推廣英國的技能供應。國際貿易部將建基於英國技能夥伴關係，使英國最好的技能開授能為海外合作夥伴提供連貫、結構化和訂定的解決方案。從 2019 年起，國際貿易部將為客戶和利害關係人舉辦知識共享活動（knowledge-sharing events for clients and stakeholders），包括網絡研討會和簡報文件（briefing documents），以增進對英國技術與職業教育及訓練行業作為全球世界級運營商的瞭解和看法。從 2020 年起，國際貿易部將提供一系列面對面的訊息會議和材料，以增加技術與職業教育及訓練設立在捐助者採購門戶網站（donor procurement portals）上註冊數量及其成功程度。	2020 年春季完成

編號	內容	時程
行動 19	教育部和國際貿易部將與高等教育體系部門和英國文化協會合作，更準確地確定跨境教育對英國經濟的整體價值。將尋求為新的和現有的教育供應商提供對潛在市場的洞察，以改進有關的最佳實務（best practice）和影響之整體證據基礎。	持續進行，並於 2020 年春季檢討
行動 20	國際貿易部將透過與具有公認出口潛力的國家進行對話（dialogue），支持教育部門發展跨國公司。將透過國際協議和教育倡導者的努力工作，以解決規範障礙（regulatory barriers）。努力確保這些協議包括承認英國學位、線上和混合學習計畫（blended learning programs）。	持續進行，並於 2020 年春季檢討
行動 21	國際貿易部將與英國國際大學（Universities UK international）和英國文化協會合作，透過展覽、網絡研討會和參與會議向英國部門通報跨境教育的全球機會。透過製作針對特定國家的指南（country-specific）來支持跨境教育活動，以支持有針對性的夥伴關係發展（targeted partnership development），並積極促進英國供應商與潛在國際合作者之間的合作夥伴相配合（partner matching）。這些指南於 2020 年出版，重點關注於對教育體系部門具有特殊興趣和機會的國家。	2020 年春季完成
行動 22	國際貿易部將鼓勵教育科技和教育機構部門與英國和英國海外的買家（buyers both in the UK and overseas）互動。在必要時，由政府給予合適的領導。舉辦訊息網絡研討會和面對面的活動（face-to-face events），提供有關主要市場面貌之訊息簡報，強調教育服務提供者的機會。	持續進行，並於 2020 年春季檢討
行動 23	國際貿易部將與教育體系合作，繼續展示（showcase）英國教育科技產品，並運用大英教室（GREAT British Classroom）等方案（initiatives）幫助打造更強大的英國教育科技品牌。與教育體系合作，還將利用創新的多媒體平臺（innovative multimedia platforms）來幫助教育供應商向全球社會展示產品。	2020 年春季完成

資料來源：The Department for Education and the Department for International Trade, 2019, pp. 37-41.

陸 未來展望

　　英國大學從自由學者（wandering scholars）到私人、公共和第三方資助（third stream funding）的接受者之發展歷程是勇敢的，而且是成功的。毫無疑問，英國大學肩負有國家責任，並受到國家議題和目標的約束。若

非體認到國際化和全球獲取知識的重要性，大學也可能會隨著過去其十一世紀的經驗，造成在國際化的價值和利益之逐漸消失（Humfrey, 2011）。後來高等教育作為一項國際商貿活動（international commercial activity）受到關注（Li & Roberts, 2012）。Graf（2009）從各種資本主義的角度（capitalism perspective）比較了德國和英國的大學，發現跨國活動中針對特定國家的專業化反映出各自高等教育系統納入的制度環境。Knight（2003）和 Czinkota（2006）研究與服務貿易總協定協議（GATS agreement）相關的高等教育國際化，更具體地說，Czinkota、Grossman、Javalgi 和 Nugent（2009）探索了美國商學院（US business schools）的外國市場進入模式（foreign market entry modes）。

隨著關於高等教育資助的布朗審查（Browne Review on the Funding of Higher Education），以及隨後通過的立法為學生承擔高等教育的全額費用開啟道路，英國高等教育體系朝向市場邁出前進的一步。高等教育日益市場化（marketization）和商業化（commercialization）是一個普遍趨勢，這與在全球範圍內獲得愈來愈多支持的新自由主義經濟政策（neoliberal economic policies）相互一致。自 1980 年代初以來，在當今的全球市場中，國際化已成為大學發展的核心，提供機會以提高其影響力（influence）、知名度（visibility）和市場占有率（market share）（Li & Roberts, 2012）。

英國自 2019 年發布《國際教育策略》以來，全球高等教育受到影響之大是無法預料的。由於新型冠狀病毒（COVID-19）大流行，給英國的教育部門及其國際營運（international operations）帶來重大挑戰。大流行還改變了全球教育的提供方式。英國政府於是在今年公布了《國際教育策略：2021 年更新版：支持復甦、推動成長（*International Education Strategy: 2021 Update Supporting Recovery, Driving Growth*）》，這是 2019 年國際教育策略的更新版，列出了英國政府對過去一年給教育產業帶來的挑戰和機會的回應。新型冠狀病毒大流行已經考驗所有人。英國政府重申其比以往任何時候都更強有力地支持英國教育的承諾。國際教育策略的原始原則和目標（original principles and ambitions）顯得更為重要。此更新版的核心是，英國政府重申對 2019 年策略雄心的承諾，即將英國教育出口（education exports）產值增加至每年 350 億英鎊，並將在英國招收的國際學生人數增加到至少 600,000 人。英國政府重申到 2030 年實現這兩個目標的雄心。此一更新版說明英國政府如何支持該教育係從復甦到永續成長（sustainable growth）的旅程。至關重要的是，英國正在超越最初的策略，並正在訂定促進成長的新方法。有一個明顯例子是英國與師資培育機構（teacher training providers）合作建立新的國際教學資格（international teaching qualification）之國際合格教師地位（International Qualified Teacher Status）。這將植基於英國享譽世界的師資培訓標準和方法（world-renowned teacher training standards and methods），並在世界各地的學校中予以實現（The Department for Education and the Department for International Trade, 2021）。以上之 2021 年更新版策略是有希望的，但仍需要更進一步努力。英國政府和高等教育機構需要定期和準確蒐集有關資料。一直到 2030 年，英國需要每年進行檢視，以確保以上策略目標之達成，並能對競爭環境變化做出適時之回應（Pitman, 2021）。展望未來英國高等教育國際化，將會進一步擴展，以賡續維持其在全世界高等教育的競爭優勢與地位。

參考文獻

Adams, J., & Gurney, K. A. (2018). Bilateral and multilateral coauthorship and citation impact: Patterns in UK and US international collaboration. *Frontiers in Research Metrics and Analytics, 3*(12), 1-10.

Bligh, D. (1990). *Understanding higher education.* London: Cassell.

Brown, M. (2000). Do we need a strategic international development function in universities? In G. Wisker (Ed.). *Good practice working with international students* (pp. 7-20). Birmingham, UK: Staff & Educational Development Association.

Chinchilla-Rodríguez, Z., Miao, L., Murray, D., Robinson-García, N., Costas, R., & Sugimoto, C. R. (2018). A global comparison of scientific mobility and collaboration according to national scientific capacities. *Frontiers in Research Metrics and Analytics, 3*(17), 1-14.

Choi, O. H. (2020). *Journey into transnational spaces: The productions of international students' identity negotiation and its implications for higher education in the UK.* In: University of Bristol.

Davies, J. C. (2016). *Exploring the inherent conflict between the internationalisation and carbon management agendas in the UK higher education sector.* In: Manchester Metropolitan University.

DfE (2020). *UK Revenue from Education Related Exports and Transnational Education Activity in 2018.* London: The Author.

Fielden, J. (2011). *Getting to grips with internationalisation: Resources for UK Higher Education Institutions.* Retrieved from http://www.bristol.ac.uk/medialibrary/sites/university/migrated/documents/internationalisation1.pdf.

Healy, C. K. (2002). *The development of internationalisation policy in UK higher education.* In: Brunel University.

HESA (2021). *Higher Education Student Statistics: UK, 2019/20*. Retrieved from https://www.hesa.ac.uk/news/27-01-2021/sb258-higher-education-student-statistics

HM Government (2013). *International Education: Global Growth and Prosperity*. Retrieved from https://assets.publishing.service.gov.uk/government/uploads/system/uploads/attachment_data/file/340600/bis-13-1081-international-education-global-growth-and-prosperity-revised.pdf

Humfrey, C. (2011). The long and winding road: A review of the policy, practice and development of the internationalisation of higher education in the UK. *Teachers and Teaching: Theory and Practice, 17*(6), 649-661.

IDP Education Australia & Australia Department of Employment, Education and Training (1995). *Curriculum development for internationalisation: OECD/CERI study*. Canberra: IDP Education Australia.

IIE (2021a). *International Scholars Trends*. Retrieved from https://opendoorsdata.org/data/international-scholars/international-scholars-trends/

IIE (2021b). *Leading Places of Origin*. Retrieved from https://opendoorsdata.org/data/international-scholars/leading-places-of-origin/

Knight, J. (2003). Updated definition of internationalization. *International Higher Education, 33*, pp. 2-3.

Knight, J. (2004). Internationalization remodeled: Definition, approaches, and rationales. *Journal of Studies in International Education, 8*(1), 5-31.

Knight, J., De Wit, H. (1995). Strategies for internationalization of higher education: Historical and conceptual perspectives. In De Wit, H. (Ed.). *Strategies for internationalization of higher education: A comparative study of Australia, Canada, Europe and the United States of America*, pp. 5-33. Amsterdam: European Association for International Education.

Li, X., & Roberts, J. (2012). A stages approach to the internationalization of higher education? The entry of UK universities into China. *Service Industries Journal, 32*(7), 1011-1038.

Luxon, T., & Peelo, M. (2009). Internationalisation: Its implications for curriculum design and course development in UK higher education. *Innovations in Education & Teaching International, 46*(1), 51-60.

Moya-Anegon, F., Guerrero-Bote, V., López-Illescas, C., & Moed, H. (2018). Statistical relationships between corresponding authorship, international co-authorship and citation impact of national research systems. *Journal of Informetrics, 12*, 1251-1262.

Pearce, A. (2011). *How can international staff exchange be implemented as part of the execution of an internationalisation strategy in UK higher education?: The case of a strategic entrepreneur.* In: Northumbria University

Perez-Gore, I. (2012). *Issues, successes and coping mechanisms: Non-traditional Indian students' experience in the context of inclusive practice and internationalisation of higher education in the UK.* In: UCL Institute of Education (IOE).

Pitman, J. (2021). *The UK's international education strategy needs to be genuinely world leading.* Retrieved from https://wonkhe.com/blogs/the-uks-international-education-strategy-needs-to-be-genuinely-world-leading/

Tangney, S. (2018). The development of a reflective tool for internationalisation of the curriculum. *Innovations in Education & Teaching International, 55*(6), 640-649.

The Department for Education and the Department for International Trade (2019). *International Education Strategy: Global potential, global growth.* Retrieved from https://www.gov.uk/government/publications/international-education-strategy-global-potential-global-growth

The Department for Education and the Department for International Trade (2021). *International Education Strategy: 2021 update supporting recovery, driving growth.* Retrieved from https://assets.publishing.service.gov.uk/government/uploads/system/uploads/attachment_data/file/958990/International-Education-Strategy-_2021-Update.pdf

The Royal Society (2021). *Snapshot of the UK research workforce*. Retrieved from https://royalsociety.org/topics-policy/projects/uk-research-and-european-union/role-of-eu-researcher-collaboration-and-mobility/snapshot-of-the-UK-research-workforce/

Thomson Reuters Web of Science (2021). *Browse, search, and explore journals indexed in the Web of Scienc*e. https://mjl.clarivate.com/home

Times Higher Education (2021). *Most international universities in the world*. Retrieved from https://www.timeshighereducation.com/student/best-universities/most-international-universities-world

Wisker, G. (Ed.). (2000). *Good practice working with international students*. Birmingham, UK: Staff & Educational Development Association.

WTO (2010). *Education services: Background note by the secretariat, council for trade in services* (S/C/W/313, April 1). Geneva: WTO.

Zha, Q. (2003). Internationalization of higher education: Towards a conceptual framework. *Policy Futures in Education, 1*, 248-270.

第十章

美國高等教育學生國際交流政策——追求國家安全與政經永續發展的衡平

陳昀萱

緣起

　　二次戰後全球化急遽發展，促使人口頻繁跨界移動成為日常景觀的一部分，其中，跨境學習所產生的教育意義與各種潛藏的社會貢獻，讓教育政策制定者與實務工作者積極推動學生跨界學習，學生的國際移動並成為國際高等教育的最關鍵的面向。不過，學生跨國移動的現象，並非全新概念。早在十二世紀初，歷史上最古老的大學如義大利波隆納大學與法國巴黎大學，以其作為跨國組織的型態，早已吸引歐洲各地學生前往就讀。直至十九世紀中葉，德國大學以其嚴謹的學術研究聲譽與可負擔的學費，吸引了大批國際學生前往留學，也因為眾多在德國攻讀高階學位的學生，隨後都任教於美國大學，也讓後來美國大學紛紛致力於藉由仿效德國大學嚴謹的治學方式，來提高學術聲望（Altbach, 1998; Haskins, 1957; Veysey, 1965; Rudolph, 1990; Thelin, 2001; Guruz, 2011; García & Villarreal, 2014）。

　　隨著近代國際高等教育作為一種服務產業的競爭日益白熱化，許多招收國際學生大國紛紛祭出各種國家型策略，希望吸引更多國際學生前往就讀。以近 10 年國際學生留學國的變化，就可發現美國不再是國際學生的唯一選擇。以數據來看，2000 年全世界約有 160 萬名國際學生跨界就讀高等教育，而招收留學生的前五名大國為：美國（28%）、英國（14%）、德國（12%）、法國（8%）、澳洲（7%）；到了 2020 年，全球國際學生增加至 560 萬名，前五名則為美國（20%）、英國（10%）、加拿大（9%）、中國（9%）與澳洲（8%）。美國在此排名雖然仍穩居世界第一，但是國際學生占比卻明顯減少，後起之秀則包括了同為北美英語國家的加拿大，以及進出口市場最大的中國。

　　單以國際學生國數據來看，美國吸引全世界人數最多的國際學生，占全世界比率也最高，相較於到美國求學的國際學生人數，美國大學生出國人數則較少，2018 學年度約有 34 萬 7,000 名大學生出國，約占美國大學生人數 1.8%；留學地又以歐洲國家約 19 萬 3,000 多名最多，占出國學生一半以上（Institute of International Education, 2021a、2021b、2021c）。不少研究認為：美國高等教育以其國際聲譽、國家在全球社會的支配性角

色、優秀學者與國際學生相互吸引效果等因素，得以吸引全世界最多的國際學生（Altbach, 2004; García & Villarreal, 2014）。本文嘗試進一步發掘這些數據背後的脈絡，藉由檢視美國高等教育學生國際交流政策發展的背景、法規脈絡、與推動高等教育學生國際交流政策的策略與特色、挑戰、與展望，以作爲我國思考發展高等教育學生國際交流相關政策的參考。

　美國高等教育學生國際交流政策的起源、政策、與相關法規脈絡

美國在 1776 年獨立前是由歐洲移民所組成，而自英國殖民地自治獨立成國所立基的「美國夢」（The American Dream），則是美國立國精神，在其獨立戰爭所發表的《獨立宣言》宣示：人人生而平等，享有生命、自由和追求幸福的權利，而此精神也由美國憲法所保障。因爲多元移民組成的歷史背景、與追求平等自由的立國精神，使其對於移民保持相對開放的態度。

一、美國高教學生國際交流政策的起源

首先，明確允許國際學生到美國就讀後期中等教育的法規基礎，源於 1924 年發布的《移民法》，到美國的外國學生主要屬於年滿 18 歲、就讀高等教育課程的族群。如果外國學生申請就讀美國公立高中，除了極少數情況，大多數國際高中生必須依法支付學費，《移民法》也禁止以就讀公立小學爲目的的國際學生（Haddel, 2008）。

今日吸引世界最多國際學生的美國高等教育，其優勢奠基於二次大戰期間，美國政府因爲戰爭所需的國防科技研發，開始資助大學的科學研究計畫。當時許多歐洲優異的科學家和研究人員爲了逃避希特勒在歐洲的極權統治發展，紛紛移居美國。除了因戰爭而提供的研究資金外，1945 年時任國家科學發展處處長 Vannevar Bush 在提交給羅斯福總統的報告《科學——無盡延伸的前線》（Science Endless Frontier）中主張：爲了對抗疾病、維護國家安全，以及公共福祉，應繼續爲大學提供基礎具規模的研究

資金。聯邦所提供的科研資金持續穩定 10 年，直到蘇聯 1957 年發射了全世界第一枚人造衛星史普尼克號（Sputnik），再次刺激美國國會重視各種科學研究，進一步提升了給高等教育機構的科研經費。擁有大量聯邦科學研究資金的美國大學，不僅吸引來自世界各地的傑出學者，留下更多本地學生，也吸引更多國際學生（Bush, 1945; Graham and Diamond, 1997; Thelin, 2004; García & Villarreal, 2014）。

在鼓勵美國學生出國留學面，美國第一個官方認可的大學留學計畫，於 1923 年由德拉瓦大學（University of Delaware）創立，當時該校選送了 9 名大三學生到法國留學，第一屆計畫的成功，也讓這項計畫得以繼續送學生前往法國、瑞士與德國短期留學，同時也鼓舞了哥倫比亞、賓州、韋爾斯利、衛斯理、布朗、史密斯、哈佛和普林斯頓等校的學生參與德拉瓦大學的留學計畫，此後至 1948 年共 25 年間，總計 902 名學生在德拉瓦大學於國外度過了大三學年（University of Delaware, 2021）。自此之後，在美國國際教育研究所（Institute of International Education，以下簡稱 IIE）與各大學持續積極推動下，美國大學選送學生出國短期留學的計畫也逐漸開展。

將美國學生出國留學提升至美國國家層級的展現，是「傅爾布萊特獎學金法案」。二次大戰迫使美國大學送大學生出國學習的交流活動暫時中斷。然而，大戰也讓當時美國再次意識到出國留學對於促成國際理解和信任的關鍵重要性。1945 年 9 月，阿肯色州參議員傅爾布萊特（J. W. Fulbright）在國會提出一項法案，要求運用政府銷售戰爭時期相關財產的收益，來贊助教育、文化和科學領域的學生交流、強化各國友善關係。這項法案又在 1946 年歷經傅爾布萊特—海斯法案（Fulbright-Hays Act）修正原有計畫部分內容，例如：增加甄選管理委員的權限（Bureau of educational and cultural affairs, 2021）。

傅爾布萊特獎學金計畫迥異於其他國際交流計畫之處，在於其「雙邊」（binational）與「學術菁英」（academic merit）的特性。首先，這種「雙邊」制度的特性既是偶然，也是特意設計，因為這項計畫最原始的經費預算，來自二次戰後美國國內外戰爭相關財產銷售的收益，因此法案一

開始是授權國務卿與任何外國政府得以運用行政協議方式，協調使用兩國銷售戰爭財產相關收入來進行教育交流，因而必須基於雙邊共識基礎。此外，這項計畫的學術菁英特性，源於傅爾布萊特本人與董事會的共識：雖然傅爾布萊特計畫重要目標之一是服務美國外交政策，但它不應該被用作針對特定國家的短期政策工具……也應該避免出現文化帝國主義的現象。因此，在甄選委員會的組成代表、甄選決定過程中，也都必須同時平衡考量學術知識傳播與交流、合作國家的教育需求，以及美國外交利益等面向（Bureau of educational and cultural affairs, 2021），而傅爾布萊特雙向交流獎學金此後也成為舉世聞名的交流計畫。

二、美國現今學生國際交流政策

　　以下持續從招收國際學生與鼓勵學生出國留學兩個面向分別敘述之，並聚焦在 2000 年以來的發展。

㈠招收國際學生

　　藉著二次大戰期間所累積的大量科研人才、與充裕科研資金所奠定的規模，美國高等教育吸引了全世界最多國際學生。然而，相較於其他國家如英國與澳洲由政府主導發展國際學生策略，美國多由大學與專業團體倡議推動。例如：美國國際教育者協會（Association for International Educators，以下簡稱 NAFSA）曾在 2003 年呼籲美國聯邦政府制定完整的招收國際學生策略，由國務院、商務部和教育部共同分工並承擔責任。該協會認為發展國家招生策略的必要性有兩個原因。首先，最優秀聰明的國際學生未必持續自動選擇到美國大學就讀，因為同樣是國際學生招收的競爭國家如澳洲、英國和紐西蘭，都已針對不同來源國的國際學生發展出招收策略。第二個原因則是：為了有效遏阻恐怖主義，美國政府應該與世界各地建立聯繫和友誼共同合作（轉引自 Becker & Kolster, 2012）。2007 年，時任 NAFSA 的執行長 Johnson（2007）再次建議國會提出國家型的國際高等教育政策，他在眾議院的演講便指出：國際學生與交換訪問學者對於美國外交、經濟、與高等教育研究發展的關鍵重要性，呼籲白宮、國務院、與

國會共商解決美國高等教育吸引國際學生的問題（如：學費過高），發展國家型招收國際學生的策略、建立品牌，強化美國高等教育的市場競爭力。

2009 年歐巴馬總統就任後，對於管理移民與促進國際學生雙向留學議題採積極的態度，招攬中國與新興經濟體的學生到美國求學。首先，中國學生長久以來是美國大學招收的對象，觀察 2009-2010 年在美國留學的中國留學生人數，幾乎是赴中國留學的美國學生之 10 倍，美國政府認為這種互相理解認識的不對等，會破壞兩國之間的戰略互信。為了強化外交政策、經濟交流、戰略的基礎，歐巴馬總統在 2009 年 11 月宣布「100,000 Strong Initiative」倡議，這項倡議由國家、但仰賴私部門捐款的計畫，計畫目的不只在大幅提升赴中國進修的美國學生人數，更希望讓留學中國的美國學生就讀更為多元的領域，培養下一代美國中國問題專家，希望能更全面性的瞭解中國，以經營發展兩國長期的政治、經濟和文化關係（US Department of State, 2012）。

此外，美國也積極鼓勵如印度、印尼和越南等國的國際學生到美國留學。2010 年，IIE 率領美國 10 所高校的高等教育官員代表團訪問印度，希望增加美國和印度高等教育合作的數量，因為印度在經濟與科技發展上逐漸成為一股力量，對高等教育服務的需求日益提升。這些夥伴關係可以強化美國和印度之間學生流動性的增加。同時期，歐巴馬政府也極力推動美國和印尼高等教育交流，目標是在 2014 年提升赴美國留學的印尼學生人數達到 14,000 人，促進與穆斯林國家的關係與交流。此外，歐巴馬政府也積極鼓勵越南學生到美國留學，這也是一項更廣泛、長期的經濟戰略的一部分，旨在讓美國在全球新興市場上站穩腳跟。最終，這些計畫積極介入吸引特定新興經濟體國際學生的目的，主要還是希望除了可以培養這些新興市場的中產階級；也讓來自這些經濟體的優秀學生有機會留在美國社會服務（Becker & Kolster, 2012）。

(二)鼓勵學生出國留學

接續前述美國官方較具規模的鼓勵學生出國計畫——傅爾布萊特獎學

金法案，自從該計畫於 1946 年推動至今六十餘年，主要都是由 IIE 所屬國際學人交流委員會（Council for International Exchange of Scholars, CIES）代表國務院下教育和文化事務局執行與管理，預算則來自美國國會通過給國務院的經費；此外，美國國內外的夥伴政府、基金會與企業等，也會提供直接經費或間接設備支持國際學人接待計畫。目前與 160 餘國合作，每年頒發大約 8,000 筆獎項。對象主要涵蓋教師、專業人士和學生，大約有1,600 名美國學生、4,000 名外國學生、1,200 名美國學者和 900 名訪問學者獲獎，累積至今總計已有 370,000 多位傅爾布萊特學人參與（Fulbright Scholar Program, 2021）。

三、相關法規與制度脈絡

以下分別從招收國際學生與鼓勵學生出國留學的面向，說明相關管理制度與法規脈絡。

㈠招收國際學生

美國高等教育雖然吸引了近百萬的國際學生來就讀，但是隨著二次戰後美國國際影響力滲透全世界，極端異議分子藉由各種管道進入美國，對美國內部社會造成威脅。因此，如何在吸引國際學生之際，同時有效監管數量龐大的國際學生，以確保美國境內安全，也成為美國政界與社會輿論焦點。此外，除了擁有最多世界級的高等教育學府與充分的科研經費外，另一項國際學生赴美留學的誘因，是畢業後移民美國的機會。因此，要理解美國國際學生政策，也必須同時理解美國管理國際學生的資訊系統發展，以及移民議題的脈絡，特別是從美國大學如何看待「廣義國際學生」，對於理解美國高等教育國際學生政策背後精神，以及這些精神如何反映在其對待非法移民外國學生與國際學生政策上。

1. 管理國際學生的SEVIS簽證資訊系統

美國政府發展國際學生的管理系統 SEVIS，源於幾次恐怖分子藉著學生簽證入境美國所發起的攻擊行動。首先是 1993 年世貿中心停車場爆炸案，調查發現其中一名恐怖分子持有的竟然是過期的國際學生簽證，

促使美國相關主管單位如國務院與司法部要求重新更嚴格審查整個國際學生簽證流程與制度。司法部便邀集政府相關主管單位與國際學生管理專家，成立專案調查小組仔細審視簽發國際學生簽證流程，其專案報告則指出當時的「移民與歸化服務中心」（Immigration and Naturalization Service, INS），今改名為公民與移民服務中心（Citizenship and Immigration Service Center）業務嚴重缺失，包括：如何認證招收國際學生的學校、追蹤學校對於國際學生管理，以及更新維護學校端紀錄等問題（Office of the Inspector General, 2002）。這些調查結果，也促使 1996 年的「非法移民改革和移民責任法案」（Illegal Immigration Reform and Immigrant Responsibility Act, IIRIRA）規範責成司法部與國務院，必須發展蒐集高等教育國際學生和訪問者的數位資訊系統，INS 因此自 1997-1999 年推動了「跨部門協調規範國際學生計畫」（The Coordinated Interagency Partnership Regulating International Students, CIPRIS）資料庫系統計畫，這項前導性計畫是在美國東南四州（例如：阿巴拉馬州）蒐集約 1 萬名國際學生的基本資訊，測試建置國際學生／交換學人管理資訊系統的雛形，用以加速大學管理國際學生與學人基本資訊管理及簽證狀態更新流程（Rubin, 1997; Zacher, 2001; Haddel, 2008）。

2001 年 9 月 11 日恐怖分子劫機自殺式衝進紐約雙子星大廈事件舉世震驚，美國司法部調查又發現：兩名恐怖分子入境美國持有的竟然是私人飛行學校的非全時學生簽證，除了促使美國社會各界更加關注要求政府邊境管理、移民、與國際學生的態度，也加速了 CIPRIS 的正式版──「國際學生和訪問學者資訊系統」（Students and Exchange Visitor Information System, SEVIS）的進行，這項系統要求各大學必須申請認證加入 SEVIS，美國政府才據以審查核發赴該校就讀的學生簽證，該系統 2003 年 1 月底正式上線，之後歷經多次系統更新，成為美國政府管理國際學生最重要的基礎建設（Office of the Inspector General, 2002; Department of Justice, 2002; Wiki, 2021）。

SEVIS 開始運作至今，中間並非完全未受批評，例如：NAFSA 便認為：此項系統的運作對於國際學生與招收國際學生的學校造成負擔（轉引

自 Reeves, 2005）。雖然如此，美國政府評估報告也指出：SEVIS 除了可以即時更新國際學生的簽證狀態，讓美國政府與大學預先防範個別國際學生的異常簽證狀態（Haddel, 2008）。此外，美國政府也定時彙整 SEVIS 資訊系統中各類國際學生／交換學人在美國活動的各種基本資訊，除了每季發布國際學生增長與各州分布等大數據外，還可以用作觀察分析美國國際學生長期各項發展變動趨勢（US Immigration and Custom Enforcement, 2021）。

2. DACA 與夢想家

近 10 年來深受美國大學高度關注的一項移民法規，是「夢想與承諾法案」（Dream and Promise Act），這項法案最初起源於兩位參議員首次在 2001 年共同提出的「夢想法案」（Development, Relief, and Education for Alien Minors Act，簡稱 DREAM），目的希望為幼年時期隨家人非法進入美國的移民提供一個合法居留的管道，先給予這些移民學生 6 年短期合法居留身分，之後只要符合三項條件，就可以獲得永久居留的身分，特別是「夢想法案」關注教育權利，希望讓更多童年時期非法移民學生有機會合法接受美國中小學教育，可惜歷經多年闖關，在 2012 年以前並未正式獲國會支持通過，最後，歐巴馬總統在 2012 年是以行政命令方式簽署了《暫緩驅逐童年抵達者辦法》（Deferred Action for Childhood Arrivals，簡稱 DACA），這項行政命令的內容具體化了「夢想法案」的內涵，該行政命令允許美國境內許多 16 歲以前非法入境美國，卻未具正式公民身分的移民學生，有機會暫時取得合法身分，得以正式進入大學，獲得教育的機會，以發揮職業與經濟潛力（Mahony, 2012; Matos, 2020）。

雖然 DACA 有其效益，但是作為民主黨總統所簽屬的行政命令，也被繼任的共和黨川普總統所杯葛，川普以該命令不符法制程序為由，欲將其取消，只是在過程中遭受社會各界反彈而未成。而在 2021 年上任的拜登總統，則在當年 1 月簽屬發布一項備忘錄，指示美國國安部長與司法部長共同延續 DACA 的措施，但是備忘錄的效益畢竟未如正式法案，因此後續應如何修正「夢想法案」，也成為行政部門思考的議題（US Citizenship and Immigration Services, 2021）。

　　最後，「夢想與承諾法案」歷經調整，又於 2019 年再度進入眾議院，並在 2021 年 3 月由眾議院通過（Migration Policy Institute, 2021）。直至 2021 年 7 月爲止，還在參議院討論，但各界預期：該法案一旦通過，美國政府便得據此提供綠卡給大約 250 萬名被暱稱爲「夢想家」（the Dreamers）的跨國移民青年（包括暫緩驅離兒童時期入境與臨時受保護身分者），讓這些童年時期非法入境美國的年輕移民，可以獲得免受驅逐出境的豁免權，而在教育政策層面，這項法案也讓這些年輕移民有機會得到各種聯邦就學補助（如培爾獎學金）、貸款、和半工半讀的權利，鼓勵這些年輕移民學生以完成高等教育、工作、與服役的方式來取得綠卡，進而獲得公民權（American Immigration Council, 2021）。

　　無論是 DACA 或是夢想法案，對於許多美國大學都有其重要性，因爲每年有近 10 萬名沒有身分的移民學生從高中畢業，這些童年時期隨家人非法移民至美國的外國學生並未具合法公民身分，因此在學費定義範圍無法以國民身分學費（in-state tuition）入學，屬於「廣義國際學生」，既無法像本國學生一樣貸款或工作，也無法像國際學生一樣可以部分打工，而 DACA 法令保護了這些學生有機會免受驅逐出境的命運，還可以獲得政府獎補助追求高等教育，對於美國大學招收優秀學生的助益甚大，因此許多大學（特別是服務少數族裔的社區大學）之國際學生服務辦公室（International Student Service），也都開設 Dream Act 或 DACA 專區、或倡議支持相關法案，提供詳細資訊給此類屬於特定類別的「非本國學生」（Community College of Baltimore County, 2021; Kansas City Kansas Community College, 2021; University of California at Berkley, 2021）。

　　研究陸續也發現：DACA 有效地鼓勵美國境內幼年非法移民青年進入高中與大學並完成學業，也減少移民青年的中輟率（Gonzales, Terriquez, & Ruszczyk, 2014; Ballis, 2020），更填補美國產業發展所需大量的職缺（FWD US, 2021）。也因爲這些多方面效益，讓美國移民、高等教育界和產業界，同時高度關注 2019 年夢想與承諾法案的進展，因爲這項法案影響層面不僅止於目前移民政策，更意味著目前與未來移民學生進入美國大學就讀的可能性，與這些 DACA 人力對於現行與未來產業的幫助，長

遠來說，更象徵著美國對國際移民、社會與經濟公平性，以及產業發展的方向（Acevedo & Magaña-Salgado, 2020）。

3. 拜登總統的2021公民法案——放寬國際學生進入與在美國發展的機會

源自夢想法案的爭議，2021 年上任的拜登總統在就任第一天，就送了一項改革移民制度的 2021 美國公民法案（The US Citizenship Act of 2021）給國會，白宮新聞稿指出：這項法案重申美國移民立國的理想價值與人道主義精神（The White House, 2021）。這項公民法案整合了夢想與承諾法案和 2020 年改善新美國人機會法案（The Improving Opportunities for New Americans Act of 2020）的精髓。對於國際學生來說，拜登的新法案將美國大學 STEM 領域博士級國際畢業生改列為不限數量的非公民簽證類別，增加了 STEM 博士國際學生獲得綠卡的機會。因為在現行狀態下，擁有美國學位的國際畢業生雖然至少有 1 年時間可以藉著實習簽證來找工作，但是要從 F-1 學生簽證獲得正式工作簽證仍受限於許多條件，讓許多國際畢業生的美國夢仍有海市蜃樓之感。美國高教與移民大學校長聯盟（Presidents' Alliance on Higher Education and Immigration, 2021, p. 4）認為：拜登的新法案所帶來的機會讓未來國際學生知道美國是歡迎他們的，畢業後也有很大機會可以留在美國發展，這樣他們才有可能來到美國求學並繼續深造，特別是這項新法案允許國際學生的雙重意圖（dual intention），根據現行法律：國際學生以非移民身分入境美國之際，必須聲明只是為課程目的進入美國，而不允許申請持國際學生簽證者表達轉移身分留在美國的目的：該法案刪除了這項聲明。整體而言，這項法案的亮點，不僅是為目前美國境內超過上百萬無證居民提供合法居留和公民身分的管道，也調整簽證制度，增加在美國求學的國際學生獲得永久居留權的機會，讓國際學生和學者更容易留在美國立業成家，間接提升了大學教職員的招聘人數與品質。

(二)鼓勵美國學生出國

關於鼓勵美國學生出國留學的法制基礎，2000 年有班哲明吉爾曼眾

議員（Representative Benjamin Gilman）提出了 2000 國際學術機會法案（International Academic Opportunities Act of 2000），雖然這項法案最終沒有完成立法程序，但是在推動過程中也引發相當多討論與關注。例如：國會於 2005 年成立了亞伯拉罕林肯留學獎助計畫委員會（Commission on the Abraham Lincoln Study Abroad Fellowship Program），並爲美國大學生留學提出政策報告書。這項報告概述了美國大學生出國留學的現狀、重要性、利弊得失、與未來的挑戰，最後也爲大學留學獎學金計畫提出詳細的建議，希望藉由獎學金計畫來提升大學生參與出國學習的參與程度。這項報告指出獎學金計畫的目標包括（NAFSA, 2021a）：

- 培育更具全球視野的美國公民。
- 提升美國大學生參與高品質出國留學計畫的程度。
- 鼓勵各種多元背景學生參與出國留學。
- 留學國多樣化，特別是去發展中國家。
- 與高等教育建立創新夥伴關係，開啟更多大學跨國合作關係。
- 將留學奠基爲大學教育的基本內涵，以實現美國高等教育國際化。

此外，報告並提出七項鼓勵美國大學生留學的策略，希望可以在 2017 年達到每年送 100 萬大學生（約美國 50% 的畢業生）出國留學的目標。這些建議策略包括了（Commission on the Abraham Lincoln Study Abroad Fellowship Program, 2005）：

建議一：確保學生獲得充分的獎學金。

建議二：參與學生、參與機構和留學目的地的多樣性。

建議三：確保出國留學計畫的品質。

建議四：獎學金金額與期程應該差異化，並以 1 年爲限。

建議五：聯邦獎學金從 5,000 萬美元開始，逐步增加到 2011 年達 1.25 億美元。

建議六：國家必須領銜支持，建議白宮和國會共同爲此計畫尋覓最佳執行單位。

這項報告的內涵與建議，也成爲後來 2019 年「參議員保羅西蒙留學獎學金法案」（Senator Paul Simon Study Abroad Program Act of 2019）的基

礎。雖然這項法案最後在參議院第 116 會期（2019-2020）健康教育勞工退休委員會的程序止於 2019 年 9 月完成二讀（Congress Gov., 2021），但是也成為美國國務院推動鼓勵學生出國留學計畫的重要方向。

 美國高等教育學生國際交流政策的特色與挑戰

無論是協助各大學吸引外國學生、或是鼓勵美國學生出國留學，美國政府推動高等教育國際學生政策的貢獻論述，都充分融入國際學生對於國家在外交、社會多樣化與教育創新、經濟與產業發展等面向的長遠利益，以下分述之。

一、美國高等教育學生國際交流政策的特色

㈠招募國際學生：學生簽證所連帶的移民機會

相較於其他國家，美國因其移民立國的歷史，使得整體社會對國際學生簽證、與專業移民的連動性採取較為開放的態度，即便共和黨與民主黨政府對於審查國際學生簽證與其後申請工作簽證的鬆緊程度不一，但原則上國際學生畢業後具備可以申請實習工作資格，對於許多國際學生來說即是一大誘因。

簡單來說，提供給國際學生或國際學人的簽證分為三大類：F1、J1 與 M1 簽證。F1 簽證首先由 1952 年發布的《移民與國籍法》（the Immigration and Nationality Act）所公告，是發給得到美國官方（Student and Exchange Visitor Information System, SEVIS）認可大學或中小學入學許可的國際學生，學生必須是全職、提供至少 1 年（含學雜費與生活費）的財力證明，學生簽證效期為學校課程所需時程；F1 學生簽證允許國際學生進行每週 20 小時的工作。J1 則是提供給國際學生、訪問教職員、或專業技術習得等以文化交流為主的簽證。相較於 F1 簽證，J1 簽證的學人參與的交流計畫必須由國務院教育與文化事務辦公室（Bureau of Educational and Cultural Affairs of the United States）核定，如傅爾布萊特獎學金（The Fulbright Fellowship Program），如果此類計畫屬於非美國政府所資助交流

計畫（例如：我國公費留學考試獎學金），那麼這些學人在交流計畫期程結束後，便必須回到母國至少 2 年、或以其他方式得到豁免後，才能再申請專業人士工作簽證（H1）或長期商務簽證（L1）。最後一類是最為少見，提供給學生進行至多 1 年實習的 M1 簽證。畢業後的工作申請，持 F1 簽證的國際學生，如果是科技類（STEM）可以申請課程實習（Curricular Practical Training, CPT）從事全職工作，非科技類學生則可以申請其他類實習訓練簽證（Optional Practical Training, OPT），CPT 可以在美國工作達 29 個月、OPT 則可以工作 1 年，之後若要正式工作，則必須由雇主為外國員工提出申請（Haddel, 2008; Ruiz, 2014）。

㈡政府跨部會合作管理國際學生簽證系統

此外，與國際學生簽證系統相關的政府部門包含多個單位，也充分顯示出吸引、管理、與留下國際學生的政策發展執行，需要跨部會不同階段的緊密合作。例如：國務院（Department of State）首先負責面談國際學生的簽證申請，以決定批准或拒絕簽證。獲得簽證的國際學生在抵達美國海關時，由海關和邊境保護局（Customs and Border Protection, CBP）的檢查入關，由其繼續通知移民和海關執法局（Immigration and Custom Enforcement, ICE），以便登錄在學生和交流訪問者資訊系統（Student and Exchange Visitor Information System, SEVIS）。而後，國際學生就讀的學校負責更新國際學生在 SEVIS 資料庫的相關資訊，然後將 SEVIS 資訊與 DOS、CBP 和美國公民及移民服務局（U.S. Citizenship and Immigration Services USCIS）進行串聯，由該局裁定調整國際學生的簽證狀態。在這個過程中，SEVIS 資訊系統扮演著關鍵的角色，而不同部會的分工尤其重要（Haddel, 2008）。

㈢運用各種獎助方案鼓勵學校與個人參與

無論是吸引國際學生、或是鼓勵美國學生出國留學，美國聯邦教育部都有各種不同類型的獎助方案。

1. 鼓勵國際學生就讀

雖然美國政府並未特別就國際學生提出國家級的招收策略，但是也提供了幾項獎學金，藉此鼓勵優秀國際學生赴美攻讀學位。這些著名獎學金包括：

獎學金名稱	目的
傅爾布萊特獎學金（The Fulbright Fellowship Program）	目的是促進來自世界各地與美國教育研究人員之間的相互理解，每年平均提供給來自155個國家約 8,000 份獎學金。
艾德蒙慕斯基研究生獎學金（The Edmund S. Muskie Graduate Fellowship Program）	專門提供給中亞國家（如前蘇聯共和國）研究生的獎學金。
全球大學生交流獎學金（The Global Undergraduate (UGRAD) Exchange Program）	提供長達 1 年獎學金給來自亞洲的優秀大學生。
社區學院倡議獎學金（The Community College Initiative Program）	提供給發展中國家如：拉丁美洲、非洲、印尼、土耳其等學生的獎學金。

2. 鼓勵出國留學：培力、競爭及獎助多樣化

此外，美國國務院也認為：雖然出國學習可以培育參與者解決全球問題所需的技能和知識，但是，並不是所有美國大學都有能力可以依學生需求發展出合適的留學計畫。此外，可能也有一些開發中國家大學有意接待美國大學生，但未具備充分的資源。為了協助克服這些挑戰，聯邦政府也提供小額獎助和相關資源，鼓勵美國高等教育機構與國外有意參與的機構，可以發展出更具包容性（inclusive）、更活潑的出國留學計畫，因此從三大面向推動高等教育機構培力計畫（Unites State Department of State, 2021）。

(1) 機構培力

國內培力獎助計畫：「提升美國學生海外教育多樣化計畫」（Increase and Diversify Education Abroad for U.S. Students, IDEAS），旨在強化美國大學生國際流動性數量與多樣性，最終支持美國的外交政策目標、國家安全與經濟競爭力。這項計畫指出，美國多元背景的學生是未來的領導者，他們必須藉由參與國際活動，以促進相互理解、以發展關鍵的跨國溝

通能力。因此，這項計畫希望藉著提升美國各類型高等教育機構的能力，來增加並多樣化美國學生的國際流動力，所運用的策略有兩類：IDEAS 競爭型小額獎助計畫競賽（Small Grants Competition）與提供培訓課程資源，前者特別鼓勵大學發展多樣化的留學計畫參與競賽，這些多樣化的類型包括：鼓勵身心障礙學生、少數族群學生、少數領域學生、原來沒有留學部門的學校設置專責單位、鼓勵大學與較少合作國家的大學拓展建立關係，獲選者可得到 35,000 美元的獎勵。IDEAS 計畫也提供培訓和資源，擴大美國出國留學社群的能力，特別像是傳統以來較少參與留學活動的社區學院（community colleges），和服務少數族群學生的大學（Minority Serving Institutions）（United State Department of State, 2021）。

海外培力計畫（Overseas Capacity Building Initiatives）：提供駐世界各國的美國大使館與傅爾布萊特雙邊委員會獎助金額，增加強化美國大學和當地大學的機會與關係，以促進美國學生在國外學術和實習經驗，建立雙向美國學生與當地學生的雙向流動、建立雙邊資源共享交流的實踐模式，目前成功範例包括鼓勵美國大學和印尼、阿根廷、納米比亞、巴林等國的大學建立交流合作關係（ibid）。

遠距培力課程（Building study abroad capacity MOOCs）：則是由國務院贊助開發免費大規模線上開放式課程（MOOC），提供給在美國高等教育機構工作、或是希望投入、或進一步瞭解國際教育工作領域的人，一些免費的遠距培力資源（ibid）。

(2) 參與者競爭與獎助

此外，國務院也贊助鼓勵美國學生與學者申請競爭出國交換、實習獎助計畫，這些獎補助計畫不僅包含美國國務院內部計畫，也包含和許多組織與外國政府的合作計畫，獎補助對象涵蓋也甚廣，小從中小學、大學生、教師各種學習與教學活動，大至學者出國各種交流或研究活動，計畫期程短從兩三週、中至一學期、長至一兩年的學習研究計畫，並特別關照社會弱勢族群學生，以及特殊領域的出國學習機會，充分顯現美國政府鼓勵美國學生出國的各種機會（USA Study Abroad, 2021）。

其中特別關心社經弱勢學生者如吉爾曼國際獎學金，則提供培爾獎

助學金（Pell Grant）[1] 大學生最多達 5,000 美元的獎學金，前往非傳統留學
目的地：如果是學習特定需求語言（如阿拉伯語、中文、印尼等 11 國的
主要語言）的學生，還可以額外獲得 3,000 美元（Bureau of educational and
cultural affairs, 2021）。其他幾項政府層級重要的獎學金如下：

單位	獎學金名稱	目標
國務院	傅爾布萊特計畫	鼓勵美國學生與學者和其他國家交流。
	吉爾曼國際獎學金（Benjamin A. Gil-man International Scholarship Program）	每年提供上百位低收入美國大學生出國留學補助金。
教育部	傅爾布萊特海思計畫（Fulbright-Hays Group Projects Abroad Program）	傅爾布萊特計畫子項目，鼓勵大學生到非西方國家留學，進入政府部門或相關專業領域，以強化外語能力和專業領域。
	外語及國際教育計畫（Foreign Languages and International Education Programs）	《高等教育法》第六章鼓勵支持外語、區域與國際研究計畫，雖然主要是鼓勵研究生國外進修，也適度贊助大學生出國。
	學生助學金（Student Financial Assistance）	《高等教育法》第四章規定大學生助學金可運用於出國留學。
	後期中等教育精進基金（Fund for the Improvement of Postsecondary Education）	發展創新改革計畫，以提高高等教育品質與增加學生進入大學機會。
	聯邦 TRIO 計畫（The Federal TRIO Programs (TRIO)）[2]	提供 TRIO 的學生部分經費赴國外學習。
國防部	國家安全教育法（National Security Education Act）	授權 David L. Boren Fellowships，提供那些承擔國家安全服務工作者獎學金，支持其學習外語與其他國安專業領域。

彙整摘錄自：Commission on the Abraham Lincoln Study Abroad Fellowship Program (2005).

---

[1] 聯邦培爾獎學金是聯邦政府提供給就讀大學的低收入戶學生的獎學金（Federal Student Aid, 2021）。

[2] TRIO 計畫是聯邦教育部弱勢學生服務計畫，主要提供後期中等教育階段、來自弱勢背景、家族第一代大學生與身心障礙學生各種協助與幫助，以完成高等教育學位（US Department of Education, 2021）。

㈣非營利研究與推廣組織的投入與倡議

美國高等教育的傲視群雄與國際學生流動頻繁，也讓高等教育國際化相關研究蓬勃發展，無論是推廣學會、研究單位，以及研究議題，都爲其大學自主推動國際化、與整體高等教育國際化政策方向，隨時提供有利的實證依據。以非營利學會組織爲例，在國際高等教育界素負盛名的就是 IIE 與國際教育者學會（National International Educator Association）。

1.國際教育研究所（Institute of International Education）

IIE 於 1919 年由諾貝爾和平獎得主也是哥倫比亞大學校長 Nicholas Murray Butler、美國前國務卿 Elihu Root，以及紐約市立大學政治學教授 Stephen Duggan 等 3 人所共同成立，作爲最早倡導國際教育交流機構之先河，其理念是促進全球學生、學者和機構之間建立政治、經濟和文化合作，運用教育交流來促進國家之間的理解。IIE 每年與聯合國教育科學文化組織、美國各大學、聯邦政府、世界各國夥伴合作，共同蒐集、調查、與分享美國各項跨境學習學生的數據（IIE, 2021d）。

在美國聯邦教育部持續經費贊助下，IIE 每年所出版的兩項最重要的報告書：如《開放門戶》（Open Doors）與《環球地圖》（Project Atlas），涵蓋了各項國際學生流動相關議題，如：美國學生留學地、國際學生來源國、國際學生與美國學生在就讀領域、性別、族群分布、大學校院等各種基礎性的分布，並每年加以更新，爲美國的國際高等教育分析提供堅實的數據基礎。

除了出版長期性的調查分析報告，IIE 也在基金會或政府單位委託下進行各種專案研究，例如：「福特基金會國際獎學金校友追蹤計畫」（International Fellowships Program Alumni Tracking Study），這項計畫起於福特基金會（Ford Foundation）在 2001-2013 年的國際獎學金計畫（International Fellowship Program），這項計畫提供總計約 4.17 億美元獎學金，支持來自 22 個新興國家 4,300 多名致力社會正義議題者，赴美攻讀碩士以上學位（Ford Foundation, 2021）。爲了評估該獎學金效益，福特基金會也委託 IIE 進行這項長達 10 年（2013-2023）專案研究計畫，規劃到這 22 個國家 IFP 獎學金得主處進行田野觀察，評估他們的社會貢獻（Institute of

International Education, 2021e）。

　　除此之外，IIE 也針對各種當代各項影響國際教育與學生流動的重大議題進行即時性調查，例如：在 2019 年底新冠疫情爆發之後一年半之間，IIE 執行公布了四項新冠疫情對於美國國際教育影響層面的主題調查報告：美中學生流動（Academic Student Mobility to and from China）、從緊急因應到規劃未來學生流動（From Emergency Response to Planning for Future Student Mobility）、2020 年夏秋全球學生流動的新現實（New Realities for Global Student Mobility in Summer and Fall 2020）、準備未來：國際教育交流的未來之路（Preparing for the Future: The Path Forward for International Educational Exchange），分析了新冠疫情對美國國際教育整體的影響，以及對於未來發展的建議（Institute of International Education, 2021f），這些報告都對美國各界對於各種影響國際教育的最新趨勢更有所掌握。

2. 全國國際教育者協會

　　原名爲全國外國學生輔導員協會（National Association of Foreign Students Advisor），成立於 1948 年，當時主要成員爲外國學生顧問，旨在促進大學內協助留學生的外國學生顧問發展專業知能，協助當時美國約 2 萬 5,000 名的外國學生。隨著留美國際學生俱增，協會會員迅速擴展到學校招生人員、英語專家，以及主動協助外國學生適應社區的志願者。爲了反映迅速日益多樣化的會員組成，該協會於 1964 年更名爲全國外國學生事務協會（National Association of Foreign Students Affairs）。1976 年，在國務院擴大對 NAFSA 的資助政策下，使其不僅得以強化處理外國學生事務議題，也進一步關注出國留學相關議題。到 1990 年，留美外國學生人數成長至 40 萬，赴國外留學的美國學生人數也日增。該組織成員也發展推動許多美國學生出國留學和學術交流的機會，因爲這些雙向留學的性質，該協會再度更名爲國際教育者協會，但保留原 NAFSA 縮寫以紀念其成立的歷史（NAFSA, 2021b）。NAFSA 作爲專業組織所倡議推動的各種學生國際交流政策建議，近年來積極支持協助在社會各界倡議各項國際教育政策；此外，其每年所出版的專業報告，也都深受美國政府與社會各界的重視，在美國高等教育扮演著關鍵的推手角色。

二、美國學生國際交流政策的挑戰

　　無論是吸引國際學生或鼓勵出國留學，美國學生國際交流政策發展也面臨幾項挑戰。

㈠吸引國際學生面臨強大競爭

　　儘管美國吸引了全世界最多的國際學生，自 1971 年來，美國在 2004 年首次經歷國際學生入學率下降。隨著加拿大、英國、澳洲等同為英語系國家積極發展國家型招收國際學生策略，這些國家以其各自優勢如學費與相關財務成本、彈性的學位時程與多樣化學位選擇、外國人友善程度等，逐漸威脅美國國際學生大國的龍頭地位。Marginson 和 van der Wende（2006）運用了 IIE 的統計，指出影響國際學生赴美就讀意願的原因包括：911 後簽證問題導致愛國者法案相關的政策，對國際學生形成監控與限制，間接讓國際學生流向其他國家。其次，相對於其他英語系國家提供可負擔的學費，美國大學逐年增加的學費和生活成本也對國際學生形成一種推力，由於美國大學高度自主與自治，聯邦政府對於國際學生學費並無統一政策，而著名私立一流院校收取學費更是世界之最。依據美國大學委員會資料顯示（College Board, 2018），美國非本土學生 2018 年在公立四年制大學的大學學費和所需費用平均支付 26,290 美元；與 10 年前（2009/10）相比，增加了 42%（Kong, 2018）。綜整以上這些相關因素，都對美國大學招收國際學生形成挑戰（Lee, Maldonado-Maldonado & Rhoades, 2006）。

㈡吸引國際學生、國境安全、短期經濟效益、與產業發展的平衡

　　自 2003 年 SEVIS 全面實施後，後續管理國際學生的相關制度並沒有太大改變，社會輿論普遍相信是因為 SEVIS 系統發揮了積極的功能，但是連結監控國際學生與國家安全的論述，是否會間接影響美國高教吸引大量優秀國際學生的嘗試，尤其是國際學生對於各大學的學費貢獻，舉例來說：2019-2020 學年大約 60% 的國際學生從美國以外的地方獲得大部分教育資金，56% 國際學生依靠個人和家庭資金，另有 4% 主要使用外國政府

或外國大學援助；餘 40% 的國際學生的財務來源主要為工作、美國大學資助或其他。NAFSA 估計（轉引自 Korn & Hackman, 2021）：國際學生為美國經濟貢獻近 390 億美元，創造支持 41 萬多個職位。

　　尤其是在科學、技術、工程和數學（STEM）領域，美國倚賴國際學生深重，美國國家政策基金會（National Foundation for American Policy，以下簡稱 NFAP）提出的報告則指出：在資訊和工程領域，是國際學生讓美國大學得以提供質量兼備的資訊與工程學術課程，並且為尖端研究和教師提供研究生。評估美國經濟的規模，如果沒有國際學生，資訊與電機工程等領域攻讀碩博士的學生人數難以支撐起美國資訊業所需的人才。舉例來說，2015 年美國大學電機領域的全日制美國當地研究生只有 7,783 名，而全日制國際學生則有 32,736 名。同樣的，在資訊科技領域，2015 年美國本地全日制研究生只有 12,539 名，但是全日制國際研究生為 45,790 名。以整體比率來說，國際留學生占全日制電機和工程研究生總人數八成以上，資訊科學 79%、工業工程 75%、化學工程 57%。在過去 20 年來，這些國際畢業學生也填補了美國資訊科技產業對於高階人力的殷切需求，以增幅來看：1995-2015 年間，美國資訊科技全日制研究生人數增加了 45%，同時期，資訊科技的國際學生人數則增加近 4.8 倍，從 1995 年的 7,883 人增加到 2015 年的 45,790 人，而這些人力得以填補美國產業發展所需（Haddel, 2008; NFAP, 2017）。但是如何在吸引優秀國際學生就讀美國大學，一方面維護經濟利益，同時確保國際學生簽證管道成為國土安全漏洞，確保美國科技產業永續發展，也是美國社會的挑戰。

㈢國際研究生影響美國高等教育資源分配──入學與獎助機會

　　美國大學招收國際學生著眼的短期利益之一便是學費，然而大量國際學生也對社會與大學校園帶來「入學名額」與「獎助資源」分配的爭論，雖然這些議題在許多層面仍有進一步深究的必要，甚至可能只是反映出保守輿論的觀點。

　　以前者而言，以招收國際學生比率最高的加州地區為例，加州地區居民便認為加州大學體系國際學生比率過高，占去了學校入學名額、降低

當地學子的入學機會（The Wall Street Journal, 2021）。此外，由於相當高比率的國際學生就讀的是研究所，雖然國際研究生沒有資格獲得美國政府的「直接」援助，但國際學生在某種程度仍會獲得大學的助教、研究助理（assistantship）工作或助學金（fellowship），以支應部分學費或生活費需要，而這些援助仍來自聯邦政府的大學研究補助。2004 年調查發現（Hoffer et al., 2005）：非美國公民獲得的博士獎助的比率高於美國公民，總平均而言，69% 的博士生可以獲得助學金、實習、獎學金或論文補助，以公民身分區分，85.5% 的臨時簽證博士獲得贊助、持永久簽證的學生僅75.9%、美國公民或永久居留者只有 61.6%。雖然嚴格說來，比率較高並不意味著國際博士獲補助總人數與經費都高於美國本地博士，只是仍有少數美國輿論則以此指出：提供給國際學生的財務支援，可能會稀釋原本可提供給少數族群學生的財務資源（Morris, 1999; Haddel, 2008, pp. 23-24）。然而，這些疑慮反映的，或許僅是美國歷史過去保守輿論面對國際學生對於美國高等教育資源分配所帶來的擔憂。這項相關調查與 2019 年最新結果也相去不遠（National Science Foundation, 2019）[3]，今日則少見此類評論。

㈣國際學生申請入學外語成績的眞僞問題

為了確保國際學生可以有效的學習與生活，進入美國大學需要的入學條件之一是外語能力證明，然而美國大學招收國際學生過程中，發現不少國際學生的英語理解能力有問題，進一步發現部分國際學生（尤其是來自中國等亞洲國家）提供的是僞造托福成績證明（TOEFL）、或是找槍手代考。由於此類問題層出不窮，大學又無法在錄取國際學生前確定托福成績的眞僞，因此有些學校已調整政策為：不錄取任何來自有僞造托福成績歷史的國家的研究生、或者是要求進一步的面試，以自行英語面試成績作為

---

[3] 2019 年美國總計有 49,291 名博士畢業，32,362 名為美國公民或永久居留，另16,749 名博士持臨時簽證；總平均計 79.6% 博士生獲得助學金、實習、獎學金或論文補助，臨時簽證博士生有 89.6% 獲得獎補助、美國公民與永久身分學生為 74.5%。雖然國際博士生獲得獎補助人數比率是高於美國當地博士生，但是以其母數來看，總人數並未較高。

最終是否錄取的要件（Bollag, 2005; US Attorney Office, 2017）。

㈤美國學生留學過度集中的趨勢與隱憂

整體而言，美國大學生出國修學分的人數是逐步微幅增加的，例如：2018-2019 學年美國學生出國人數爲 34 萬 7,000 多人，成長幅度約約 1.6%。占美國高等教育機構總學生人數約 1.8%、美國畢業生約 10%（NAFSA, 2021c）。但是這些出國學生人口特性，卻有高度集中的特性。首先，出國人口之族群差異相當懸殊，以 2018 學年爲例，美國後期中等教育的人口族群分布則爲：白人 55.2%、拉丁西語裔 19.5%、非裔 13.4%、亞裔大洋洲裔 7.3%、多元族裔 3.9%、原住民 0.7%；但是出國留學人口族群分布則爲：白人 68.7%、拉丁西語裔 10.9%、亞裔大洋洲裔 8.9%、非裔 6.4%、多元族裔 4.7%、原住民 0.4%，簡言之，白人學生出國比率遠高於其他族裔。以美國各州比率觀察前五名爲：哥倫比亞特區大學生出國比率占 5.79%，其次爲佛蒙特州（5.11%）、羅德島（3.74%）、印第安納（3.13%）、賓州（3.09%）；而最少的五名分別爲：阿拉斯加（0.19%）、愛達荷（0.64%）、新墨西哥州（0.67%）、西維吉尼亞（0.78%）、夏威夷州（0.90%）。此外，觀察美國學生的留學地，40% 出國學生都是前往歐洲地區如：英國、義大利、西班牙、法國和德國等 5 個國家學習（NAFSA, 2021c）

綜合以上各項分布的狀況，顯示美國學生出國的比率相當程度上有集中現象。而這也是何以專業團體學會 NAFSA 目前也正積極倡議保羅西蒙留學計畫法案等政策，希望可以擴大美國大學生出國學習的人數、增加留學學生的多樣性，讓出國留學機會更貼近大學生基本人口特性，也更符合美國對於世界各國更深入的瞭解。

肆　美國學生國際交流政策的展望

自 2008-2018 年，美國國際學生人數持續增長，但是在 2019-2020 學年，大約有 100 多萬名國際學生進入美國院校，已經比前一年少了近 2 萬名，可能因素包括：美國高等教育成本上升、川普政府對外國人的政策、及在其他國家學習的機會增加、新冠疫情造成大量學生簽證延遲和拒絕。歸納彙整，以下簡述三項影響美國學生國際交流政策展望的三大方向。

一、移民法規發展方向持續影響國際學生就讀意願

美國是否得以持續吸引國際學生的重要潛在因素之一，來自其移民法規對於國際學生的友善程度。2016 年底川普政府開始執政後，對於移民與外國人相關政策採取一連串緊縮政策，專就國際學生來說，川普政府在疫情爆發之初曾發布命令：就讀線上課程的國際學生不得進入或留在美國，這道禁令對於受限疫情不得不採取遠距教學的美國各大學打擊甚大，包括哈佛與麻省理工學院等兩校校長指出：川普政府這項命令，嚴重危害美國高等教育對於學術和研究的追求。儘管這道命令很快被取消，然而 2020 年秋季學期開始時，在美國學校註冊的國際學生總數（包括實際進入美國校園和在國外網路課程的學生），已經又比上一年減少了 16%，其中還有五分之一的學生是位於另一個國家進行線上學習（Korn & Hackman, 2020; Israel & Batalova, 2021）。

隨著拜登總統 2021 年 1 月正式執政，與國際學生政策相關的移民政策出現鬆綁的轉機。拜登總統所提出的 2021「美國公民法案」進入眾議院，目前已交付相關委員會進行聽證討論，雖然要通過這項法案勢必面臨重重困難（Valentine, 2021），但其成敗仍深受各界矚目。支持者認為：目前美國境內約有近 1,000 萬的無身分移民，其中不乏許多學生；讓這些移民有機會成為公民、獲得適當的教育與工作機會，未來可以協助提高薪資水準、創造數十萬個就業機會，促進美國經濟復甦；也因該法案同時對國際學生持積極歡迎態度，也備受美國各大學與專業團體（如國際教育者協會）關心（Peri & Zaiour, 2021; NAFSA, 2021a）。但是，許多保守團體則

認爲：作爲激進改革的移民法改革，這項法案將犧牲美國公民與合法移民的主權、經濟與安全利益，變相鼓勵非法外國人和人口走私販子鋌而走險（The Heritage Foundation, 2021）。這項法案與相關配套的發展方向，勢必持續影響國際學生赴美就讀的意願。

二、新冠疫情緊急救助對於美國國際教育的衝擊

爲了紓解新冠疫情對於美國社會經濟的傷害，川普在 2020 年 3 月簽署發布 Coronavirus Aid, Relief, and Economic Security Act（新冠狀病毒援助、救濟和經濟安全法案，CARES Act）。這些法案所提供的 20 兆美元中，約 140 億元用於高等教育機構，稱爲「高等教育緊急救濟基金」（Higher Education Emergency Relief Fund, HEERF）。各校分配基準是根據各校領有培爾助學金學生比例發放。此外，國會要求 HEERF 一半經費（約 60 億美元）必須用來緊急援助給因疫情中斷學習的學生（Reid, 2020）。此外，國會並沒有規定其他支付面向，而是允許機構靈活地決定如何向學生分配資金。只是，川普政府時期的 HEERF 的緊急資金救助對象並不包含 DACA 學生與國際學生，依據聯邦教育部 2020 年 4 月發布的 HEERF 補助指引，這項救助計畫對象必須依循《高等教育法》第四章的規範：只有美國公民或符合條件非公民（如永久居民或政治庇護者），才有資格獲得聯邦援助（Higher Education Law, 2020）。此舉對於已經進入美國境內的國際學生或 DACA 學生，無疑是雪上加霜，雖然小部分美國大學（如：加州大學戴維斯分校、伊利諾大學芝加哥分校）自行勻撥校內預算，提供小額緊急救助金供國際學生申請，但是幫助畢竟有限（UIC, 2021; UC Davis, 2021）。

隨著第二波紓困計畫——2020 年 12 月川普簽署 2021 年綜合撥款法（Consolidated Appropriations Act, 2021）之後，2021 年拜登執政後，於 3 月 21 日簽署發布第三波振興方案：「美國援助計畫（American Rescue Plan）」，這項計畫提供美國大學校院 400 億美元，除了和上階段計畫一樣要求非營利性學校將一半金額用於學生緊急經濟援助；與前朝計畫不同

之處，是放寬適用所有學生。新任教育部長 Miguel Cardona 已承諾：大學只需要優先考慮有特殊需要的學生，由學校決定分配助學金的流程，補助金將提供給所有大學生，包括無證學生和國際學生，這項承諾也推翻川普時期將國際學生排除在紓困計畫外的政策（Dennon, 2021）。而聯邦層級對於國際學生的緊急救援政策後續執行方向與成效，勢必影響國際學生日後決定美國的評估考量的面向。

三、如何讓美國學生出國留學地更為多樣化

雖然在聯邦教育部強力鼓勵美國大學生出國學習政策下，美國大學生出國修學分人數有逐年微幅增加的趨勢，惟整體而言，美國大學生出國學習的人數與比率，似乎與前述林肯委員會報告書建議在 2017 年達到畢業生 50% 出國學習目標仍有一段距離。出國學生人口的高度集中特性，也讓美國教育部與 NAFSA 希望藉由積極推動保羅西蒙留學計畫法案，來讓參與出國學習的美國學生、高教機構與留學地都能更為多樣化。許多研究指出：這種人口集中的現象其實與學生的家庭社經地位背景、社會、文化資本具高度相關性（Salisbury et al., 2010）。此外，區域型大學或社區大學學生，也因為家庭背景或本身肩負照顧家庭的經濟責任而排除留學的可能性（Hurst, 2018）；同時，菁英學校學生把出國學習視為一種自我涵育（self-cultivation），而非職業準備工具，使他們更願意出國留學（Mullen, 2011）。也由於以上種種深層的社會經濟結構因素，讓鼓勵美國學生出國留學的挑戰更上一層，而如何運用政策工具克服這些潛在的社會結構因素，必然也對於美國政府推動美國學生出國留學的成效影響甚鉅。

 結語

美國學生國際交流政策因美國夢的立國精神、二次戰後的歷史脈絡、政府與各種團體投注學術基金與研究倡議，成為吸引國際學生的大國。隨著吸引國際學生的競爭白熱化，美國也面臨了在大量國際學生帶來的短、中、長期利益與維持國土安全之間，保持均衡的挑戰。就此，美國政府發

展了有效的資訊管理系統——SEVIS 系統，此外，在調整移民法規之際也納入放寬國際學生工作簽證條款，以強化就學誘因，試圖讓美國社會對於國際學生更為友善、更具前往求學與移民的吸引力。而在鼓勵美國學生出國留學方面，美國政府則是藉由各項培力計畫，與個別獎學金，甚至嘗試將其「法案化」，鼓勵傳統以來較少參與留學活動的高等教育機構，以及多元弱勢族群，都有機會可以參與出國留學，一方面保障美國學生個人的國際競爭力，同時也藉由美國學生對於世界各角落的瞭解，確保美國在世界各地的外交影響力。

參考文獻

Acevedo, J., & Magaña-Salgado, J. (2020). *The Dream and Promise Act and implications for higher education.* Retrieved from https://www.presidentsalliance.org/blog-post-hr6-higher-ed/

Altbach, P. G. (1998). *Comparative higher education: Knowledge, the university, and development.* Greenwich, CT: Ablex Publishing Corporation.

American Immigration Council (2021). *The Dream Act: An overview.* Retrieved from https://www.americanimmigrationcouncil.org/research/dream-act-overview

Ballis, B. (2020). *Does peer motivation impact educational investments? Evidence from DACA.* (EdWorkingPaper: 20-333). Retrieved from Annenberg Institute at Brown University: https://doi.org/10.26300/b8j7-k653

Becker, R., & Kolster, R. (2012). *International student recruitment: Policies and developments in selected countries.* Netherland: NUFFIC.

Belkin, D., & Jordan, M. (2016). *Heavy recruitment of Chinese students sows discord on U.S. campuses.* Retrieved from The Wall Street Journal https://www.wsj.com/articles/heavy-recruitment-of-chinese-students-sows-discord-on-u-s-campuses-1458224413?tesla=y

Bollag, B. (2005). New test of English as a foreign language puts an emphasis on speaking. *The Chronicle of Higher Education, 52.* Retrieved from https://www.chronicle.com/article/new-test-of-english-as-a-foreign-language-puts-an-emphasis-on-speaking/

Bureau of educational and cultural affairs (2021). *An informal history of the Fulbright Program.* Retrieved from https://web.archive.org/web/20130507050103/http://eca.state.gov/fulbright/about-fulbright/history/early-years

Bureau of educational and cultural affairs (2021). *Exchange Program: Benjamin A. Gilman international scholarship program*. Retrieved from https://exchanges. state.gov/us/program/benjamin-gilman-international-scholarship-program

Bush., V. (1945). *Science the endless frontier: A report to the President by V, Director of the office of scientific research and development*. Retrieved from https://www.nsf.gov/od/lpa/nsf50/vbush1945.htm

College Board (2018). *Trends in higher education reports find published tuition and fees in grant aid for students continue to grow at moderate rates*. Retrieved from https://newsroom.collegeboard.org/trends-higher-education-reports-find-published-tuition-and-fees-grant-aid-students-continue-grow

Commission on the Abraham Lincoln Study Abroad Fellowship Program (2005). *Global competence and national needs*. Retrieved from https://www.aplu.org/ library/global-competence-and-national-needs-one-million-americans-studying-abroad/file

Community College of Baltimore County (2021). *Dream Act*. Retrieved from https://www.ccbcmd.edu/Get-Started/Applying-to-CCBC/International-Student/DREAM-Act.aspx

Congress Gov. (2021). *S.1198-Senator Paul Simon Study Abroad Program Act of 2019*. Retrieved from https://www.congress.gov/bill/116th-congress/senate-bill/1198/all-actions?overview=closed#tabs

Dennon, A. (2021). *How students qualify for COVID-19 emergency grants*. Retrieved from https://www.bestcolleges.com/blog/covid-19-emergency-grant-money-all-college-students/

Department of Justice (2002). *Requiring certification of all service approved schools for enrollment in the Student and Exchange Visitor Information System (SEVIS)*. Retrieved from https://www.justice.gov/sites/default/files/eoir/legacy/2002/11/06/fr25sep02.pdf

Duffin, E. (2020). *Number of international students studying in the United States in 2019/20, by country of origin*. Retrieved from https://www.statista.com/statistics/233880/international-students-in-the-us-by-country-of-origin/

Federal Student Aid (2021). *Federal Pell Grants*. Retrieved from https://studentaid.gov/understand-aid/types/grants/pell

Ford Foundation (2021). *International fellowships program*. Retrieved from https://www.fordfoundation.org/work/investing-in-individuals/international-fellowships-program/

Fulbright Scholar Program (2021). *History*. Retrieved from https://reurl.cc/kZk-mOr

FWD US (2021). *The impact of DACA program repeal on American jobs*. Retrieved from https://www.fwd.us/news/daca-impact-report/

García, H., & Villarreal, M. (2014). The "redirecting" of international students: American higher education policy hindrances and implications. *Journal of International Students, 4*(2), 126-136.

Gonzales, R. G., Terriquez, V., Ruszczyk, S. P. (2014). Becoming DACAmented: Assessing the short-term benefits of Deferred Action for Childhood Arrivals (DACA). *American Behavioral Scientist*, doi:10.1177/0002764214550288.

Goris, J. A. Q. (2020). *How will Covid-19 affect international academic mobility?* Retrieved from https://www.iesalc.unesco.org/en/2020/06/26/how-will-covid-19-affect-international-academic-mobility/

Graham, H. D., & Diamond, N. (1997). *The rise of American research universities: Elites and challengers in the postwar era*. Baltimore, MD: The Johns Hopkins University Press.

Gravois, J. (2007). Teach impediment - When students can't understand the instructor, Who is to blame? *The Chronicle of Higher Education*, *51*. Retrieved from https://www.chronicle.com/article/teach-impediment/

Guzman-Barron, I. (2004). *Doctorate Recipients from United States Universities: Summary*. Retrieved from https://www.norc.org/PDFs/publications/SED_Sum_Rpt_2004.pdf

Haddel, C. C. (2008). *CRS Report for the congress: Foreign students in the United*

States: Policies and legislation. Retrieved from https://fas.org/sgp/crs/misc/RL31146.pdf

Harrison, P. (2002). Educational exchange for international understanding. *International Educator, 11*(4), 2-4.

Haskins, C. H. (1957). *The rise of the universities.* Ithaca, NY: Cornell University Press.

Higher Education Law (2020). *The CARES Act fails to care for internationals and DACA students.* Retrieved from http://www.highereducationlaw.org/url/2020/8/10/the-cares-act-fails-to-care-for-internationals-and-daca-stud.html

Hoffer, T. B., Welch,V., Williams, K., Hess, M., Webber, K., Lisek, B., et al. (2005). *Doctorate recipients from United States Universities: Summary report 2004.* Chicago: National Opinion Research Center.

Hurst, A. (2018). Class and gender as predictors of study abroad participation among US liberal arts college Students. *Studies in Higher Education*, DOI: 10.1080/03075079.2018.1428948

International Education Institute (2021a). *2020 Project Atlas Infographics.* Retrieved from https://iie.widen.net/s/rfw2c7rrbd/project-atlas-infographics-2020

International Education Institute (2021b). *US study abroad for academic credit.* Retrieved from https://opendoorsdata.org/data/us-study-abroad/u-s-study-abroad-for-academic-credit-trends/

International Education Institute (2021d). *Commemorating a century.* Retrieved from https://www.iie.org/Why-IIE/History

International Education Institute (2021e). *International Fellowships Program (IFP) Alumni Tracking Study.* Retrieved from https://www.iie.org/Research-and-Insights/IFP-Alumni-Tracking-Study

International Education Institute (2021f). *COVID-19 snapshot survey series.* Retrieved from https://www.iie.org/Connect/COVID-19/COVID-19-Snapshot-Survey-Series

Israel, E., & Batalova, J. (2021). *International students in the United States.* Retrieved from https://www.migrationpolicy.org/article/international-students-united-states-2020

Johnson, M. M. (2007). *United States House of Representatives "International students and visiting scholars: Trends, barriers, and implications for American universities and foreign policy".* Retrieved from https://www.globalsecurity.org/military/library/congress/2007_hr/070629-johnson.pdf

Kansas City Kansas Community College (2021). *DACA, the DREAM Act, and DREAMers.* Retrieved from https://www.kckcc.edu/admissions/international-students/daca,-the-dream-act,-and-dreamers.html

Kong. L. (2018). *Charted: How international student fees at US universities are going up, up, up.* Retrieved from https://www.studyinternational.com/news/charted-how-international-student-fees-at-us-universities-are-going-up-up-up/

Korn, M., & Hackman., M. (2020). *Harvard, MIT sue Trump administration over international-student policy.* Retrieved from the Wall Street Journal, https://www.wsj.com/articles/harvard-mit-sue-trump-administration-over-international-student-policy-11594214579

Mahony, R. (2012). The Dream Act: We all benefit. *Notre Dame Journal of Law, Ethics, and Public Policy, 26,* 459.

Matos, Y. (2020). *The "American DREAM": Understanding white Americans' support for the dream act and punitive immigration policies.* Retrieved from https://reurl.cc/qgbjGD

Migration Policy Institute (2021). *American Dream and Promise Act of 2021: Who is potentially eligible?* Retrieved from https://www.migrationpolicy.org/content/american-dream-and-promise-act-2021-eligibility

Mintz, Levin, Cohn, Ferris, Glovsky, & Popeo (2012). SEVP Implementation of the Accreditation Act. *The National Law Review, II*(185). Retrieved from https://www.natlawreview.com/article/sevp-implementation-accreditation-act

Morris, F. L. (1999). *House subcommittee on immigration and claims: Impact of immigration on recent immigrants and black and Hispanic citizens*. Retrieved from https://reurl.cc/eEb4G7

Mullen, A. (2011). *Degrees of Inequality: Culture, Class, and Gender in American Higher Education*. Baltimore, MD: Johns Hopkins University Press.

NAFSA (2021a). *Report of the Commission on the Abraham Lincoln Study Abroad Fellowship Program*. Retrieved from https://www.nafsa.org/policy-and-advocacy/policy-resources/report-commission-abraham-lincoln-study-abroad-fellowship-program

NAFSA (2021b). *The history of NAFSA*. Retrieved from https://www.nafsa.org/about/about-nafsa/history-nafsa-association-international-educators

NAFSA (2021c). *Trends in U.S. study abroad*. Retrieved from https://www.nafsa.org/policy-and-advocacy/policy-resources/trends-us-study-abroad

National Foundation for American Policy (2017). *The importance of international students to American science and engineering*. Retrieved from https://reurl.cc/2rAk6m

National Foundation for American Policy (2021). *Trend in US study abroad*. Retrieved from https://www.nafsa.org/policy-and-advocacy/policy-resources/trends-us-study-abroad

National Science Foundation (2019). *Survey of earned doctorate: Financial support for graduate education of doctorate recipients: Table 35 Doctorate recipients' primary source of financial support, by broad field of study, sex, citizenship status, ethnicity, and race: 2019*. Retrieved from https://ncses.nsf.gov/pubs/nsf21308/data-tables

Office of the Inspector General (2002). *The immigration and naturalization service's contacts with two September 11 terrorists: A review of the INS's admissions of mohamed Atta and Marwan Alshehhi, its processing of their change of status applications, and its efforts to track foreign students in the United States*. Retrieved from https://oig.justice.gov/sites/default/files/archive/special/0205/index.htm

Peri, G., & Zaiour, R. (2021). *Citizenship for undocumented immigrants would boost U.S. economic growth*. Retrieved from https://www.americanprogress.org/issues/immigration/reports/2021/06/14/500433/citizenship-undocumented-immigrants-boost-u-s-economic-growth/

Presidents' Alliance on Higher Education and Immigration (2021). *Overview of President Biden's immigration reform legislation in regards to higher education and immigrant and international students*. Retrieved from https://www.presidentsalliance.org/wp-content/uploads/2021/02/2021-03-31-Overview-of-President-Bidens-Immigration-Reform-Legislation.pdf

Reeves, M. H. (2005). *A descriptive case study of the impact of 9/11 on international student visa policy in the 20 months following the attacks*. Unpublished PhD Dissertation. Oklahoma: University of Oklahoma

Reid, A. (2020). *Higher education provisions in CARES*. Retrieved from https://www.ncsl.org/blog/2020/04/10/higher-education-provisions-in-cares-act.aspx

Rubin, A. M. (1997). U.S. tests a new system to track foreign students. *Chronicle of Higher Education, 44*(4), 49-50.

Rudolph, F. (1990). *The American college and university: A history*. Athens, GA: University of Georgia Press.

Ruiz, N. G. (2014). *The geography of foreign students in U.S. higher education: Origins and destinations*. Retrieved from https://www.brookings.edu/wp-content/uploads/2014/08/Foreign_Students_Final.pdf

Salisbury, M. H., Paulsen, M. B., & Pascarella, E. T. (2010). To see the world or stay at home: Applying an integrated student choice model to explore the gender gap in the intent to study abroad. *Research in Higher Education, 51*(7), 615-640.

The Heritage Foundation (2021). *The U.S. Citizenship Act of 2021*. Retrieved from https://www.heritage.org/immigration/report/us-citizenship-act-2021

The Wall Street Journal (2021). How international students are changing US colleges: The debate. Retrieved from http://graphics.wsj.com/international-students/

The White House (2021). *Fact Sheet: President Biden sends immigration bill to congress as part of his commitment to modernize our immigration system*. Retrieved from https://reurl.cc/2rAkjm

Thelin, J. R. (2004). *A history of American higher education*. Baltimore, MD: The Johns Hopkins University Press.

U.S. Attorney's Office (2017). *Four Chinese nationals arrested and charged in connection with college admissions exam scam*. Retrieved from https://www.justice.gov/usao-ma/pr/four-chinese-nationals-arrested-and-charged-connection-college-admissions-exam-scam

UICE (2020). *The Accreditation of English Language Training Program Act*. Retrieved from https://www.ice.gov/sevis/accreditation-act

Unites State Department of State (2021). *Building capacity for study abroad*. Retrieved from https://studyabroad.state.gov/domestic-capacity-building-initiatives

University of California at Berkley (2021). *DACA information*. Retrieved from https://undocu.berkeley.edu/legal-support-overview/what-is-daca/

University of California at Davis (2021). *CARES Act F&Q*. Retrieved from https://financialaid.ucdavis.edu/cares-act-faqs

University of Delaware (2021). *Our history*. Retrieved from https://www.udel.edu/academics/global/study-abroad/history/

University of Illinois at Chicago (2021). *Covid-19 emergency grant*. Retrieved from https://financialaid.uic.edu/faq/

US Citizenship and Immigration Services (2021). *Consideration of Deferred Action for Childhood Arrivals (DACA)*. Retrieved from https://www.uscis.gov/humanitarian/consideration-of-deferred-action-for-childhood-arrivals-daca

US Department of Education (2021). *Federal TRIO programs*. Retrieved from https://reurl.cc/xG2gENs.

US Department of State (2012). *100,000 Strong Initiatives*. Retrieved from https://2009-2017.state.gov/r/pa/prs/ps/2012/05/189305.htm

US Department of State (2021). *US government scholarship and programs*. Retrieved from https://studyabroad.state.gov/us-government-scholarships-and-programs/us-college-and-university-students

US Immigration and Custom Enforcement (2021). *2020 SEVIS by the numbers report*. Retrieved from https://studyinthestates.dhs.gov/2021/03/read-the-2020-sevis-by-the-numbers-report

Valentine, B. (2021). *The U.S. Citizenship Act of 2021 is here, but it faces an uphill battle, and could be broken up*. Retrieved from https://reurl.cc/YOGdk4

Veysey, L. R. (1965). *The emergence of the American university*. Chicago, IL: University of Chicago Press.

Wiki (2021). *Student and Exchange Visitor Program*. Retrieved from https://en.wikipedia.org/wiki/Student_and_Exchange_Visitor_Program#cite_note-13

Zacher, T. M. (2001). *Coordinated Interagency Partnership Regulating International Students: Should international educators collaborate with INS, or not? Capstone Collection, 2312*. Retrieved from https://digitalcollections.sit.edu/capstones/2312

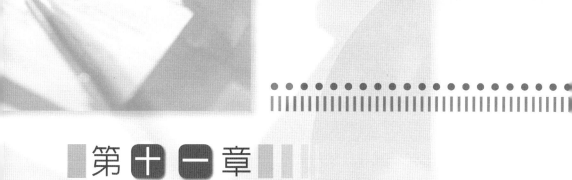

第十一章

澳洲國際教育政策
探究與展望

洪雯柔

前言

　　本文旨在探究澳洲的國際教育政策。一如英國、美國、紐西蘭、聯合國教育科學文化組織等國家與國際組織，澳洲的國際教育主要以國際市場的教育服務為重點，將國際教育當成國際產業來經營。

　　根據聯合國統計研究中心的調查，全球高等教育之國際學生流動到的英語系國家中，前五名分別為美國（占 49%）、英國（占 22%）、澳洲（17%）、加拿大（9%）與紐西蘭（3%）（轉引自 Australia Government Council for International Education, 2019, 7）。澳洲這個相對年輕且進入國際教育領域相對較晚的國家，能有國際教育第三大國的表現，實奠基於政府的介入與主導，以及長時間的積極經營。

　　澳洲政府進入教育國際化領域乃始於 1950 年代參加英國屬地外交部長會議所提出的「可倫坡計畫」（the Colombo Plan）。其乃為培養技術人才的教育援助與支持交換學生的獎學金計畫，對象為南亞與東南亞的大英國協會員國。可倫坡計畫在澳洲與亞洲關係的歷史上占有重要地位，贊助了數以萬計亞裔學生前往澳洲接受高等教育。1970 年代，澳洲開始調整援助與發展計畫而轉向雙邊夥伴關係的建構；1980 年代中期之後，尤其到了 1990 年代，澳洲發展了商業性質的教育服務機構，自費國際學生的招募成為教育產業的重點（靜煒，2007；Laws、江愛華，2006；Byrne & Hall, 2013）。

　　澳洲國際教育實施的範圍涵蓋所有的教育體系，從中小學、職業教育與培訓、高等教育、英語學習，以及最特別的「研究」。而且國際教育不僅限於提供國際學生前往澳洲境內（onshore）的留遊學機會，也有透過遠距教學提供澳洲境外（offshore），但是國際學生在地的國際教育機會；提供教育與培訓機會的，不僅是學校系統，也涵蓋產業機構；服務的對象不僅是學生，也包含教師、成人與研究人員；服務供應者涵蓋那些提供傳授學生與教師相關培訓、架構與內容、教育科技與軟體、研究與發展等的單位與人員（Australia Government Department of Education and Training, 2016a; Byrne & Hall, 2013）。以往的國際教育僅針對國外人士，新公布的

國際教育政策也開始將澳洲師生的國際移動納入國際教育範圍。

　　為支持國際教育的發展，澳洲不僅投入所有教育階段的努力，也建構嚴格的品質保證機制與學生保護系統，且搭配工作與研修結合的安排，以使學生具備產業經驗與畢業後的就業力（Australia Government Department of Education and Training, 2016a）。也因為對國際教育的日益重視以及國際教育範圍的逐漸擴大，澳洲於 2016 年公布第一個國家層級的國際教育策略──《2025 年國際教育國家策略》（National Strategy for International Education 2025）。

　　從上述內容可以看出，澳洲國際教育相關策略著重於國際教育市場的布局與國際學生的招收，似乎不重視澳洲本國的國際人才養成或國際觀培養。其實並非如此，而是因為澳洲學生的國際觀與全球觀點培養教育為全球教育（global education），且主要由其他政策或策略推動，例如：1999 年頒布的「阿德雷德宣言」（The Adelaide Declaration on National Goals for Schooling in the Twenty-First Century）與 2008 年的「墨爾本宣言」（Melbourne Declaration on Educational Goals for Young Australians）對亞洲識讀力及語言與文化的學習，以及 2019 年公布的「艾麗絲泉宣言」（Alice Springs (Mparntwe) Education Declaration）對參與全球、重視並欣賞文化及語言差異的學習（李郁緻，2021）。而關於全球移動力的支持，則於 2025 年政策加以支持。

　　本文以高等教育為範圍，其所著重點在於國際教育。以下便從國際教育政策背景、國際教育現行政策，以及特色、問題與未來展望幾個面向來介紹。

 政策背景

　　澳洲長期推動國際教育，其起源於前述的可倫坡計畫，直至 1986 年都以教育援助為主要項目，國際學生不用支付學費。加上白澳政策於 1966 年廢除，以及 1980 年代 Hawke 與 Keating 兩位總理在任期間都以亞洲化（Asianisation）為其政策主軸，亞洲與其他國家國際學生與移民人

數大幅成長。到目前爲止，澳洲政府仍持續投身於培養與支持未來國際教育領導人，其方案則有澳洲獎學金（Australia Awards）、「以澳洲爲目的地方案」（Destination Australia Program）及「新可倫坡計畫」（New Colombo Plan）等（楊岱穎、戴曉霞，2012；Australia Government Department of Education, Skills and Employment, 2021）。尤其 2014 年提出的「新可倫坡計畫」，其焦點從以往提供獎學金給國際學生前來澳洲求學，轉爲鼓勵澳洲學生前往海外研修，也讓培養國際領導人才的雙向性更受到重視（McConachie, 2019）。

然而，受到新自由主義思潮影響，以及 1980 年代初期澳洲經濟成長開始下滑，1987 年澳洲政府提出《高等教育：政策討論報告》（Higher Education: A Policy Discussion Paper）、1988 年《高等教育：政策聲明》（Higher Education: A Policy Statement）開始提出國際學生收費制度，國際學生被視爲重要財源（吳政穎，2018；楊岱穎、戴曉霞，2012；靜煒，2007；Australia Government Department of Education, Skills and Employment, 2021）。

可能也因爲源起於教育援助背景，澳洲國際教育的推展一直都是澳洲聯邦政府主導，整合各種資源、規劃整體政策、建構跨國夥伴關係等支持性架構，且搭配各省政府的對應政策，不同於英國、美國、加拿大等國以教育供應者爲主導的模式。

1990 年代之後，由於低出生率、低死亡率造成人口嚴重老化，加上部分職業缺乏專業人才需要外來人口提供勞動力，澳洲因此持續開放移民。國際學生則因爲可塑性高、易認同澳洲價值、英語程度佳、具備專業技能，因此成爲澳洲移民首選。也因爲國際學生成長快速，以往由「移民及民族事務部」（Department of Immigration and Ethnic Affairs）統籌的國際學生事務遂轉移至教育部，由教育部主導。此外，獲取經濟利益與政經關係建立也是招收國際學生的重要因素。值此之際，亞洲各國經濟亦陸續崛起，留學需求大增。澳洲友善安全的整體形象，英語系國家的優勢與地利之便等，吸引許多亞洲學生前往澳洲（楊岱穎、戴曉霞，2012）。

在歷經 1990 年代的擴張，澳洲國際教育產業光是 1996-2002 年就成

長了 2.4 倍，迄今更維持平均每年 11% 的成長幅度。但是當時的大幅度成長帶來了弊病，如國際學生素質差、國際學生獲得居留權後以勞力工作維生等、國際學生素質低落影響澳洲教育品牌與聲望。復因澳幣升值所致的留學費用調漲、全球金融危機、日益競爭的國際招生市場、澳洲簽證與移民制度趨嚴等問題，帶來新一波的挑戰（楊岱穎、戴曉霞，2012；Australia Government Department of Education, Skills and Employment, 2021）。

　　上述的挑戰仍然延續，也因之促動澳洲第一個國際教育政策於 2016 年的頒布。在政策頒布前，澳洲政府於 2011 年成立國際教育諮詢委員會（International Education Advisory Council），並於 2013 年提出第一份諮詢報告《澳洲：教育全球化》（Australia: Educating Globally），文中也提及澳洲面臨學費上漲、學生訴求多樣化、全球競爭的挑戰。為解決這些問題，報告內容從跨部門協調、提升教育品質、重視國際教育數據分析、加強市場行銷等面向提出三十五項建議，成為當時發展澳洲國際教育政策的重要參考文件。在此基礎上，時任教育部長 C. Pyne 於 2015 年 4 月發布了《國際教育戰略草案》（Draft National Strategy for International Education），希冀各方提供建議。同時澳洲貿易委員會（Australian Trade Commission 20205）也制定《2025 國際教育市場開發策略》（Australian International Education 2025 Market Development Strategy）。澳洲國際教育政策乃是奠基於這兩份策略規劃的文本（荊曉麗，2017；Byrne & Hall, 2013）。

　　其時澳洲面對背景如下：

　　一、經濟發展的瓶頸：由於傳統的礦業等產業開始衰頹，澳洲的經濟型態從礦業經濟轉型到服務經濟。2014 年一份經濟研究所的報告便預測，旅遊、農業綜合經營、國際教育、財富管理等新興產業將是澳洲 20 年內經濟振興的主力，也有助於減少對於資源產業的依賴，且能積極尋求多樣化的經濟發展方向。此也成為澳洲國際教育政策受到重視的原因（吳雪萍、梁帥，2017）。

　　二、國際教育市場的擴張：全球人口的成長與財富的增加驅動了對教育服務的需求。2025 年預估的人口數約 81 億，且多數的人口成長落在發展中國家。此外，中產階級人口預估在 2025 年達到三分之二，從原本

2000 年占比 24% 提升到 2025 年的 67%。相對於上述發展的是澳洲高齡
化社會的趨勢，而這也使得招募國際學生與擴大國際教育市場的必要性，
被加以提醒（Australian Government Department of Education and Training,
2016c）。

　　三、國際教育產業競手的壓力：2000-2012 年，近 10 年國際學生人數
倍數成長，世界各國莫不重視國際教育的發展；加上新興競爭對手出現，
如中國與印度，以及原本競爭對手的成長，如英國與美國，這些壓力促使
澳洲政府更認真地對待國際教育產業（吳雪萍、梁帥，2017）。

　　四、技術人才精進與科技創新的壓力：許多研究預估科技將取代某些
人類的工作，加上經濟轉型所訴求的技能不同於以往，因此中階與高階人
才的需求大幅上升，卻也出現人力資源欠缺的問題。而科技對教育帶來的
重大影響，如磨課師線上課程（MOOCs）、學習管理系統、適應性學習
科技、線上的持續性教師專業成長等（Australian Government Department of
Education and Training, 2016c）。

　　其他如澳洲國際學生註冊數的下滑、各教育階段與類別的國際教育產
業發展不平衡、生源國別結構比較集中在少數國家（如中國、印度等）、
移民政策的搖擺與不連續性而影響國際學生的註冊、對國際學生的種族歧
視與暴力傷害日益增加、澳幣增值與澳洲政府對學費的調漲導致澳洲留學
成本大幅增加、國際教育市場競爭激烈等（陳兆磊、李霞，2016）。

　　在澳洲，國際教育長期以來扮演四種角色：（一）提升澳洲的優質教
育系統，將澳洲學生置諸全球脈絡中且豐富其體驗。透過國際化的研修環
境與課程、移動出國的經驗、學習跨文化技能的機會等，協助澳洲學生具
備全球化勞動市場所需的素養。（二）個別學生、教育供應者與更廣大的
社區都因為國際教育部門而受益。國際教育收益在過去 10 年以來幾乎占
出口收入的四分之一，以 2018 年為例更創造 25 萬個工作機會，也帶動住
宿、不動產、教育相關觀光產業的發展。（三）此部門有助於發展澳洲國
內與海外的人力資本。優質的國際教育經驗有助於畢業生獲得較好的學
習成效與改善的就業力。（四）國際教育部門精進了澳洲社會與文化發
展。國際教育部門透過跨國研究的合作，孕育了澳洲國內社區與印度太平

洋夥伴的社會連結、創新創業精進、經驗的多樣化（Australia Government
Department of Education, Skills and Employment, 2021）。

　　國際教育作爲澳洲的第四大出口產業、最大的服務性出口產業，復又
提出國際教育推動以來的第一個政策「澳洲 2025 年國際教育國家策略」
（National Strategy for International Education 2025），可見澳洲政府對國際
教育的重視，亦可看出其所面對的挑戰，諸如全球政治與經濟權力的動態
平衡、其他國家的漸增競爭強度、確保國際教育成爲澳洲社會與經濟的永
續元素的重要性等（Australia Government Council for International Education,
2019）。

 ## 參　現行政策

　　澳洲國際教育與紐西蘭類似，但是較爲著重在國際教育產業的發展。
其關於全球公民養成的相關政策，乃另有政策。

　　澳洲政府於 2016 年成立國際教育委員會（the Council for International
Education），其主要任務在驅動與支持「澳洲 2025 年國際教育國家策
略」的落實與「澳洲國際教育 2025 年」（Australia International Education
2025）的市場藍圖建構。組成的成員分爲兩類：一類爲國際教育領域的
資深專家與實務工作者，稱爲專家成員（Expert Members），一類爲澳洲
國際教育的政府官員，稱爲「政府成員」（Ministerial Members）。專家
成員自委員會成立後，便成立幾個工作小組以進行優先領域的規劃，並
透過相關人員圓桌論壇與任務小組來扮演領導角色（Australia Government
Department of Education, Skills and Employment, 2021）。

一、「澳洲國際教育2025年」（Australian International Education 2025）

　　「澳洲國際教育 2025 年」提出「澳洲 2025 年國際教育國家策略」
的展望：提供教育與技能以符合學生在 2025 年的需求。進一步分析澳洲
境內國際教育需要改變的關鍵因素：市場成長、技能需求增加、科技發

展、競爭者日增（Australia Government Department of Education and Training, 2016b）。

以 2020 年的數據觀之，國際學生前五名的來源國爲中國（28%）、印度（17%）、尼泊爾（8%）、越南（4%）及巴西（3%）（Australia Government Department of Education, Skills and Employment, 2021）。

其進一步指出成功文化的關鍵：合作、創新、期待、回應性。而針對改變現有做法的核心，其鋪陳如下：依據最適規模進行競爭（compete at scale）（如建構跨部門的網絡與連結、建構成功聯盟與夥伴關係等）、無疆界學習、解放科技以改善國際教育供應、精確化市場焦點、吸引全球資金、維持澳洲特色（Australia Government Department of Education and Training, 2016b）。

二、「澳洲2025年國際教育國家策略」

「澳洲 2025 年國際教育國家策略」（以下簡稱「國家策略」）於 2016 年公布，是第一個澳洲頒布的國家國際教育政策，以 10 年爲期。其目標在於建構澳洲在教育、培訓與研究上都成爲全球領導者。而其基本的原則是，提供利益與機會給學生、澳洲、全世界，因此希望在學生、企業與產業的需求之間保持平衡（Australia Government Department of Education and Training, 2016a）。

其有幾個特色：

㈠奠基於「卓越」

1. 整體開放的體系：涵蓋中小學、英語學習、職業教育與訓練、高等教育、研究與發展；2. 品質保證與學生保護機制；3. 具有吸引力的簽證安排；4. 鼓勵工作—研修安排（work-study arrangement），結合教育與產業部門，增加學生產業經驗與畢業生就業力；5. 面向全球趨勢，掌握市場需求與改善科技以建構多元教育傳遞；6. 分析競爭對手；7. 分析未來機會：進行研究，分析出中國、印度、菲律賓、泰國、印尼、越南、南韓、馬來西亞、香港爲重要市場；建構與在地供應者的夥伴關係以提升在地現身機

率；透過夥伴或聯盟建構以增加能量。

(二)提供利益與機會

學生的機會與利益在於獲得優質教育、受到有效運作之產業鏈結與學生服務所支持；澳洲的利益在於增加的市場效益，以及跟未來新興與崛起中之市場的連結，以及更堅強的國際夥伴關係；世界的利益則在於準備度佳的畢業生、教育與研究上增加的能量與人才。

策略涵蓋三條軸線、九項目標與檢視指標：

(一)檢視指標

1. 對應國際標準而建構基準點。
2. 畢業生就業力。
3. 學生經驗的品質。
4. 增加的國際合作與校友投入。
5. 市場占有率從現有的 6% 向上提升。

(二)軸線一：強化基礎

1. 目標一：建構世界級教育、訓練與研究體系
　　行動 1.1：發展澳洲在教育、培訓與研究上的全球領導角色（如涵蓋各類最佳實務，發展歧異、彈性與創新的教育與培訓體系、支持與發展創新教育產品與服務）。
　　行動 1.2：設定全國一致的取向，以支持澳洲國際教育部門（如邀請各級政府與其他相關部門參與）。
2. 目標二：提供最佳的學生經驗
　　行動 2.1：支持學生（如符應學生需求而調整服務與改善表現、建構國際學生就業力的相關能量）。
　　行動 2.2：提供充足訊息以利學生選擇（如提供各類訊息、如在學習經驗中提供優質職涯建議）。
　　行動 2.3：準備學生以使其具備能力投入全球。

3. 目標三：提供有效品質保證與法規

行動 3.1：維持強力的品質保證系統。

行動 3.2：確保堅強的學生保護（如 Education Services for Overseas Students Act 2000）。

㈢軸線二：創造轉化的夥伴關係

1. 目標四：強化國內夥伴關係

行動 4.1：投入更廣的社群（如宣傳國際學生帶給澳洲的利益、發展與分享最佳實務）。

行動 4.2：鼓勵跟企業與產業更好的連結。

2. 目標五：強化國外夥伴關係

行動 5.1：透過政府對政府的合作建構自信。

行動 5.2：透過機構對機構的夥伴關係強化合作。

3. 目標六：強化流動力

行動 6.1：透過務實的簽證情境與工作安排支持國際流動。

行動 6.2：擴展學生、教育、培訓專業與研究者的流動。

行動 6.3：透過學歷資格承認以支持畢業生。

4. 目標七：建構與校友的持續連結

行動 7.1：吸引校友的參與。

㈣軸線三：全球競爭

1. 目標八：提升自身的卓越性

行動 8.1：提升澳洲成為優質國際教育供應者。

2. 目標九：涵蓋建構國際教育的機會

行動 9.1：建構創新教育與培訓服務以符合學生與雇主需求。

行動 9.2：提升澳洲地區的機會。

行動 9.3：辨識與符應新機會（如進行市場調查、情報分享等）。

此策略的施行有助於穩定澳洲國際教育在全球市場穩居第三名地位，策略推動後，2019-2020 年度的營收較諸策略推動前的 2013-2014 年增加 1 倍，成長頗為可觀。此外，澳洲也成為唯一一個常態性蒐集國際教育相

關資料、進行分析與公告的國家，而這增加了資訊的透明與績效（Australia Government Department of Education, Skills and Employment, 2021）。

三、配套措施與發展現況

　　下述的配套措施乃是達成國家策略目標的相關計畫或方案。澳洲國際教育策略的成效實仰賴政府部門間、國際教育部門、境內與境外各單位、都會區與偏遠地區的合作，是一種整體政府的協調取向（coordinated whole-of-government approach），涵蓋了澳洲聯邦政府與州政府、偏遠地區政府的合作，由「促動成長與革新」（Enabling Growth and Innovation, EGI）計畫支持的研究提供建議，國際教育委員會專家成員與國際教育產業相關人員的投入（Australia Government Council for International Education, 2019）。

㈠2016/17-2018/19「澳洲2025年國際教育國家策略活化計畫」（AIE2025 Activation Plan）

　　「澳洲 2025 年國際教育國家策略」更新其強調重點，著重在奠基於「學生學習中心相關經驗」的「卓越聲譽」（Austrade, 2016）。

　　此年度的計畫如：1. 品牌定位策略；2. 策略性訊息傳遞架構（建構跨相關人員之共同與核心訊息，以一致地提升澳洲國際優勢）；3. 數位投入架構（掌握澳洲現有的數位足跡、評估其表現是否符合使用者需求、與競爭者比較）；4. 關鍵危機處理流程；5. 市場選擇工具；6. 透過教育科技加速網絡支持教育成長；7. 學生住宿研究；8. 顧客服務能力建構；9. 為使學習者中心之課程得以設計，建構相關服務技能；10. 探討夥伴或聯盟關係建構之障礙，發展相關技能（Austrade, 2016）。

㈡澳洲國際教育偏遠地區擴展計畫（Growing International Education in Regional Australia）

　　由於國際學生主要聚集於雪梨、墨爾本、布里斯本等大型城市，使得國際教育在各省的發展非常不平衡。澳洲國際教育委員會提出「澳洲國際

教育偏遠地區擴展計畫」作為擴展國際教育的計畫，並搭配 2019 年釋出的「以澳洲爲目的地」（Destination Australia）偏遠地區高等教育獎學金計畫，以及於偏遠地區就學與工作者額外兩年的研修後工作權（post-study work right），希望藉此讓澳洲不同地區的多樣性國際教育特色得以被國際市場看見。此外，委員會亦在「促動成長與革新」（EGI）計畫補助下，委託原住民族專業服務（Indigenous Professional Services）單位進行「澳洲偏遠地區學校國際教育投入」（International Engagement in Australian Regional Schools）計畫，以研究偏遠地區學校可行的國際教育投入方式，支持國際教育在偏遠地區的擴展（Australia Government Council for International Education, 2019）。

㈢國別工作小組

國際教育委員會爲了開發重點國別的國際教育市場，組成不同國別的工作小組，以進行深度調查研究。例如：中國工作小組（China Working Group）、印度參考小組（India Reference Group）、拉丁美洲工作小組（Latin America Working Group），都是此類研究小組（Australia Government Council for International Education, 2019）。

㈣國際教育次部門之策略規劃

國際教育部門中，尚有許多次部門（sub-sector），如職業教育與培訓（Vocational Education and Training, VET）、中小學、英語學習等，近年的革新措施使得其逐年成長。如 2019 年剛釋出的「2025 年職業教育與培訓之國際投入策略」（VET International Engagement Strategy 2025）就致力於回應世界各國產業、商業、雇主與政府對於全球技術人才的需求，發展創新的培訓產品，諸如「國際技能培訓」（International Skills Training）課程。而且國際教育委員會對於此市場的開拓頗爲積極且有信心，一方面因爲近年逐漸成長的國際學生人數成長與收入成長，一方面因爲聯合國曾於 2019 年 7 月將澳洲職業教育與培訓部門的學徒制度選爲最佳實踐模式的國際典範，並請其代表前往報告。另外有採取證據本位與未來焦點取

向（evidence-based and future-focused approach）之教學與學習的中小學次部門，也提出「學校部門策略草案」（draft Schools Sector Strategy），此外則在進行「彌補資料落差：中小學部門的國際投入」（Filling the Data Gap: International Engagement in the School Sector）這個計畫，希望透過研究來補足對中小學階段之國際教育狀況之相關資料的不瞭解，以支援政策的落實（Australia Government Council for International Education, 2019）。

除上述外，頗為特殊的是教育改革的出口。以往的教育改革出口，多半是以國際教育援助與國家發展的模式由先進國家輸出至低度發展國家，委託單位通常是聯合國或世界銀行（World Bank），乃是基於人道考量與政治因素，而且多半是教育或國際教育專家學者前往指導當地的政策規劃。但澳洲將教育改革視為商品而提供服務，在國際教育範疇，相對較為少見。2017 年，澳洲教育部考量夥伴國家的高等教育撥款基金機制若能強壯且永續，將有助於增加學生進入高等教育的進路、擴展與澳洲的夥伴關係、支持其他改革以促進學生的流動力，因此開始出口教育改革。目前推動的改革輸出有馬來西亞的菁英人才彈性薪資模式的技術協助，以發展出適合馬來西亞經濟脈絡的模式；新南威爾斯教育標準局（New South Wales Education Standards Authority）則在「促動成長與革新」（EGI）計畫補助下負責「澳洲學校課程、評量與法規產品的國際機會建構」（International opportunities for Australian school curriculum, assessment and regulatory products），協助探究中國、印度、馬來西亞、拉丁美洲等主要市場對於澳洲出口教育體系相關產品的需求與機會（Australia Government Council for International Education, 2019）。

政府對政府的投入方案，尤其是研究合作，也是澳洲政府近幾年的擴展面向，希望透過雙邊在教育上的對話與投入可以促進彼此的經濟與社會連結。澳洲自 1996 年便與日本文部科學省建立雙向的官員交換方案（MEXT officer Exchange Program），透過雙邊的教育部官員的交換，共同研究雙邊互惠的教育合作關係。與韓國則成立聯合教育委員會（Australia-Korea Joint Committee on Education），由兩國教育部資深官員組成，建構雙邊教育合作架構，針對兩國互惠的教育事務進行合作。其中最為關

鍵的領域乃是研究合作，以及於 2019 年建構的韓國澳洲研究網絡（Korea-Australia Researcher Network）（Australia Government Council for International Education, 2019）。

此外，澳洲國際教育長期來有一配套措施發揮著重要功能，其為澳洲教育國際開發署（International Development Program, IDP），是全球最大的澳洲教育推廣機構，為澳洲 43 所大學所擁有，在全球 29 個國家設有 75 處辦公室，是澳洲高等教育對外合作的代表，協助澳洲高等教育國際化的發展。他有三個核心角色，即澳洲最大教育顧問、政府下屬教育服務媒介機構、澳洲大學對外代表（朱萍、熊峰，2015）。

㈤學生保護相關法制

澳洲政府雖然對國際教育非常重視，相關策略與計畫非常多元且數量龐大，但是相關的立法卻僅針對保護國際學生的相關事務上。這一方面來自於澳洲對立法相對比較嚴謹的態度，一方面也因為澳洲在政策制定上的習慣，多半會以 3 或 5 年為期進行規劃，因此立法並不太適合這樣變動性較大的政策規劃方式。

澳洲跟紐西蘭一樣，都僅針對國際學生相關權益的部分立法，一方面是對於人權的重視，以及學生權益的保障，因此透過對於國際教育供應機構的規範、學生權益等加以立法；一方面乃是因為學生權益的保障，比較有固定的標準與內容，變動性較小。以下分別就相關法規加以簡述。

《2000 年海外學生教育服務法》（Education Services for Overseas Students Act 2000, ESOS 2000）是主要的法規，最早版本的立法時間為 1991 年的《1991 年海外學生教育服務法》（Education Services for Overseas Students Act 1991）。2000 年的版本涵蓋幾個部分：國際教育供應者的註冊、已註冊之供應者的義務、政府規則、學費保護服務、本法案的實施、監督與尋求供應者、審查機制、其他等八大部分（Australia Government, 2000）。

其中政府規則的部分在賦予政府權限以制定相關標準以規範國際教育供應者，如供應者提供課程給海外學生的標準與程序、供應者與其代理人

的相關標準、供應者與海外學生簽約的標準與程序、合約內容的相關標準
等（Australia Government, 2000）。

　　立法目的在於：1. 保護海外學生所支付之學費的保障、歸還等；2. 保
護與促進澳洲優質教育與培訓服務的聲譽；3. 補充澳洲移民法以確保供應
者蒐集及報告相關與學生簽證有關之行政事務所需的訊息（Australia Gov-
ernment, 2000）。

　　《海外學生教育服務法》（ESOS）相關部門之業務，亦在此規範
（Australia Government, 2000）。

　　另外根據《2000 年海外學生教育服務法》，以及補充的《2001 年
海外學生教育服務規則》（Education Services for Overseas Students Regula-
tion 2001）與《服務海外學生之院校及教育與培訓主管機關的國家行業
規則》（National Code of Practice for Registration Authorities and Providers of
Education and Training to Overseas Students, National Code，以下簡稱「行業
規則」），實行全國統一的「院校與課程審核註冊制度」（Commonwealth
Register of Institutions and Courses for Overseas Students, CRICOS），無論公
私立大專院校、中學、英語語言培訓機構、職業教育與培訓機構等，有意
招收國際學生者都必須完成審核註冊，相關課程亦需經過審核與註冊（靜
煒，2007）。

　　《2000 年海外學生教育服務法》頒布以來，經歷幾次修訂，如 2011
年的《2011 年海外學生教育服務修正案》。2011 年版的改革內容為：1. 增
加欲招收國際學生之教育機構的登錄申請條件，以促進國際教育產業永
續發展；2. 採用風險管理策略規範國際教育產業；3. 限制教育機構登錄的
有效期限，並依據風險高低決定其註冊條件；4. 擴大不遵守現有規定及遭
受懲處的範圍；5. 每次改革都需公告；6. 擴大聯邦政府對申訴機構的管轄
權，也開放私立學校的申訴（楊岱穎、戴曉霞，2012）。可以看出逐漸朝
向嚴格控管以維持品質的趨向。

　　《海外學生教育服務規則》亦分別於 2002 年與 2005 年進行修訂，並
於 2004-2005 年進行全面評估，提出四十一項修改。更於 2019 年加以修
訂，針對不同對象增加不同法律規則，如《2019 年海外學生教育服務規

則》（Education Service for Overseas Students Regulation 2019，簡稱 ESOS Regulation 2019），其主要修改在於增加教育供應者在增加提供給國際學生相關訊息的透明度、可取得性，尤其對於教育代辦（education agency）之相關訊息的重視；另外則是對教育品質與監督的強調，而這搭配了與教育部「教育供應者註冊與國際學生管理系統」（Provider Registration and International Student Management System, PRISMS）的相關資料蒐集，以更精確地掌握國際教育部門的狀況，確保國際學生的權益（郭文娟，2018；Australia Government Council for International Education, 2019）。

《行業規則》亦有相關修訂，新版乃是 2018 年的版本（National Code of Practice for Providers of Education and Training to Overseas Students 2018, National Code 2018）。此波改革最大的特點在於簡化法規以利理解與遵循。其共設定了十一項標準，分別為提供正確且無誤導的行銷資訊與實踐、招募具有資格的海外學生、提供註冊之機構與學生書面且清楚的註冊函或相關表件、合格的教育代辦、更多針對年齡較小學生的適切引導策略、提供海外學生有關支持服務的管道與訊息、提供更多資訊與指引以供海外學生轉銜之用、督導海外學生的簽證問題、教育提供者若要取消學生入學資格需有相關文件且經審慎評估、各教育提供者需提供內部抱怨與提出訴求的管道、另有其他想提出之方案（Australian Government Department of Education, Skills and Employment, 2020）。

澳洲政府更於 2021 年提出修正案，將以往較為繁瑣跟嚴格的法規加以鬆綁，給予教育供應者跟教育代辦更多彈性去因應多樣化的國際教育方案（Australian Government, 2021）。

除了前述對國際學生權益的保障法規外，國際教育委員會透過「促動成長與革新」（EGI）計畫的補助，支持「澳洲英語」單位（English Australia）進行「國際學生心靈健康－培訓以支持獲致更好的經驗」（International Student Mental Health – Training to Support a Better Experience）計畫，以培訓教師與職員能提供國際學生相關協助（Australia Government Council for International Education, 2019）。

㈥發展現況

　　自 2013 年以來，澳洲國際教育市場中國際學生人數每年的平均成長率在 11%，占比最大的是高等教育（49%），其次爲職業教育與培訓（28%），英語學習（English Language Intensive Course for Overseas Students, ELICOS）爲 15%，非學位授予的次部門與中小學部門各爲 5% 與 3%。雖然仍有頗好的成長率，但是國際教育市場也出現下降趨勢，而這出現在中小學與非學位授予次部門，主因乃是中國籍國際學生人數的下降；與此相反地，拉丁美洲、菲律賓、沙烏地阿拉伯、斯里蘭卡卻出現成長趨勢（Australia Government Council for International Education, 2019）。

　　整體觀之，澳洲對東協國家有較大優勢，招收的國際學生比率遠高於英美等國；澳洲也吸引很多東北亞、長期以來經濟貿易合作國的國際學生。根據 2018 年澳洲進行的例行性國際學生滿意度調查，發現學生對學習經驗的滿意度高達 89%，對生活經驗的滿意度更高爲 90%，相較於其他國家的滿意度 88%，稍占優勢。此外，多數學生選擇澳洲的主要原因爲優質教學（98%）、學歷文憑的聲望（95%）、安全性（95%）、澳洲教育體系的聲望（94%）等（Australia Government Council for International Education, 2019）。

四、澳洲2021-2030年國際教育策略徵詢書

　　澳洲政府於 2021 年 3 月釋出新版國際教育策略的意見徵詢書，即「連結、創新與關懷：2021-2030 年澳洲國際教育策略—意見徵詢書」（Connected, Creative, Caring: Australian Strategy for International Education 2021-2030 – Consultation Paper，以下簡稱「意見徵詢書」），廣徵各方建議。這是澳洲政府在制定政策或策略時的程序，先公開草案以徵詢各方意見，繼之再依據各方意見修改草案，定案後實施。而雖然草案版最終都會有調整，但是主要方向與內涵通常比較不會有大調整。因此，雖然此版本爲意見徵詢的版本，但可看出政策的方向，仍有參考價值。而在意見徵詢後，定案版的政策預定年中公布，名稱預定爲「澳洲國際教育策略與行動架

構」（Australian Strategy for International Education and Action Framework）。

澳洲政府的政策通常會在週期性規劃的尾聲才規劃新版，換言之，新版政策原本應該在 2025 年版本結束前才推出，這次卻在前一版政策尚未結束就推出取代版，而從 2021 年就開始推行，是較爲少見的現象。此次的例外，主要來自兩大背景因素：（一）澳洲教育、技能與就業部（Australia Government Department of Education, Skills and Employment, DESE）指出，主要原因乃是這一波 COVID-19 新冠疫情自 2020 年開始帶來的巨大衝擊，邊境封鎖以及不斷延長的各種封城或中斷的活動，都使得學生的全球流動受到阻礙。澳洲 2020 年的國際學生人數較前年約下降了 9%，約有 18-23% 的學生在境外上課，且相較於 2019 年的營收，2020 年的營收萎縮了 22%。國際教育部門因此變得更爲敏捷與創新，以超越疫情帶來的影響；教育的傳授工作也在線上快速傳遞與調整，或在境外傳授、或採混成方式，以因應變局；澳洲政府也回應這些變動而減少法定義務、縮減行政負擔、給予學生更多彈性以面對這些困境。疫情的影響將持續數年之久，發展新的教育方式、建構新的夥伴關係以因應變動。（二）教育傳授方式的革新、全球政治經濟權力的新平衡、國際教育部門的永續性，也帶來挑戰。此外則有國際教育部門中不同管道之生源的改變，如高等教育、英語學習、中小學與無學位課程等傳統管道的學生人數下降，但是職業教育與境外線上學程的學生人數增加。不斷革新與彈性調整，乃是未來國際教育部門發展的必須（Australia Government Department of Education, Skills and Employment, 2021）。

此一策略草案由國際教育委員會的專家成員跟澳洲教育、技能與就業部合作發展。其願景除了鞏固澳洲在國際教育市場的地位，成爲有效且值得信任的選擇對象外，也希望建構更爲多樣性的選擇，且提供學生、研究人員、教育供應者更多的連結與機會，建構澳洲與海外國際教育社群更大的發展。爲落實此願景，策略草案提出幾個目標：（一）從國際學生入學前到畢業後的就業結果，都納入服務範圍，致力於提供最好的學生經驗；也致力於持續的校友連結，以促進其與澳洲的終身連結。（二）建構澳洲教育、研究與培訓的優質聲望。（三）立基於強力的社區支持以及跨文化

理解與接受度，促進國際教育部門更爲多樣與永續的發展。（四）建構教育供應者與產業更深的連結，包括強化研究合作的夥伴關係，以符應學生、畢業生與產業面對未來的需求。（五）擁抱創新與新科技，以精進現有教育傳授模式，也建構創新模式。（六）歡迎與促進澳洲學生與國際的連結及國際移動，以使澳洲學生從國際研修經驗中獲益（Australia Government Department of Education, Skills and Employment, 2021）。

　　爲因應疫情帶來的新局勢，新的教育、研究與培訓發展模式有其必要，例如：數位傳授、混成學習（blended learning）、微證書學程（microcredentials）、可疊構式短期課程（stackable short courses）；此外，也可聚焦在研究人才培育的機會上，透過研究人力的促動，對全球研究人力的發展與知識轉移有所貢獻與連結；而境內留學（onshore）、境外在地留學（offshore）、線上與研究課程的參與也是未來重點項目。順應上述變遷，教學法的革新、產業需求、學生期待、漸增的競爭、線上教育與培訓科技的整合等，都是未來的挑戰與機會。而政策的優先項目如下：以學生爲中心、爲未來而教、設定標準、發展多樣性、連結社區、建構澳洲教育獨特性（Australia Government Department of Education, Skills and Employment, 2021）。

　　除了上述針對國際教育所規劃的項目外，此策略亦提出新興夥伴關係建構的構想，以及回應性法規架構與政策場域的強化，如《海外學生教育服務法》（Education Service for Overseas Students Act）及附屬的「學費保護服務」（Tuition Protection Service），這些也都需要逐漸調整以因應現有學生的問題。此次新策略的另一個重點是評量成功表現的工具，諸如透過學生滿意度與教育品質感知的調查，課程、夥伴國家、市場區塊、教授模式等的多樣化程度，對澳洲國際教育的正向感受，爲學生建構具專業技能與全球移動能力的社群，改善國際學生就業力成果，最後則是增加境外在地專班、境內、線上班級等（Australia Government Department of Education, Skills and Employment, 2021）。

　　此策略的特色如下：（一）加入「連結」與「關懷」的核心價值：創新一直是國際教育策略的核心價值，對於將國際教育當成商業產業在經營

的澳洲來說，不斷創新而與其他國家區隔，乃是商業發展的關鍵。但此次策略卻強調連結與關懷，走向更加人文關懷的路線，是較大的改變。（二）對研究的強調：其不僅透過更精緻的分析與研究，建構有效的策略以拓展國際教育市場，是很明確的證據本位決策（evidence-based policy-making）；更將研究視為國際教育市場的一環，而這以往是國際教育市場較為忽略的區塊。（三）對跨文化技能的強調。（四）政府部門主導的跨產業的連結。（五）澳洲學生的國際移動開始受到重視。

 ## 肆 澳洲國際教育特色、問題挑戰及展望

一、特色

㈠國際教育產業的跨部門合作

澳洲國際教育產業的建構長期以來便結合外交、教育、移民、工商業等產業，以及社區的共同合作，以因應國際學生在簽證、教育服務之選擇與參與、畢業後之就業等面向的需求。

㈡國際教育的創新發展

澳洲國際教育的創新發展似乎是該產業的核心價值，此可從市場對象與範圍、教育提供模式的多樣化、地區的推廣與新興模式的建議等具體看出。而且其應變的速度頗快，2020 年新冠肺炎的疫情才逐漸被意識到它的影響性，業界都還在尋找適合的方式。現在草案便已提出。

㈢永續發展與互惠互利的發展趨向

為獲致永續發展，國際教育產業的代表們主張澳洲國際教育的新起點應該是「付出」而非索取（荊曉麗，2017）。而此種觀點具體呈現在跨國政府之夥伴關係的建構、長期合作與互惠關係的建構、對校友的追蹤與合作等。

㈣擴大發展

以往的次部門似乎有轉成主部門的趨勢，如英語學習、職業教育與培訓、中小學等

㈤跨國教育的擴展

跨國教育（transnational education）乃指不在本國進行的教育服務。以往澳洲政府的國際教育重點乃在招收國際學生前往澳洲，以收教育服務、觀光、長期在地消費之效。近年因為資訊傳播科技的發展、遠距與視訊教育更為成熟，澳洲政府遂積極推展在澳洲境外進行的跨國教育（Australia Government Council for International Education, 2019）。

㈥非學術性優勢乃為其特色

與英美等國比較，澳洲更強調非學術性因素的優勢，例如：更高的成本效益、開放多元的文化體驗、舒適的氣候等。再搭配市場化的行銷宣傳、與海外代辦機構合作以更靈活因應顧客需求與擴大生源（潘鵬飛，2021）。

二、問題與挑戰

澳洲這一波的國際教育政策更為強調多樣性與分化、永續發展以及未來的展望性，也因此面臨更多的挑戰。

㈠更強的全球競爭

全球國際教育市場更加擴大與成熟，具備國際經驗成為各國學子的共同期待，但面對更多國家從國際教育接受國變成供應國的多元挑戰，則需要發展更具複雜性與回應脈絡的政策、永續發展的國際教育部門。若欲達此目標，則優質教育實踐與服務的傳遞、入學前準備度與協助的提供、確保學生滿意與值回票價的經驗、保障安全與健康的生活環境與條件、適切的研修後就業機會與工作權保障、便利與友善的簽證及移民機制、持續維持正向國際聲望便是未來需要持續努力的項目（Australia Government Council for International Education, 2019）。

㈡更完善的教育法規與政府機制以確保教育品質

澳洲國際教育部門的發展模式愈來愈多元與多樣化，國家別與服務類型也更為擴展，如何建構完善的教育法規以確保相關人員與機構的機會與趨勢的因應、如何平衡部門品質與誠信以及澳洲經濟發展、如何確保教育服務品質與國際學生權益、如何管理教育代辦之服務品質等，都是現今法規與政府機制必須加以因應的（Australia Government Council for International Education, 2019）。

㈢更加分化與多樣化市場的開拓

跟前面所提的國際教育市場競爭強化相關聯的是，如何開拓更大的市場占有率以及與市場區隔。澳洲政府遂強調更加分化與多樣化的市場需求因應、開發新市場、連結移民策略與國際教育市場政策、轉型以往的夥伴關係。新推出的偏遠地區計畫、職業教育與培訓部門的開發、國別的開拓，都是新興的努力，但是否能支持此波的改革，尚待觀察。

㈣服務本土與依賴國際市場的矛盾

由於澳洲大學可以自行決定國際學生與國內學生的比例，澳洲大學為了招收更多自費或有補助款的國際學生，而縮減國內學生的招生名額，使得國內學生僅能到聲望更低的大學就學（潘鵬飛，2021）。

㈤教育目的與移民目的的衝突

澳洲國際教育的繁榮原因之一在開放的移民政策。有些學生簽證會被機構利用，而成為工作簽證的代替簽證（潘鵬飛，2021）。

三、展望與趨勢

綜論上述的政策，可以發現幾個趨勢：

（一）國際教育市場的成長與競爭日益增強，以往的接收國逐漸轉型為提供國。

（二）澳洲國際教育以市場概念為核心，強調消費者中心與優質服務、品質保證與消費者權益的確保。

　　（三）策略聯盟機制，透過不同機構與部門的合作來強化競爭優勢。

　　（四）統整的系統：國際學生議題牽涉教育、勞動、健康、外交、商業，實需要統整型的政策以支持其發展，澳洲在這部分頗爲強調。國際教育的商業機制與配套措施涵蓋教育局處、學校、企業、研發單位，共構整個合作體系，而這套體系將研發、培訓、實踐、消費者調查建構成一個循環體系，而且強調教育研究、教育改革與國際教育市場共生共好。

　　（五）地區的擴大，可看出以往國際教育市場較爲集中在少數地區（尤其市區），因此新近政策多半希望擴大範圍與受益對象。

　　（六）對象的擴大，由於國際教育競爭的激烈，以及以往對象的飽和，可發現澳洲積極布局新對象。

　　（七）國際學生權益的保障，因此針對國際學生保障有特殊立法。

　　（八）創新與永續，澳洲透過方法與方案的不斷創新，維持永續之發展。

　　（九）澳洲國際教育的專業化發展都有一套專業培訓系統，培訓產業、學校、接待家庭相關人員。

　　（十）以往澳洲較爲重視商業目標，但這次的政策，尤其是新公布的政策草案，將人文關懷與目標置諸核心，這是以往所少見的。

參考文獻

(一)中文

朱萍、熊峰（2015）。澳大利亞國際教育產業化實踐經驗剖析。科教導刊。
　　doi: 10.16400/j

吳政穎（2018）。澳洲高等教育市場化政策之批判論述分析（未出版之博士
　　論文）。南投縣：國立暨南國際大學國際文教與比較教育學系。

吳雪萍、梁帥（2017）。澳大利亞國際教育戰略分析。高等教育研究，**38**
　　(11)，101-106。

李郁緻（2021）。澳洲國際教育政策發展：亞洲識讀能力與海外學生教育服
　　務。臺灣教育，**726**，41-50。

馬娜、董麗麗（2020）。澳大利亞國際教育戰略及其啟示。世界教育信息，
　　485，29-33。

張若琼（2009）。澳大利亞國際教育服務貿易發展模式研究。高教發展與評
　　估，**25** (3)，70-74。

郭文娟（2018）。澳大利亞國際教育策略新動向。現代教育科學，**28** (9)，
　　44-52。。

陳兆磊、李霞（2016）。澳大利亞國際教育改革全方位考察。山東理工大學
　　學報，**32** (3)，71-78。

楊岱穎、戴曉霞（2012）。澳洲。收錄於戴曉霞、楊岱穎主編，高等教育國
　　際學生市場新趨勢（頁77-112）。臺北：高等教育。

歐吉祥、趙娜（2020）。澳大利亞推動國際教育發展的新舉措——以「目的
　　地澳大利亞」項目為例。高等教育研究學報，**43** (1)，19-25。

潘鵬飛（2021）。澳大利亞國際教育產業擴張：緣起、困境與反思。高等教
　　育研究，**42** (1)，103-109。

靜煒（2007）。全球化背景下，澳大利亞國際教育服務及其政策。比較教育
　　研究，**210**，85-90。

Laws, K. J.與江愛華（2006）。澳洲高等教育國際化之經驗。**教育資料與研究雙月刊，71**，133-148。

(二)英文

Austrade (2016). *AIE 2025 Activation Plan*. Retrieved from https://www.austrade.gov.au › ArticleDocuments

Australian Government (2000). *Education Services for Overseas Students Act 2000*. Retrieved from https://www.legislation.gov.au/Details/C2017C00292

Australian Government (2021). *Education Services for Overseas Students Amendment Act 2021*. Retrieved from https://www.dese.gov.au/esos-framework/changes-legislative-framework-overseas-students

Australian Government Council for International Education (2019). *2019 Report to the prime minister*. Retrieved from https://internationaleducation.gov.au/international-network/australia/InternationalStrategy/Documents/9Dec19%20CIE%202019%20Report%20PM_MS19-001031_UPLOAD14Feb20.pdf

Australian Government Department of Education (2018b). *International education agents: Overview report*. Retrieved from https://internationaleducation.gov.au/News/Latest-News/Documents/International%20Education%20Agents-%20Overview%20Report.pdf

Australian Government Department of Education and Training (2016a). *National Strategy for International Education 2025*. Retrieved from https://www.austrade.gov.au/ArticleDocuments/6719/AIE2025-Roadmap.pdf.aspx

Australian Government Department of Education and Training (2016b). *Australia International Education 2025 (AIE2025 Roadmap)*. Retrieved from https://www.austrade.gov.au/ArticleDocuments/6719/AIE2025-Roadmap.pdf.aspx

Australian Government Department of Education and Training (2016c). *AIE2025 Activation Plan*. Retrieved from https://www.austrade.gov.au/ArticleDocuments/6719/MIP-Activation-Plans-Roadmap.pdf.aspx

Australian Government Department of Education and Training (2016d). *Australian international education: Enabling growth and innovation: 2016-2017 pro-*

gram guidelines. Retrieved from https://internationaleducation.gov.au/international-network/australia/InternationalStrategy/Documents/Australian%20International%20Education%20-%20Enabling%20Growth%20and%20Innovation%20program%20guidelines%20FINAL.pdf

Australian Government Department of Education and Training (2018a). *Australian international education: Enabling growth and innovation: 2018-2019 program guidelines*. Retrieved from https://internationaleducation.gov.au/international-network/australia/InternationalStrategy/EGIProjects/Documents/2018-19%20EGI%20project%20list%20June%20update.pdf

Australian Government Department of Education and Training (2018c). *Strengthening Australia's protections for international students: National Code of Practice for Providers of Education and Training to Overseas Students 2018*. Retrieved from https://internationaleducation.gov.au/Regulatory-Information/Documents/FINAL%20National%20Code%20Factsheet%20-%20General%20changes.pdf

Australian Government Department of Education, Skills and Employment (2020). *Strengthening Australia's Protections for International Students: National Code of Practice for Providers of Education and Training to Overseas Students 2018*. Retrieved from https://internationaleducation.gov.au/regulatory-information/Documents/FINAL%20National%20Code%20Factsheet%20-%20General%20changes.pdf

Australian Government Department of Education, Skills and Employment (2021). *Connected, Creative, Caring: Australian Strategy for International Education 2021-2030-Consultation Paper*. Retrieved from https://www.dese.gov.au/australian-strategy-international-education-2021-2030

Byrne, C., & Hall, R. (2013). Realising Australia's international education as public diplomacy. *Australian Journal of International Affairs, 67*(4), 419-438.

McConachie, B. (2019). Australia's use of international education as public diplomacy in China: Foreign policy or domestic agenda. *Australian Journal of*

International Affairs, 73(2), 198-211.

Nikula, P. (2020). Education agent standards in Australia and New Zealand -government's role in agent-based international student recruitment. *Studies in higher education.* doi:10.1080/03075079.2020.1811219

The State of Queensland (2016). *International education and training strategy to advance Queensland 2016-2026.* Retrieved from https://www.tiq.qld.gov.au/download/IET-Strategy_June2018_web-version.pdf

第十二章

紐西蘭國際教育政策探究與展望

洪雯柔

壹　前言

　　面對跨國連結與流動、競爭與合作日益強化的處境，各國莫不致力於將全球人力素質提升至特定水準，以符合公平標準與未來世界發展之人才所需。然而，Brookfield 全球派遣與調查服務公司（Brookfield Global Relocation Services）於 2016 年公布的第二十一份年度《全球移動力趨勢調查》（Global Mobility Trends Survey）的結果顯示，能夠成功因應全球移動力運作與挑戰的人員素質與數量和企業的期待值是有落差的，而無法適應當地且完成任務更高居三大挑戰因素之一，其他則如欠缺有效且具體方法評估全球移動力、欠缺支持員工發展跨界適應力或成熟度等（洪雯柔、賴信元，2019，頁 21）。美國更有大量研究顯示大專院校畢業生在國際準備度（international preparedness）上的欠缺，以及全球產業之技能需求與高等教育所培訓之人才的能力之間的落差頗為嚴重（Jin & Bennur, 2012）。此一結果提醒我們國際教育發展的意義與重要性，其影響著全球移動人才的培養。

　　綜觀各國國際教育的發展邏輯，有學者將之區分為兩大取向，一為文化驅動取向（culture-driven approach），一為貿易驅動取向（trade-driven approach）。高等教育的國際化可追溯至歐洲中世紀開始的學生跨國壯遊（wondering student），學生跨越疆界前往不同國家學習，此為文化驅動取向的國際教育。此取向的國際教育旨在獲得文化與語言技能，藉由不同國家的體驗而改善語言能力、獲得文化外交能力等軟實力。但隨著學生跨國移動的增加，機構與學程也跨國提供，學術不僅跨國消費，也跨國提供，此為貿易驅動取向的國際教育。此取向不僅旨在獲得文化經驗，也在獲得更高階的資格，以及繼之而來的高階職業市場進路（Martens & Starke, 2008）。

　　在紐西蘭的脈絡中，廣義的國際教育涵蓋了「國際教育」與「國際化」此二種不同意涵的概念，且分別對應上述的文化驅動與貿易驅動取向。狹義的「國際教育」乃指國際學程、觀點與活動，換言之，其提供學生全球脈絡，以協助其瞭解地方議題（如能源成本的提升、環境永續經營的必要

性）如何受到世界事件的影響，其亦在發展學生的全球公民素養（global citizenship），且增進其對其他文化的尊重與自我的國家認同（International Division, 2007），此屬文化驅動取向的國際教育。「國際化」乃指國際學程、觀點與活動得以實踐的歷程，例如：課程的改變、各種連結的發展等。換言之，教育體系的國際化乃是促進教學與研究品質、建構人力資本、強化跨國教育夥伴關係、增加教育服務貿易的工具（International Division, 2007），此屬貿易驅動取向的國際教育。紐西蘭雖針對國際化、國際教育有上述的差別，但往往在政策制定上兼容兩者而以「國際教育」涵蓋之（洪雯柔，2012）。因此，本文亦以國際教育統稱之。

紐西蘭早期（1950 年代迄 1980 年代）較為著重在文化驅動取向的國際教育，自從 1990 年代進入世界貿易組織（World Trade Organization, WTO）且採取新自由主義（neo-liberalism）政策取向後，雖然並未放棄文化驅動取向，但逐漸採取貿易驅動取向的國際教育，將國際教育視為貿易服務的項目來推展；而在 2017 年新公布的國際教育策略，雖然仍以貿易驅動取向為主，但又逐漸兼顧文化驅動取向的發展，增加培養紐西蘭學子的全球公民素養。本文對紐西蘭國際教育發展歷程的探究，便可看出此一趨勢。

以下便從政策背景與現行政策加以介紹，最後則歸納其政策特色、問題與展望。

 政策背景

紐西蘭政策的延續性很高，為了更瞭解紐西蘭現行國際教育政策，除介紹政策發展的背景，亦論及以往的政策或策略，以利瞭解現行政策的內涵。

一、基於國際教育援助與政治考量的國際教育推展

紐西蘭早在 1950 年代便投入國際教育的推展活動中，參與大英國協

國家於 1951 年啟動的政府間「可倫坡計畫[1]」（Colombo Plan），針對南亞與東南亞國家進行官方的經濟與社會發展協助方案，藉由提供獎學金給學生、技術專業給政府等方式，提供發展與教育服務給南太平洋與東南亞國家。此外，尚有紐西蘭與某些太平洋國家的「合作方案」（Scheme of cooperation）。此一投入現在仍以「紐西蘭 Aotearoa 獎學金」（Aotearoa scholarships）與「雙邊協助方案」（Bilateral Aid Programmes）的型態存在著（洪雯柔，2010；Challies, McGregor, and Sentes, 2011）。

1970 年代之後，隨著此可倫坡計畫於 1977 年更名為「亞太經濟與社會合作發展可倫坡計畫」（Colombo Plan for Cooperative Economic and Social Development in Asia and the Pacific），更擴大地理規模而針對甫獨立之太平洋島國或紐西蘭管轄之島國提供各種發展協助，而協助之方式多半為技術協助、培訓與直接預算支助等。在此時期，發展援助與協助主要由紐西蘭外交與貿易部來組織與推展。例如：政府於 1961 年投入資金設立了紐西蘭海外服務委員會（The New Zealand Council for Overseas Service, CORSO），以促進海外志工服務，並協調現存各種志願組織的國際發展工作（Challies et al., 2011）。

前述的國際教育方案主要基於國際援助的人道關懷與政治夥伴關係的考量。此種基礎與策略逐漸改變，主要因為紐西蘭是個外貿型國家（New Zealand Government, 2011），復因英國於 1973 年加入歐洲共同市場後，紐西蘭長久以來對英國的經濟依賴關係面臨轉變，亞洲市場遂成為紐西蘭的新興目標，因而積極加入亞洲地區的各類整合性經濟活動與合作中。與中國、新加坡、汶萊、泰國等國簽訂貿易協定，與馬來西亞、韓國、印度等國磋商貿易協定等舉措，皆是紐西蘭強化與亞洲市場連結的象徵。紐西

---

[1] 1950 年澳洲外交事務大臣 Percy Spender 帶領澳洲代表團至可倫坡（即今日的斯里蘭卡），於英屬地外交與貿易部長會議中提出澳洲計畫。會議中，加拿大、斯里蘭卡（當時的錫蘭）、印度、紐西蘭、巴基斯坦、英國等接受此項計畫，此即為後來的可倫坡計畫，其進行對亞洲的教育援助（Laws、江愛華，2006）。

蘭政府自 1980 年代以來便積極參與亞洲市場，開放亞洲移民與觀光乃是其中較為重大者，亞洲裔移民遂呈現穩定且較大幅度的成長（洪雯柔，2012）。國際教育產業的發展也在此脈絡中逐漸開展。

二、1980年代新自由主義教育改革下的國際教育擴展

　　紐西蘭為因應國家經濟成長的停滯、國內的高失業率、跨國教育活動頻繁與國際學生增加等，以及 1984 年開始推動的新自由主義經濟結構重整，1989 年公布的教育政策與推動教育改革主要採取新自由主義取向。此波改革強調權力下放以使學校得以回應學生與社區的多元需求，注重行政體系的效率與教學的成效，以提升國家的經濟競爭力，因之從中央集權轉為學校自主管理、進行教育行政體系的結構重整、提出國定課程、改變評量機制與學歷體制、縮減少數族裔學生成就落差等相關政策（洪雯柔，2004）。

　　高等教育的市場化發展亦是此波教育改革的重點，強調高等教育機構的自主發展、競爭型經費的爭取、學術研究品質的提升、高等教育機構的評鑑與品質確保等（洪雯柔，2004）。然而，將教育服務當成一種可販售的服務，紐西蘭的起步較晚。在 1990 年以前，僅有少數私立英語語言學校提供付費的英語課程給國際學生。在紐西蘭，超過 90% 的教育供應者為國立機構，而且當時的法律禁止學校投入商業性的教育服務中（洪雯柔，2010）。

　　在邁向市場化的新自由主義教育改革的影響下，以及進入 WTO 成為其會員國的脈絡下，紐西蘭教育亦受到影響，致使其積極進行教育市場的開拓與教育產業的經營。WTO 影響教育領域最鉅的便是 1994 年關稅暨貿易總協定（The General Agreement on Tariffs and Trade, GATT）烏拉圭回合談判所達成之《服務業貿易總協定》（General Agreement on Trade in Services, GATS），其將服務業貿易納入 WTO 的規範項目之中。而教育，亦名列服務業貿易，須開放商業競爭。紐西蘭自 1995 年加入 WTO 開始，便積極擴展教育服務的海外市場。而且是少數幾個全面性開放教育市場的

國家，從小學、中學、大學、師資培育以及其他專業訓練等全面開放（洪雯柔，2012）。

高等教育國際化政策也在此脈絡中受到重視，以招收國際學生爲主的出口教育（export education）更逐漸發展成紐西蘭第三大產業。雖然紐西蘭各級學校皆開放國際學生入學，亦各有其招收國際學生之策略，最爲積極招收國際學生的階段乃高等與中等教育階段，尤以高等教育爲最（洪雯柔，2004）。在以國際學生來源國之在地留學爲主的跨國教育（transnational education, TNE）供應方面，自 1990 年代早期開始，已有許多機構與海外機構結盟，與國外類似機構進行學生與教授的交流。此外，亦有高等教育機構或集團在其他國家建立校區（洪雯柔，2010）。

自此開始，教育改革的政策之一便是鼓勵公立機構提供更多教育機會給自費的國際學生，並且加強跨國教育機構的交流（洪雯柔，2010）。雖然以往國際教育有其公民投入、改善跨族群之態度的優點，但政治人物聚焦在其經濟利益，而強調國際學生的招收。此種經濟面向主宰有關國際教育之政治論述的傾向，也出現在紐西蘭（Marshall, 2019），貿易驅動取向的國際教育，取代以往以政治目的與國際援助人道關懷爲主、強調全球公民養成的文化驅動取向的國際教育主軸。

三、紐西蘭出口教育策略與國際教育議案的公布

相對於紐西蘭高等教育機構的稀少而言，前往紐西蘭的留學生人數頗多。然而，爲了與美、英、澳等大國相競爭，也爲了提振紐西蘭國際學生的萎縮趨勢，紐西蘭政府透過各種補助與獎勵，來鼓勵大學與私立訓練機構開辦「境外在地留學」（offshore education）的課程。並且鼓勵高等教育機構與企業界合作，開創革新性的「出口教育」方案，將紐西蘭教育加以出口，吸引更多留學生的參與。此外，由於私立部門對招收國際學生的投入日益成長，紐西蘭政府亦採取相關策略以提升私立部門的投入，例如：鼓勵國外對紐西蘭教育的投資（洪雯柔，2010）。

紐西蘭政府的政策之一乃是促動相關機構的成立以統籌國際教育事

宜。紐西蘭教育推廣會（Education New Zealand）這個全國性的非政府組織成立於 1999 年，主要目的在協助國際教育的提升，建立紐西蘭在教育市場中的「品牌」。其為非營利的信託公司，由公私立的教育「產業」所設立，其財務來源主要來自會員的會費、出版品的販售、行銷業務的進行等（洪雯柔，2010）。

　　第一份有關國際教育的政策於 2001 年由紐西蘭教育部提出，即「紐西蘭出口教育：發展出口教育之策略方向」（Export education in New Zealand: A strategic approach to developing the sector，以下簡稱「出口教育策略」）。此後，高等教育委員會（Tertiary Education Commission）成立，與紐西蘭教育部國際司（International Unit）於 2007 年提出「國際教育議案：2007-2012 年策略」（International education agenda: A strategy for 2007-2012）（以下簡稱「國際教育議案 2007-2012」），其亦將原本的出口教育政策納入為國際教育發展提供完整策略架構（洪雯柔，2010、2013）。

　　「出口教育策略」旨在建構出口教育工業的基礎建設，諸如移民與學生簽證相關法規的修訂、留學生照顧機制的建立、徵收高等教育機構的出口教育稅（export education provider levy），以供出口教育之研究與發展所需、設定以「在地留學」與「遠距教育」為主軸的國際學生招生策略、促進高等教育的合作等。「國際教育議案 2007-2012」則提供完整的、貫串中小學教育至高等教育的國際教育目標與措施，主要目標在藉由國際研究與學術交流而提升紐西蘭學生的國際連結、豐富紐西蘭國際學生的教育與生活經驗、強化國際教育提供機構的學術與財務能力、強化紐西蘭從國際教育所獲得之社會與經濟效益。其推行策略如提供優異國際學生（包含學士班與研究所）之學費優惠、建構「在地留學」顧問網，以強化與國際合作夥伴的長期合作關係、持續鼓勵國際教育供應者開發各種革新方案、持續進行跨國學歷承認與品質保證方案、提供英語非母語（English as the second language, ESL）之學生相關協助與服務等（洪雯柔，2010）。

　　「國際教育議案 2007-2012」的四目標分別為：（一）使紐西蘭學生具備面對相互連結之世界且獲致成功的能力，如發展紐西蘭學生的全球知識（尤其是有關亞太地區的相關知識）、發展多元文化與多元語言技能、增

加交換學生的機會、增加紐西蘭學生與國際學生交流的機會、透過視訊會議增加國際交流等。（二）促使國際學生在紐西蘭獲得豐富的教育與生活經驗，如獲得有效的入學輔導、學習輔導與生活照顧，且能夠融入社區與教育機構中。（三）促使紐西蘭教育機構強化其學術與財務能力，如具有優質的、策略性的、多樣化的、革新的、永續的國際教育學程，且敦促紐西蘭學校與高等教育獲得國際認可。（四）透過教育部門的努力，以使紐西蘭得以獲得更多經濟與社會利益，如透過教育夥伴而有更良好的國際關係、透過與國際研究社群的合作與經費挹注而獲得研究利益、出口教育的永續發展等（洪雯柔，2013）。

　　政府對於學生交換計畫與國際學生簽證的核可，在 2006 年 11 月 1 日前乃由移民署（Immigration New Zealand）負責，之後則轉為教育部的權限。此主要因為此類核可的評估主要與教育相關，因之進行此一組織任務的調整。依據新的職務調整，教育部負責核可任何新協定與申請文件，評估並且轉交申請文件與交流協定給移民署，並且負責通知通過核可的申請者。教育部繼之登錄成冊且通知移民署進行相同的工作。短期內，教育部仍會負責高等教育階段之協定的核可；但長期的規劃是，將此職務轉交高等教育委員會負責（洪雯柔，2010）。

　　移民相關法規的修訂，亦顯示政府致力於移除國際學生就學障礙的努力。例如：1. 修習少於 12 週之英語學習課程的學生，無須辦理學生簽證，以簡化簽證程序來招攬更多學生；修習超過 12 週課程的學生才需要辦理學生簽證。此外，來自免簽證（visa-waiver）國家的學生可以在入境紐西蘭後才辦理學生簽證。2. 紐西蘭政府制定了一種新的簽證類型，即「有限目的簽證」（limited purposes visa），例如：對於來自移民之高危險性國家的學生而言，他們可能無法獲得正規的學生簽證，但是他們可申請有限目的簽證。然而若是他們在紐西蘭的學術表現有問題、或者並非真正學生，則會受到嚴格的控制。3. 紐西蘭政府協助提供國際學生在紐西蘭打工賺錢的機會，以使學生得以支應生活與學習所需（洪雯柔，2010）。

　　此外，國際學生若獲得紐西蘭博士課程的入學許可，其學費之收費標準乃依紐西蘭本地學生標準，而一般國際學生的學費為本地學生的 3-4

倍。而且博士生配偶及子女也同樣可以享受開放的工作簽證，其未成年子女僅需繳交本地學生的學費。以小學為例，本地生一年的學費為 300 紐元，國際學生的學費則高達 10,000 紐元。紐西蘭對於博士生的優惠政策（Policy Statement on Domestic Status for New International PhD Students），主要是為了招攬更多優秀學生（洪雯柔，2010）。

　　為了保證留學生在學習期間得到恰當的照顧，紐西蘭特別制定了《關於對留學生的指導與照顧之行業規則》（Code of Practice for the Pastoral Care of Foreign Fee-Paying Students，以下簡稱《行業規則》）。所有為留學生提供課程的教育供應者（education providers）和私立培訓機構都必須遵守照顧留學生在紐西蘭期間的各種要求，並且在他們來這裡之前必須提供有關課程的全面資訊（洪雯柔，2010）。

　　最初的強制性的《行業規則》於 2002 年 3 月 31 日開始生效的，其目的是為了保證國際學生在紐西蘭所受教育的品質。2003 年 8 月新修改的規則進一步加強對國際學生的照顧與保護，如將短期英語培訓課程的國際學生納入、嚴格規範國際學生的住宿條件、加強對國際學生的保護、強調學校與學生等經常性的交流、對學生提供更廣泛的資訊和幫助服務種類、強化國際教育申訴局（International Education Appeal Authority, IEAA）的功能等（洪雯柔，2010）。

　　紐西蘭政府進一步自 2004 年推出「出口教育革新方案」（Export Education Innovation Programme, EEIP），由教育部、紐西蘭貿易與企業發展局（New Zealand Trade and Enterprise）、紐西蘭教育推廣會信託組成管理團體（Management Group）來管理。管理團體的成員來自教育部、紐西蘭貿易與企業發展局、紐西蘭教育推廣會的代表，負責監督與決策事宜。出口教育革新方案的主要決策也來自上述的管理團隊，紐西蘭教育推廣會則負責該方案的一般行政。除上述外，另有專家諮詢團隊（expert advisory body）協助方案的管理團隊與行政事務（洪雯柔，2010）。

　　紐西蘭政府繼之於 2004 年提出「出口教育革新方案策略以及執行指引」（Export Education Innovation Programme: Strategic Overview and Operational Guidelines），2010 年更提出新版的策略，藉此刺激各級各類教育供

應者發展出創新的出口教育方案，提升國際學生人數與品質（洪雯柔，2010）。

此出口教育革新方案的基金撥款主要核發給各類活動，旨在達成下述目標（洪雯柔，2010）：

㈠革新

贊助針對出口教育提出的革新性方案，如開發新市場、建構新商業模式或架構、擴展新的傳遞（傳授）模式，發展新教育方案與產品，提升各層面的運作品質。

㈡建構出口教育體系

藉由此方案，建構健康的、長期發展的、具有高附加價值的出口教育工業。此一成果有助於改善出口教育工業的長期經濟表現，增加紐西蘭的聲望，也有助於提升紐西蘭教育社群的國際觀點與經驗。

㈢在地留學方案（offshore initiatives）

前 4 年的方案主要在鼓勵國際學生在地教育活動，換言之，各國學生無須出國便可享有紐西蘭高等教育的傳授。此乃因相較於其他國家，前往紐西蘭當地大學留學的比重較高。此不但可擴展紐西蘭出口教育的市場、減低分化（diversify）的風險，亦使得在地留學方案得以永續經營。

上述的出口教育方案因著出口教育稅而能持續支持出口教育產業，「國際教育議案 2007-2012」之後由 2011 年公布的「國際教育領導聲明」（Leadership Statement for International Education）所取代，但發展的軸線與重點差異不大。《行業規則》與彈性簽證制度仍維持，甚至納入法規中，以確保國際學生的權益與招收。

四、現今教育政策脈絡

紐西蘭第五屆國家黨政府於 2016 年 7 月「國際學生指導照顧守則」（Code of Practice）取代「國際學生教育關懷守則」；亦制定新的「爭議

解決機制」（Dispute Resolution Scheme），以解決國際學生跟教育供應者的契約與財務糾紛。2017 年 10 月接手的第六屆工黨政府推動的改革之一即為國際教育政策（楊蕊，2020；MOE, 2017a, 2017b）。國際教育競爭力的下降是紐西蘭此次改變國際教育策略的直接因素。2017 年紐西蘭國際學生的註冊數據比 2016 年下降 7%；國際學生以中國跟印度為主，共占 50%，而紐西蘭國際教育競爭國家也依賴此二市場，未來與其他目的國家的競爭將更加劇（楊蕊，2020）。

　　除了上述脈絡外，紐西蘭政府還進行進一步的分析，指出國際教育市場的全球圖像正在改變。全球趨勢影響了國際學生對於國際教育的需求，以下分別說明（Education New Zealand, 2014; MOE, 2017a）：

(一)全球巨型趨勢

　　1. 影響最大者乃是全球人口圖像的改變：國際教育市場需求在全球大幅提升，2017 年國際流動學生的人數約 500 萬，預估到 2025 年將更巨幅成長至七八百萬。2. 全球經濟勢力的改變：紐西蘭及其競爭對手的國際教育市場頗為仰賴中國與印度國際學生，但因為競爭對手之故，紐西蘭的中國學生預估將在 2025 年開始下滑。其他如漸增的財富、成長的中產階級、科技技術使用的進路、以移動為重而非移民、氣候變遷與自然資源之戰、自動化、都市化等皆為此波趨勢。

(二)學生移動趨勢

　　此涵蓋幾種趨勢：1. 愈來愈多以往的國際學生來源國逐漸轉成留學標的國（destination countries），且更多原本的留學標的國挾著政府支持的策略與目標，而將國際教育的經濟與社會利益予以最大化，諸如韓國、日本、新加坡、中國、臺灣等都逐漸成為紐西蘭的競爭對手；2. 來源國從傳統國家（如韓國）轉變為東南亞與非洲等國，沙烏地阿拉伯、奈及利亞、尼泊爾、伊拉克、巴西、土耳其、印尼等則逐漸成為新興的來源國；3. 境外留學需求的增加，而且此類留學生的年齡下降；4. 重點的改變，以往國際學生以聘僱與移民相關的教育為目的，現今移動力逐漸取代移民的目的。

㈢國際教育與學習新趨勢的出現

國際教育與學習新趨勢的出現，有必要納入服務內容以符應學生需求，這些新趨勢包括：境外年輕學生的成長，終身學習的發展，內容與評量間的斷裂，研修、觀光、住宿、旅行等的套裝化，短期課程選項，對境外高等教育的漸增需求，對創業、革新、數位素養與創造力等素養的需求，具就業力的畢業生，改變學習發生之時間與地點、教師角色的科技，以雲端為基礎之教育與奠基於 App 之學習的漸增使用，海外研修方案的經費擴編，從資格予轉變為證明頒布。

㈣在地全球教育的成長

1. 高等教育追求在全世界都日益成長，新興經濟體更希望學生可以在地接受教育，而非前往國外留學。2. 某些來源國家的經濟日益成熟因之使中產階級逐漸成為學生來源，例如：拉丁美洲與北美等地，但基於經濟考量、學術能力限制或無法於海外進行全時研修而偏好在地接受國際高等教育。3. 跨國教育，透過國際夥伴或境外分校有助於標的國升級其教育體系，也增加地區教育樞紐的建構。而且其不僅是新增的國際教育通路，也有助於擴展與深化教職員與研究的連結、學生的雙向流動。4. 科技的進步使得高等教育得以線上傳遞，線上學程註冊以獲得外國學位的件數也大幅成長。以英國為例，2007 年 8 月約有 19 萬境外學程的學生，2011 年 12 月成長至 57 萬。OECD 指陳 2020 年約有 50 萬亞洲學生參與跨國教育學程。

紐西蘭面對的局勢如下（Education New Zealand, 2014）：

㈠過度仰賴少數關鍵市場

紐西蘭長期以來過度依賴中國、印度、韓國、日本、沙烏地阿拉伯等國家，而且不僅是在國際學生的招收上，還有其他服務活動。因此，多元化與多樣化市場的需求乃是促動變動的原因之一。

㈡衰頹的傳統市場

紐西蘭國際教育市場在好幾個部門都面臨巨幅的衰頹，最大的降幅出

現在韓國中小學生的註冊，較小的降幅則有阿拉伯的英語學習市場，以及馬來西亞的大學學生市場。

㈢ 多元經費資源的需求

教育供應者逐漸被期待去獨力承擔經費責任，因此，從政府、國際、私人等各部分爭取多元經費來源乃是促動改變的關鍵因素之一。

㈣ 優質基礎建設的漸增需求

隨著國際學生期待的提高，教育提供機構與產業也必須投資更多經費在國際教育與學生身上。

㈤ 紐西蘭學生國際化的巨大需求

紐西蘭學生也開始期待有價值跟更多的國際經驗。

㈥ 國際競爭以追求研究卓越

紐西蘭高等教育機構意識到國際排名的競爭壓力，而國際排名很大比例仰賴研究產出的品質與數量。

㈦ 競爭對手分析

1. 紐西蘭傳統的競爭者來自英國、澳洲、美國與加拿大，其競爭主要在於國際學生招募以及境外服務諮詢的提供；2. 新興競爭者主要來自亞洲國家（特別是馬來西亞、香港與新加坡）、土耳其、中東、俄羅斯與歐洲，主要聚焦在英語學習與國際經驗的取得，而且在地理位置上更為接近、成本效益更高、文化與宗教更為類似；3. 新科技提供的有效的、更具規模的彈性方法，提供更多的學習與評量服務。

㈧ 紐西蘭最大的挑戰仍舊是教育品牌知名度（brand awareness）較低

英、美的教育品牌知名度高達 97%，澳洲也高達 81%，但紐西蘭僅有五成左右。

㈨主要競爭國優劣勢比較

就可負擔性觀之，紐西蘭較有競爭優勢，僅略低於加拿大，但遠超過英、美、澳洲；就教育品質觀之，卻落後較多；就安全度觀之，紐西蘭僅次於加拿大，頗有競爭優勢；就畢業生的就業機會觀之，紐西蘭僅勝過英國，落後於其他國家；就政府的學生簽證條件與政策，紐西蘭最為友善，但與加拿大、澳洲的差距不大。

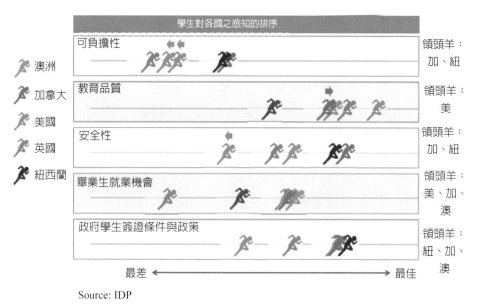

Source: IDP

圖1　英、加、紐、澳國際教育優劣勢比較

資料來源：Education New Zealand, 2014.

為強化國際教育部門在全世界的競爭力，國際教育系統的品質乃為關鍵，紐西蘭政府不僅透過國際教育策略的提出，也透過「國家教育成就證書」（National Certificate of Educational Achievement, NCEA）此學歷認證制度與「高等教育策略」（Tertiary Education Strategy）等的檢視，來提升整體教育系統的品質（MOE, 2017b）。而在「2018-2030年國際教育策略」公布的同時，「紐西蘭教育推廣會認證之代理人方案」（Education New Zealand Recognised Agency Programme, ENZRA）也同時公布，以提升國際

教育代理人對國際學生的服務品質。此外，紐西蘭政府還宣布自 2019 年開始實施新版的出口教育稅政策，以資助出口教育產業的活動與項目（楊蕊，2020）。由此可看出新政府對國際教育的重視。

 ## 參　現行國際教育政策

　　紐西蘭現行的國際教育政策乃是 2017 年公布的「2018-2030 年國際教育策略」（International Education Strategy 2018-2030），其取代了 2011 年公布的「國際教育領導聲明」，而且奠基在「國際學生福祉策略」（International Student Well-being Strategy）的四軸線上。以下便先介紹「國際學生福祉策略」，繼之是現行的「2018-2030 年國際教育策略」，此外也補充國際學生照顧規則，以及因應疫情而於 2020 年另外釋出的「國際教育振興策略」（Strategic Recovery Plan for International Education）。

一、「國際學生福祉策略」

　　紐西蘭自 2002 年便開始推動國際學生的國家照顧方案，領先世界。2017 年頒布新修正的「教育（國際學生指導照顧）實踐規則」（Code of Practice），以及「爭議解決機制」（Dispute Resolution Scheme），凡此種種皆為保障國際學生的權益與福祉。工黨政府上臺後遂延續此精神而推出「國際學生福祉策略」。此策略歷經國際學生、教育供應者、與國際學生相關之社區或團體的意見調查，是紐西蘭政府立基於與國際學生共同願景的基礎上、協調各政府部門努力，所建構的福祉成果架構（MOE, 2017a, 2017b）。

　　此策略的軸線有四：分別為經濟福祉、教育、健康與福祉，以及融合。以下詳細介紹（MOE, 2017b）。

㈠經濟福祉
　　其目的在使國際學生得以支持自己，透過下述策略：1. 國際學生獲得有關生活與研修支出的精確訊息，而這也包括不同地區在支出費用上

的差異；2.國際學生瞭解他們有權在紐西蘭工作、接受聘僱，且不被職場剝削；3.國際學生瞭解他們的住宿權利、獲得住宿爭議解決管道的相關訊息；4.瞭解他們可獲得的聘僱與居留通路；5.瞭解獲得財務建議的服務管道。

㈡教育

其目的在使國際學生獲得支持他們未來發展路徑與選擇的教育成果。其策略有：1.國際學生知道他們所註冊的供應者與課程是優質的；2.國際學生有適當的英語能力去執行他們計畫的研修；3.國際學生獲得好的教育成果且能獲得相關服務以支持未來研修；4.國際學生從供應者獲得文化回應性的回應。

㈢健康與福祉

其目的在確保國際學生的安全與健康。策略是：1.國際學生瞭解且能獲得文化適切且有效的健康照顧；2.國際學生瞭解在紐西蘭如何維持安全；3.國際學生瞭解紐西蘭法律中有關犯罪與暴力、法律權益、獲得服務與如何舉報犯罪的權利；4.國際學生可獲得安全與值得信賴的交通。

㈣融合

其目的在使國際學生受到歡迎、被重視、且有社會連結。策略是：1.國際學生在紐西蘭受到歡迎，且知道他們的貢獻是被珍視的；2.當政府制定相關政策與策略時，國際學生的聲音會被聆聽與考慮；3.國際學生能獲得有關社會、文化、宗教服務等相關訊息；4.國際學生感受到能融入他們的社群與社區，且他們的多樣性受到讚賞。

二、「2018-2030年國際教育策略」

紐西蘭政府將國際教育視為一個介乎教育、移民、觀光、貿易與外交的領域，本策略也是由相關單位共同領導，包含紐西蘭教育推廣會、教育部，以及夥伴單位商業、創新與就業部（Ministry of Business, Innovation and Employment）、紐西蘭學歷資格審定局[2]（New Zealand Qualifications Authority, NZQA）、高等教育委員會（Tertiary Education Commission），以及外交與貿易部（Ministry of Foreign Affairs and Trade）。國際教育對紐西蘭的價值則有：對紐西蘭整體與各地區的經濟效益，支持觀光產業，增加全球貿易、投資連結與國際合作，豐富紐西蘭教育，提升紐西蘭勞動人力的技能與生產力，增加文化資本與文化多樣性（MOE, 2017a）。

此次「2018-2030 年國際教育策略」特別指出，國際教育也涵蓋紐西蘭學生透過國際交換、學士或碩士研修、研究或實習的境外經驗。此政策目標環繞著福祉，以及永續、具生產力與融合性的經濟。此策略的核心則為堅強、平等、優質的教育體系，但具有國際焦點，以及與全球學生、工作者、教育供應者連結（MOE, 2017a）。前述關於國際教育的範圍，是較諸以往更擴大範圍之處，雖然以往的「國際教育議案」一直都涵蓋國內學生國際視野的培養，但是關於國內學生的國際流動並未明確加以規劃，此是本次不同之處。

其主要原則：1. 紐西蘭各地區都共享國際教育帶來的利益。2. 不僅關注國際教育帶給紐西蘭的利益，也關注其帶給世界的利益。3. 與移民系統緊密結合，以確保基於真正研修的理由而前來紐西蘭，也保護學生免於剝削。4. 透過「國際學生福祉策略」來確保學生平安、快樂、收穫滿滿（MOE, 2017a）。

國際教育策略以往多以 5 年為期，但此次頒布的政策「2018-2030 年國際教育策略」卻長達 12 年。以下分項目介紹之。

此策略有三大目標，各有其對應之指標與評估方法，以帶給紐西蘭經濟、社會與文化的利益（見表 1）（MOE, 2017a）。

---

[2]　紐西蘭學歷資格審定局負責中等教育，以及中等教育後之學歷授予的資格統整與標準設定（洪雯柔，2019）。

表 1 「2018-2030 年國際教育策略」目標、方法、指標對照表

目標	評估方法	評估指標
提供卓越教育與學生經驗	國際學生滿意	2025 年達 92-95% 2030 年達 94-97%
	國際學生對教育品質的感知	建構持續改善的標竿與目標
	紐西蘭作為教育供應者的國際聲望	建構持續改善的標竿與目標
	國際校友產出成功	建構持續改善的標竿與目標
達成永續成長目標	產業的經濟價值	2025 年達 6,000 萬紐幣
	市場分化	建構持續改善的標竿與目標
	國際學生在地區就讀	2030 年增加地區產值的比率
	國際學生繼續進入較高階段就讀	2030 年前達倍數成長
發展全球公民	紐西蘭學生求學過程前往海外獲得國際體驗	增加紐西蘭畢業生國際元素
	學生發展全球公民能力	建構標竿與監督進展狀況

* 紐幣對臺幣約為：1：19.5。
資料來源：MOE (2017a)。

為達成上述目標，策略中針對各目標規劃其對應的行動（MOE, 2017a）。

㈠提供卓越教育與學生經驗

1. 三項目標

(1) 國際學生獲得優質教育。

(2) 國際學生受到歡迎，並且保持安全。

(3) 紐西蘭提供卓越且全面的國際學生體驗。

2. 關鍵行動

(1) 透過方案監督、外部評鑑、審查與調查機制，嚴格監督國際教育供應的品質。紐西蘭學歷資格審定局於 2002 年正式開始推動完整學歷資格與標準的體系，並建構「紐西蘭品質保證資格之註冊」（New Zealand Register of Quality Assured Qualifications）架構。國家學歷資格體制提供各學歷資格間之對應性，更使得紐西蘭的學歷標準得以與國際一致，有利於

教育的國際化推展與流動（洪雯柔，2019），其透過課程監測、外部評估等措施來監測國際教育的品質與卓越（楊蕊，2020）。

(2) 持續改善以消費者為目標的教育與移民相關訊息，以供學生與教育供應者之參考。

(3) 調查對國際學生與移民的剝削狀況並予以消除，且提供相關政策之選擇給國際學生。

(4) 落實與監督「紐西蘭教育推廣會認證之代理人方案」，該方案提供相關支持給那些協助國際學生來紐西蘭的教育代辦，諸如相關工具、資源、訓練與法規修訂等。

(5) 支持與經費支援那些促進國際學生福祉的方案。

(6) 持續研究消費者對教育品質的感知，以及國際對紐西蘭教育的感知。

(7) 激勵優質的移民場域研究，以確保國際留學生具有足夠且適切的技能與資格以獲得移民資格。

(8) 確保「教育（國際學生指導照顧）實踐規則」得以符應國際教育策略的願景與目標而持續發展。

(9) 進行長期追蹤以瞭解校友成就。

㈡達成永續成長目標

1. 三項目標

此部分分成三項目標，以達成國際教育永續成長的目標。而此處所謂的「永續」涵蓋幾個概念，第一優先的概念乃是在分化且多樣的出口產業基礎上發展低碳經濟；第二個概念乃是減少不平等與貧窮，使人民獲得高薪工作；第三個概念則是針對國際教育的永續發展，希望藉由市場的分化與多元性、創新產品與服務的提供、考量移民與勞動市場需求等，提供優質教育與學生福祉的保障。而國際教育的永續發展，則能進一步強化紐西蘭的永續經濟。

(1) 國際教育是高價值且優質的部門，並尋找紐西蘭獨特性。

(2) 紐西蘭各地區逐漸共享國際教育利益，而非獨重奧克蘭地區。

(3) 國際教育部門透過市場分化、人員流動、創新產品與服務，而能繁榮發展。

2. 關鍵行動

(1) 確保出口教育稅政策能夠永續發展且對應目的。

(2) 因此，對於私人培訓機構徵收的出口教育稅自 2019 年開始，由原本的國際學生學費的 0.45% 提升到 0.89%，大學與私立學校則從 0.45% 增加到 0.50%（楊蕊，2020）。而這些稅收主要使用在出口教育的創新研發、風險管理的強化，以及國際學生權益的保障與補償。

(3) 與教育供應者合作以確保其國際學生招募能和國家與地區技能需求相呼應。

(4) 鼓勵教育供應的創新方案與方向，包括非傳統教育供應者。

(5) 探討英語學習學校是否能夠成為國際教育次部門。

(6) 探究聯盟的建構是否可能成為國際利益的泛教育支持系統。

(7) 探討教育與教育產品在境外或線上提供的機會。

(8) 評估國際教育對國內勞動市場的長期影響。

(9) 與地區經濟發展部門合作擴展國際機會，且符合地區未來勞力需求。

(10) 與其他產業及教育供應者合作以創造更好的研修與就業的連結管道，也對紐西蘭獨特性的開展有所貢獻。

(11) 透過研究與市場情報的調查，追求更大的市場與產品的分化與多樣性。

(12) 建構紐西蘭國際教育標竿的表現任務指標，以對應國際競爭者。

㈢ 發展全球公民

1. 三項目標

(1) 所有學生獲得面對全球化生活、工作與學習所需的知識、技能與能力。

(2) 國際教育為紐西蘭提供更強的全球連結、研究鏈結與夥伴關係。

(3) 紐西蘭人瞭解並擁抱國際教育所帶來的利益。

2. 關鍵行動

(1) 發展向外流動策略，也涵蓋檢視學生獎學金或交換機會。

(2) 透過國定課程的落實以幫助學生發展全球素養。

(3) 監督 2018 年開始推動之亞太卓越中心（Centres for Asia-Pacific Excellence, CAPEs，目前三個中心分別在北亞、東南亞與拉丁美洲）的效能，以發展出亞太地區的語言能力與相關知識。

(4) 提供領導專業給國際教育部門，以提供且促進國際教育經驗給在紐西蘭接受教育者與所有紐西蘭人。

(5) 促進紐西蘭與太平洋地區教育體系的連結，並從紐西蘭在太平洋區的工作中獲得學習，以創造太平洋學生在太平洋群島與紐西蘭的教育機會，以支持政府在太平洋的重新布局。

(6) 推動紐西蘭推廣策略，以在全世界擴大與多樣化紐西蘭的校友人數與組成。

(7) 提升支持以使學生得以提供語言學習機會。

(8) 與教育審議署（Education Review Office, ERO）合作，以檢視學校如何面對全球化。

(9) 提升國際教育成為學術科目，以鼓勵高等教育學者、研究、專業發展進路的形成。

三、國際學生權益保障相關法制與規則

在國際教育方面，紐西蘭主要針對保護國際學生的相關事務上進行立法。一方面來自於紐西蘭對立法相對比較嚴謹的態度，一方面也因為紐西蘭在政策制定上的習慣，多半會以 3 或 5 年為期進行規劃，因此立法並不太適合這樣變動性較大的政策規劃方式。

紐西蘭僅針對國際學生相關權益的部分立法，一方面是對於人權的重視，以及學生權益的保障，因此透過對於國際教育供應機構的規範、學生權益等加以立法；一方面乃是因為學生權益的保障，比較有固定的標準與內容，變動性較小。

以下就紐西蘭的相關法規加以簡述。

「2019 年教育（指導照顧）修正法」（Education (Pastoral Care) Amendment Act 2019）旨在規範教育供應者在招收國際學生之歷程與抵達紐西蘭後的服務，以確保其服務水準達到一定標準（Nikula, 2020）。

該法案涵蓋幾個部分：國際學生註冊、承諾、爭議的解決、出口教育稅收、處罰等。關於國際學生註冊部分，主要在規範供應者幫國際學生註冊、提供課程的下限、收費等。此外，關於「具體實踐的指導與照顧規則」（Pastoral Care Codes of Practice）則特別規範供應者必須照顧國際學生與本地學生的福祉，使其得以獲得正向的經驗以支持其教育成就（MOE, 2019）。

此外，紐西蘭在教育供應者部分有個教育代理人的機制，其也在上述法規的規範中。代理人有可能是個人或代辦機構，主要代表教育供應者在海外進行國際學生招募，主要進行的任務有行銷、國際學生的諮詢與學校申請等相關事宜。由於國際學生通常處於弱勢處境，諸如在前往留學國之前對於當地的不瞭解與訊息的不對等、留學後面對學術困難與社會困境、有限的權利等。而若代理人的錯誤訊息、刻意誤導、不專業的服務、文件或財務上的瑕疵等，都會對國際學生的利益帶來負面影響。此外，也有些供應者，如大學，未能保障國際學生的權益。因之，此法規及國際教育代理人指引的規劃對於國際學生的保障就特別重要（Nikula, 2020）。

1990 年開始的代理人制度原本僅有國際學生照顧規則的公布，代理人是否依照該規則以保障國際學生權益，有賴其意願；該規則成為強制規範乃從 2002 年開始，但是對於標準的訂定或良好實踐並未有所界定；直到 2010 年才開始制定法規去因應以往代理人或供應者的資訊不透明、欠缺義務等相關規範或知識、不正確的訊息、財務問題等問題。2019 年再度修訂代理人管理的有效性與監督問題（Nikula, 2020）。

四、面對COVID-19疫情衝擊的「國際教育振興策略性計畫」

此一振興計畫乃於 2020 年 7 月公布，是遵循「2018-2030 年國際教育策略」而提出的具體計畫。其提出了未來 12-24 個月中，國際教育部門可

能面對的狀況與展望：

（一）奠基於國際教育策略，促進其落實。

（二）政府投資之國際教育乃聚焦於未來焦點的項目：發展境外國際教育通路，以分化與多樣化產品項目與服務內容；提供單一數位平臺以維持紐西蘭品牌形象且提供各類教育方案之介紹。

（三）紐西蘭成功抗疫且獲得國際認可，乃是其競爭優勢。

（四）紐西蘭可能繼續維持一段時間的邊境管控，且入境紐西蘭者都必須進行防疫隔離。

（五）維持紐西蘭在國際教育市場的能見度成為更具有挑戰，但也更為重要的任務，畢竟邊境管制與跨國流動的減少都帶來限制。

（六）各地區的經濟都因為國際學生與觀光客的流失，而受到重大衝擊。

（七）在紐西蘭教育推廣會與教育部的引領下，振興計畫將由多個政府部門共同合作來支持國際教育部門。

此計畫的架構可分為四大項目：

（一）過渡期與經濟振興：這涵蓋在安全的狀況下於 2021 年逐步開放部分國際學生回到紐西蘭；提供立即的協助機制以支援私立訓練機構；支持公立學校聘僱專門人員教授未回國的國際學生；經費支援英語學習學校以培訓移民英語溝通能力；取消出口教育稅賦的繳交直到 2021 年底。

（二）強化系統：涵蓋政策與法規等之強化與補充來促動系統，尤其國際學生照顧、教育供應者的績效責任、境外教育提供的品質確保等；調整與修正法規及支持系統以強化基礎；透過對風險的辨識與預估，決定未來 5 年投資之重點市場與境外教育提供，減少政府風險與增加部門彈性空間；強化外交關係與連結以重新凸顯紐西蘭的國際能見度；透過機構對機構的關係，擴大與最大化紐西蘭與夥伴國家的學術夥伴關係。

（三）前述所論及的法規與支持系統的調整及修正，可從教育照顧規則的減少細節與表單文件要求，給予教育供應者與代理人更多彈性中看出。

　　（四）轉化以邁向更為永續的未來：涵蓋分化與多樣化產品及服務以利擴展國際教育市場，例如：透過一站式數位平臺提供數位微學程或線上指導、透過彈性套裝的種子計畫測試或發展新服務產品等；2 年投資 300 萬於行銷與品牌保護，凸顯紐西蘭在 COVID-19 防疫與國際教育上的領導形象，也致力於增加行銷管道與學生完成學位的比率；連結紐西蘭教育推廣會之活動以推動振興計畫，如對品牌的定位。

 特色、問題及展望

　　以下分別就紐西蘭國際教育政策的特色、問題與展望分別作闡明。

一、特色

㈠策略聯盟機制

　　國際教育為出口教育產業，涉及之事務涵蓋教育、觀光、移民、貿易、外交，因此其透過不同機構與部門、公私立機構等的合作，來強化競爭優勢。

㈡國際學生權益的保障

　　針對國際學生保障有特殊立法，新的法規更注意到國際學生的身心健康。

㈢創新與永續

　　透過方法與方案的不斷創新，維持永續之發展。

㈣國際教育的專業化發展

　　紐西蘭有一套專業培訓系統，培訓產業、學校、接待家庭相關人員。

㈤國際教育整體機制的建構

　　國際教育的商業機制與配套措施涵蓋教育局處、學校、企業、研發單位，共構整個合作體系，而這套體系將研發、培訓、實踐、消費者調查建

構成一個循環體系，而且其強調教育研究、教育改革與國際教育市場共生共好。

二、問題

㈠日益增加的跨國教育產業帶來的機會與挑戰

研究發現境外國際教育是最成功的策略，例如：在國外設立分校、與國外機構合作等。以澳洲為例，其有 27% 的國際學生註冊的便是此類學程；其他如上海、新加坡、吉隆坡、香港等亦提供大量就學機會給這類國際學生，讓外國學生可以在母國取得國際學歷。紐西蘭雖然亦在此部分有著明顯的國際學生人數成長，但是成長狀況不若其他國家明顯，部分原因在於其教育品質不再如以往那般受到肯定，另外則是並未發展當地能力且轉化專業知識以因應在地系統的需求（Marshall, 2019）。

㈡大量國際學生來自少數特定國家的風險

紐西蘭約有 75% 的國際學生來自中國、馬來西亞、印度與越南，如此過度依賴少數國家的現象有著高風險，因為這意味著大筆國際學生帶來的經費挹注會影響大學財務的穩定性。2003 年紐西蘭英語學習中心的倒閉及其對國際學生的衝擊，就使得其國際學生流失率高達 20%（Marshall, 2019）。

㈢國際學生過度集中奧克蘭市的問題

紐西蘭有 48% 的國際學生都選擇奧克蘭市區內的大學且居住在奧克蘭市，帶來不穩定且扭曲的人口成長與經濟發展（Marshall, 2019）。

㈣教育代理人與供應者專業訓練與服務的規範問題

雖然紐西蘭有相關法規提出教育代理人與供應者應有其專業，以提供國際學生適切訓練以及在職訓練，但是並未強制規範。而在服務品質方面，諸如資訊透明、訊息對等等項目雖然被重視，但是也不具有強制性，此種做法可能導致對於不良服務無法可管的狀況。

三、趨勢與展望

（一）國際教育市場的成長與競爭日益增強，以往的接收國逐漸轉型為提供國。

（二）以市場概念為核心，強調消費者中心與優質服務、品質保證與消費者權益的確保。

（三）多元利益的考量：雖然政策方向日益以市場競爭與經濟利益為考量，但此次特別提出社會與文化利益，此一考量以往較少出現在國際教育策略中。「融合」此一目標也意味著多元族群或群體的涵蓋，亦是考量多元利益。

（四）文化資本的提出：文化資本與文化多樣性是歷來多個紐西蘭國際教育策略版本中首度被提出，此或許意味著紐西蘭開始注重國際教育所帶來的長期影響，尤其是對於人才之跨文化能力培養的助益，以及多元族群帶來的文化多樣性的意義與價值。

（五）納入本國學生的境外經驗：以往的國際教育議案雖都納入本國學生國際視野培養的課程與活動此一項目，但是少有相關實施方法的對應、經費規劃或數據分析，此一版本特別將之納入定義與範圍，意味著政府與政策對國內學子國際教育的重視。

（六）地區的擴大，可看出以往國際教育市場較為集中在少數地區（尤其市區），因此新近政策多半希望擴大範圍與受益對象。

（七）對象的擴大，由於國際教育競爭的激烈，以及以往對象的飽和，可發現澳洲、紐西蘭都積極布局新對象。

（八）英語學習市場的擴大：由於英語學習市場的擴大，紐西蘭政府部門正在草擬英語學習部門的相關策略。

參考文獻

(一)中文

洪雯柔（2004）。紐西蘭中等教育。載於鍾宜興主編，**各國中等教育比較**（頁411-464）。高雄：復文。

洪雯柔（2010）。紐西蘭高等教育國際學生招生策略。**教育資料集刊**，**48**，61-90。

洪雯柔（2012）。紐西蘭中等學校推動國際教育現況分析。**教育資料集刊**，**54**，207-229。

洪雯柔（2019）。紐西蘭教育制度。載於楊深坑、王秋絨、李奉儒、鄭勝耀主編，**比較與國際教育**（第4版）（頁630-677）。臺北：高等教育。

洪雯柔、賴信元（2019）。高等教育國際化之開展與省思。**教育研究月刊**，**305**，19-36。

楊蕊（2020）。新西蘭國際教育策略：動因、目標與價值取向。**世界教育信息**，**491**，15-19。

Laws, K. J., & 江愛華（2006）。澳洲高等教育國際化經驗。**教育資料與研究**，**71**，133-148。

(二)英文

Beard, C. (2020). International education in New Zealand: Contemplating a new dawn following COVID-19's darkest night. *Higher Education Research & Development, 39*(7), 1384-1387.

BGRS [Brookfield Global Relocation Services] (2016). *Breakthrough to the future of global talent mobility.* Retrieved from http://globalmobilitytrends.bgrs.com/assets2016/downloads/Full-Report-BGRS-2016-Global-Mobility-Trends-Survey.pdf

Challies, E., McGregor, A., and Sentes, L. (2011). *The changing landscape of international development in Aotearoa/New Zealand -NZADDS Working*

Paper. Retrieved from http://nzadds.files.wordpress.com/2011/04/changing-landscape-of-intl-deve-in-nz-nzadds-working-pape

Education New Zealand (2014). *NZ international education industry: Strategic roadmap*. New Zealand: Education New Zealand.

International Division, MOE (2007). *The international education agenda: A strategy for 2007-2012*. Wellington, NZ: Author.

Marshall, S. (2019). Are New Zealand universities underperforming? An Analysis of international enrolments in Australian and New Zealanders? *Compare, 49*(3), 471-488.

Martens, K., & Starke, P. (2008). Small country, big business? New Zealand as education exporter. *Comparative Education, 44*(1), 3-19.

MOE (2017a). *International Education Strategy 2018-2030*. Retrieved from http://www.education.govt.nz/our-work/overall-strategies-and-policies/international-education-strategy/

MOE (2017b). *International Student Well-being Strategy*. Retrieved from https://www.education.govt.nz/assets/Documents/Ministry/Strategies-and-policies/internationlStudentWellbeingStrategyJune2017.pdf

MOE (2019). *Education report: Approval for Code of Practice Changes*. Retrieved from https://www.education.govt.nz/assets/Documents/Ministry/Information-releases/2019-releases/R-16-1176550-Hipkins.pdf.

New Zealand Government (2011). *Leadership Statement for International Education*. New Zealand: New Zealand Government.

New Zealand Government (2020). *Strategic Recovery Plan for International Education*. Retrieved from https://enz.govt.nz/assets/Recovery-Plan-for-International-Education-27-July-2020.pdf

Nikula, P. (2020). Education agent standards in Australia and New Zealand -government's role in agent-based international student recruitment. *Studies in Higher Education*. doi:10.1080/03075079.2020.1811219

Taylor, L. (2000). New Zealand as a provider of transnational education. *Higher Education in Europe, xxv*(3), 311-314.

第十三章

日本國際教育政策
現況與展望

梁忠銘

前言

　　國際教育問題不僅是教育政策的問題，同時也是外交與國力延展的一環。日本明治維新以後迄今為止，一直在各個領域，透過外交和教育，致力於從歐美諸國引進和移植有關政治、經濟、法律、商業、教育、社會、科學技術、文化和體育等相關領域的制度和知識，直至二戰結束前，日本已經翻轉成為亞洲唯一可與歐美列強並列之強國。

　　日本 1945 年雖然戰敗，社會貧困、產業頹敗不堪，但僅經過三十餘年，在 1970 年之後已經接近完全復興，不僅經濟上欣欣向榮，各種產業也都蓬勃發展，日本再度成為亞洲最先進的國家（梁忠銘，2019）。1980年代以後，日本更是已經發展成世界上主要的工業化國家之一；無論在資源、能源、工業、教育和文化等領域，在國際社會都受到高度的注目，在產業發展、現代產業科技和經濟上各個領域，也都表現令世界諸國驚奇。

　　當時日本首相中曾根康弘認為日本正在進入一個新的國際化時代，在這個時代中，如果不分擔日本在國際社會中的地位相稱的國際責任，就無法在國際社會增加影響力（文部省，1984；文部省，1987）。同時，社會上無論是隨著交通和通訊手段的發展以及經濟和文化交流的擴大，溝通的方式迅速改變，國際社會愈來愈相互依存。未來國際情勢勢必是與以往不同，考慮到這是國際社會未來競爭之下的正常狀態，需要一種新的積極的生活方式，應將其轉變為日本社會未來國際化的能量，並促進教育、研究、體育和科學技術等各個領域的相互交流，在這些領域做出國際貢獻（文部省，1984）。也就是說進入 1980 年代，日本已經從武力強國華麗轉身為產業、經濟強國，如何確保優秀人才的培育與優質的勞動力成為政府重要的課題。也隨著科技與資訊的快速發展，以及交通工具和通訊方式的進化、經濟和文化交流的擴大，溝通的型態也迅速改變，全球正在進入一個新的資訊化與教育國際化時代（文部省，1987）。同時，極度缺乏自然資源的日本，也須思考如何解決人力資源不足的問題，對於高等教育的整備的重要性被列為重點，認為高等教育的充實與國家的發展是不可分的（文部省，1987）。當時日本政府已經察覺即將面臨少子化的衝擊，

1982 年中曾根康弘內閣執政，於次年宣布了「關於 21 世紀留學學生政策的提案」（21 世紀留學生政策會議），並宣布爲了「教育」、「友好」和「國際合作」的目的，建議文部省招收 10 萬名國際學生（21 世紀留學生政策會議，1983：文部省，1983）。當時文部省依據建議於 1983 年制定的「十萬名國際學生接納計畫」展開促進國際學生政策（文部科學省，2005a）。同時思考解決三個問題：

1. 積極因應全球化、國際化與資訊化。
2. 擴大日本的國際影響力（國際教育政策＝文化認知＋經濟效益）。
3. 解決少子化及高等教育生源減少問題。

日本從 1970 年代後期就已經面臨少子化。從日本政府資料顯示，18 歲人口在 1992 年上半年達到尖峰期，從 1993 年 18 歲人口開始減少，因此必須著手於接受留學生系統基礎設施，而 1993 年後期冀望國際學生接受度穩定增長（文部科學省，2002a）。

爲此日本當時教育最高主管單位文部省生涯學習政策局政策課於 1984 年，就有關教育、學術、文化之國際交流向其諮詢機構提出諮詢，並於當年 5 月提出諮詢報告書（文部省，1984），指出「現今日本國的國際地位，隨著近年顯著的經濟成長持續飛躍的向上，日本在國際社會之中應盡的責任與義務愈來愈增加。日本從以前開始接受和派遣留學生，進行學術研究交流、文化、藝術、運動等的交流、參加各種國際會議、協助國際機關、對發展中國家進行教育協助、實施種種政策。但是，日本的教育、學術、文化在國際交流的實際情形，在國際上與其他的領域比較起來，不得不說顯得非常地不足」（文部省，1984）。有必要針對在教育、學術、文化領域於國際交流的各種諸活動，提出如何澈底的因應國際化時代的有關策略（文部省，1984）。其基本的思考方向和實施策略爲四個面向：(1) 如何建構學校教育、社會教育領域應該考慮的面向；(2) 如何促進及擴充國際交流相關活動面向；(3) 如何對外國普及與振興日本語教育相關面向；(4) 建構國際交流的實施制度有關面向（文部省，1984）。

直至二十一世紀今日，無論是在教育、文化、社會、經濟與產業的面向而言，日本無疑的是世界最國際化的國家之一，其原因可分爲「外在

因素」和「內在因素」兩大因素。所謂「外在因素」，簡而言之就是外國勢力的入侵，日本從十九世紀受到歐美外國勢力的入侵威脅。所謂的「內在因素」，就是內部的覺醒，激起國內進行改革。日本自明治維新以來，積極將西洋的政、經、文、法、商思維以及各種制度引進，當時主要是師法德國和英國各領域知識和制度（坂野慎二，2013），促使內部的改革發展，直接加速日本近代化的發展，在學校教育制度上也是如此。維新不到30年，在1894年甲午戰爭就打敗滿清政府，並於1905年9月打敗俄羅斯帝國，擠身亞洲唯一列強，還成爲臺灣與韓國殖民地的宗主國（梁忠銘，2021）。

同樣於亞洲的臺灣，在充滿知識競爭的全球化時代中，世界各國都感受到國際間的競爭和各種文化與經濟產業的衝擊，我們應該如何因應世界的脈動？培養什麼樣的人才？如何面對與世界各國競爭？這是非常重要的問題。或許透過日本發展國際教育的策略與經驗，可作爲我國重要的參考資料。本文透過解析和歸納日本官方文件、法規，以及各種國際教育相關研究文獻，提出日本國際教育政策現況與其未來展望。

 日本國際教育與交流意涵及相關法規

透過日本法令檢索系統「e-Gov 法令檢索（https://elaws.e-gov.go.jp/）」，輸入「國際教育」和「國際交流」關鍵詞進行相關法規的檢索，發現日本並無「國際教育」的相關法規。但是「國際交流」的法規有四筆，實際上也只有兩筆，因爲3跟4兩筆只是說明1與2的定位之轉移，內容是同樣的規定（日本法令檢索系統網頁，2021）。歸納如表1。

表1 國際交流法令

No	法令名	公布年月	主管機構
1	獨立行政法人國際交流基金法	2002	外務省
2	獨立行政法人國際交流基金法施行令	2003	外務省
3	獨立行政法人國際交流基金有關之省令	2003	外務省

No	法令名	公布年月	主管機構
4	獨立行政法人國際交流基金設立伴隨關係政令的整備及經過措置有關之政令（抄）	2002	外務省

資料來源：日本法令檢索系統網頁（2021）。「e-Gov 法令檢索」https://elaws.e-gov.go.jp/。

　　表 1 之中 3 與 4，其實是隨著日本進入二十一世紀之際，調整國家組織，將《特殊法人國際交流基金法》、《特殊法人國際交流基金法施行令》的定位，從外務省的附屬單位「特殊法人」，改為「獨立行政法人」。同時廢止原有的《特殊法人國際交流基金法》、《特殊法人國際交流基金法施行令》，另外依據《獨立行政法人通則法（平成十一年法律第百三號）》、《獨立行政法人組織》、《運營及管理共通的事項相關政令》訂定《獨立行政法人國際交流基金》、《獨立行政法人國際交流基金法施行令》，並增加了「業務委託的基準」和「競標其他契約有關基本事項」，以及提出「業務實績等報告書」的規定。

　　也就是說，日本與國際交流的最重要的相關法令，主要是規範「獨立行政法人國際交流基金」相關之法規。其中最主要的就是《獨立行政法人國際交流基金法》。其業管機構為日本的外務省，相當於我國的外交部，其獨立行政法人國際交流基金之目的重要的內容分述如下：

　　依據《獨立行政法人國際交流基金法》的第三條，闡明該法的目的為「第三條（基金的目的）獨立行政法人國際交流基金是為了進行有效率且全面性的國際文化交流事業，讓日本對於諸外國理解的深化、促進國際相互理解以及文化和其他分野進行對世界有所貢獻、打造良好的國際環境，並對我國對外關係的維持及發展有所幫助為目的。」並依據目的說明該法的業務範圍如表 2，內容重點簡略如下：

表 2　《獨立行政法人國際交流基金法》業務範圍

（業務範圍）
第十二條　基金為達成第三條的目的，執行如下業務：
一　執行國際文化交流之目的，進行人的派遣及招聘。
二　對於海外日本研究之援助及斡旋及日本語的普及。
三　舉行國際文化交流為目的之實施、援助及斡旋和參加。
四　為了向海外紹介日本文化的資料及其他國際文化交流必要資料的作成、蒐集、交換及頒布。
五　國際文化交流為目的的設施整備，及對外援助與國際文化交流所用物品購入相關之援助及贈與物品（僅限捐獻基金會物品贈與回禮）。
六　為進行國際文化交流必要之調查及研究。
七　前之業務所附帶之相關業務。

資料來源：依據日本《獨立行政法人國際交流基金法》整理而成。

　　依據表 2 說明為達成《獨立行政法人國際交流基金法》目的「進行有效率且全面性的國際文化交流事業……」，其主要業務有「進行人的派遣及招聘」、「日本語的普及」、「國際文化交流」、「國際文化交流資料的作成」、「國際文化交流所用物品購入」、「國際文化交流必要之調查及研究」。

　　另外，為了確實可以執行《獨立行政法人國際交流基金法》的章程或基於法律授權的事項，另訂《獨立行政法人國際交流基金法施行令》的命令。說明「國際交流基金」的組織架構及委員的組成及任命，以及主管單位及所屬定位。說明依據《獨立行政法人國際交流基金法》的「國際交流基金」的相關業務，是委由日本外務省（外交部）大臣官房廣報文化外交戰略課官運作管理。基金會最重要的成員為「評價委員」，由外務省（外交部）代表 1 人、財務省（財政部）代表 1 人，以及有識之士 2 人和基金會代表 1 人，共 5 位所組成，如表 3 所示。

表 3　《獨立行政法人國際交流基金法施行令》

内閣依據獨立行政法人國際交流基金法（平成十四年法律第百三十七號）第五條第六項、第
十五條第二項及第二十一條之規定，制定此政令《獨立行政法人國際交流基金法施行令》。
（評價委員之任命等）
第一條　獨立行政法人國際交流基金法（以下簡稱「法」）第五條第五項的評價委員，如有
　　　　必要之時，外務大臣任命之委員如下所示：
一　外務省職員一人。
二　財務省職員一人。
三　獨立行政法人國際交流基金（以下簡稱「基金」）的幹部一人。
四　有識經驗者二人。
五　依法第五條第五項之規定同意（評價）是同項評議委員過半數意見一致。
六　法第五條第五項規定之評議相關之庶務委由外務省大臣官房廣報文化外交戰略課辦理。

資料來源：依據日本《獨立行政法人國際交流基金法施行令》整理而成。

　　如前所述，日本的國際教育政策，雖然是教育領域，實際上就法規而
言，並無直接的相關法規規範，或許就鉅觀的角度分析，「國際教育」屬
於國家發展「國際交流」和「國際外交」戰略的一環。

　　此外，從日本《獨立行政法人國際交流基金法》的立法過程來看，從
1972 年（昭和 47 年）設立《特殊法人國際交流基金》的背景來看，他的
前身是 1934 年所創設《財團法人國際文化振興會》。當時該資金不僅是
只有日本國政府，也有民間的出資，屬於半官半民的團體。該法於 2003
年（平成 15 年）廢止《特殊法人國際交流基金》，改設立《獨立行政法
人國際交流基金法》，主要目的是「爲了進行有效率且全面性的國際文化
交流事業，讓日本對於諸外國理解的深化、促進國際相互理解以及文化和
其他分野進行對世界有所貢獻，打造良好的國際環境，並對我國與外國關
係的維持及發展有所幫助。」（獨立行政法人國際交流基金法第 3 條），
由政府（外務省）編預算交付運營基金 125 億日圓（2013 年度），並且
向各界進行募款（國際交流基金網頁，2021），將國際交流作爲外交事務
的一環。

　　也就是說，日本爲了進行「有效率且全面性的國際文化交流事業」與
「外國關係的維持及發展有所幫助」，透過外交部（日本稱外務省）設置
一個可以更自由靈活運用的「國際交流基金」機構，專責執行國家的國際

交流重點和目的。本部設在東京，並在世界 24 個國家設置 25 個據點（有二個亞細亞中心聯絡事務所）與日本國內二個附屬機關（日本語國際中心、關西國際中心）與一個京都支部，主要針對國外進行「日本文化藝術交流」、「日本語教育」、「日本研究、知識的交流」三個領域進行交流事業（國際交流基金網頁，2021）。

 ## 參 日本國際教育現況

　　進入 21 世紀，強調全球化、國際化、資訊化，已經對國際社會以及日本社會帶來各種的變化，日本文部科學省的各項教育變革，也都積極的思考如何因應和立足於國際發展的潮流。例如：日本在 2002 年 9 月於約翰尼斯堡高峰會議提出建議，12 月在聯合國大會通過「為了永續發展之 10 年教育（持続可能な開發のための教育の 10 年）」的決議。決定以聯合國教育科學文化組織（The United Nations Educational, Scientific and Cultural Organization，縮寫 UNESCO）為核心，提出作為成員國採取具體對策的國際實施計畫指標。此外，國際會議也呼應聯合國通過的《兒童權利公約》的國際條約和「聯合國人權教育 10 年」之類的國際年和國際日的制定。日本在國際組織活動中，開始展開與教育和文化有關的各種國際活動和會議（文部科學省，2002a）。

　　日本認為在國際化急速發展趨勢之下，日本必須積極的與世界各國交好共同發展，並致力於日本經濟和社會的進步。為了達到目的，加強針對以下四個重點，擬定與國際化相對應的各種措施而努力（文部科學省，2005a）。

　　1.提高日本人的主體意識，加強各種措施獲取國際視野和經驗，培養在 21 世紀國際社會中可獨立生活的日本人。

　　2.加強促進國際交流，以便與其他國家人民相互理解不同文化、習俗和價值觀，並建立信賴關係。中央政府、地方公共機構、私人組織等，可進行各種形式的國際交流，政府也應與國外締結文化交流協定，進行國際學生交流、外語教育、研究人員交流及體育和文化交流。

3. 日本將做出適合其在國際社會中作爲人力資源強國地位的國際貢獻，並滿足其他國家對日本的期望，積極促進爲發展中國家提供人力資源開發援助做出貢獻。此外，透過聯合國教育科學文化組織（UNESCO）、經濟合作開發組織（Organization for Economic Cooperation and Development，縮寫 OECD）、亞太經濟合作會議（Asia-Pacific Economic Cooperation，縮寫 APEC）、歐盟和聯合國大學等國際組織進行國際多邊合作。特別是日本在教育領域的聲譽良好，更是需要採取積極的措施。

4. 日本期待成爲一個創造科學技術立國的國度，應努力透過國際交流發展科學技術，並爲解決國際社會應解決的問題共同努力做出貢獻。因此，根據與各國簽訂科學技術合作及國際協議等，展開雙邊廣泛且多邊科學技術合作。

前言亦提及 1982 年中曾根康弘內閣執政，召開「21 世紀留學生政策會議」，並於次年宣布了「關於 21 世紀留學學生政策的提案」，並宣布爲了「教育」、「友好」和「國際合作」的目的，建議文部省（相當我國的教育部）招收 10 萬國際學生（中央教育委員會，2002）。當時文部省依據建議於 1983 年制定「10 萬名國際學生接納計畫」，展開促進國際學生政策（文部科學省，2005b）。

在此背景之下於 1984 年成立了總理諮詢機構「臨時教育審議會」，目的是「爲實現響應日本社會變化和文化發展的教育，而對各種措施進行必要的改革的基本措施」。透過 3 年三次的審議提交了以下三份報告，並於 1987 年第四次之後提出最終報告書——提出了廣泛的改革建議，和三項基本方向：(1) 注重個性；(2) 過渡到終身學習系統；(3) 應對國際化和資訊化等時代的變化，然後確定了新自由主義的改革路線（文部省，1987）。

此報告書可說是日本擘劃國際教育的正式宣示，針對國際教育提出政策方向，認爲 1987 年開始，爲使日本建設一個富有創造力和朝氣蓬勃的社會，教育必須積極靈活地因應時代和社會的不斷變化。其中，教育面臨的最重要問題是國際化和資訊技術（臨時教育審議會，1987）。日本文部科學省隨後根據該報告，實施國立大學的法人化，建構終身學習體系，修

訂各種有關教育以及高中和大學入學考試多樣化，促進國際學術交流，審查大學組織和管理系統，要求採取適當措施和變革（文部省，1992）。

實際上，當時政府已經察覺日本即將面臨少子化的衝擊，依據日本政府資料顯示，日本的 18 歲人口在 1992 年上半年達到尖峰期，從 1993 年 18 歲人口開始減少，因此必須著手於接受留學生系統基礎設施，同時因應培養國際化人才，鼓勵日本學生赴國外留學或交流。經過約 10 年的努力布局，1993 年以後國際學生也穩定增加（文部科學省，2002b、2002c），近年其國外留學生與其赴海外留學學生之概況如下：

一、在日外國留學生現況

接受外國留學生，不僅是對各國的人才培育有所貢獻，也增進日本學生的異文化理解與學生和教師之間可以相互交流，對日本學生學習環境的充實和大學的國際化也有很大貢獻。對促進日本文化的理解和國際關係的改善，以及持續的國力發展是有多方面的意義，值得舉國家之力來發展的重要事項。特別是今後面對出生率持續下降的社會，要支持日本的發展，除了進一步加速日本年輕人和婦女的社會參與之外，有必要確保高科技的外國人才，並且愈來愈需要確保優秀的外國學生（文部省，1984；文部科學省，2013）。

依據日本學生支援機構（獨立行政法人）對外國留學生在籍狀況調查，2020 年在日本的外國留學生有 279,597 人（比 2019 年 312,214 減少了 32,617 人），如表 4 所示。

表 4　2020 年度日本外國留學生前 10 位國家

國（地域）名	留學生數（前年度）		構成比（前年度）	
中國	121,845	124,436 人	43.6%	39.9%
越南	62,233	73,389 人	22.3%	23.5%
尼泊爾	24,002	26,308 人	8.6%	8.4%
韓國	15,785	18,338 人	5.6%	5.9%
臺灣	7,088	9,584 人	2.5%	3.1%

國（地域）名	留學生數（前年度）		構成比（前年度）	
印尼	6,199	6,756 人	2.2%	2.2%
斯里蘭卡	5,238	7,240 人	1.9%	2.3%
緬甸	4,221	5,383 人	1.5%	1.7%
孟加拉國	3,098	3,527 人	1.1%	1.1%
泰國	3,032	3,847 人	1.1%	1.2%
其他	-- 略	-- 略	-- 略	-- 略
合計	279,597	312,214 人	100.0%	(100.0)

資料來源：文部科學省（2021a）。2020（令和 2）年度外國人留學生在籍狀況調查結果（studyinjapan.go.jp）。

　　如表 4 所示，在日本留學生數最多的國家依序爲中國有 121,845 人（比前一年 124,436 人減少 2,591 人），其次爲越南 62,233 人（比 2019 年 73,389 人減少 11,156 人），然後爲尼泊爾 24,002 人（比前一年 26,308 人減少 2,306 人）。因受到新冠病毒疫情的影響，各國留學生減少很多（文部科學省，2021），其他重要排序國爲韓國、臺灣、印尼、斯里蘭卡、緬甸、孟加拉、泰國等（文部科學省，2020c），主要還是以東南亞國家爲主，特別是中國的留學生，占日本留學生總數的 43.6%。日本 2019 年的留學生已經超過其既定目標 30 萬留學生，但是 2020 年因爲疫情因素或是其他因素的影響，日本留學生比前一年度少了 32,617 人，減少超過 10%。實際上因爲受到新冠疫情的影響，各國的留學生大減，疫情因素已經不是日本單方面的問題，而是國際問題會牽涉到全球的連動。因此，造成政策的挫折，有些突發因素是不可預測，而且影響可能延續好幾年。

　　另外，如果再進一步分析日本留學的外國學生在學階段別以及在國、公、私立學校之留學生人數，可歸納如表 5。

表 5　在學階段別、國公私立別留學生數（2019 年 5 月 1 日資料）

		國　立		公　立		私　立		計（% 約）	
		留學生數	構成比	留學生數	構成比	留學生數	構成比	留學生數	構成比
在學段階	研究所	32,800 人	61.8%	2,329 人	4.4%	17,927 人	33.8%	53,056 人	19.0%
	大學（學部）	10,591 人	13.3%	1,611 人	2.0%	67,624 人	84.7%	79,826 人	28.6%
	短期大學	0 人	0.0%	1 人	0.04%	2,827 人	99.96%	2,828 人	1.0%
	高等專門學校	421 人	99.5%	0 人	0.0%	2 人	0.5%	423 人	0.2%
	專修學校（專門課程）	0 人	0.0%	27 人	0.03%	79,571 人	99.97%	79,598 人	28.5%
	準備教育課程	125 人	4.1%	0 人	0.0%	2,927 人	95.9%	3,052 人	1.0%
	日本語教育機關	0 人	0.0%	30 人	0.05%	60,784 人	99.95%	60,814 人	21.6%
	計	43,937 人	15.0%	3,994 人	1.4%	231,662 人	82.9%	279,597 人	100.0%

資料來源：日本學生支援機構網頁（2020）。
https://www.jasso.go.jp/about/statistics/intl_student_e/2018/index.html

　　如表 5 所示，在日本的外國留學生已在大學階段占總數的 28.6%，其次為專修學校占 28.5%（日本稱類學校教育）與語文補習學校，在日本語教育機關占 21.6%，在研究所階段占總數的 19%。也就是說，在日本的留學生實際上在正規四年制的大學就讀學部和研究所僅占 47.6%，而且大多集中於私立大學。但是，在研究所階段，就讀國立的留學生占 61.8%，遠高於私立的 33.8%。在某些觀點來看，也可看出日本政府對於優秀的外國留學生的栽培，主力應是放在國立大學研究所階段。

二、海外日本學生現況

　　透過強化日本國際化和全球化，日本實施「海外留學支援制度」，獎勵大學間交流的活性化以及資助大學國際化和短期留學。日本學生支援機構的獎學金制度，從 2009（平成 21）年度設有「海外留學支援制度（協

定接受型）」及「海外留學支援制度（協定派遣型）」（文部科學省，
2020b）。從其成效來看，日本學生在海外留學狀況，2019 年度有 107,346
人比 2018 年度的 115,146 人減少 7,800 人。留學生數留學多的國家爲美國
18,138 人（比前一年減少 1,753 人）、澳洲 9,594 人、加拿大 9,324 人（文
部科學省，2020c），如表 6 所示。

表 6　2019 年度日本留學生數前 10 位國家

國名	留學生數（單位：人）/ 前年度		構成比（單位：%）/ 前年度	
美國	18,138	19,891	16.9	17.3
澳洲	9,594	10,038	8.9	8.7
加拿大	9,324	10,035	8.7	8.7
韓國	7,235	8,143	6.7	7.1
中國	6,184	7,980	5.8	6.9
英國	6,718	6,538	6.3	5.7
臺灣	4,894	5,932	4.6	5.2
泰國	5,032	5,479	4.7	4.8
菲律賓	4,575	4,502	4.3	3.9
馬來西亞	3,461	3,150	3.2	2.7
其他	32,191	33,458	30.0	29.1
合計	107,346	(115,146)	100.0	(100.0)

資料來源：文部科學省（2021a）。2019（令和元）年度日本人學生留學狀況調查結果。
https://www.studyinjapan.go.jp/ja/_mt/2021/03/date2019n.pdf

　　如上表所示，日本學生前往國外留學，整體上以前往英語系國家爲
主，其中又以美國、澳洲、加拿大、英國等國家爲主；近年世界歐美先進
國家對中國崛起的戒懼，也影響日本和中國的國際關係，再加上新冠疫情
的影響，各國的留學生都有明顯下降。日本從 1980 年初期開始規劃發展
國際教育，經過約莫 40 年的努力，不僅已經有超過 30 萬的國外留學生，
日本學生赴海外的留學生也有超過 11 萬，整體上可看出其國際教育的成
效顯著。

　　近年日本文部科學省也鼓勵日本學界與國外進行合作，進行科學技術相互協力和各種研究機構的國際共同研究。從因應環境、能源、防災、生物資源分野，從地球規模的問題等面向，依據「科學技術外交」的戰略思維，進行國際的交流及共同研究的進行，鼓勵日本的優秀科學技術者與國外共同合作。同時，資助國際的人才建構研究網絡，強化日本研究者的海外研究機構的派遣及協助海外研究者到日本研究機構進行合作，進行國際研究的交流（文部科學省，2021a）。

　　依據日本文部科學省 2021 年公布的《國際研究交流概況》來看，從海外接受研究者數，無論短期、中期、長期都以亞洲最多，其次依序是歐州、北美。從短期研究者數來看，亞洲、歐州、北美在 2009 年為止有增加傾向。但是，受到東日本大震災的影響，從 2011 年度開始減少，之後稍微有回復的傾向，但是 2019 年度又減少到 2011 年日本東北震災後的程度（文部科學省，2021b），其現況可歸納如表 7。

表 7　日本留學生數在學階段別、國公私立別留學生數（2019 年 5 月 1 日資料）

		國立		公立		私立		計（% 約）	
		留學生數	構成比	留學生數	構成比	留學生數	構成比	留學生數	構成比
在學段階	研究所	32,800 人	61.8%	2,329 人	4.4%	17,927 人	33.8%	53,056 人	19.0%
	大學（學部）	10,591 人	13.3%	1,611 人	2.0%	67,624 人	84.7%	79,826 人	28.6%
	短期大學	0 人	0.0%	1 人	0.04%	2,827 人	99.96%	2,828 人	1.0%
	高等專門學校	421 人	99.5%	0 人	0.0%	2 人	0.5%	423 人	0.2%
	專修學校（專門課程）	0 人	0.0%	27 人	0.03%	79,571 人	99.97%	79,598 人	28.5%
	準備教育課程	125 人	4.1%	0 人	0.0%	2,927 人	95.9%	3,052 人	1.0%
	日本語教育機關	0 人	0.0%	30 人	0.05%	60,784 人	99.95%	60,814 人	21.6%
	計	43,937 人	15.0%	3,994 人	1.4%	231,662 人	82.9%	279,597 人	100.0%

資料來源：日本學生支援機構網頁（2020）。
https://www.jasso.go.jp/about/statistics/intl_student_e/2018/index.html

從中、長期接受研究者數，就亞洲來看 2000 年度到 2012 年度爲止，大概都維持一定相同的水準。雖然在 2013 年度因爲規定變更有減少，但之後又有增加傾向至今。從中、長期趨勢來看，在 2010 年度以後海外接受研究者數依序爲中國、美國、韓國。至於歐州、北美從 2000 年度以後至今，大概都保持相同水準（文部科學省，2021b）。

日本派遣研究者數的國家，短期從 2002 年度以後依序爲美國、中國、韓國。中、長期從 2004 年度以後爲美國最多；2006 年度以後第二位與第三位分別爲英國與德國（文部科學省，2021b）。但是近年從日本派出之短期派遣研究者數，以亞洲的派遣最多，其次爲歐州、北美，整體來看在所有地區的長期派遣有增加傾向。但 2019 年度開始，受到國際情勢的影響，比起上一年度，亞洲減少 12.5%、歐州減少 14.1%、北美減少 5.9%。另外，中、長期派遣研究者數以派遣歐州爲最多，依序是北美、亞洲。從開始調查以來，歐州、北美有減少的趨勢。

2010 年以後日本學生前往歐州、2011 年以後前往北美的現象有稍微增加；可是，2012 年度以後歐州、北美、亞洲再度又有減少的傾向。整體來看，日本接受外國研究者數的前三個國家爲中國、美國、韓國；特別是從 2018 年度開始，中國的研究者數已經超越美國的研究者數（文部科學省，2021b）。無論如何，近年日本的留學生占外國留學生有相當大的比率。

日本的國際教育政策展望

一、外交與教育相輔相成

前文述及日本於 1970 年代就國際化已發展出兩個重要方向，對外主要是其外務省（類似我國外交部）透過「國際交流基金」，針對國外進行「日本文化藝術交流」、「日本語教育」、「日本研究、知識的交流」三個領域進行交流事業，進行「有效率且全面性的國際文化交流事業」與「外國關係的維持及發展有所幫助」之事務。對內經由文部科學省透過學

校教育體系發展「國際教育」和「國際學術交流」之政策，其主要依據和目的負責實施單位歸納如表 8。

表 8 「國際教育」和「國際學術交流」之政策目的與主管單位表

	國外（國際學術交流為主）	國內（國際教育為主）
主管單位	外務省 外務省大臣官房廣報文化外交戰略課	文部科學省 文部官房國際課 總合教育政策局國際課／國際統括官
依據法源	法規： ＊《獨立行政法人國際交流基金法》 ＊《獨立行政法人國際交流基金法施行令》 ＊《獨立行政法人國際交流基金有關省令》 ＊《獨立行政法人國際交流基金設立伴隨關係政令的整備及經過措置有關政令》	專案計畫： ＊海外子女教育、歸國、外國人學童教育等（CLARINET）就學規定 ＊大學生留學生交流、國際交流的推行 ＊高中生留學生交流、國際交流的推行 ＊國際教育協力補助事業 ＊希望赴海外留學、研究活動之日本人及希望到日本留學、研究活動之外國人補助計畫 ＊外國教育施設日本語指導教員派遣事業（REX Program） ＊國際教育推進計畫 ＊外國語教育的充實 ＊有關 International Baccalaureate(IB), TOBITATE!! 留學 JAPAN（Introduction Movie for "TOBITATE!" Leap for tomorrow! Study abroad campaign）補助事業 ＊有關 Super Global High School 計畫 ＊有關訪日教育旅行補助事業
主要目的	1. 逐行國際文化交流之目的，進行人物的派遣及招聘。 2. 對於海外日本研究之援助及斡旋與日本語的普及。 3. 舉行國際文化交流為目的之實施、援助及斡旋和參加。 4. 為了向海外介紹日本文化的資料及其他國際文化交流必要資料的作成、蒐集、交換及頒布。	1. 展開接納外國人才以及共生的實施策略。 2. 為了跟進世界發展接受外國人留學生戰略計畫。 3. 留學資訊提供體制的整備。 4. 建構日本留學資訊平臺。 5. 實施日本留學試驗。 6. 充實留學生教育課程。 7. 地域支援留學生措施。

	國外（國際學術交流為主）	國內（國際教育為主）
	5. 國際文化交流為目的設施整備，及對外援助與國際文化交流所用物品購入相關之援助及物品贈與（僅限捐獻基金會物品贈與回禮）。 6. 為進行國際文化交流必要之調查及研究。 7. 前各號之業務所附帶之業務。	8. 擴大留學生交流的推展。透過全國的小學、中學、高中和大學生的相互交流和學生交換，達到學校國際教育的效果補助事業。 9. 其他對留學生的支援政策。
主要範圍	本部設在東京，並在世界 24 個國家設置 25 個據點（有二個亞細亞中心聯絡事務所）與日本國內二個附屬機關（日本語國際中心、關西國際中心）與一個京都支部。	國內外學校體系

資料來源：研究者自行整理而成。

　　從上表大略可知，日本外務省所進行之國際交流事項，是透過立法成立專司「國際交流」的附屬機構，透過基金會的運作方式靈活運用，針對日本文化和藝術領域與教育事務領域，進行「國際交流」及「國際教育」之活動，可視為外交事務的一環。文部科學省主要負責國內教育體系的國際教育和學術交流，同時呼應外交部的國際交流業務，同時負責國內國際教育的政策規劃和實施。

　　為使國際交流更具有效率和重點，外務省主要是透過《獨立行政法人國際交流基金法》在國外設置國際交流的機構，配合外交政策，推展國際交流。而文部科學省則是透過各種計畫進行國際教育，隨著國際情勢變化和需求，透過學校教育體系，擬定出因應計畫，發展國際教育。另外其他政府機構則透過內閣會議進行整合和政策調整，其主要目的和負責守備範圍以及實施系統雖有不同，但可說其做法是透過「裡應外合」，達成「相輔相成」的成效。

二、著眼國際影響力

　　日本文部科學省延續 1983 年「10 萬留學生計畫」的成效與經驗，在 2008 年（平成 20 年 7 月 29 日），提出更宏觀的「留學生 30 萬人計畫」

大綱，會同日本外務省、法務省、厚生勞働省、經濟產業省、國土交通等相關機構，向內閣閣僚懇談會進行專案報告。「留學生 30 萬人計畫」是日本向世界敞開，希望亞洲和世界進行人、物、金融、資訊的流通，作為展開「全球化戰略」的一環，期望在 2020 年可達成 30 萬人留學生的目標。計畫的架構重點如下（文部科學省，2008b）：

　　1. 日本要向世界更加開放，擴大亞洲、世界之間的人、物、金流、資訊的流通，展開「全球化戰略」之一環，以 2020 年為時間點，接受留學生 30 萬人目標。此際，引進高度人才，細心且留意用戰略的思維來獲得優秀留學生，同時繼續的盡到對諸外國提供國際貢獻。

　　2. 進入日本的留學生，從考試、入學、入國開始，進入大學或社會就職，從畢業到就職為止，整合相關部會、機關相互合作，實施有系統的方法策略加以協助（文部科學省，2008b）。

　　同時以外交的層面為中心，展開各種實施策略，透過優質的教育研究交流促進國人與外國人的交流，建立友好關係。同時，強化留學生政策，符應世界的潮流，積極的接受優秀外國留學生，將國外留學生的成長與日本的發展相連結，同時透過各種的基礎設施和社會設施與國際貢獻相連結。因此，文部科學省在 2013 年 3 月，在其高等教育局增設「有關戰略的留學生交流推展檢討會」，並提出「為了融入世界之外國留學生招生戰略（報告書）」（文部科學省，2013）。

　　結合先前日本文部科學省，培育可以在國際社會活躍的人才為目標，從 2006（平成 18）年度開始，依據「國際教育推進計畫」，陸續展開國際教育策略（文部科學省，2020c）。也就是說日本面對全球國際化及少子化的衝擊，透過積極招收留學生政策，不僅有助於日本文化融入國際社會，讓國際發現和認識日本獨特的傳統文化的特徵和普遍性，並通過多種文化和多元化機構的共存與合作，創造出國際的影響力，同時也緩解日本高等教育面臨少子化所形成學生減少的問題。

　　日本文部科學省從 1983 年「10 萬留學生計畫」，2008 年 7 月提出擴大招收「留學生 30 萬人計畫」的策略架構，持續執行至今。透過以上各種政策的推展和各部會機構及學校與地方的努力，日本已於 2019 年達成

留學生 30 萬人計畫的目標（文部科學省，2020d）。日本在經過近 40 年的努力，外國留學生已經超過 30 萬人。但是國內也有質疑的意見，認爲日本留學生好像只是數量的增加，實際上優秀的人才還是以前往歐美居多，優質留學生還是有限，現行的政策是否需要重新檢討。爲此，在日本於新戰略所建議設置超級卓越全球化大學，確保招收優秀外國人教員，以促進大學澈底的全球國際化。

根據聯合國教育科學文化組織（UNESCO）統計，2015 年全球高等教育國際學生有 470 萬名留學生，2016 年全球高等教育國際學生達 485 萬名留學生，較 2015 年增加 15 萬人（教育部，2018）。其中，2015 年美國擁有全球 90.7 萬名國際學生，占 19.3% 居各國之冠，其次爲英國 43.1 萬人（占 9.2%）、澳洲 29.4 萬人（占 6.3%），法國、德國及俄羅斯則介於 22-24 萬人之間（占比在 5% 上下），此 6 國共吸引全球近五成的國際學生；再其次依序爲加拿大（171,603 人）及亞洲國家的日本（131,980 人）和中國（123,127 人）（教育部，2018）。從這些數據可以看出，日本和法國與德國成爲除了英語國家之外，世界最受歡迎的留學目的國。

檢視日本的國際教育成果的趨勢，在其 2018 年 3 月 8 日於其中央教育審議會所提出的《有關第 3 期教育振興基本計畫（諮詢報告書）》之中，提出的目標之一「日本型教育的海外展開與我國教育的國際化」，提及「日本在海外展開的國際化模式類型方式與國內教育環境、基本盤面的整備、諸外國教育相關人才交流的強化事項、日本型教育的海外展開與教育國際化的推進」的「參考指標」，歸納出四個重點（文部科學省，2018a）如下：

1. 參加海外教育事業日本方面的教職員、學生的人數。
2. 參加海外教育事業外國方面的教職員、學生的人數。
3. 日本學生（高中生及大學生等）去海外留學者數。
4. 外國留學生人數。

透過所謂「官民合作日本型教育的海外展開」以及「中央政府各相關機構及地方政府有關機關」的共同合作，一起發展。特別是對「待開發國家」的教育協助，展開對於「待開發國家留學生的長期接納和強化以

高等教育機關爲中心之人才養成的支援系統、課程政策的擬定、學習社
團活動和運動會支援等多種學習機會的提供、運動價值及支援藥物（Anti-
doping）有關教育、待開發國家教育協力等措施的展開（文部科學省，
2018）。具體如下：

　　1. 強化英語等外國語教育。

　　2. 支援對國際化實施先進的措施之高等學校、高等專門學校、大學
等。

　　3. 支援日本學生的海外留學。

　　4. 外國人留學生接納環境的整備。

　　5. 在海外學習的學子和歸國學童、外國人學童教育的充實。

　　同時，從「地方創生」和「創新學校 2030」等成果與 OECD 及開始
進行與諸外國共有之教育模式的開發，檢討今後符應時代要求之素養，因
應時代的變化開發新教育的模式，進行「Education2030」事業的展開。日
本應加強與國外學生一起合作，從全球化以及 OECD 的視野，從知識、
技能、態度、價值等整體面向，檢討地方社區與國際化的問題（文部科學
省，2018a）。

三、未來展望

　　日本鑒於現今的教育競爭，早已面臨超越國境的單一競爭，受到世
界大學排行等影響的激化，國家也被加入教育發展的競爭。加上因資訊網
路技術的進步，以往各機構都各自獨立或是孤立的、對立的各自發展，但
是未來應與其他社會的各種領域進行相互合作。日本應培養可以擁有適應
國際環境社會的變化、克服糾葛不清的能力、創造更新的價值，活躍在各
行各業，學會貫通人文理工的知識、技術、能力的人才，以及可以發現社
會問題進而解決問題，具有多元性之能力，因應未來國際化所需要的人才
（文部科學省，2005c）。爲此，文部科學省於 2018 年提出《面向 2040
年高等教育的校園設計（諮詢報告書）》提及，從迎接 2040 年之際日本
在世界之中可以擔任什麼角色？可以有什麼貢獻呢？從此觀點來思考日本

高等教育的將來願景是很重要的。現在日本和先進國家所面臨的共同課題，如少子高齡化和環境問題、經濟狀況的停滯等，都是世界各國今後會面臨的，有必要立即的因應和共同思考如何解決。

此外，高等教育，不僅提供國內的教育機會，也應包含提供給鄰近諸國的教育機會。例如：從大規模的網路公開講座（Massive Open Online Course, MOOC）開始，提供從網際網路的教育機會和廣泛多元化的學習方式。依據學習方式的變化，高等教育制度將可展開超越國度，「開放」各種的教育內容（文部科學省，2018b），以大學之間的國際合作為基礎，同時連結高等教育制度系統發展高等教育的國際協力關係。加上資訊通訊技術進步等因素，各單位部門與其他部門應該是要相互合作，方可符合今後的社會發展，也就是必須強化合作的同時，也須增加自立自強的基礎和獨立性（文部科學省，2020a）。

目前為止透過日本教育培育出的人才與智慧財產，可以在世界中有活躍的機會和貢獻，同時也是維持和安定與各國間的友好關係。特別是現今人類面臨的很多問題已經變得是跨國界問題，如環境永續氣候變遷，影響世界的發展，也產生人類普遍價值觀的調整。為了繼續提供和維持高等教育的發展和品質向上，須有更多切磋琢磨機會，與國內外的機關不只是「競爭」而已，也須共同協力思考問題的解決方法，特別是強化和世界先進國家的高等教育機關的合作，透過所謂的資源共有化「共創」、「協創」的思考方式，共同解決與日本相同的世界共通問題（文部科學省，2018b）。

 伍　結論

從日本發展國際教育政策來看，國際教育不僅是外交策略的一部分，也是國家面對全球化和資訊化，實現政治、經濟、教育或國家利益方面長期因應策略主軸之一，同時也是增進文化認知及促進經濟效益重要方法，應視為國家整體戰略的一環。日本透過外交部門和教育部門的分工合作，達到很好相輔相成的效果。

　　在國際交流事項部分，透過外交管道設置可以更自由靈活運用的機構，專責執行國家的國際交流重點和目的，並在國內外設置據點與教育部相互呼應，以進行「日本文化藝術交流」、「日本語教育」、「日本研究、知識的交流」有效率的交流事業。主要做法是透過立法，成立專司「國際交流」的附屬機構，以基金會運作方式靈活運用，針對日本文化和藝術領域與教育事務領域，進行「國際交流」，同時協助「國際教育」之業務，透過「友好」和「國際合作」建構與各國維持安定關係，可視為外交事務的一環。

　　文部科學省主要負責國內國際教育的政策規劃和實施。透過學校教育體系的國際教育和學術交流，呼應外交部的國際交流業務，積極因應全球化、國際化的趨勢。期望透過國際教育解決部分國內因少子化所造成的生員不足以及人口老化所產生的勞動力不足問題之外，取得與先進國家的高等教育機關進行合作，共同解決與日本相同的國際問題，對世界共同的問題做出貢獻，透過「友好」和「國際合作」、「國際貢獻」爭取國際社會的認同和支持。同時透過日本教育的力量培育出人才與智慧財產，使其可以在世界中有活躍的機會，擴大日本國際影響力。

參考文獻

中央教育委員會（2002年）。**關於21**世紀留學學生政策的提案。21世紀留學
　　生政策會議。

日本法令檢索系統網頁（2021）。「**e-Gov法令檢索**」https://elaws.e-gov.
　　go.jp/

日本學生支援機構網頁（2020）。https://www.jasso.go.jp/about/statistics/intl_
　　student_e/2018/index.html

文部省（1983年）。**10萬留學生計畫**。內閣閣僚懇談會。

21世紀への留学生政策懇談会（1983）。**21世紀への留学生政策に関する提**
　　言。

文部省（1984）。教育・學術・文化における國際交流について（答申）。
　　生涯學習政策局政策課。

文部省（1987）。**臨時教育審議會**。第四次教育改革報告（最終報告）。

文部省（1992）。**學制百二十年史**。東京：株式會社ぎょうせい。

文部科學省（2002a）。平成**13**年度文部科學白書。東京：大藏省。

文部科學省（2002b）。留學生交流關係施策の現狀等について（**資料**
　　編）。大學分科會留學生部會（第1回）H14.12.25。

文部科學省（2002c）。國公私立大學を通じた大學教育再生の戰略的推進
　　（https://www.mext.go.jp/a_menu/koutou/kaikaku/index.htm）。日本：文
　　部科學省。

文部科學省（2005a）。平成**16**年度文部科學白書。東京：大藏省。

文部科學省（2005b）。留学生受入れ一〇万人計画。https://www.mext.go.jp/
　　b_menu/hakusho/html/others/detail/1318576.htm

文部科學省（2005c）。我國高等教育的將來圖像（諮詢報告書）。日本：
　　中央教育審議會。

文部科學省（2008a）。留學生**30萬人計畫**の實現に向けた留學生の住環境

支援の在り方に關する檢討會報告書。

文部科學省（2008b）。「留学生30万人計画」骨子の策定について。https://www.mext.go.jp/a_menu/koutou/ryugaku/1420758.htm

文部科學省（2013）。世界の成長を取り込むための外國人留學生の受入れ戰略（報告書）。https://www.mext.go.jp/a_menu/koutou/ryugaku/1342726.htm

文部科學省（2018a）。第3期教育振興基本計画について（答申）。中央教育審議会。

文部科學省（2018b）。2040年に向けた高等教育のグランドデザイン（答申）。中央教育審議会。

文部科學省（2020a）。21世紀を展望した我が国の教育の在り方について（中央教育審議会第二次答申：全文）。中央教育審議會。https://warp.ndl.go.jp/info:ndljp/pid/11293659/www.mext.go.jp/b_menu/shingi/old_chukyo/old_chukyo_index/toushin/1309655.htm

文部科學省（2020b）。國際教育。https://www.mext.go.jp/a_menu/01_f.htm。

文部科學省網頁（2020c）。國際教育推進計畫。https://www.mext.go.jp/a_menu/01_f.htm（2020年7月18日擷取）。

文部科學省（2020d）。「外國人留學生在籍狀況調查」及び「日本人の海外留學者數」等について。 https://www.mext.go.jp/a_menu/koutou/ryugaku/1412692.htm

文部科學省（2021a）。2019年度日本人學生留學狀況調查結果。https://www.studyinjapan.go.jp/ja/_mt/2021/03/date2019n.pdf

文部科學省（2021b）。国際研究交流的概況（令和元年の状況）。https://www.mext.go.jp/content/20210514-mxt.kagkoku-000014444_01.pdf

坂野愼二（2013）。教育學研究あれこれ：多くの視點を持つ重要性。玉川大學教育學研究科。

國際交流基金（2019）。2018年度決算報告書。平成30（2018）年度年報。

國際交流基金網頁（2021）。國際交流基金運營金125億日円（2013年度）。https://www.jpf.go.jp/

梁忠銘（2019）。日本教育。收錄於楊深坑主編《比較與國際教育四版》第11章。臺北：高等教育。

梁忠銘（2021）。日本面向21世紀國際教育政策發展與成效。**教育月刊，326期**，pp. 133-147。

教育部（2018）。**教育統計簡訊第96號**。教育部統計處。https://stats.moe.gov.tw/files/brief/%E5%85%A8%E7%90%83%E9%AB%98%E7%AD%89%E6%95%99%E8%82%B2%E5%9C%8B%E9%9A%9B%E5%AD%B8%E7%94%9F%E6%B5%81%E5%8B%95%E6%A6%82%E6%B3%81.pdf

第十四章

韓國國際教育品質保證制度之探析

黃月純

壹　前言

　　2000 年後，全球高等教育外國學生人數大幅增加，從 1998 年的 200 萬增加到 2017 年的 530 萬。在經濟合作開發組織（Organization for Economic Co-operation and Development, OECD）國家中，2017 年國際生或外國學生為 370 萬與 2016 年相比成長 6%，並預測到 2025 年全球國際流動學生的總數，將達到 800 萬（OECD, 2019）。世界各國都積極的訂定相關計畫與政策來增加外國留學生數量，例如：韓國「留學韓國計畫（Study Korea 2020 Project）」、中國「留學中國計畫」、日本「留學生 30 萬人計畫」等積極的爭取國際生（김우중, 2021）。韓國外國留學生增加之趨勢與 OECD 會員國的情形大致相同，在 2000 年前韓國每年僅有約 6,000 名外國留學生，到了 2019 年增加至 16 萬名。2012 年後 3 年歷經一段人數降低期，主因是大學在開放爭取外國留學生中，衍生了許多不實與不當的情事，政府為管理與管制外國留學生之入學與在學，提出了許多相關措施，例如：2008 年「外國人留學生與語言研修生標準業務處理要領」、2009 年「外國人留學生管理不實大學制裁方案」等，直到 2011 年韓國政府訂定了「外國人留學生留置、管理能量認證制」（외국인 유학생 유치 관리 역량 인증제），亦即「國際教育品質保證制度（International Education Quality Assurance System, IEQAS）」，才真正有效的使得各大學在招募外國留學生時，有相對的準則與要求，確實遵循政府的規範來進行外國留學生招募，因此，此一制度開始實施後，2012-2014 年間韓國外國留學生數量是減少的。本文的目的即在介紹韓國高等教育國際化相關政策與外國留學生數量的變化情形，以及其國際教育品質保證制度的內涵、實施與評鑑過程，並提出借鏡參考之處。

註：韓國對國際學生多用외국인 유학생直譯為「外國人留學生」，近年來政策文件開始有國際化、國際教育等詞。

貳　韓國高等教育國際化政策

一、外國留學生人數變化

　　韓國眞正開始進行擴大外國留學生招生政策的方案，應該是 2001 年的「外國人留學生擴大留置綜合方案」（외국인 유학생 유치 확대 종합방안），因爲 2000 年之前的韓國外國留學生一直維持在 6,000 人左右，且此方案訂定之目標爲於 2010 年達到外國留學生 5 萬名入學，然而，不到 2008 年即達成目標，且在 2010 年達到 83,842 名，2019 年不到 10 年間又呈現倍數成長到 16 萬名，距離韓國政府訂定之 2023 年外國留學生總數達 20 萬名的目標又更接近了（參見表 1）。

表 1　2001-2019 年韓國高等教育機構外國留學生人數（學位與非學位生合計）

年分	2001	2002	2003	2004	2005	2006	2007	2008	2009	2010
人數	11,646	無	12,314	16,832	22,526	32,557	49,270	63,952	75,850	83,842
年分	2011	2012	2013	2014	2015	2016	2017	2018	2019	
人數	89,537	86,878	85,923	84,891	91,332	104,262	123,858	142,205	160,165	

資料來源：e- 나라지표（2021）。유학생 현황。출처 https://www.index.go.kr/potal/main/EachDtlPageDetail.do?idx_cd=1534#quick_02。

　　從圖 1 可以發現韓國外國留學生大幅增加時期爲 2001-2011 年間，從 2001 年 11,646 名到 2011 年 89,537 名，10 年間增加了 8 倍多。2012-2014 年 3 年間留學生數量有些微減少，2015 年開始至 2019 年又是一段人數增加期間，這些人數起伏的原因與政府政策息息相關。

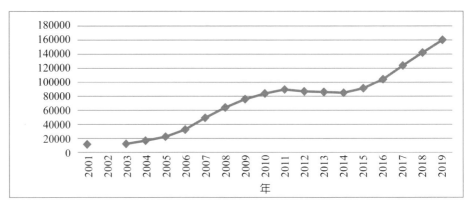

圖 1　2001-2019 年韓國高等教育機構外國留學生人數現況（學位與非學位合計）

　　從圖 1 趨勢可知前 10 年外國留學生逐年大幅增加，但是外國留學生大量增加的同時在韓國社會卻造成了一些管理不實與不良的反應，例如：有些大學有招生之實卻無實際上課情形。因此，在 2009 年韓國政府祭出「外國人留學生管理不實大學制裁方案（외국인 유학생 관리 부실대학 제재 방안）」與 2011 年開始的「外國人留學生留置、管理能量認證制（외국인 유학생 유치 관리 역량 인증제）」（見表 2），一方面有制裁原則，另方面又有管理原則，促使韓國各大學在招收外國人留學生時更為謹慎與查證，因此造成了 2012-2014 年 3 年間人數不增反減。

表 2　2001 年後韓國留置外國留學生相關政策

2001	外國人留學生擴大留置綜合方案
2004	Study Korea Project 與細部促進計畫（2005）
2008	Study Korea Project 發展方案 外國人留學生與語言研修生標準業務處理要領
2009	外國人留學生管理不實大學制裁方案 外國人留學生支援管理改善方案
2010	外國人留學生留置多邊化戰略方案
2011	外國人留學生留置與管理先進方案 外國人留學生留置、管理能量認證制

2012	Study Korea 2020 Project (2013-2020)
2014	策略性留學生留置與定居支援方案公布
2015	留學生擴大留置方案
2019	教育國際化能量認證制三週期評價機制基本計畫

資料來源：김우중（2021）。한·중·일 3국의 외국인 유학생 정책 비교 연구。한양대학교 국제학대학원 석사학위논문，頁 22。

進一步從表 2 韓國對國際生制定的相關政策，可以發現韓國自 2000年才開始積極招募外國留學生，在大開門戶之後，各大學發生了許多不實情形，備受爭議，政府於是制定許多制裁方法與改善方案，並發現來韓留學國以中國留學生居多，又制定了多國招生的戰略方案。自 2011 年對招收國際生各大學公布國際教育品保制度，開始系統化、制度化的品質保證管理。2019 年發布國際教育品保制度第三週期（2020-2023）的實施計畫，第三週期計畫有大幅度的修改，以因應前二週期（第一週期 2012-2015；第二週期 2016-2019）各大學評鑑過後的意見與建議，詳細品保制度介紹於後，請見「肆、國際教育品質保證制度」。

二、國際教育相關法

根據韓國《教育基本法》（參見表 3），有關國際教育之條文為第二十九條，其規定如下：

（一）國家應努力培養其國民作為國際社會的一員，所應該具備之國際化教育素養與能力。

（二）國家對移居外國的同胞所需要的學校教育、社會教育，制定必要的政策。

（三）國家對學術研究的振興，應該制定相關國外留學的政策，在國外為了對有關我國的理解與確立我們的認同性，應該支援相關的教育與研究活動。

（四）國家應和外國政府與國際機關等教育協力，制定必需的政策。

表3　韓國教育基本法（最近修訂 2020.01.29）

第一章	總則	
第二章	教育當事者	
第三章	教育的振興	
	第二十九條	國際教育

資料來源：국가법령정보센터（2020）。교육기본법。出處 http://law.go.kr。

　　另外，列出韓國與第二十九條國際教育相關法律如下：「經濟自由區域與濟州國際自由都市的外國教育機關設立、運行特別法」、「教育國際化特區的指定、運行與育成特別法」、「UNESCO 活動相關法」、「在外國民的教育支援等相關法」、「國外留學相關規則」（국가법령정보센터, 2020）。

三、國際教育相關部門

　　韓國教育部主要負責國際教育事務之職位，稱爲國際協力官（相當於臺灣的國際及兩岸教育司司長）。2018 年韓國教育部作了重大的組織調整，將初中等教育業務大規模的轉移至市道教育廳，初中等事務總管的「學校政策室」則大幅縮編，而高等教育與平生教育、職業教育等則強化功能，特別組成「企劃調整室」、高等教育政策室與學校革新支援室等三室（장재훈, 2017/12/07）。中央教育部以政策擬定爲主，在國際協力官以下實際運作的是國際教育協力擔當官與教育國際化擔當官，相當於臺灣的「科」或「組」。

　　教育部主要負責實際執行外國留學生招募的機構爲「國立國際教育院」（National Institute for International Education, NIIED）。前述，韓國教育部的國際協力官專責國際教育政策推動，而實際執行政策與落實政策的機構，則是國立國際教育院。國立國際教育院（NIIED）的前身設立於首爾大學，原爲韓國旅日僑胞返國研修爲目的而設。1977 年正式於首爾大學設立「在外國民教育院」（재외국민교육원），1992 年改編成「國際教育進興院」（국제교육진흥원）。2008 年以大統領令第 20897 號文，

正式以「國立國際教育院」爲名設立。NIIED 的成立是爲了培養符合全球
化時代所需人才爲其主要目的，並在教育部的支持下負責韓國教育國際化
的組織。它的主要業務包括：（一）外國留學生建置、招募與管理；（二）
執行全球韓國獎學金（Global Korean Scholarship）；（三）舉辦「韓國語文

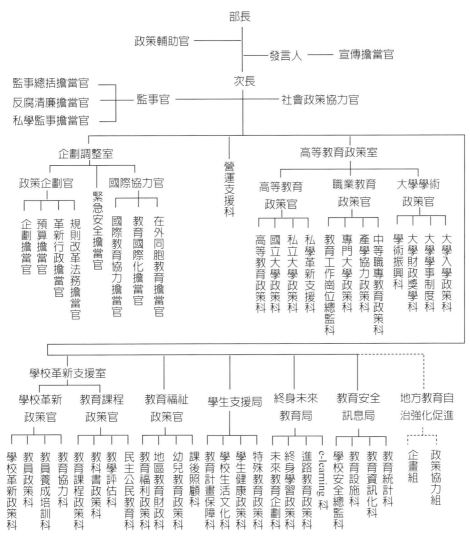

圖 2 文在寅政府教育部組織結構

資料來源：교육부（2020）。교육부 소개 조직도 직원 및 역락처。출처 http://moe.go.kr。

能力測驗」（Test of Proficiency in Korean, TOPIK），強化韓語在全世界的
普及；（四）教育開發協力與國際教育交流；（五）在外同胞教育支援；（六）
外語教育支援。NIIED 的組織結構，設有院長 1 人，下設三部，包括企劃
調整部與高等教育國際化部，以及國際教育協力部，總計相關受雇人員約
百人，另設有公費留學諮詢委員會與國際教育交流審議會，以及全球韓國
獎學金委員會等三個委員會（NIIED 소개, 2020）。

文在寅政府擴充「企劃調整室」下設政策企劃官與國際協力官，國
際協力官下設國際教育協力擔當官、教育國際化擔當官，以及在外同胞教
育擔當官，以專責國際教育政策推動，詳如圖 2 所示教育部總計 3 室、4
局、10 官、49 科組成（교육부, 2020）。可見文在寅政府相當重視國際化
之推動，另設國際協力官專責推展國際教育、教育國際化與在外僑胞教育
等，爲與前一政府教育組織相當不同之處。

 ## 韓國高等教育外國留學生現況

韓國爲推動高等教育國際化，積極招收外國留學生，但對於外國留
學生的韓國語文能力之要求亦有其規定。韓國語文能力測驗（TOPIK）
每年在韓國舉辦六次，TOPIK 1-2 級爲初級，以中高級學習者爲對象的是
TOPIK 3-6 級。一般而言，進入韓國大學就讀需要達 TOPIK 3 級以上，畢
業時需要 TOPIK 4 級成績，但以進入英語爲主授課（영어 트랙, English
Track）的專業學科，則不要求 TOPIK 成績。由 NIIED 提供的優秀自費學
生獎學金的要求，則是須具備韓國語文能力測驗 TOPIK 4 級以上（NIIED
소개, 2020）。以下說明近年來韓國國際生數量與課程類別。

一、外國留學生數量與學習類別

韓國自 2001 年開始推動國際生政策：「外國留學生擴大留置綜合方
案」，積極參與海外留學博覽會，還有韓流的威力、K-POP（韓國流行音
樂）與防彈少年（BangTan Sonyecondan, BTS）歌唱男團，以及韓國手機
品牌等國際企業，都對帶動外國學生到韓國留學產生了影響力（백두산,

2019/09/25）。近 10 年，韓國國際生數量不斷增加，2019 年四年制大學中的慶熙大學在國際生總人數、大學生與研究生人數都是數量最多的，詳如表 4 及表 5 所示。從表 4 可以發現招收有 2,000 名以上國際生之大學，總計有 12 所，其中只有又松大學（大田市）不在首都圈，其他都是位於首爾特別市的大學，另不在國際生數量前 12 名大學的國立首爾大學有 1,146 名國際生、國立釜山大學則有 1,080 名國際生（백두산，2019/09/25）。

表 4　2019 年韓國四年制大學外國留學生數量（2000 名以上）

大學	總計	學位課程	非學位課程	2018 年總人數
慶熙大學	4,727	2,845	1,882	4,626
成均館大學	4,189	2,751	1,438	3,853
高麗大學	4,184	2,348	1,836	4,850
延世大學	3,322	1,255	2,067	3,140
中央大學	2,914	1,644	1,270	2,519
韓國外國語大學	2,666	1,772	894	2,187
漢陽大學	2,638	1,750	888	2,464
東國大學	2,511	1,225	1,286	2,454
國民大學	2,423	1,841	582	2,436
西江大學	2,346	1,042	1,304	1,887
又松大學	2,172	1,400	772	1,668
建國大學	2,157	1,365	792	1,846

資料來源：백두산（2019/09/25）。국내외국인 유학생 16 만 명 넘 … 희대 4,727 면으로 최다。대학저널。출처 http://dhnews.co.kr。

　　研究生方面，擁有 700 名國際生以上的大學共有 9 所（參見表 5），以攻讀學位課程為主。

表5　2019年韓國外國研究生數量（700名以上）

大學	總計	學位課程	非學位課程	2018年總人數
慶熙大學	1,368	1,347	21	1,152
成均館大學	1,204	1,031	172	920
首爾大學	1,130	1,032	98	1,330
延世大學	963	857	94	976
中央大學	961	956	5	893
漢陽大學	932	891	35	884
釜山大學	797	760	26	735
東國大學	769	738	31	733
全南大學	719	712	7	600

資料來源：백두산（2019/09/25）。국내외국인 유학생 16만 명 넘어…경희대 4,727 면으로 최다。대학저널。出處 http://dhnews.co.kr。

　　2019年韓國高等教育外國留學生總數來到了16萬名，較2018年增加了1萬7,960名，增加了12.6%，也較10年前2009年時的75,850名國際生，增加了2倍以上（參見表6）。另從表6可以發現在2017年國際生攻讀學位課程占所有留學生總數58%，2018年為61%、2019年為63%，攻讀學位課程者有逐年增加趨勢。如表6可以發現，近3年，四年制大學的國際生約占總數的70%，專門大學（2-3年初級學院）的國際生約占總數的7%，攻讀研究所課程國際生約占總數22%。

表6　近3年韓國外國留學生數比較

分類		分類1		分類2			
	總計	學位課程	非學位課程	大學	專門大學	研究所	其他（註1）
2019	160,165	100,215	59,950	111,858	11,492	35,506	1,309
2018	142,205	86,036	56,169	99,806	9,639	31,484	1,276
2017	123,858	72,032	53,826	88,511	6,248	27,874	1,228
備註（2009）	75,850	50,591	20,008	55,658	5,565	14,066	561

註1：其他係指放送大學與網路大學等。
資料來源：백두산（2019/09/25）。국내외국인 유학생 16만 명 넘어…경희대 4,727 면으로 최다。대학저널。출처 http://dhnews.co.kr。

韓國教育部全球人才養成政策中，以 2023 年達到來韓留學生 20 萬名為目標（신영경，2019/10/14），2019 年離目標值還有 4 萬名的差距，2020年又受到新冠肺炎疫情影響，因此是否能在 2023 年達成，仍有待持續觀察。

二、來韓外國留學生出身國與學費支援

來韓留學生中，2019 年來自中國有 7 萬 1,067 名，占所有留學生44.4%，比起 2018 年 6 萬 8,537 人占 48.2%，比例降了 3.8%，比起 10 年前之 2009 年來自中國留學生 5 萬 5,025 人，人數增加 1 萬 6,042 名，占比卻降了 28.1%，可見韓國這 10 年來留學生出身國別從先前集中來自於中國的狀況，到逐漸分散至來自於其他國家（參見表 7）。

表 7　2009-2019 年韓國外國留學生出身國別學生數與比例

年度	合計	中國	越南	蒙古	日本	美國	其他
2019	160,165 (100.0)	71,067 (44.4)	37,426 (23.4)	7,381 (4.6)	4,392 (2.7)	2,915 (1.8)	36,984 (23.1)
2018	142,205 (100.0)	68,537 (48.2)	27,061 (19.0)	6,768 (4.8)	3,977 (2.8)	2,746 (1.9)	33,116 (23.3)
2017	123,858 (100.0)	58,184 (55.1)	14,614 (11.8)	5,384 (4.3)	3,828 (3.1)	2,767 (2.2)	29,081 (23.5)
2009	75,850 (100.0)	55,025 (72.5)	2,549 (3.4)	1962 (2.6)	4,061 (5.4)	2,100 (2.8)	10,153 (13.4)

資料來源：백두산（2019/09/25）。국내외국인 유학생 16 만 명 넘어…경희대 4,727 면으로 최다. 대학저널. 출처 http://dhnews.co.kr。

近幾年韓國由於學齡人口減少，以及學費受到政府凍結與限制，大學為解決財政惡化，積極試圖以招收更多外國留學生來解決財政困難，由表6 可知 2019 年來韓留學生達到 160,165 名，伴隨外國留學生增加，如無適當管理，恐造成問題，例如：根據統計，首爾市主要大學在 2016 年有115 名非法滯留國際生，到 2018 年增加到 607 名，3 年間非法滯留國際生增加 5 倍，大學被譏笑淪落爲「護照工廠」（비자공장）。地區大學更爲

嚴重，例如：市道直屬國立大學在 2016 年有 41 名非法滯留國際生，到了 2018 年增加到 259 名，有 6 倍以上的增加程度，地區私立大學情形更嚴重，但更不易於調查出來。韓國教育部全球人才養成政策中，以 2023 年達到來韓留學生 20 萬名爲目標（신영경，2019/10/14），韓國教育部一方面要持續增加留學生；另一方面又要嚴格管控留學生，似乎現在看起來進入了兩難的困境。

近 10 年，來韓外國留學生學費以自費留學生居多，表 8 顯示從 2009 年開始自費留學生占所有留學生的 84.7%，每年略爲增加，直到 2019 年達到 91.3%，可以說來韓留學生 90% 以上，未獲本國政府或韓國政府與大學的財政支援。另從表 8 可以發現韓國政府補助之韓國國際獎學生一直高於 2%，直到 2019 年才低於 2% 爲 1.8%。整體而言，近 10 年每年幾乎都有 2,500 名以上國際生獲得韓國政府獎學金。獲得大學補助之外國留學

表 8　來韓留學生學費支援類別（%）

分類	2009	2011	2013	2015	2017	2019
自費留學生	64,271	75,325	73,420	78,845	110,472	146,247
	84.7	84.1	85.4	86.3	89.2	91.3
韓政府補助獎學生	1,629	2,513	2,799	2,901	3,175	2,943
	2.1	2.8	3.3	3.2	2.6	1.8
大學補助獎學生	6,634	8,504	7,136	6,802	7,225	8,147
	8.7	9.5	8.3	7.4	5.8	5.1
本國政府派遣	503	573	896	1,178	842	548
	0.7	0.6	1	1.3	0.7	0.3
其他	2,813	2,622	1,672	1,606	2,144	2,280
	3.7	2.9	1.9	1.8	1.7	1.4
合計	75,850	89,537	85,923	91,332	123,858	160,165

資料來源：교육부（2019）。2019 년 국내 고등교육기관 외국인 유학생 통계。出처 https://www.moe.go.kr/sn3hcv/doc.html?fn=25ec728a4d3d39f7fd1e6229de83d645&rs=/upload/synap/202108/。

김우중（2021）。한·중·일 3 국의 외국인 유학생 정책 비교 연구。한양대학교 국제학대학원 석사학위논문。

生，維持占比在最高 2011 年的 9.5% 到最低 2019 年的 5.1%，占比每年持續下滑，但 2019 年該年度大學端頒授國際獎學生的數量達到 8,000 多人，概因整體留學生在 2019 年大幅增加。

 ## 肆　國際教育品質保證制度

一、國際教育品質保證制度的發展

韓國一方面欲持續招收國際生，一方面又要控管各大學招收國際生之過程與品質，因此推動實施了「教育國際化能量認證制（교육국제화역량인증제）與外國人留學生留置、管理實況調查（및 외국인유학생유치 관리 실태조사）」之「國際教育品質保證制度（International Education Quality Assurance System, IEQAS」，由韓國教育部、法務部推薦之民間專家與有關部處擔當者共同組成的「認證委員會」作爲最高審議認證，即最終對「認證審查團」所作的評鑑後結果的審議與認證。認證審查團是由實際進行書面審議與現場實地訪視的委員所組成，而負責此項業務執行單位是教育部委託的「韓國研究財團」（한국연구재단）（한국연구재단，2020/09/02）。

韓國教育部委任韓國研究財團進行國際教育品質保證認證制度的目的，是爲認證韓國國內國際化程度高之大學，以能擴大招收優秀外國留學生與提高國內學生國際化能力。每次認證以 4 年爲有效期，例如：2020 年接受認證大學，有效期爲 2021 年 3 月至 2025 年 2 月。惟每年還是可以進行「外國人留學生留置、管理實況調查」，以瞭解已獲認證大學對留學生的管理情形。

二、國際教育品保制度指標

國際教育品質保證制度的評估指標，主要分成必要指標（필수지표）與核心指標（핵심지표），詳如表 9 所示，申請認證大學必須滿足至少一項必要指標與三項核心指標。另外尚有「國際化支援」之質性指標，包

括：（一）國際化願景與特性化；（二）外國人留學生生活適應支援；（三）外國人留學生學習支援；（四）外國人留學生教育成果。

表 9　國際教育品質保證制度評估指標

分類	指標名稱	認證基準	大學	專門大學	研究所
必要指標	非法滯留率	2～未滿 4%	非法滯留率與中途輟學率中達到一項以上		
	中途輟學率 *	未滿 6%			
核心指標	外國留學生學費負擔率	80% 以上	四項中達到三項以上		三項中達成二項以上
	醫療保險加入率	90% 以上			
	語言能力	30% 以上			
	宿舍提供率	25% 以上			

* 滿足中途輟學率此條件時，非法滯留率不得超過 10% 才算達標。
資料來源：한국연구재단（2020/09/02）。교육국제화역량 인증제 및 외국인유학생 유치·관리 실태조사。出處 https://www.nrf.re.kr/biz/info/info/view?menu_no=378&biz_no=250。

依據留學生數量不同，法務部另製定非法滯留率的細部基準，如表 10 所示。

表 10　非法滯留率的細部基準

留學生數	100 名未滿	100 名以上，未滿 500 名	500 名以上
非法滯留率	4% 以內	3% 以內	2% 以內

資料來源：한국연구재단（2020/09/02）。교육국제화역량 인증제 및 외국인유학생 유치·관리 실태조사。出處 https://www.nrf.re.kr/biz/info/info/view?menu_no=378&biz_no=250。

三、國際教育品保制度評鑑過程

有關之評鑑過程步驟，則如圖 3 所示。

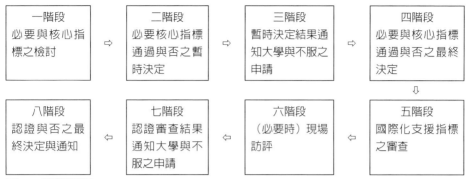

圖 3 評鑑過程

資料來源：한국연구재단（2020/09/02）。교육국제화역량 인증제 및 외국인유학생
　　　　 유치·관리 실태조사。출처 https://www.nrf.re.kr/biz/info/info/view?menu_
　　　　 no=378&biz_no=250。

　　從評鑑過程的階段，可以看出大學提出的認證申請必須先通過必要與
核心指標的條件，才進入國際化支援指標的審議，前者是以量化爲基準的
指標，後者是較爲質性的指標。歷年認證大學數量，如表 11 所示，通過
名單也會公布在留學韓國（Study in Korea）網站，以讓有意來韓國的留學
生能夠參照認證通過的大學，選擇就讀的學校，這類似於一種品管制度及
履歷證明。

表 11　歷年或認證大學數量

分類	2014	2015	2016	2017	2018
四年制大學	69	83	103	111	107
專門大學	11	13	15	22	20
研究生	3	8	7	6	7
總　計	83	104	123	139	134

資料來源：한국연구재단（2020/09/02）。교육국제화역량 인증제 및 외국인유학생
　　　　 유치·관리 실태조사。출처 https://www.nrf.re.kr/biz/info/info/view?menu_
　　　　 no=378&biz_no=250。

四、最新一期國際教育品保制度

　　韓國教育部於 2019 年 12 月發布第三週期（2020-2023）教育國際化能力認證制評價系統基本計畫（교육국제화역량인증제 3 주기 평가체계 기분계획）（請參見表 12），主要是針對前二週期各大學所提出的評鑑問題所作的修正，包括第一是導入語言研修課程單獨評鑑（相對於學位課程）；第二是改變從入學選擇開始至學業、生活支援，所有留學生管理之全盤從嚴審查；第三則是強化簽證發給的審查機制（교육부, 2019）。

　　韓國外國留學生數從 2012 年的 86,878 名增至 2018 年的 142,205 名，以及語言研修生從 2012 年的 16,639 名至 2018 年的 44,756 名而言，均有相當大的成長，擁有韓國語言能力來韓留學生在 2012 年為 22.74% 增加到 2018 年的 44.15%，來韓留學生中加入醫療保險者則從 2012 年的 73.69% 增加至 2018 年的 85.99%，都是因為教育部強化國際教育品質保證制度下，各大學努力之共同結果（교육부, 2019）。因此，更強化進行推動第三週期之國際教育品質保證制度。

表 12　第三週期國際教育品質保證制度評估指標（2020-2023）

學位課程			語言研修課程		
分類		細部指標	分類		細部指標
基本要件		非法滯留率	基本要件		非法滯留率
評價領域	策略與選擇	國際化計畫與基礎（組織預算）	評價領域	策略與基礎	計畫與基礎（組織預算）
		學生選擇與入學適當性			醫療保險加入率
		醫療保險加入率			每學期語言研修生數量
	留學生管理	留學生學費負擔率		語言研修生支援管理	語言研修生學費負擔率
		留學生學費、生活支援			韓國語教師資格證比率
		留學生諮商率			入學、結業管理的適當性
	成果	中途輟學率			
		留學生認證語言能力（新入學／在學）			
		留學生滿意度與管理			

資料來源：교육부（2019/12/06）。교육국제화 역량 인증제 3 주기 평가체계 기본계획（안）발표。교육부：국제화담당관。

　　第三週期對非法滯留比率管理更為嚴格，在學位課程中未滿 100 名留學生數之大學，不能超過 2.5%、100-1,000 名留學生數之大學，非法滯留率不能超過 2%、擁有超過 1,000 名以上留學生數的大學，其非法滯留率不能超過 1.5%。語言研修未滿 100 名者，非法滯留率不能超過 10%、100-500 名者非法滯留率不能超過 9%、擁有超過 500 名以上者之大學，非法滯留率不能超過 8%（교육부, 2019）。

　　針對未申請認證之大學，只要有 1 名以上留學生非法滯留即屬違反規定，必要時強化審查簽證發給，其基準如表 13 所示。

表 13　強化大學護照審查基準

領域	學位課程		語言研修課程	
	指標	審查基準	指標	審查基準
基本要件	非法滯留率	5% 以上	非法滯留率	20% 以上
核心指標	外國留學生學費負擔率	未達 60%	當學期語言研修生數量	30 名以上
	醫療保險加入率	未達 80%	醫療保險加入率	未達 80%
	留學生認證語言能力（在學）	未達 10%	韓國語教師資格證率	未達 80%
	留學生認證語言能力（新入學）	未達 10%		

資料來源：교육부（2019/12/06）。교육국제화 역량 인증제 3 주기 평가체계 기본계획（안）발표。교육부：국제화담당관。

伍　結論與啟示

一、結論

　　大體而言，近 20 年韓國外國人留學生是呈現增加趨勢，2016 年開始達到 10 萬名的規模。從 2011 年 11,646 名到 2019 年 160,165 名，19 年期間約 13 倍的成長，除了 2012 年到 2014 年 3 年間的人數微幅降低外，幾乎每年都是以近萬人的速度增加。

　　《韓國教育基本法》中即明訂推動國際教育，培養國民具備國際化教

育素養與能力，以及相關國外留學政策。韓國還設立國際自由都市，提供從幼兒園至大學階段的國際學校園區等。負責國際學校與外國留學生政策制定者，主要是教育部國際協力官，實際執行與落實政策的機構是隸屬於教育部的國立國際教育院（NIIED）。NIIED 的業務包括外國留學生的建制、招募與管理、韓國獎學金的頒授、TOPIK 的測驗等，凡是進到韓國的留學生無論是就讀學位或非學位課程，多多少少都會跟 NIIED 打交道。

　　來韓外國留學生若非進入以英語授課為主的課程，皆須通過韓國語文能力測驗（TOPIK）3 級的程度，畢業時須達到 4 級。國際生大都入學首都圈私立大學為主，2019 年招收超過 2,000 名國際生的 12 所大學當中有 11 所，就位於首爾特別市且全是私立大學，而國立首爾大學在大學部分的國際生有 1,146 名，並不算多，而是在研究生部分位居第三多大學，總計有 1,130 名。四年制大學中的國際生以攻讀學位課程多於非學位課程，研究生部分更是如此。整體而言，2017-2019 年攻讀學位課程占比約為 60%，非學位課程 40%；入學四年制大學國際生約為 70%、入學初級學院之專門大學約為 7%、入學研究所課程學生為 22% 左右。來韓國際生以中國留學生為大宗，但自 2017 年占比的 55% 到 2019 年占比的 44% 而言，有逐年下滑趨勢；其次是越南留學生在 2019 年有 37,426 名，占比為 23.4%；接續是蒙古國、日本與美國。在 2019 年韓國有高達 91% 國際生是自費留學，接受韓國政府補助獎學金約為 2% 左右，而得到大學端獎學金者約有 5%。

　　2014 年韓國教育部委託「韓國研究財團」開始實施「外國人留學生留置、管理能量認證制」，亦即「國際教育品質保證制度」（IEQAS），對各大學招募國際生進行書面與實地訪視評鑑，除了質性評估指標：國際生願景與特性、國際生生活適應支援、學習支援，以及教育成果外，最重要的是要參酌各校國際生非法留置率、中途輟學率，以及國際生財務能力、語言能力、醫療保險加入率等。歷年認證通過大學名單會公布在「留學韓國」網頁上，以讓欲來韓國的國際生作為選擇學校之參考依據。IEQAS 自 2014 年進行評鑑開始到 2019 年為止，除了修改前二週期各大學提出意見外，新的週期最主要的改變是將學位課程與非學位課程（語言研

修爲主）分開評鑑，且每項指標從嚴審查並強化簽證發放機制。

二、啟示

就一個以韓語爲學習語言的高等教育機構爲主的國家而言，爭取全球國際生實屬不易，因此，國際生數量當然不若以英語爲學習語言的英、美、澳、加等國。然而，在近 20 年來，強大的韓流威力、K-POP 流行音樂與資訊科技經濟實力，確實吸引了不少國際生來韓國進行學位或非學位語言課程，總計從 2000 年前每年約 6,000 名外國留學生成長至 2019 年總數 16 萬名的國際生。這樣的表現所給予的啟示是，先讓世界看見這個國家的實力與獨特性，即便是非世界普遍共同使用的英語，一樣可以吸引青年學子慕名前來。另韓國早在 2014 年對招收國際生之大學進行「國際教育品質保證制度」（IEQAS）審查與評鑑，是一種品質保證的管理與履歷證明，一方面可以從嚴審議不實教育課程，以保障外國留學生教育與學習品質，一方面可以管理外國留學生在韓國非法滯留所衍生的社會問題。

參考文獻

㈠英文

OECD (2019). *What is the profile of internationally mobile students? In Education at a Glance 2019: OECD Indicators*. Paris: OECD Publishing

㈡韓文

e-나라지표 (2021). 유학생 현황. 출처https://www.index.go.kr/potal/main/Each-DtlPageDetail.do?idx_cd=1534#quick_02

교육부 (2019). **2019**년 국내 고등교육기관 외국인 유학생 통계. 출처https://www.moe.go.kr/sn3hcv/doc.html?fn=25ec728a4d3d39f7fd1e6229de83d645&rs=/upload/synap/202108/

교육부 (2019/12/06). 교육국제화 역량 인증제 3주기 평가체계 기본계획 （안） 발표。교육부: 국제화담당관

교육부 (2020). 교육부 소개 조직도 직원 및 역락처. 출처http://moe.go.kr 국가

법령정보센터 (2020). 교육기본법. 출처http://law.go.kr

김우중 (2021). 한·중·일 **3**국의 외국인 유학생 정책 비교 연구. 한양대학교 국제학대학원 석사학위논문.

박대호 (2020/05/18). 2020년 전문대 연평균 등록금 574 원 '소폭 인하'. *University News Network.*출처https://news.unn.net/news/articleView.html?idxno=229310

박대호 (2020/05/18). 2020년 전문대 연평균 등록금 574만원 '소폭 인하'. 한국대학신문.출처https://news.unn.net/news/articleView.html?idxno=229310

백두산 (2019/09/25). 국내외국인 유학생 16만 명 넘어…경희대 4727면으로 최다. 대학저널. 출처http://dhnews.co.kr

서울특별시교육청 (2020). 서울특별시교육조직도. 출처https://www.sen.go.kr/web/services/page/viewPage.action?page=kor/intro/intro_06_01.html

신영경 (2019/10/14). '불법체류 유학생' 3년간 5 …대학이 '비자공장'으로 전

락. *News Daily*, 출처http://newsdaily.co.kr

신영경 (2020/07/03).학생 반발 여전한데… '온라인 학위' 운영 허용 한 교육부, *News Daily*, 출처http://www.newdaily.co.kr/site/data/html/2020/07/03/2020070300188.html

유수지(2019/09/26). **37**개 의대 **2019** 입학등록금 **506**만원… 고대 경희대 연대 **톱3**. 출처https://www.veritas-a.com/news/articleView.html?idxno=170261

이안나 (2017/08/31).외국인 유학생 대학등록금 2000만원 시대 열렸다. 뉴스투데이. 출처 https://m.post.naver.com/viewer/postView.nhn?volumeNo=9372887&memberNo=34766885

장재훈 (2017/12/07). 교육부 조직개편. 에듀프레스. 출처 http://edupress.kr

최미섭 (2017). 여성 학교장의 리더십 유형 및 특성 분석. 한국교원교육연구, *34*(2), 111-137.

충청북도교육청 (2020a). 충청북도교육조직도. 출처https://www.cbe.go.kr/home/sub.php?menukey=783

충청북도교육청 (2020b). 국제교육. 출처https://www.cbe.go.kr

한국연구재단 (2020/09/02). 교육국제화역량 인증제 및 외국인유학생 유치「관리 실태조사. 출처https://www.nrf.re.kr/biz/info/info/view?menu_no=378&biz_no=250

한치원 (2019/10/03). 대학생 연간 평균 등록금 약 644만원...서영교, 4년제 대학 등록금 랭킹 공개, 에듀인뉴스 (**EduinNews**), 출처https://www.eduin-news.co.kr/news/articleView.html?idxno=20880

NIIED (2020). **NIIED** 소개, 출처http://www.niied.go.kr/user/nd2050.do

Study in Korea. (2017/03/28). 대학별 장학금. 출처https://www.studyinkorea.go.kr/ko/sub/gks/allnew_scholarship_universities.do

Study in Korea. (2020). 外國留學生就業規定。Retrieved from: http://www.studyinkorea.go.kr/cn/expo/jobFair_expo.do

Study in Korea. (2020/05/04). 대학검색: 연세대학교. 출처https://www.studyinkorea.go.kr/ko/sub/college_info/college_info.do?ei_code=530801#

第十五章

新加坡高等教育國際化實踐——脈絡、政策與特色

林子斌

壹 前言：一個城市國家的教育發展

　　新加坡自 1965 年獨立後的快速發展，使其無論在政府治理、教育規劃、國際外交等面向上，是舉世公認的一個範例，更是許多國家汲取經驗時的首選（匡導球，2015）。支持新加坡國家發展的引擎之一的教育體系，是政府施政重點之一。半個多世紀以來的新加坡教育發展，更是受到其在建國初期所設定之「雙語」（bilingualism）政策所影響，在東南亞各國之教育中獨樹一格。Gopinathan（2015）指出，新加坡英語加母語的雙語教育模式是新加坡建國初期的創新政策，該政策之深遠的正面效益影響至今。新加坡的雙語，一方面採用英語作為共通語與國際接軌，使新加坡人具備國際移動力與溝通的良好基石；另一方面重視各族群之母語，維持國內族群和諧。這樣的政策下的確讓新加坡教育在國際上廣為人知，而其原因與採用英語為學校與大學之主要教學語言有密切關係（李光耀，2015；Gopinathan, 2015; Low, 2014）。這樣的國家政策規劃走向，可以看出新加坡由於其地理位置之特殊性、國土面積有限與作為一個開放之經濟體，而在規劃教育時強調雙語與國際化的需求。

　　除了在基礎教育上的成就之外，新加坡的高等教育快速與高品質發展更是被認為自建國以來最鮮明的教育成就（匡導球，2015），而其高等教育國際化的程度在東亞與東南亞的高等教育體系中也是名列前茅。以新加坡國立大學（National University Singapore, NUS）為例，其在 QS 2022 世界大學排名中為全球第十一名、亞洲第一，而其分項得分中，與國際相關的指標：教研人力的國際化為滿分、學生國際化亦有七十分（QS World University Ranking, 2021），絕對是亞洲高等教育國際化之優等生。而國際化與國際教育的推動息息相關，除了使用英語這個要素之外，還搭配其他的國際化政策，才讓新加坡的兩所綜合大學——新加坡國立大學與南洋理工大學（Nanyang Technological University, NTU）在國際化上交出亮眼的成績。新加坡高等教育力求國際化之目的之一是期望能夠彌補其生源與師資上的不足（匡導球，2015），這樣才能在人才競爭激烈的全球高等教育中脫穎而出，同時有助於新加坡發展知識經濟與回應全球化之挑戰（Goh &

Tan, 2008）。

　　與新加坡過去同屬亞洲四小龍的臺灣，在高等教育上也力求國際化（蘇彩足，2007），而國際教育之推動也是臺灣教育部在中小學階段的施政重點之一（教育部，2019）。此外，自 2018 年起，行政院與國家發展委員會亦開始推動「2030 雙語國家政策發展藍圖」，其中啟動「教育體系雙語活化」是第一項重要策略（教育部綜合規劃司，2018）。臺灣期望透過雙語教育之推動，讓國民更具有與國際溝通與接軌之能力，這與新加坡推動雙語的出發點類似。因此，新加坡常成為臺灣討論教育體系內雙語與國際化時的參照點，其中新加坡各級學校授課語言以英語為主，正如林子斌（2019）提到的新加坡以英語為共通語的雙語國策，讓其教育體系容易招收國際學生並且進行國際交流。

　　新加坡高等教育在國際化推動上的出色表現相當值得臺灣參考，因為臺灣與新加坡皆是華人為主的多元文化社會，而高等教育發展的方向也類似，朝向雙語化、國際化方向邁進。而臺灣作為從 2021 年才於高等教育推動雙語化的後進者[1]，新加坡的經驗有哪些值得臺灣參考，這就是本文寫作之主要目的。在進行本文撰寫時，筆者發現國內學術研究上少有研究者聚焦在新加坡之高等教育，若以華藝資料庫搜尋，與新加坡高等教育有關之研究僅有馮莉雅（2004）探討新加坡高等教育中的服務學習。因此，期待本文能有拋磚引玉之效，讓新加坡在高等教育英語授課與國際化的做法能成為臺灣的大學思考國際化之時的參考依據之一。

　　本文分為以下幾個部分：首先說明新加坡高等教育概況，接續討論自 1990 年代迄今之高等教育國際化相關政策及其影響。第三部分論及新加坡高等教育國際化之展望與可能有的問題與挑戰，而文末以其對臺灣高等教育可能參考之處提出相關建議。文中以國際生來代表非新加坡人而在新加坡高等教育就讀的全職學生，另外，外籍人才所指的是不具新加坡國籍

---

[1]　教育部高教司於 2021 年推出大專院校學生雙語化學習計畫（The Program on Bilingual Education for Students in College, The BEST Program），全國共有 4 所大學入選雙語化重點培育大學。

的高技術人才。

 ## 新加坡的高等教育：為國家發展而服務

　　受到前殖民母國英國的影響，新加坡社會奉行的意識型態為功績主義（Meritocracy）與實用主義（Pragmatism），非常強調透過個人的努力付出來獲得相對應之收穫，同時新加坡非常優待所謂的菁英。雖然在新加坡一般不稱菁英（elite）而用人才（talent）這個詞，然而這些被認定為人才的人，往往最終會進入新加坡的菁英統治階級（Barr & Skrbis, 2008）。簡言之，新加坡標榜的用人唯才與社會上的菁英統治其實為一體兩面，兩者是無法區分的。新加坡與英國相若，有優秀文官體系，此外由於國家小，所以中央政府對於國家的掌控之力道相當強，是個高度中央集權的治理模式，伴隨而來的是受人稱道的政府治理效率（Chong, 2010）。

　　政府施政上，是採以經濟發展至上的實用主義取向，如何提升國家競爭力是新加坡主要公共政策的目標，以新加坡新一波教育改革政策之首：「會思考的學校、學習型的國家（Thinking Schools, Learning Nation, TSLN）」為例，其著眼點就在於要使新加坡能夠培育出適應新世紀挑戰之人才，並維持與提升國家競爭力（Goh, 1997; Ng, 2008）。此外，新加坡的高等教育政策首重經濟相關性（economic relevance）[2]，這也是實用主義與經濟掛帥的另一個例子。正如 Goh 與 Tan（2008: 162）指出「新加坡高等教育階段主要目的，在於教育與訓練高技術的專業人力，以符合新加坡國家經濟發展所需之人力資源。」換言之，大學教育主要是為國家經濟發展而服務的。

　　新加坡在過去 30 年間，雖然有計畫地擴張其高等教育，但還是菁英取向的高等教育，目前平均錄取率為同一個年齡層近三成的人可以進入高等教育階段。根據新加坡教育部的界定，新加坡高等教育機構泛指中

2　資料來源為新加坡教育部：http://www.moe.edu.sg/feedback/2011/committee-on-university-education-pathways-beyond-2015/singapore-university-landscape/。

學之後的各級學校，因此大學預科（pre-university）、工藝學院（Institute of Technical Education, ITE）、大專（Polytechnics）與大學（Universities）皆屬高等教育範疇。目前新加坡有 13 所大學預科之初級學院（junior colleges）、1 所工藝學院（包含數個校區）、5 所大專與 6 所公立大學。截至 2021 年，新加坡公立大學包含兩種類別：一為重視研究的學術型大學；另一類為應用型為主的大學，重視實作與產業鏈結經驗為大學教育的一部分之應用型大學（Ministry of Education Singapore, 2021）：

一、2 所學術型綜合大學：1905 年成立之新加坡國立大學（NUS）、1981 年成立之南洋理工大學（NTU）。

二、4 所應用型大學：2000 年創立之新加坡管理大學（Singapore Management University, SMU）、2009 年成立之新加坡科技研究院（Singapore Institute of Technology, SIT）、2012 年招收第一屆學生之新加坡科技與設計大學（Singapore University of Technology and Design, SUTD）與由之前的新躍大學轉型而來之新躍社科大學（Singapore University of Social Sciences, SUSS），於 2017 年成為新加坡第六所公立大學。

6 所公立大學分成兩種類型的原因在於，新加坡政府認為明確的高等教育機構任務區分，才能有效地運用公共資源（Chan, 2011）。而自 2006 年起，新加坡教育部給予大學自主權力，因此 6 所公立大學皆有自主地位（Autonomous Universities）。換言之，公立大學在接收教育部資助的同時，可以自主決定大學的走向與定位，包括課程、研究方向與提供的服務等層面[3]。雖然理念上大學自主是新加坡高等教育的方向，然而根據筆者在南洋理工大學服務近 4 年之經驗，教育部對於大學的控制與影響力仍是相當強大，包括招生數目、國際學生比例、科系設置與校長遴選等。而在這 2 所綜合大學邁向「世界級大學（world-class university）」之路，新加坡政府更是設立由國際知名學者所組成的顧問團，協助兩大學轉型（Chan, 2011）。

3　資料來源為新加坡教育部：http://www.moe.edu.sg/education/post-secondary/。

表1　2020年新加坡2所學術型綜合大學之學生人數

大學	學生數（大學部加碩博班）	教研人員數量 （系所教師加研究人員）
新加坡國立大學	43,885 名（31,760、12,125）	6,694 名（2,559、4,135）
南洋理工大學	32,346 名（24,579、7,767）	4,964 名（1,688、3,276）

資料來源：https://www.nus.edu.sg/about#corporate-information 與 https://www.ntu.edu.sg/about-us/facts-figures

　　從表1中的資料可見，2所綜合型大學規模都相當龐大，新加坡國立大學十七個學院除分布三個位於新加坡的校區，還有12所新加坡國立大學海外學院（NUS Overseas Colleges）分布在美國紐約、矽谷區域、瑞典斯德哥爾摩、加拿大多倫多、以色列、日本名古屋、越南胡志明市與中國的北京、上海與深圳等地。可見其觸角延伸之廣與國際化之實力，而海外學院可提供在校學生多樣的國際教育體驗。換言之，這些海外學院不僅作為招收國際生的基地，同時還提供目前就學學生跨國境交換與實習之機會（NUS, 2021）。其主要目的在於結合各地之新創企業提供實習機會，並結合新加坡國立大學及其夥伴院校之創業課程，讓學生有結合課程與實務之國際經驗。而新加坡國立大學（NUS, 2018）的願景「引領世界、形塑未來（a leading global university shaping the future）」，更是直接展現其國際化之企圖心。

　　另一所南洋理工大學，其前身還是東南亞第一所以華文為授課語言的大學：南洋大學。自1991年成立迄今約31年，但目前已經是QS 2022世界大學排名中為全球第十二名、亞洲第二，僅次於新加坡國立大學。以這樣一所相較年輕的大學，能有如此的表現與國家政策的引導和其國際化程度高有密不可分的關聯。南洋理工大學（2018）提出的口號為「海納百川，吸引全球頂尖人才」，可以看到常見高等教育國際化論述中的人才競爭的影響。以一所年輕的大學，南洋理工大學自2018年啟動這項為期5年之攬才與留才（recruitment and retention）計畫，意在引進千位世界級之教學與研究人員。而學校願景則是「以科學和技術為基礎的頂尖國際大學，通過跨學科教育和研究，培養傑出的領導者，創造對社會的影響力

（A great global university founded on science and technology, nurturing leaders and creating societal impact through interdisciplinary education and research）」
（NTU, 2021）。此一願景符合一個理工為基礎的大學，而其重點在社會影響力。對比兩校的思維，可見雖都力求國際化，但是整個規模不同。新加坡國立大學要成為引領世界變革的高等教育機構，南洋理工大學之願景則是成為國際頂尖大學，同時善盡對新加坡的社會責任。

　　整體而言，新加坡 2 所綜合大學自 1990 年代開始，受國家政策引導力求國際化，其成效卓越。由於高等教育國際化的目標與規劃，對於整個國家發展有其影響力，因此在中央層級主要政策推手除新加坡教育部之外，還包括其他部會，甚至在某些高等教育國際化政策規劃上，貿工部（Ministry of Trade and Industry, MTI）才是主導角色。這樣現象也反映出新加坡政府看待高等教育不僅僅是當作教育議題，更是經濟與國家發展重要一環。

 ## 參　國際化願景與政策：朝向區域高教中心邁進

　　新加坡政府不只將高等教育視為國家經濟發展的人力資源培育主力，還將新加坡高等教育視為是可獲利的一項產業，因此規劃要讓新加坡高等教育成為區域性的教育樞紐（a regional education hub）（Mok, 2012），同時教育被當成經濟成長的驅動引擎（Toh, 2012）。在知識經濟時代，能夠創造新的知識或成為知識創新的平臺，將能帶來極大的利益。而人才的全球流動日趨頻繁與密集，如何吸引人才、留住人才並且透過這些人才讓國家獲益就成為重要議題。高等教育是吸引人才與培育人才的溫床，新加坡很清楚認知到只有提供國際化的環境、有吸引力的薪資、良好的研究環境、創業的機會等，才有可能吸引優秀人才前往新加坡任職或就學。

　　Daquila（2013）指出，新加坡高等教育的國際化的發展有下列幾項正面因素：1. 新加坡具有多元族群與語言的環境；2. 新加坡採用對全世界敞開大門的開放政策；3. 新加坡教育體系持續進步；4. 新加坡的雙語政策。新加坡從其進入全球歷史舞臺開始，就是一個以貿易著稱的國際港，華

人、歐洲人、馬來人、印度人都在這個位於全球最繁忙航道之一的港口交會，開放、多元早就深植在新加坡的歷史文化之中。而新加坡建國之後，李光耀主導的雙語政策更是讓英語成為新加坡的共通語，其目的在於跟世界接軌（李光耀，2015）。在這樣的政策脈絡與環境因素之下，新加坡陸續推出數項政策，期望由高等教育機構領頭，將新加坡打造成東南亞（甚至是亞洲）的教育樞紐。

一、引進世界級大學計畫

早在 1991 年開始，新加坡透過組建國際顧問團、參訪海外優質大學、與國外大學建立夥伴關係、吸引外籍人才與學生等措施致力於發展其高等教育（Sanders, 2018a）。於 1996 年，新加坡政府就喊出「東方的波士頓（Boston of the East）」之高等教育願景（Chan, 2011; Sanders, 2018b），讓新加坡國立大學與南洋理工大學以美國的哈佛大學（Harvard University）與麻省理工（MIT）作為標竿學習學校，朝向世界級大學邁進。新加坡在 1998 年提出「世界級大學計畫（World Class University Program, WCUP）」，規劃吸引至多 10 所國際名校至新加坡設立分校據點，提供大學部與研究所的學位（Lee & Gopinathan, 2008）。由整個 1990 年代的發展可見，新加坡政府有規劃地落實其政策企圖，開始提升新加坡高等教育的競爭力，而其目的主要著眼在經濟效益，這點可由主事單位不僅是新加坡教育部，還包含新加坡貿工部、經濟發展委員會（Economic Development Board, EDB）窺出端倪。

二、建立全球校園計畫

進入 21 世紀後，新加坡的貿工部在其 2002 年的報告中提出「全球校園（Global Schoolhouse）」計畫，期望能在 2015 年吸引 15 萬名自費的國際學生到新加坡高等教育就學（Tan, 2016），新加坡鎖定國際學生的來源主要會由東南亞或亞洲其他地區招募。全球校園計畫是世界級大學計畫之擴大，提出一個三級的高等教育體系。

　　首先，將欲引進之世界級名校之分校視爲金字塔頂端之第一級「世界級」高教機構，主力在提供研究所以上教育，協助培養研究人才（Tan, 2016）。新加坡國立大學、南洋理工大學與新加坡管理大學爲第二級高教機構，稱作「基幹大學（bedrock Universities）」，著重研究與提供新加坡國家發展所需之人力培育，以及提供主要的公共高等教育服務（Lee & Gopinathan, 2008））。第三級則是以「應用與教學爲主」的其他大學，期待這些大學能吸引國際生前來就讀。這樣一種架構揭示出新加坡政府引進外國高等教育機構，期望透過這些世界級大學的經驗、文化與人才來提升新加坡本地高等教育之國際化程度與研究實力。此外，這些境外大學除協助新加坡培養研究人才之外，還有經濟因素摻雜其中，因爲外籍人才引進能爲新加坡帶來創新發展的可能。

三、合作建置學院或學程

　　透過新加坡國立大學與南洋理工大學與世界級名校如耶魯（Yale）大學、麻省理工、倫敦帝國學院（Imperial College London）等合作學程或共建學院，一方面提升新加坡 2 所大學之研究與教學水平，另一方面有這些名校的加持，將會對國際學生更有吸引力。在此僅舉數例：新加坡國立大學與耶魯大學合作成立通識學院；南洋理工大學與英國倫敦帝國學院共同設置醫學院以及新加坡管理大學則與英國倫敦大學（University of London）合作提供商學之學位學程。Olds（2007）對新加坡這個高等教育國際化的政策願景提出一個貼切的說明：新加坡政府最主要的目的在於創造一個良性循環，引進具有全球人才的頂尖大學、這些人才創造知識或產品，而這些知識、產品會創造新的專業工作機會，這些專業工作機會將爲新加坡帶來具有可獲利區域鏈結之知識經濟。

　　當然這些政策願景能夠實踐，主要原因之一在於新加坡的共通語言是英語，也就是建國初期推動的雙語政策提供新加坡良好的利基點來推動這些國際合作。換言之，新加坡高等教育之國際化與其雙語政策影響之下所塑造的英語環境有密切相關（林子斌，2019）。除語言因素外，Olds

（2007）說明新加坡吸引境外高等教育機構的原因包含下列幾項：優越的地理位置與便利之國際交通、優質的生活條件、跨國企業雲集、具有品質的本地大學與其他外國大學、新加坡政府對教育的重視等。

肆　國際化策略與高教國際教育的特色：進得來、出得去

　　在雙語及整體國家開放政策的加持下，新加坡的高等教育國際化的體現正如前一節的討論，是從引進世界級大學開始。這是新加坡高等教育積極回應全球化的一項做法，與其閉門造車不如打開大門，讓世界級名校進入新加坡招生，某種程度上強迫當時新加坡的公立大學（新加坡國立大學、南洋理工大學與新加坡管理大學）直接面對世界名校，一起競爭新加坡國內的學生，讓這些綜合公立大學必須在極短的時間內轉型、提升科研與教學的水準，至可與國際名校一較長短的情況。

　　此處以新加坡國立大學為例，其在前一節新加坡政府相關政策影響下，大學所採取的策略有兩個面向：一為國內的國際化作為（internationalization at home）、另一為海外的國際化作為（internationalization abroad）（Daquila, 2013）。國內的國際化作為包含吸引更多國際學生（含學位生與交換生）進入新加坡校園，根據 Times Higher Education（2021）的檔案顯示，新加坡國立大學在 2020 年有 25% 的國際學生，約為 10,970 人。主要來源為中國、南亞與東南亞國家，而這些國際學生係於 1995 年後有明顯成長（Daquila, 2013）。另外，與世界級大學共同成立學院，也是一種將國際化帶入新加坡的策略。前述成立於 2011 年的耶魯國大學院（Yale-NUS College）就是一例，一方面吸引本地與國際學生，另一方面引入世界級名校的教研人才。此處可與前一節討論之新加坡高等教育國際化政策發展相對照，不難發現這個趨勢與政策是相吻合的。而吸引愈多國際學生到新加坡，讓新加坡本地學生在國內就有一個國際化的校園環境，把國際化與跨文化的氛圍帶入國內校園。而另一個海外的國際化作為，就是讓學生有更多境外學習、實習的機會與經驗。而這些多透過其海外學院實習、

雙聯學位、海外交換等來進行。在 2009 年新加坡國立大學的大學部在學生就有一半以上具有出國經驗，同時兩成的學生在海外的時間超過一個學期。這兩個策略歸納起來便是六個字「進得來、出得去」，無論是高等教育階段的在學生或者是教研人員，新加坡秉持著開放的人才政策，讓這種國際人才流動在新加坡十分常見。

 ## 伍　國際化帶來的爭議

新加坡高等教育國際化的成果，舉世有目共睹，無論是 QS 世界大學排名或是 Times Higher Education 的大學排名中，新加坡唯二的公立綜合大學都是全球大學的優等生（Soong, 2020; Richards, 2018）。除了雙語、國際化等國家政策持續且明確之引導外，2 所大學也採取類似的策略儘量加速人才的引入與流動，讓「進得來、出得去」變得容易。然而，整個高等教育國際化的歷程也並非沒有異音，以下列舉數點在國際化歷程中的一些問題。

一、國際生比例過高的爭議

由於新加坡的高等教育仍採菁英制，同一年齡層能有機會上高等教育的人數約為三成，但是這些包含上大學、工藝學院與大專的學生，因此實際上到這 2 所公立綜合大學的人數有限。但如前所述，在追求國際化的過程中，這 2 所大學皆提供將近四分之一的國際生名額。這種情況下難免造成新加坡本地學生升學時的爭議，認為這 2 所大學給出過多國際生名額之時會排擠本地學生入學的機會，因為這 2 所大學能提供的入學名額總數有限制。由於人民的反應，新加坡政府網站（gov.sg）還特別發文澄清沒有要求大學制定國際生占學生數的最低比例 [4]。

---

[4] https://www.gov.sg/article/is-it-true-our-public-universities-reserve-20-of-their-places-for-foreign-students

二、過於國際化影響認同

　　高度國際化的另一個影響便是，該如何建構一個堅實的在地、國家認同感？新加坡的學生自基礎教育階段開始，一直到高等教育階段就學時，常處在一個十分國際化的學習環境裡。再者，新加坡本身即是個國際型的大都會，從學校到整個國家皆使用英語為共通語言，提供給學生一種強烈的普世主義（cosmopolitanism）氛圍。Sanders（2018b）指出雖然新加坡持續對抗其認為有害的西方影響力，但整個國家同時卻更加擁抱全球化與形塑一個符合全球化時代的國家認同。而這個國家認同的內涵並非在本地文化的主體性上，反而是強調企業家精神、普世主義。對比其他亞洲國家，如日本在面對與擁抱全球化時，常有過於「全球」而影響國家認同維繫的緊張關係（Sanders, 2018b）。新加坡看似在兩者之間調和良好，然而真的如此嗎？新加坡的認同是否就像是魚尾獅形象的建構，是一個人工建構的代表國家形象之論述：政府主導建構但人民是否真心認同？簡言之，本文主要論及 2 所公立綜合型大學是否太過國際化，因此與歐美的世界級名校相去不遠？作為新加坡的高等教育機構，其高度國際化的同時是否也喪失新加坡高等教育機構該有的一些「土味」呢？

三、國際合作過程成敗交錯

　　新加坡在全球校園政策引導下，期望能在 2015 年有 15 萬名國際學生進入新加坡，但是這個目標在政策停止前卻從未達成。這是否說明政策目標過於樂觀？同時，引進海外名校在新加坡設立分校的嘗試也遭受一些挫折，例如：澳洲新南威爾斯大學於 2007 年 2 月在新加坡成立其亞洲校區，但因為招生狀況不理想於同年 6 月宣布關閉；芝加哥大學商學院也於 2013 年將其分部由新加坡遷移至香港，因為這樣更接近中國市場（Tan, 2016）。再者與國外名校共同設立學院時，還曾受到國外大學校內教授之抗議聲浪，其爭議之點不在於新加坡國立大學的學術水準不夠，而是對新加坡「東方式」民主、媒體與學術自由可能受到管制等的質疑（Daquila, 2013）。

陸 討論與結語：新加坡高等教育國際化的啟示

由於筆者長期關注與研究新加坡教育，也常拿來與臺灣的現況進行對比。比較之時難免對於新加坡教育經費之充裕、政策與其配套縝密規劃之程度、雙語國策帶來的正面影響、有效率且持續的執行力感到佩服。

此次探討新加坡高等教育國際化議題時，也或多或少看到這些因素的影子。首先，本章主要討論的 2 所大學，其各有一筆龐大的校務基金支持，還有新加坡教育部額外經費之挹注。這些國際化作為的背後，都有充分的「金援」。這是必須清楚敘明的，因為臺灣在高等教育普及化的過程中，多數國立、公立大學目前都是需要努力開源節流以維持營運。因此，就算臺灣的大學多數認同國際化的重要，也理解新加坡採用的「進得去、出得來」兩種策略，但是在經費有限的情況下很難如新加坡國立大學能維持這麼多海外學院，更不可能提供數量充分、金額充足的獎學金吸引國際生。

其次，授課語言的差異也是臺灣的大學無法像新加坡如此快速地在 30 年間高速國際化的因素，如前所述，以英語為共通語的雙語國策，讓新加坡的大學更容易與國際接軌。臺灣一直到 2021 年才首次推出「大專院校學生雙語化學習計畫（The Program on Bilingual Education for Students in College, The BEST Program）」，其中將臺灣高等教育之雙語化區分為兩軌：重點培育、普及提升，計畫之主要目的在於推動臺灣高等教育機構朝向英語授課（English Medium Instruction, EMI）並提升學生之英語程度（教育部，2021），但是臺灣高等教育階段使用的授課語言恐還需要多年時間才能完成轉型。

而政策規劃的縝密程度與執行力這兩點，絕對值得臺灣參考。正如 Lin 與 Huang（2021）對臺灣高教深耕計畫的分析，臺灣的高教政策在延續上不足，甚至出現明顯的斷裂。新加坡的高等教育國際化政策雖然不是每次奏效，也有其挫折之處，但延續性佳，整個政策主軸持續近 30 年。也因此，才有這 2 所大學的優異表現。

參考文獻

㈠中文

匡導球（2015）。赤道之虎：從南洋碼頭到十強之國的進行式。臺北：高寶
　　國際。

李光耀（2015）。李光耀回憶錄／我一生的挑戰：新加坡的雙語之路。臺
　　北：時報文化。

林子斌（2019）。新加坡教育國際化的助力：雙語教育之發展與啟示。教育
　　研究月刊，**305**，116-125。

南洋理工大學（2018）。**校方簡介**。https://www.ntu.edu.sg/docs/de-
　　fault-source/chinese-documents/corp-brochure_chinese_210615-1.
　　pdf?sfvrsn=76681b5b_2

教育部（2019）。中小學國際教育白皮書 **2.0**。https://ws.moe.edu.tw/Down-
　　load.ashx?u=C099358C81D4876C725695F2070B467E8B81ED614D7AF43
　　EF55FFFF8E382F49230FBFEBE3FBA67410E3D088235FCEFF8A33CA54
　　BD67D7DFD957229DE7F658AFACA347539D32BA23B9A142AA2B7545
　　659&n=260CF99641E8382A1BED23C70A14D4360FFA25EF159D1B19F9
　　66E1C98FBC313ADE66237F87CDF55C2003096F7477E0E7D121FDBA1A
　　06975D&icon=..pdf

教育部（2021）。大專校院學生雙語化學習計畫。https://depart.moe.edu.tw/
　　ED2200/News_Content.aspx?n=5E9ABCBC24AC1122&s=3DFEC1726D93
　　2EE7

教育部綜合規劃司（2018）。全面啟動教育體系的雙語活化、培養臺灣走向
　　世界的雙語人才。https://www.edu.tw/News_Content.aspx?n=9E7AC85F19
　　54DDA8&s=B7D34EA3ED606429

馮莉雅（2004）。新加坡高等教育推動服務學習對臺灣的啟示。教育學刊，
　　22，151-176。

蘇彩足（2007）。「推動大專院校國際化計畫」政策建議書。https://ws.ndc. gov.tw/001/administrator/10/relfile/5644/2877/0058735.pdf

(二)英文

Barr, M. D., & Skrbis, Z. (2008). *Constructing Singapore: Elitism, Ethnicity and the Nation-Building Project*. Copenhagen, Denmark: Nordic Inst of Asian Studies.

Chan, D. K. (2011). Internationalization of higher education as a major strategy for developing regional education hubs: A comparison of Hong Kong and Singapore. In J. D. Palmer, A. Roberts, Y. H. Cho, G. S. Ching (Eds.). *The internationalization of East Asian Higher education* (pp. 11-39). Palgrave Macmillan. https://doi.org/10.1057/9781137002006_2

Chong, T. (Ed.). (2010). *Management of success: Singapore revisited*. Singapore: Institute of Southeast Asian Studies

Daquila, T. C. (2013). Internationalizing higher education in Singapore: Government policies and the NUS experience. *Journal of Studies in International Education, 17*(5), 629-647. https://doi.org/10.1177/1028315313499232

Goh, C. B., & Tan, W. H. (2008). The development of university education in Singapore. In S. K. Lee, C. B. Goh, B. Fredriksen, & J. P. Tan (Eds.). *Toward a better future: Education and training for economic development in Singapore since 1965* (pp. 149-166). The World Bank.

Goh, C.-T. (1997). *Shaping our future: Thinking schools, learning nation*. Retrieved from http://www.moe.gov.sg/media/

Gopinathan, S. (2015). *Education*. Singapore: Straits Times Press.

Lee, M. H., & Gopinathan, S. (2008). University restructuring in Singapore: Amazing or a maze? *Policy Futures in Education, 6*(5), 569-588.

Lin, T.-B., & Huang, C.-K. (2021). Taiwanese higher education in times of change: The implications of the new policy 2018. *International Journal of Taiwan Studies*, 1-22. doi:10.1163/24688800-20211141

Low, E. L. (2014). Singapore's English language policy and language teacher education: A foundation for its educational success. In S. K. Lee, W. O. Lee, & E. L. Low (Eds.). *Education policy innovations: Levelling up and sustaining educational achievement* (pp. 85-102). Singapore: Springer.

Ministry of Education Singapore. (2021). *Autonomous Universities*. https://www.moe.gov.sg/post-secondary/overview/autonomous-universities

Mok, K. H. (2012). The rise of transnational higher education in Asia: Student mobility and studying experiences in Singapore and Malaysia. *Higher Education Policy*, *25*(2), 225-241.

Ng, P. T. (2008). Thinking Schools, Learning Nation. In J. Tan & P. T. Ng (Eds.). *Thinking Schools, Learning Nation: Conntemporary issues and challenges* (pp. 1-6). Singapore: Pearson.

NUS. (2018). *New vision, mission and values launched*. https://news.nus.edu.sg/new-vision-mission-and-values-launched/

NUS. (2021). *The NUS story*. https://www.nus.edu.sg/docs/default-source/corporate-files/about/The-NUS-Story.pdf?&t=1109

NTU. (2021). *About US*. https://www.ntu.edu.sg/about-us

Olds, K. (2007). Global assemblage: Singapore, foreign universities, and the construction of a "global education hub". *World Development*, *35*(6), 959-975.

QS World University Ranking. (2021). *QS world university rankings 2022*. https://www.topuniversities.com/universities/national-university-singapore-nus.

Richards, C. (2018). Higher education privatisation, internationalisation and marketisation: Singaporean versus Malaysian models of Asian education hub policy. *Compare: A Journal of Comparative and International Education*. https://doi.org/10.1080/03057925.2017.1413638

Sanders, J. S. (2018a). Comprehensive internationalization in the pursuit of 'World-Class' status: A cross-case analysis of Singapore's two flagship universities. *Higher Education Policy*, *33*(1). https://doi.org/10.1057/s41307-018-0117-5

Sanders, J. S. (2018b). National internationalisation of higher education policy in

Singapore and Japan: Context and competition. *Compare: A Journal of Comparative and International Education*. https://doi.org/10.1080/03057925.2017.1417025

Soong, H. (2020). Singapore international education hub and its dilemmas: The challenges and makings for cosmopolitan learning. *Asia Pacific Journal of Education*, *40*(1), 112-125. https://doi.org/10.1080/02188791.2020.1725433

Tan, J. (2016). *What happened to the global schoolhouse*? https://www.university-worldnews.com/post.php?story=20160913131137765

Times Higher Education. (2021). *National University of Singapore*. https://www.timeshighereducation.com/world-university-rankings/national-university-singapore

Toh, M.-H. (2012). *Internationalization of tertiary education services in Singapore*. Asian Development Bank Institute. http://www.adbi.org/working-paper/2012/10/12/5263.internationalization.tertiary.educ.singapore/

第十六章

澳門高等教育的國際教育政策與現況 —— 對臺灣高等教育國際教育的啟示

謝金枝

壹　前言

　　由於全球化的趨勢，世界逐漸形成地球村（盧聰明，2008），各國之間的人員流動、相互影響愈加明顯。觀察這 2 年的 COVID-19 的影響，相信多數人更深刻體會到全球地球村的本質及國際間相互瞭解、相互合作的重要性──而這正是國際教育的重要目標。由於全球化的趨勢，使得國際教育從過去屬於教育研究的邊緣（margin），逐漸挪移成為全球的教育研究核心（Dolby & Rahman, 2008），成為世界各國努力的重要方向與目標（申育誠，2020；邱玉蟾，2012；劉素珠、林念臻、蔡金田，2018；盧聰明，2008；Sidhu & Mtthews, 2005）。舉例而言，臺灣的教育部考慮國際化及全球化趨勢，於 2011 年提出「中小學國際教育白皮書」（國際教育 1.0），期程為 10 年（教育部，2020/05/14）。之後又於 2020 年 5 月 14 日發布「國際教育 2.0」，期程 6 年（2020 年到 2025 年），以「培育全球公民」、「促進教育國際化」及「拓展全球交流」為目標（教育部，2020/05/14）。日本也於 1996 年將國際理解教育融入中小學課程的教育學習活動（申育誠，2020）。美國多州亦從 2001 年開始訂立州層級的國際教育政策，鼓勵公立學校擴展國際教育（Frey & Whitehead, 2009）。美國聯邦教育部更於 2012 年首次訂定 2012-2016 年的國際教育政策（駐洛杉磯辦事處教育組，2015/07/16）。上述各國的作為都凸顯國際教育的重要性。

　　然而，國際教育不能只在中小學實施，更應該在高等教育階段落實。因為高等教育重在培養專業人才，在全球化的國際社會中，需要培養具備全球勞動力所需的知識與技能的人才（Association of International Educators, NAFSA, 2007），高等教育機構更是培養中小學國際教育師資的重要管道（陳怡伶，2021）。培養全球勞動人才及國際教育師資，單靠國內的高教人力與資源顯有不足，需要透過全球交流與學術合作及資源分享才容易達成（李振清，2014）。Crăciun（2018）綜合 Guruz（2008）與 Matthews 和 Sidhu（2005）的觀點指出，高等教育某種程度上都具備國際性（international），包括共通知識、相關研究及學者與學生的移動（de Wit, Hunter, Howard, & Egron-Polak, 2015）。只是近些年來大學因受到全球化及新自由主義的影響，更加快國際化的速度（Altbach & Knight, 2007; Crăciun, 2018）。教育國際化是達成國際教育目標的重要歷程（邱玉蟾，2011、2012），高等教育的國際化因此成為焦點（李振清，2010；張珍瑋，2015；陳怡伶，2021；黃發來，2016；盧聰明，2008；Crăciun, 2018; de Wit, 1995; de Wit et al., 2015; Dolby & Rahman, 2008; Knight, 2003, 2004; Trilokekar, 2010）。臺灣也積極推動高等教育的國際化，包括設立國際學院、招收國際學生及以全英語授課（陳怡伶，2021）。教育部也以政策支持高等教育的國際化，例如：「高等教育深耕計畫」分為兩大主軸，一為「全面性提升大學品質及促進高教多元發展」，二為「協助大學追求國際一流地位及發展研究中心」及「聚焦於維護學生平等受教權與強化國際競爭力」（教育部，2020/11/02）。

　　雖然臺灣積極推動高等教育的國際化及國際教育，但根據李振清（2010、2014）的觀察，臺灣的高等教育國際化仍有努力的空間，包括大學生的國際觀、英文能力、價值倫理及國際學術競爭力等素養都有待提升。當然，談高等教育的國際化及國際教育，也意味著應瞭解及借鏡各國的推動經驗。本文旨在探討澳門的高等教育的國際教育之政策與現況，希望能提供相關的經驗供臺灣推動高等教育的國際教育參考。

貳　高等教育的國際教育之定義

　　國際教育（international education）是一個複雜的術語，它的含義和用法常隨著地緣政治、經濟和社會條件而變化（Cambridge & Thompson, 2004），在某種程度上反映了衝突、戰爭、民族主義與國際主義的歷史脈絡（Tarc, 2019）。國際教育在教育領域中是一個常用的詞，但沒有明確的定義（Cambridge & Thompson, 2004），其概念的發展及成為正式研究領域的時間較短（Hayden & Thompson, 1995）。雖然國際教育沒有明確的定義，但是當學者談論國際教育時，還是會從自己的理解來描述它的樣貌。

　　有些學者採二分法的定義。例如：Cambridge 與 Thompson（2004）提出兩種觀點，第一是「國際主義者」（internationalist），認為國際教育旨在培養學生的國際和平意識、國際化意識、國際化情懷及國際理解，成為一個負責任的世界公民，實踐歷程重視國際關係，渴望促進和平及國際間的理解，重視個人的道德發展、社區服務及文化多樣性。第二是「全球主義者」（globalist），傾向於精英競爭的意識型態，旨在培養被全球教育資格認證而能在全球市場競爭的人才，在社會及全球流動，以追求國際認證及符合全球質量標準作為品質保證的主要策略。

　　Hayden 與 Thompson（1995）把國際教育分為一般（general）及特定（specific）定義。一般定義如：「為了提升國際取向（orientation）的知識與態度所做的所有教育的努力」（Husen & Postlethwaite, 1985, p. 2660，引自 Hayden & Thompson, 1995, p. 328）及：

> 　　兩個或以上的國家中的個人和團體之間的各種智能、文化和教育的關係，涉及跨國界的活動及國際合作、理解及交流的各種方式，例如：師生交流、對一些待開發國家的援助及外國教育體系的教學，都屬於國際教育。（Fraser & Brickman, 1968, p. 1，引自 Hayden & Thompson, 1995, p. 328）

　　特定的定義則視國際教育為預備個人應對逐漸互賴的世界生活的工具。因為當代是一個國際市場擴展、旅遊形式與溝通網路複雜、環境存在潛在破壞危機的世界，僅憑個人從本土（村莊、城市或國家）獲得的經驗，已很難應對國際性（全球或世界）的問題。因此，國際教育格外重要（Hayden & Thompson, 1995）。邱玉蟾（2011，頁 2）認為國際教育包括「國際主義者」的定義：強調透過教育國際化的活動與過程達到「瞭解國際社會、參與國際教育活動、發展國際態度，以促進世界秩序及和平福祉的目的」；「民族主義」的定義：「強調國家意識、愛國情操、國家安全、國家利益、外交軟實力」；「全球主義」的定義：「強調全球市場競爭、國家主權式微、去地域化、教育為經濟服務、改革提升競爭力」；

「世界主義」：強調「尊重不同人類／地方／文化、開放與欣賞態度、世界公民、世界恆久和平等」。

其他學者也提出各自的觀點。例如：Williams（2000, p. 185）認為國際教育是「利用國際、國內和跨國知識來創造對以其他方式無法解決之教育問題的理解」；Epstein（1992, p. 409）認為國際教育是「組織性地致力將不同國家的學生、教師及學者聚集在一起彼此互動與學習」；Crossley與 Watson（2003, p. 14，引自 Lourenço, 2018, p. 64）則認為國際教育的角色在於培育學生使其具備「能在世界任何地方工作的能力，對不同國家的理解及與不同國籍、語言的人維持良好的關係。」Thompson 與 Hayden（2004, p. 276，引自 Lourenço, 2018, p. 64）認為「國際教育與提升不同國家之間相互尊重及和諧共存的程度有關。」Lourenço（2018）認為國際教育可以促進國際意識（international mindedness）和國際理解，其中的國際意識指的是對全球問題與文化差異及其影響的知識與理解。Sidhu 與 Matthews（2005）認為國際教育的顯著增長提供給教育工作者、教師和教育機構前所未有的機會到新地方旅行、結識新朋友、吸收不同的文化規範，重新面對自己的文化和民族的關係，並以新的觀點看待他人與自己。陳錫珍（2021，頁 1）將國際教育定義為：

> 國際教育可視為一種動態的教育歷程與實務，其議題範圍超越國界與文化，對象涵蓋所有國民，目的在培養高素質的世界公民，以促進國際之間的理解、關懷、交流與互動，進而提升人類的福祉。

劉素珠等人（2018，頁 37）則結合目的、歷程與活動提出以下的國際教育定義：

> 國際教育是一個動態的教育歷程，透過跨文化、跨國界與全球素養之養成教育過程，並藉由國際教育課程融入與相關活動的規劃、實施及參與，陶冶師生成為尊重欣賞不同文化及享

受自身與他族文化之世界公民，並進一步發展為策進國際與全球世界之和平的負責情操與行動力，以達到瞭解國際社會、參與國際教育活動、發展國際態度，並以促進世界秩序和福祉為目的。

　　綜合以上觀點可發現，不同的國際教育隱含不同的意識型態。Frey 與 Whitehead（2009）曾指出美國擴展國際教育的三個原因——經濟競爭和發展、國家安全、多元文化或本土多樣性，即隱含了全球主義、民族主義及世界主義的理念。如前述邱玉蟾（2011）所提的傳統定義、Cambridge 與 Thompson（2004）提出的「國際主義者」的定義、Williams（2000）、Lourenço（2018）及 Husen 與 Postlethwaite（1985，引自 Hayden & Thompson, 1995）的定義是從「國際主義」角度定義國際教育；而邱玉蟾（2011）、Cambridge 與 Thompson（2004）同時提到「全球主義」的國際教育，強調市場競爭力及為經濟服務。Hayden 與 Thompson（1995）認為國際教育是提升學習者適應市場競爭的社會之工具，亦是偏向全球主義。Thompson 與 Hayden（2004，引自 Lourenço, 2018）強調不同國家間的相互尊重與和平共存，偏「世界主義」。當然，國際教育的定義也可能包含兩種以上的意識型態，例如：Crossley 與 Watson（2003，引自 Lourenço, 2018）的定義融入了「全球主義」與「國際主義」。雖然不同的主張可能存有些矛盾之處（黃文定，2018），但筆者認為較完善的國際教育應是兼容四種意識型態，從培養愛國情操、國家意識及注重國家利益與安全（民族主義）開始，然後增進對國際的理解與國際意識（國際主義），培養具有全球市場競爭力的人才（全球主義），成為世界公民，促進世界和平共存（世界主義）。

　　基於上述，本文將高等教育的國際教育界定為：「高等教育機構有組織地透過教育國際化的活動與歷程，來達到培養具有高度國家意識、具備國際理解與全球市場競爭力的知識、技能與態度，以及世界公民素養的畢業生。」

實施高等教育的國際教育之策略

「國際的」（international）一詞強調國家（nation）的概念並涉及不同國家之間的關係（Knight, 2003），亦即國際教育涉及本國及其他國家場域。實施國際教育的策略可能因國家、地區及機構的條件而有所不同（Trilokekar, 2010）。例如：Lourenço（2018）提出實施國際教育的兩種主要方法：一是透過國際學校教育（international schooling），如 1960 年代出現的 IB（International Baccalaureate）課程聚焦於「國際」，就是一個具代表性的國際教育課程。二是透過短期交流計畫增進學生在其他國家的經驗，如歐洲的伊拉謨斯計畫（Erasmus program）提供給學生、學徒、自願者及教職員與青年交流人員在歐盟境內的跨國交流機會，以降低失業率、提升成人教育，讓成人獲得勞動市場所需的技能，鼓勵青少年參與歐盟的民主社會，支持革新、合作與改革，改善中輟率，促進歐盟成員國間的合作與人員流動。無論採用何種方式推動國際教育，都應考慮國家層級、部門及機構層級的角色。國家層級通常透過政策的制定、經費的提供、課程方案的制定及相關指引框架來引導國際教育的實施；機構則扮演實施與執行的角色（Knight, 2004）。當然，無論是哪一個層級，都應該訂定系統的國際化政策，作爲國際化的路線圖、開發支持的工具、解釋含義的機制和國際化的目標、跨學科合作的媒介，以及籌款的計畫（Childress, 2009）。

教育的國際化（internationalization of education）與國際教育（international education）常被認爲等同且互用（Tarc, 2019），但 Tarc（2019）認爲教育的國際化範圍較廣，包括教育及非教育性質的活動、成果及參與人員的強化歷程。筆者則認爲無論是哪一種教育國際化的作爲，皆以一種外顯或內隱的方式影響國際教育的實施與成效，所以本文將高等教育的國際教育等同於高等教育的國際化內涵，考慮許多文獻都討論高等教育國際化，本文主要採用「高等教育國際化」的用詞。至於「國際化」（internationalization）的意義爲何？筆者認同 Knight（2003, p. 2）提出的定義：「『國際化』是指將國際的、文化間的或全球的面向整合到後中等教育的目的、功

能或提供的歷程」（the process of integrating an international, intercultural, or global dimension into the purpose, functions or delivery of postsecondary education）。

根據 Knight（2004, pp. 11-12）的解釋，定義中的「歷程」一詞用來強調國際化是一項持續不斷的努力、進化及品質改善的概念；「國際的」（international）、「文化間的」（intercultural）和「全球的」（global）三個詞用來反映國際化的廣度。「國際的」用於表示國家、文化或國家之間的關係；「文化間的」用於解決國內及國際的各個層面的議題；「全球的」代表國際化的範圍是全球性的。「整合」（integrating）用於表示將國際的和文化間的兩個面向融入政策與計畫，以確保「國際」面向處於核心且穩定發展；「目的（purpose）」、「功能（function）」及「提供（delivery）」三個概念合起來代表總體的作用。「目的」指國家／地區及機構的使命或任務；「功能」指國家高教系統及個別機構的主要任務，包括教學、培訓、研究與學術活動以及對社會的服務；「提供」是指在國內或其他國家提供教育課程和計畫，例如：校園內的跨國及跨文化層面的教學及全球性的課程與服務的提供。

從上述 Knight（2004）對國際化的定義可知，教育國際化的範圍包括在本國及國外的作為。例如：學生、教師和學者的流動和競爭、學術體系和文化的輸出、合作研究、知識轉移和能力建設、學生和教職工交流、課程和學習成果的國際化、跨境教學方案、計畫和機構及虛擬移動、數位學習和協作及網路國際學習（de Wit et al., 2015）。為瞭解高等教育國際化的策略，筆者綜合多位學者的觀點（申育誠，2020；李振清，2014；邱玉蟾，2011、2012；張珍瑋，2015；陳怡伶，2021；陳意尹、蔡清華，2014；劉素珠等，2018；盧聰明，2008；Biles & Lindley, 2009; Crăciun, 2018; de Wit et al., 2015; Knight, 2003, 2004; Lourenço, 2018; Pandit, 2009），將一般高等教育國際化的策略歸為：1. 國內←國際、2. 國內→國際及 3. 國內←─→國際三個面向。所謂「國內←國際」是指將國際的元素（如知識、文化、語言、制度）融入本地（如課程、教學、國際招聘教師與學生等）以達到國際化或進行國際教育的目的。「國內→國際」是指提供機會讓本

國的人員（學生、教師與學者）到國外參與各種活動（如義工、交流、留學、訪問、合作研究），或者是把本國的教育制度或系統推展到國外，在國外設立分校，招收當地的學生（例如：孔子學院）。「國內←→國際」代表本地與其他國家之間的規律性或長期性的互動、合作，是屬於雙向的往來，如建立夥伴關係、人員互訪、合作研究、共同培養人才（雙聯學制）等。表 1 是一般高等教育國際化的面向、策略與活動，也代表高等教育國際化的內涵。

表 1　高等教育國際化的面向、策略與活動

面向	策略與活動
國內←國際	1. 與課程、教材、教學結合 　1.1 將國際內容融入本地課程、教材與教學 　1.2 提供境內人士國際課程、雙語課程 　1.3 開辦國際教育研習課程給境內人員 　1.4 透過數位與網路學習，參與國際課程的學習 2. 人員引進與交流 　2.1 招聘及招收來自全球各國的大學領導人員、學術人員及學生 　2.2 提供人員短期交流的機會，如：研討會、外聘評鑑人員 　2.3 接待國際人士到本地的交流活動，如國際參訪、義工活動等 　2.4 境內國際互動，如提供國際人員與本地人員互動的機會 3. 制度與環境 　3.1 廣泛接受國際慣例 　3.2 引進國際高教管理、評鑑或相關制度 　3.3 由國際高教機構到本地設立高等教育機構或分校 　3.4 校園環境國際化（如大學網站、校園環境雙語或多語化）
國內→國際	1. 課程、教材、教學的輸出 　1.1 跨國開設高教分校，提供具本國文化、語言、專業課程 　1.2 將本國的教育成果發布到國際 　1.3 利用網路提供各種遠距課程讓國外學生修讀 2. 本國人員的輸出與國際交流 　2.1 本國學生出國修讀語言、大學、碩士、博士或雙聯學位課程 　2.2 本國學生到國外交流，如服務學習、實習、交換、擔任義工 　2.3 本國大學人員出國研修、參訪、考察、參與研討會或會議 　2.4 本國人員提供國際相關服務，如：擔任評鑑委員、專題演講

面向	策略與活動

	3. 參與國際組織與活動
	   3.1 參與國際組織，包括學術的、專業的組織
	   3.2 參與各類國際競賽，例如：體育、學科競賽
	   3.3 參與各類國際高教評估活動

國內←→國際	1. 建立強而有力且有效的國際夥伴關係 2. 與國外機構共同創辦高教機構、課程、雙聯學位 3. 合作培養大學生、碩士、博士，相互送出留學生 4. 相互採認學歷 5. 長期性的合作研究、共同進行國際學術計畫 6. 人員經常性往來，交流、互訪

資料來源：筆者彙整。

 ## 肆　澳門高等教育國際化的政策與實施策略

一、澳門高等教育的概況

爲了讓讀者對澳門的高教現況有初步的瞭解，筆者先根據相關統計資料將澳門高教的一些指標（以 2019/2020 學年度的數據爲主）整理如表 2、高教學費如表 3、外地教師與學生的來源地如表 4。

表 2 是澳門高等教育的各項指標及概況。澳門共有 10 所高等院校，其中 4 所爲公立，6 所爲私立：教學人員共 2,598 人，學生 36,107 人，高等教育毛入學率達 95.02%。澳門的高校有超過三分之一以上（36.57%）的教學人員來自於澳門以外的地區，學生有一半以上（55.77%）是外地生。澳門的高校之間存在明顯差異（如規模、目標及學生來源）。舉例而言，規模最小的高校學生數只有 46 人，最大的有 12,131 人；外地學生的人數比例也介於 0 到 90.36%，從以本地生爲主到以外地生爲主的高校都有。

表 2　澳門的高等教育指標及概況（2019/2020 學年度）

面向	數據	概況
政府高等教育開支占政府開支總額的百分比	5.58%	
高等教育毛入學率	95.02%	
校數	公立 4 所 私立 6 所	公立：澳門大學、澳門理工學院、澳門旅遊學院、澳門保安部隊高等學校 私立：澳門城市大學、聖若瑟大學、澳門鏡湖護理學院、澳門科技大學、澳門管理學院、中西創新學院
開設研究生課程	公立 3 所 私立 4 所	澳門大學、澳門理工學院、澳門旅遊學院、澳門城市大學、聖若瑟大學、澳門鏡湖護理學院、澳門科技大學
教職員總數	5,604 人	各校介於 50 人到 2,115 人
教學人員	2,598 人	各校介於 29 人到 754 人
學生	36,107 人	各校介於 46 人到 12,131 人
師生比	1：13.90	各校介於 1：3.82 到 1：19.82
具博士學位教師	66.47%	各校介於 23.33% 到 77.98%
全職教師比率	60.5%	各校介於 3.45% 到 81.82%
女教師比率	36.72%	各校介於 10.34% 到 78.79%
外地教師比率	36.57%	各校介於 3.33% 到 64.36%
外地學生比率	55.77%	各校介於 0 到 90.36%

資料來源：彙整自高等教育局（2019、2020b）。

表 3　澳門高等院校修讀不同學位的學費

課程類別	學位／文憑	修讀期	學費（澳門元／整個課程）
研究生課程	博士學位	3 年	約 180,000 元至 390,000 元（約臺幣 65 萬至 140 萬元）
	碩士學位	2 年	約 100,000 元至 310,000 元（約臺幣 36 萬至 111 萬元）
專／本科課程	學士學位	4 年	約 100,000 元至 474,000 元（約臺幣 36 萬至 170 萬元）
	學士學位補充課程	1 - 2 年	約 32,000 元（約臺幣 11 萬 5,000 元）

課程類別	學位／文憑	修讀期	學費（澳門元／整個課程）
文憑／證書課程	學士後文憑／證書	1-2 年	約 31,000 元至 50,000 元 （約臺幣 11 萬 1,000 至 18 萬元）
	副學士文憑	2 年	約 48,000 元至 96,000 元 （約臺幣 17 萬 2,000 至 34 萬 4,000 元）

資料來源：取自教育及青年發展局（2021a）。

　　表 3 是澳門高教的課程類別、學位、修讀期限及整個課程的學費。誠如前段所提及，澳門高等院校間的差異大，有公立、有私立，所以在學費方面也有較大的差異。表 4 是澳門高校來自外地的師生分布的國家地區，澳門的高校外地教學人員占全體教學人員的 36.57%（見表 2），其中一半以上（58.74%）的外地教師來自中國內地，可能是因為澳門與中國高校的合作與交流較多，因此有較多外聘教學人員來自中國內地，也有高達 90% 以上的外地生來自中國內地。若從表 4 的外地師生來源的分布來看，外地師生來自全球六大洲，相當國際化，意味著澳門有較高的包容性，能接納來自不同文化的人員。

表 4　澳門高等院校的外地師生來源分布（2019/2020 學年度）

類別	亞洲				歐洲	非洲	北美洲	南美洲	大洋洲	總數
	中國內地	香港	臺灣	其他						
教師	558 58.74%	165 17.37%	56 5.89%	34 3.58%	65 6.84%	2 0.21%	53 5.58%	5 0.53%	12 1.26%	950 100%
學生	18,904 93.87%	481 2.39%	103 0.51%	234 1.16%	161 0.80%	179 0.89%	20 0.10%	47 0.23%	9 0.04%	20,138 100%

資料來源：高等教育局（2019）。

二、澳門高等教育國際化的發展脈絡

　　與世界各國一樣，澳門也受到全球化的影響，視培養高素質適應全球化的多元人才為高等教育的重要責任（高等教育局，2020a），因此訂定

高教發展與國際化的政策成為澳門政府的施政重點之一。澳門現代高等教育的國際化受到過去的歷史因素影響，分為三個時期（黃發來，2016）。一是「東亞第一所西式大學——聖保祿學院」時期（1594），是澳門高等教育的開端，教學與評量制度主要參照葡萄牙的大學設置。學生是來自日本、中國、印度和歐洲國家的傳教士，以拉丁語和葡萄牙語為主要教學語言，是一所國際化大學。但聖保祿學院因故於 1762 年停辦，直到 1980 年前，澳門的高等教育處於停滯階段，澳門學生需到外地求學。二是「英式色彩的東亞大學」，是澳門大學的前身。東亞大學由 3 位香港商人於 1981 年創辦，實施 3 年制的英式學制，初始（1986-1987 學年度）仍以招收香港學生為主（約 75%），其餘學生來自中國、馬來西亞和澳門。直到 1988 年澳門基金會收購東亞大學，將東亞大學轉為公立，以英語為主要的教學語言，是一所帶有西方色彩的大學。三是以澳門大學為起點的階段。東亞大學轉成公立後，於 1991 年根據法律改名為澳門大學，以培養澳門人才，招收澳門本地生為主，仍以英語為主要教學語言。雖然聖保祿學院與東亞大學屬於國際化的大學，但並非以澳門學生為培養對象，所以澳門大學才是澳門現代高等教育國際化的開端（黃發來，2016）。澳門自從 1999 年回歸後至今已逾 20 年，整體的高等教育有所進展，所以本文隨後對澳門高等教育國際化的討論是針對澳門整體高教，而非澳門大學。

澳門過去曾經是葡萄牙的殖民地，因此與歐盟，特別是葡萄牙的關係密切（高等教育局，2020a；Bray, Butler, Philip, Hui, Kwo, & Mang, 2000），加上位於南中國而成為東西方文化及中華文化交流及傳播的重要交匯點，有助於促進世界各文化的融合與理解，也與中國、香港、臺灣、新加坡等地有緊密的聯繫。此外，澳門土地面積小（約 30 平方公里）、總人口相較其他地區少（約 68 萬），屬於微型社會，對外部的依賴較高（黃發來，2016；Bray et al., 2000），特別是回歸後對中國的依賴關係更明顯，中央政府提出的政策常對澳門的發展產生顯著的影響。

舉例而言，中國國家教育部允許澳門的 6 所高等院校招收內地學生，而且招生的範圍逐漸擴大到 31 個省區和直轄市，在生源方面提供極大的助力；也逐步增加中國高校招收澳門學生的保送名額，讓澳門優秀高中畢

業生有機會到中國的頂尖高校就讀（高等教育局，2020a）。此外，《中華人民共和國國民經濟和社會發展第十四個五年規劃和 2035 年遠景目標綱要》（簡稱十四五）把橫琴新區作為澳門的發展腹地，並且支持澳門發展中醫藥研發製造、特色金融、高新技術和會展商貿等特色產業（王平，2021/4/30）。

再者，《粵港澳大灣區發展規劃綱要》把澳門定位為「一中心、一平臺、一基地」。「一中心」是指建設澳門成為世界旅遊休閒中心；「一平臺」指成為中國與葡語國家商貿合作服務平臺；「一基地」是指打造澳門成為以中華文化為主流、多元文化共存的交流合作基地（王平，2021/4/30）。除了前述，中國國家科技部也先後批准澳門高等院校成立了 4 所國家重點實驗室，包括「模擬與混合信號超大規模集成電路國家重點實驗室」、「中藥質量研究國家重點實驗室」、「智慧城市物聯網國家重點實驗室」及「月球與行星科學國家重點實驗室」（高等教育局，2020a），這些對澳門高教的國際化發展都產生重要的影響。

上述因素使澳門在高等教育國際化獨具優勢。首先，澳門過去有過幾百年的中西文化交融的歷史歷程，兼有中華文化（特別是嶺南文化）及歐陸文化，「具有國際少見的中西文化融匯、新老文化交流的特色」。澳門的高等院校可充分利用此優勢，擴展國際人文交往，開展文化學術交流（高等教育局，2020a）。其次，中國中央透過各種政策給予澳門經濟與學術發展的支持，也使澳門在高等教育國際化的歷程中具特色。

三、澳門高等教育國際化的政策與措施

澳門《第 10/2017 號法律－高等教育制度》是促使澳門的高教多元化及國際化的重要推手（彭豔崇，2017）。第二條關於「院校間的合作」中的第一款規範澳門高教國際化的方式，允許澳門本地與外地的機構訂立合作協議，進行國際合作、互動，包括開辦授予學位的課程及聯合計畫、鼓勵師生交流、建立夥伴關係及合作進行科技研究計畫、共享資源與設備。原條文為：

　　　　澳門特別行政區高等院校可在彼此間或與本地及外地的其
他機構訂立聯合或合作的協議，尤其針對開辦授予學位的課程
及聯合計畫，鼓勵學生及教師流動，開展夥伴關係和科學及技
術研究的共同項目，或共享院校高等教育活動的資源及設備。

第二十四條也針對外地高校與澳門合作在本地開設高教課程的確認申請所
需具備的資料作詳列，顯示此實務已進入常規化。此外，因應《高等教育
制度》的公布，澳門政府也通過《第 17/2018 號行政法規高等教育素質評
鑑制度》，規範澳門高教機構及課程的評鑑專家由「最多 7 名本地及非本
地的高等教育或評鑑領域的專家、學者組成」，把非本地人員納入。

　　隨著《高等教育制度》的公布，《澳門高等教育中長期發展綱要
（2021-2030）》也於 2020 年 12 月公布（高等教育局，2020a），針對澳
門整體的高教發展訂定目標及策略，也包含高教國際化的措施。筆者認
爲其中與高教國際化有關的目標有五項（高等教育局，2020a，頁 15-16、
24）：

　　（一）透過打造成爲區域以至國際性學術會議平臺，吸引更多優秀學
者來澳開展研究，利用本澳中西文化交融的特色，以及宜居宜業等城市氛
圍，促進學術人員交流，帶動經濟適度多元發展。

　　（二）充分發揮身處「粵港澳大灣區」世界級城市群的優勢，依託大
灣區中心城市的核心引擎作用，透過本澳高等院校的協調發展，增強對周
邊區域發展的輻射帶動，建設成爲區內高等教育樞紐，以及成爲具有國際
競爭力的區域高等教育中心。

　　（三）配合特區「一中心、一平臺、一基地」的發展定位，推動高等
教育國際化，發揮本澳優勢，打造成爲區域以至國際性的旅遊教育培訓基
地、中葡雙語人才培訓基地。

　　（四）深化學生對國情、區情和國際環境的認識，培養愛國、愛澳情
懷。完善高等教育學生資助體系及福利制度，支持學生就學，推動其組織
活動及發揮創新創業能力。加強聯繫學生，協助做好生涯規劃。爲學生舉
辦不同類型的活動，鼓勵出外交流實踐。

（五）推動高等院校積極參與粵港澳大灣區建設，促進與外地高等院校的交流與合作。

為了達到上述目標，《澳門高等教育中長期發展綱要（2021 - 2030）》中規劃了中長期的措施，筆者將有關高教國際化的中長期措施，依地區←→國內、地區←國際、地區→國際及地區←→國際整理如表 5。

表5　澳門高等教育國際化的中長期措施

面向	發展方向	措施
地區←→國內	人員	舉辦更多相關講座、培訓課程及活動，院校持續加強愛國、愛澳教育，讓本科生均有機會透過學習，對國情、區情、法制等加深瞭解。（中）
		傳承中華優秀傳統文化，將民族精神、時代精神融入學生學習及成長之中，確保愛國、愛澳優良傳統薪火相傳。（長）
		每年至少一次組織院校負責管理及行政事務人員，以及青年教研人員前往中國內地進行培訓和考察。（中）
		舉辦及推動院校開展更多與内地或其他地區較長期的學術交流項目或活動。（長）
	科研	推動院校透過區域合作機制開展更多研究項目。（中）
		建立平臺促進院校間及與外地院校的資源連接與對接，支持院校產學研發展，提高科研成果轉化能力。（中）
	區域合作	支持院校參與各類大灣區及國家高等教育領域的建設項目。（中）
		增加本澳院校與大灣區院校及科研機構的合作項目、合辦課程的數量，增加來自大灣區的學生。（長）
		推動本澳院校參與組建大灣區高科技發展合作園區，與其他省市合作的項目持續增加。（中）
	機制建設	擴大本澳與其他地區在高教合作的深度和廣度，為更多地區認可本澳高教學歷創設有利條件，進一步提升本澳學歷的認受性。（長）
地區←國際	生源結構	優化高教生源結構，合理規劃各院校本、外地生比例，在保障本澳居民入學機會的前提下，吸引更多優秀的外地學生來澳升學，促進高等教育全面發展。（中）
	院校發展	推動非本地高教課程與本地高教課程的合作互補，結合外地與本澳院校學科的優勢，擴闊本澳高等教育的學科領域，開辦更多不同專業範疇的高教課程，共同為本澳培育各類專業的人才。（長）

面向	發展方向	措施
地區→國際	高教素質	通過與國際接軌的認證及評審方式，協助院校持續提升辦學素質。（中）
	人員	推動構建多元文化共融的校園環境，促進不同國家或地區的學生相互學習和交流。（長）
		與世界著名高等學府合辦高教人員研修課程，資助教研人員到外地高等院校進行短期教學或科研活動。（中）
		為學者訪澳開展學術及研究工作提供更便利的措施。（中）
		優化外地教研人員及訪問學者在澳工作及生活的條件。（長）
	學生	鼓勵學生出外交流或進行實習實踐活動，開拓學生的國際視野。（長）
地區←→國際	院校合作	鼓勵院校加強與外地院校間的交流和合作，為本澳高等教育注入更多元及創新之教學和研究理念。（中）
	區域合作	推動與泛珠三角及其他地區的合作交流，鞏固和強化澳門在中葡雙語和旅遊方面的教育體系，培養專業人才，為在職人員提供培訓，將澳門發展成中葡雙語人才和旅遊教育培訓基地，提升國際影響力。（中）
		深化與葡語國家及其他地區的學術、科研以至教研人員和學生間的合作與交流，包括共建聯合實驗室、推動產學研合作，以及與相關地區的院校建立聯盟等。（長）

資料來源：彙整自高等教育局（2020a）。《澳門高等教育中長期發展綱要》（2021-2030）。

註：表格中的（中）代表中期措施；（長）代表長期措施。

　　表 5 的「地區←→國內（中國）」面向中有十項中長期的措施；「地區←國際」有七項；「地區→國際」有一項；「地區←→國際」有三項，顯示澳門高教國際化的重點在「中國化」。可能因為澳門特首 2021 年的施政重點，是期望澳門能積極參與粵港澳大灣區建設，融入國家發展大局（澳門特別行政區政府，2020），因此澳門高等教育的國際化也朝此方向前進。尤其，澳門現在是粵港澳大灣區的一員，被《粵港澳大灣區發展規劃綱要》定位為「一中心、一平臺、一基地」（王平，2021/4/30），讓澳門的高教機構設立國家重點實驗室，又把橫琴新區作為澳門的發展腹地，

讓澳門的高教機構到中國招生（高等教育局，2020a），這些支持對土地面積有限、生源緊張的澳門高教相當重要。加上澳門是中國的一個特別行政區，雖然「一國兩制」，制度可以 50 年不變（1999-2049），但澳門畢竟屬於微型社會，非常需要中國的支持，因此在國際化方向上，似乎以「靠向祖國」爲主。再者，澳門重視將國際的元素融入高等教育，筆者認爲是因爲澳門的高教發展起步較晚，直到近年《高等教育制度》法規出臺後，才逐漸把澳門的高等教育制度化，所以在國際化方面，希望引入國際實務與標準來提升本地高教的品質。從澳門與國際的互動來看，也是希望透過與高教機構的合作來提升高教的品質及實踐「一中心、一平臺、一基地」的目標。

 ## 伍 澳門高等教育國際化的現況

在筆者蒐集澳門高等教育國際化現況資料時，並沒有發現專門介紹澳門高教國際化的實施與成果的文件，而是分散在不同的統計報告、官網或資料庫。筆者根據所查找的資料（高等教育局，2019、2020a；高等教育基金，2021a、2021b；新聞局，2020；教育及青年發展局，2021a、2021b、2021c；澳門日報，2021/3/24），將澳門高教國際化的現況分別整理如下。

一、澳門高等教育國際化／國際教育現況──地區←→國內

（一）澳門與國家教育部、國家民族事務委員會、廣東省教育廳、廣東省教育考試院及葡萄牙教育部門簽訂了高教領域的合作文件，展開高教範疇內的各項合作（高等教育局，2020a）。

（二）國家教育部允許澳門大學等 6 所院校招收內地學生。2011 年起招生範圍擴展至全國 31 個省區和直轄市（高等教育局，2020a）。

（三）中國中央逐步增加內地高等院校招收本澳學生的保送名額，讓澳門應屆高中畢業生前往內地升讀高等院校（高等教育局，2020a）。

（四）中國中央提供機會讓澳門打造成中葡雙語人才培訓基地及粵港

澳大灣區旅遊教育培訓基地（高等教育局，2020a）。

（五）澳門大學等 5 所高校與湖南師範大學、湖南中醫藥大學簽署合作協議（新聞局，2020）。

（六）經國家教育部批准，復旦大學、浙江大學、廈門大學、華僑大學、武漢大學、華中科技大學、華中師範大學、中山大學、暨南大學及華南師範大學，繼續以採認四校聯考成績方式錄取澳門學生（新聞局，2020）。

（七）澳門與內地學歷互認。內地方面獲認可的學歷適用範圍包括高職（專科）、本科、碩士研究生、博士研究生學歷、學士、碩士和博士學位，澳門則包括副學士文憑、學士、碩士和博士學位（新聞局，2020）。

（八）2019/2020 學年，報考中國普通高等學校聯合招收華僑、港澳臺地區學生考試（澳門區）及保送生考試的本科生課程報考人數，分別有 282 人及 1,138 人（新聞局，2020）。

（九）高等教育基金繼續推出「粵港澳大灣區旅遊教育培訓專項資助」。2019 年共資助六個項目（高等教育基金，2021b）。

（十）組織澳門大專學生前往粵港澳大灣區青年創新創業基地進行實習，提供機會予學生將所學與實務相結合，累積社會經驗，拓展人際網絡，從而規劃自身的發展路向（教育及青年發展局，2021c）。

（十一）舉辦「粵港澳青年文化之旅」，加深粵港澳高校學生對祖國文化的認同和國家的認知（教育及青年發展局，2021c）。

二、澳門高等教育國際化／國際教育現況 ── 地區←國際

（一）因應澳門的歷史和產業特色，發展旅遊、博彩、葡語及翻譯等類別相關的課程（教育及青年發展局，2021a）。

（二）招聘及招收來自全球各地的大學領導人員、學術人員及學生（參見表 4）。

（三）舉辦了大量區域性、專業性國際組織會議和活動，如「中葡論壇部長級會議」與「世界旅遊經濟論壇」等（澳門日報，2021/3/24）。

（四）澳門政府 2019 年設立素質評鑑專家組，邀請來自各地的專家參與（新聞局，2020）。

（五）完善高教各項法律法規建設，推動本澳高教與國際接軌（高等教育局，2020a）。

（六）多個旅遊範疇高教課程，獲得聯合國世界旅遊組織頒發 "TedQual" 優質旅遊教育認證（高等教育局，2020a）。

（七）2019 年，外地 15 所高校到澳門開辦高教課程，623 個學生報讀（高等教育局，2019）。

三、澳門高等教育國際化／國際教育現況 ── 地區→國際

（一）高教局於 2019 年 10 月組織澳門高等院校代表前往印尼參加「第十六屆留學中國教育展」，其後前往泰國參加「泰國 OCSC 國際教育博覽會」（新聞局，2020）。

（二）高等教育基金與澳門基金會、人才發展委員會共同推出葡國科英布拉大學碩士學位課程資助計畫（新聞局，2020）。

（三）澳門分別與國家教育部及國家民族事務委員會簽訂《關於發放研究生獎學金的合作協議書》，每年均向推薦來澳修讀研究生課程的學生發放獎學金（新聞局，2020）。

（四）澳門推出學習用品津貼，對持有澳門居民身分證，在澳門或外地修讀博士、碩士、學士學位、2 年或以上的專科、文憑或副學士課程的學生發放（新聞局，2020）。

（五）2019/2020 學年度高中畢業生升學的地區澳門占 48.3%、中國占 33.3%、臺灣占 9.3%，英國、澳洲、葡國、美國、加拿大、日本、瑞士、菲律賓等約占 9%（新聞局，2020）。

（六）高等教育基金推出「澳門高等院校中葡人才培訓及教研合作專項資助」，2019 年共資助二十一個項目（新聞局，2020）。

（七）鼓勵和支持學生於頂尖學府升讀或正在就讀高等教育課程的學生（教育及青年發展局，2021b）。

　　（八）舉辦中國－葡語國家經貿合作論壇（澳門）第六屆部長級會議，提供義工的機會（教育及青年發展局，2021c）。

　　（九）舉辦葡萄牙夏令營，加強本澳大專學生對葡語及葡萄牙文化的認識，提高澳門大專學生學習葡語的興趣，加強葡語能力，培養雙語人才（教育及青年發展局，2021c）。

　　（十）教育及青年發展局推出「2020 澳門大專生國際學生證計畫」，讓學生在世界各地均能享受到國際學生證的服務和各項福利（教育及青年發展局，2021c）。

　　（十一）澳門於 2012 年加入國際高等教育質量保證機構網絡（IN-QAAHE）及亞太地區教育質量保障組織（APQN），於 2015 年加入美國高等教育認證委員會（CHEA）轄下的國際高等教育素質保證組織（CIQG）（高等教育局，2020a）。

　　（十二）舉辦世界中葡翻譯大賽，讓澳門、中國內地及葡語國家和地區師生參加（教育及青年發展局，2021c）。

四、澳門高等教育國際化／國際教育現況 ── 地區◄──►國際

　　（一）澳門與葡萄牙簽署《中華人民共和國澳門特別行政區政府與葡萄牙共和國政府關於促進文憑與學位自動認可的諒解備忘錄》，以建立互認澳、葡兩地高校的學位和文憑的機制（新聞局，2020）。

　　（二）高教局分別與葡萄牙大學校長委員會和葡萄牙理工高等院校教育協調委員會簽署《關於採用澳門高校聯合入學考試結果的合作協議》（新聞局，2020）。

　　（三）澳門與葡萄牙教育部門簽訂了高教領域的合作文件（高等教育局，2020a）。

　　（四）澳門高等教育基金推出「澳門高等院校人文社會範疇研究專項資助計畫」，以推動和鼓勵澳門高等院校與內地、海外的高校或機構共同合作研究項目（新聞局，2020）。

　　（五）高等教育基金推出澳門高等院校中葡人才培訓及教研合作專項資助計畫（高等教育基金，2021a）。

從上述可看出澳門在高教國際化的四個面向上都有許多具體的作為，尤其與中國的互動與合作，與其政策方向一致。中國除了讓澳門的高校到內地招生之外，也提供名額給澳門的學生到中國高校就讀，形成類似「學生互換」的機制，也相互採認學歷及接受以澳門四校聯考的成績作為錄取中國高校的標準。此外，澳門政府也提供獎學金給來澳門就讀高教的內地學生及到外地就讀的澳門學生，雙邊高校人員也透過更密切的研究計畫合作，進行更多的交流。在融入國際元素方面，澳門利用歷史文化的優勢及與中國及葡萄牙的關係，開辦葡語、旅遊等相關的課程，舉辦中葡、旅遊論壇及交流活動，也引進人員、制度，包括全球招聘／招收教學人員及學生、評鑑人員，參與國際認證組織及參照國際趨勢研修高等教育制度及相關法規，也讓外地的高教機構到澳門開辦高教課程。

在高教的國際輸出方面，澳門訂定各類獎學金資助本地學生出國留學，留學國家多元化，包括世界頂尖大學在內；也提供澳門留學生獎學金，並且到國外參加教育展及參訪，舉辦相關活動讓學生到葡萄牙及其他地區參訪與交流（例如：葡萄牙夏令營），或提供國際會議的義工學習機會，並且參與許多國際組織。在與國際的互動方面，澳門一些高校與外地的大學在澳門合辦課程，澳門和葡萄牙也簽訂協議互相採認學歷及入學考試成績。此外，澳門也提供研究資助計畫，讓澳葡之間的高教人員合作研究，或以澳葡相關的議題為研究重點，促進雙方的互動與合作。

 ## 陸 澳門高等教育國際化的特點與挑戰

一、特點

澳門高等教育國際化有以下特點：

(一)具有高教國際化的文化環境基礎

殖民時期的澳門高等教育機構基本上是西式的，雖然過程中曾經有一段時間出現高等教育停滯，但此歷史因素也使得後來的澳門高等教育更容易與國際產生互動，更能接納其他的高教制度；歷史及地理因素使澳門成

爲一個中西文化融合、多種語言、多元文化的國際化城市，有助於教育的
國際化。

㈡高教國際化結合本土化與國際化

此處的本土化是指「中國化」，因爲澳門是中國的一個特別行政區，
回歸後與中國的關係更緊密，因此在國際化的目標與方向上，「中國化」
成爲重要方向。又因歷史因素使澳門與葡萄牙關係密切，與歐盟國家有較
多的往來，在本土化之外也結合國際化。

㈢高教國際化的走向受到中國中央政策的影響

澳門因地方小（約 30 平方公里），人口較少，資源受限，對外在的
依賴程度高，且澳門是中國的特別行政區，對中國的依賴更明顯。因此當
中國中央出臺《粵港澳大灣區發展規劃綱要》及《十四五》政策後，澳門
的高教國際化就緊密對接中國內地的高教機構。

㈣學生出境流動多元化，學生入境流動內地化、師資來源多元化（黃發來，2016）

澳門 2019/2020 學年度高中畢業生升學的地區澳門占 48.3%、中國占
33.3%、臺灣占 9.3%，英國、澳洲、葡國、美國、加拿大、日本、瑞士、
菲律賓等約占 9%（新聞局，2020），顯示澳門學生出境留學的國家相當
多元化；由表 4 的外地師生的來源分布則看到高教的師資來自全球各地，
相當多元、外地學生則主要來自於內地，有「內地化」的特色。

㈤高教國際化的政策雙軌且多元

表 1 的高教國際化的發展面向及策略顯現「雙軌」特色。此處指的
「雙軌」是指各種措施都同時考慮到本土（中國）及國際（葡萄牙爲主及
其他國家）。例如：在學生方面，強調透過活動、講座及課程，培養學生
愛國、愛澳的情操；也鼓勵學生到國外交流、實習、比賽等。在院校人員
面向，也是希望讓院校人員到內地短期訪問、交流或中長期的交流；同時
也鼓勵院校人員到世界各國短期研修或交流。此外，高教國際化涉及多個

面向，呈現多元的特色，包括人員、科研、區域合作、完善機制、生源結構、高教素質及促進院校發展。

(六)偏向民族主義的意識型態

如果從意識型態（國際主義、民族主義、全球主義與世界主義）來看澳門的高教國際化政策與現況，可以發現澳門是偏向民族主義，希望先與中國內地緊密互動，培養澳門高教學生的愛國情操、國家意識及注重國家利益與安全。其次為全球主義，希望能培養具有全球市場競爭力的人才，而國際主義與世界主義在現階段的國際化規劃中似乎比較不明顯。

二、挑戰

綜合先前的討論及相關文獻（高等教育局，2020a；婁勝華，2021/2/3），筆者認為有幾個議題值得澳門在推動高等教育國際化時思考：

(一)並重或偏重

目前澳門高教國際化的走向是偏向內地。但高等教育國際化也要考慮地區的需要及國際的目標，在人力、資源及經費有限的情況下，是應該偏重「國內」，還是要並重？

(二)重整體或單一

澳門本地高教機構品質不一（Bray et al., 2000），又有公立和私立學校，政府如何透過經費運用，讓每一所高等院校達到國際水準？國際化的重點是要放在整體的高教機構，還是選擇特定高校，使其成為具有競爭力或代表澳門的世界一流大學？

(三)機構層級或學科層級

澳門現代高校的發展與辦學時間較短，制度及經驗尚待完善中，國際影響力較弱，優勢學科的規模有限，科研學術成果還不夠豐富（婁勝華，2021/2/3），在發展國際化時，要考慮是否以高教機構為主體？還是考慮發展優勢學科（如博彩管理、中葡雙語教育、中醫藥），使其具國際影響

力，才有較明顯的競爭力？

㈣本地與外地學生

澳門的高教階段學生在中文環境的地區升學者超過九成，較少有機會在校園生活中接觸不同國家、種族的獨特文化，也缺乏學習外語的理想環境；再者，到澳門就讀的外地生主要來自於中國內地，來源較單一（高等教育局，2020a），這兩種現況對於國際化的發展有其限制，需要擴展招生的國際化，讓學生有更多機會在校園內認識及與不同文化、語言、國籍、宗教和風俗的學生交流互動（高等教育局，2020a）。

 ## 柒　結語——對臺灣高等教育國際教育的啟示

在全球化的趨勢下，高等教育的國際教育受到各國的關注與重視。許多國家都透過推展高等教育的國際化策略來達到高等教育的國際教育之目的。但選擇的策略受到當地的政治、經濟、文化、歷史脈絡、地理環境不同而有差異，這些差異正好可以成為各個地區相互借鑑與學習的經驗。

本文探討澳門地區的高等教育之國際教育，聚焦於高等教育國際化的政策與現況。由於受到政治（一國兩制）、文化（中西文化融合、多元文化）、歷史（曾經是葡萄牙殖民地）及地理環境（幅員小、人口少、資源受限）的影響，澳門現代高等教育的國際化同時具有優勢（國際化的文化特徵與環境、中國的支持）與限制（高教發展起步較晚、素質不齊、國際影響力弱）。但從最近出臺的高教國際化政策與現況可以發現澳門正全面展開高教的國際化，尤其在人員的國際化方面持相當開放的態度，招聘來自全球各地的師資及招收來自各國的學生。此做法對促進本地與國際師生的互動有助益，能強化國際教育的成效。

臺灣的高等教育發展比澳門早，也比較成熟。但在進行文獻探討及釐清澳門高教的國際教育政策與現況之後，筆者認為臺灣在實施高教的國際教育時，可以從國際教育的定義、三個面向的實施策略── 國內←國際、國內→國際及國內←→國際及澳門的實務獲得啟發：

一、從民族主義開始，釐清定位，並兼顧世界和平共存理念

如同本文的文獻探討所得，一個較完善的國際教育應是兼容民族主義、國際主義、全球主義與世界主義四種意識型態。而且，國際教育應從培養愛國情操、國家意識及注重國家利益與安全（民族主義）開始，也要增進對國際的理解與國際意識（國際主義），培養具有全球市場競爭力的人才（全球主義），成為世界公民，促進世界和平共存（世界主義）。筆者建議，或許臺灣在推動國際教育時，有必要釐清根本的定位問題，也要採兼容的意識型態，避免對立，因為國際教育的最終目標是希望能達到世界和平共存的世界主義理想。

二、強化國際元素的融入、本土元素的輸出及國際間的合作互動

臺灣的高教機構在國際化方面已建立較為系統的實務，例如：很多高教機構都設有國際事務處，也招收國際生。許多大學的境外生也多達兩千多人（例如：臺灣大學），但是在外籍專任教師方面，最多臺灣大學也只有 76 位（教育部，2020），有的學校只有 1-3 位。對照澳門高教的外地教師比率平均占三分之一以上（36.57%），外地學生比例也超過一半（55.77%），顯示臺灣在國際化環境的創設方面，可能稍嫌不足。臺灣的高教政策可考慮提供更大的彈性，讓高教機構招聘更多來自全球的高教人員，讓師資更國際化，把更豐富的國際元素融入本地。再者，除了與國外的大學合辦雙聯學制外，也可考慮讓國外的頂尖大學與臺灣的大學合作，在臺灣境內設立大學；或者輸出本地課程，到國外設立高教分部。

三、考慮境外生的多重來源及其比重，兼顧生源及國際教育目標

雖然澳門的高教國際化的條件、環境及歷史與臺灣有較大的差異，但澳門高教機構招收相當高比例的境外學生，尤其是中國內地的學生，也許是臺灣在招收境外生（含國際生）可以考慮的策略之一。澳門本身地小人少，缺乏資源，需要依賴外部環境支援。臺灣由於少子女化情況嚴重，生源不足，也需要招收外地學生來補足生源。而中國內地人口多，許多學生

會選擇到外地就學，臺灣的許多高教機構都有條件招收境外學生，也許在兼顧生源及國際教育的目標之下，可以考慮像澳門一樣，招收更多的外地生及中國內地的學生。

　　雖然臺灣的整體高等教育的發展比澳門成熟，但是因為歷史、政治、經濟等因素的影響，澳門的高教國際教育仍顯示出其特點。本文介紹澳門高教國際教育的政策及現況，提出三點建議供臺灣推動高教國際教育參考，並不一定周全。所以，筆者也期望讀者能連結自己的經驗與理解，從澳門的案例中獲得其他方面的啟發，作為持續討論臺灣高教國際教育議題的起步。

參考文獻

㈠中文

《第10/2017號法律高等教育制度》，2017，澳門特區政府。

《第17/2018號行政法規高等教育素質評鑑制度》，2018，澳門特區政府。

王平（2021）。融入大灣區澳門優勢多。人民日報海外版。取自http://www.zlb.gov.cn/2021-04/30/c_1211137227.htm

申育誠（2020）。日本國際教育析論。師友雙月刊，617，37-42。doi:10.6437/TEB.202001_(617).0008

李振清（2010）。提升教育國際化與競爭力的共識與策略。台灣教育，663，2-11。

李振清（2014）。提升雙向國際交流品質化解高教與人才危機。台灣教育，689，8-18。

邱玉蟾（2011）。學校推動國際教育應有的認識。臺北市中等學校校長協會電子報，2，取自web.fg.tp.edu.tw/~tispa/blog/epaper/02/word/d2-3.pdf

邱玉蟾（2012）。全球化時代國際教育中的意識型態。課程研究，7(2)，1-30。

高等教育局（2019）。高教統計數據彙編2019。取自https://es.dsedj.gov.mo/doc/2019/2019statistics.pdf

高等教育局（2020a）。澳門高等教育中長期發展綱要（2021-2030）。取自https://es.dsedj.gov.mo/hemld/

高等教育局（2020b）。2019/2020年度澳門高等教育指標報告。取自https://es.dsedj.gov.mo/big5/education/pdf/Report2019-2020.pdf

高等教育基金（2021a）。澳門高等院校中葡人才培訓及教研合作專項資助計畫。https://portal.dsedj.gov.mo/webdsejspace/internet/Inter_main_page.jsp?id=80116

高等教育基金（2021b）。粵港澳大灣區旅遊教育培訓專項資助計畫。https://

portal.dsedj.gov.mo/webdsejspace/internet/Inter_main_page.jsp?id=80120

婁勝華（2021/2/3）。澳門高等教育發展的幾個關係。**澳門日報**。取自 https://xiangyu-macau.oss-cn-hongkong.aliyuncs.com/app/szb/pc/content/202102/03/content_99187.html

張珍瑋（2015）。向內育才，向外攬才：各國高等教育階段的國際教育策略發展方向初探。**教育脈動，2**，1-9。

教育及青年發展局（2021a）。**院校資訊**。取自 https://portal.dsedj.gov.mo/webdsejspace/site/studyinmacau/institutions.html

教育及青年發展局（2021b）。**資助於頂尖學府就讀獎學金計畫**。https://portal.dsedj.gov.mo/webdsejspace/internet/Inter_main_page.jsp?id=83304

教育及青年發展局（2021c）。**關心、資訊與交流：澳門大專學生部落**。https://studentblog.dsedj.gov.mo/News/StudentFocusArchive?timeis=Sat%20Jul%2031%2010:41:24%20GMT+08:00%202021&newsType=ADV_SELF-STUDY&

教育部（2020）。大專校院校務資訊公開平臺：教3.2外籍專任教師數──以「校」統計。取自 https://udb.moe.edu.tw/DetailReportList/%E6%95%99E8%81%B7%E9%A1%9E/StatForeignTeacherUniversity/Index

教育部（2020/11/02）。**高等教育深耕計畫：計畫目標及架構**。取自 https://sprout.moe.edu.tw/SproutWeb/Project/GoalAndAch

教育部（2020/5/14）。**「國際教育2.0」線上發布會**。取自 https://www.edu.tw/News_Content.aspx?n=9E7AC85F1954DDA8&s=C56B0FF1E7E21B45

陳怡伶（2021）。師資培育觀點看高教推動國際教育與向下延伸策略。**臺灣教育評論月刊，10**(2)，26-31。

陳意尹、蔡清華（2014）。美國國際教育政策與做法現況之分析兼論其對臺灣國際教育之啟示。**國民教育學報，11**，153-176。

陳錫珍（2021）。從「國際教育 2.0」探討對我國中小學國際教育未來發展的期許。**臺灣教育評論月刊，10**(2)，1-4。

彭豔崇（2017）。高教法：開啟澳門高等教育新時代。**九鼎，120**，13-16。

黃文定（2018）。論國際教育中愛國主義與世界主義的矛盾與出路。**教育研**

究集刊，**64**(3)，41-78。doi:10.3966/102887082018096403002

黃發來（2016）。澳門高等教育國際化的歷史與現狀探析。**世界教育資訊**，**13**，62-68。

新聞局（2020）。**2020澳門年鑑**。取自https://yearbook.gcs.gov.mo/uploads/ yearbook_pdf/2020/myb2020c.pdf

劉素珠、林念臻、蔡金田（2018）。我國國際教育政策之比較分析。**教育行政論壇，10**(2)，33-58。

駐洛杉磯辦事處教育組（2015/07/16）。美國國際教育政策。**教育部電子報，674**。取自https://epaper.edu.tw/windows.aspx?windows_sn=17064

澳門日報（2021/3/24）。**賀：配合國策提升對外交往**。取自http://www.ma-caodaily.com/html/2021-03/24/content_1504225.htm

澳門特別行政區政府（2020）。二○二一年財政年度施政報告。取自https://www.policyaddress.gov.mo/data/policyAddress/2021/zh-hant/2021_policy_c.pdf

盧聰明（2008）。日本的大學國際化與國際教育的發展趨勢。**東亞論壇，462**，15-26。doi:10.29705/EAR.200812.0002

(二)英文

Altbach, P. G., & Knight, J. (2007). The internationalization of higher education: Motivations and realities. *Journal of Studies in International Education*, *11* (3-4), 290-305. https://doi.org/10.1177/1028315307303542.

Association of International Educators [NAFSA] (2007). *An international education policy for U.S. leadership, competitiveness, and security*. Retrieved from https://www.immagic.com/eLibrary/ARCHIVES/GENERAL/NAFSA_US/N071000P.pdf

Biles, J. J., & Lindley, T. (2009). Globalization, geography, and the liberation of overseas study. *Journal of Geography*, *108*(3), 148-54.

Bray, M., Butler, R., Hui, P. K. F., Kwo, O. W. Y., & Mang, E. W. L. (2000). *Higher education in Macau-strategic development for the new era*. Comparative Education Research Centre, University of Hong Kong.

Cambridge, J., & Thompson, J. (2004). Internationalism and globalization as contexts for international education. *Compare: A Journal of Comparative and International Education, 34*(2), 161-175. doi:10.1080/0305792042000213994

Childress, L. K. (2009). Internationalization plans for higher education institutions. *Journal of Studies in International Education, 13*(3), 289-309.

Crăciun, D. (2018). National policies for higher education internationalization: A global comparative perspective. In Curaj A., Deca L., Pricopie R. (Ed.). *European higher education area: The impact of past and future policies* (pp. 95-106). Springer, Cham. https://doi.org/10.1007/978-3-319-77407-7_7

de Wit, H. (Ed). (1995). *Strategies of internationalization of higher education. A comparative study of Australia, Canada, Europe and the United States*. Amsterdam: European Association for International Education.

de Wit, H., Hunter, F., Howard, L., & Egron-Polak, E. (2015). *Internationalisation of higher education: Study*. Retrieved from https://www.europarl.europa.eu/RegData/etudes/STUD/2015/540370/IPOL_STU (2015)540370_EN.pdf

Dolby, N., & Rahman, A. (2008). Research in international education. *Review of Educational Research, 78*(3), 676-726. doi:10.3102/0034654308320291

Epstein, E. H. (1992). Editorial. *Comparative Education Review, 36*(4), 409-416.

Frey, C. J., & Whitehead, D. M. (2009). International education policies and the boundaries of global citizenship in the US. *Journal of Curriculum Studies, 41*(2), 269-290. doi:10.1080/00220270802509730

Hayden, M., & Thompson, J. (1995). International schools and international education: A relationship reviewed. *Oxford Review of Education, 21*(3), 327-345.

Knight, J. (2003). Updated internationalization definition. *International Higher Education, 33*, 2-3.

Knight, J. (2004). Internationalization remodeled: Definition, approaches, and rationales. *Journal of Studies in International Education, 8*(1), 5-31.

Lourenço, M. (2018). Global, international and intercultural education: Three contemporary approaches to teaching and learning. *On The Horizon, 26*(2), 61-

71.

Pandit, K. (2009). Leading internationalization. *Annals of the Association of American Geographers, 99*(4), 645-656.

Sidhu, R., & Matthews, J. (2005). International education for what conditions? The global schoolhouse project. *Social Alternatives, 24*(4), 6-12.

Tarc, P. (2019). Internationalization of education as an emerging field? A framing of international education for cross-domain analyses. *Policy Futures in Education, 17*(6), 732-744. doi:10.1177/1478210318824254

Trilokekar, R. D. (2010). International education as soft power? The contributions and challenges of Canadian foreign policy to the internationalization of higher education. *Higher Education, 59*(2), 131-147.

Williams, C. (2000). Education and human survival: The relevance of the global security framework to international education. *International Review of Education, 46*(3/4), 183-203.

國家圖書館出版品預行編目資料

大學國際教育：趨勢、問題與展望／黃政傑，
吳麗君，阮孝齊，陳玟樺，胡茹萍，成群
豪，林柏翰，田耐青，黃雅英，周宛青，王
如哲，陳昀萱，洪雯柔，梁忠銘，黃月純，
林子斌，謝金枝合著 ；黃政傑，吳麗君主
編. ーー初版.ーー臺北市：五南圖書出版
股份有限公司, 2022.04
面；　公分
ISBN 978-626-317-727-7（平裝）

1.CST: 高等教育　2.CST: 教育政策
3.CST: 國際化　4.CST: 文集

525.07　　　　　　　　　　111003889

1I5F

大學國際教育
趨勢、問題與展望

主　　編 ― 黃政傑、吳麗君

作　　者 ― 黃政傑、吳麗君、阮孝齊、陳玟樺、胡茹萍

成群豪、林柏翰、田耐青、黃雅英、周宛青

王如哲、陳昀萱、洪雯柔、梁忠銘、黃月純

林子斌、謝金枝 合著

發 行 人 ― 楊榮川

總 經 理 ― 楊士清

總 編 輯 ― 楊秀麗

副總編輯 ― 黃文瓊

責任編輯 ― 李敏華

封面設計 ― 王麗娟

出 版 者 ― 五南圖書出版股份有限公司

地　　址：106台北市大安區和平東路二段339號4樓

電　　話：(02)2705-5066　　傳　　真：(02)2706-6100

網　　址：https://www.wunan.com.tw

電子郵件：wunan@wunan.com.tw

劃撥帳號：01068953

戶　　名：五南圖書出版股份有限公司

法律顧問　林勝安律師事務所　林勝安律師

出版日期　2022年4月初版一刷

定　　價　新臺幣620元

經典永恆・名著常在

五十週年的獻禮 —— 經典名著文庫

五南，五十年了，半個世紀，人生旅程的一大半，走過來了。

思索著，邁向百年的未來歷程，能為知識界、文化學術界作些什麼？

在速食文化的生態下，有什麼值得讓人雋永品味的？

歷代經典・當今名著，經過時間的洗禮，千錘百鍊，流傳至今，光芒耀人；

不僅使我們能領悟前人的智慧，同時也增深加廣我們思考的深度與視野。

我們決心投入巨資，有計畫的系統梳選，成立「經典名著文庫」，

希望收入古今中外思想性的、充滿睿智與獨見的經典、名著。

這是一項理想性的、永續性的巨大出版工程。

不在意讀者的眾寡，只考慮它的學術價值，力求完整展現先哲思想的軌跡；

為知識界開啟一片智慧之窗，營造一座百花綻放的世界文明公園，

任君遨遊、取菁吸蜜、嘉惠學子！